U0001815

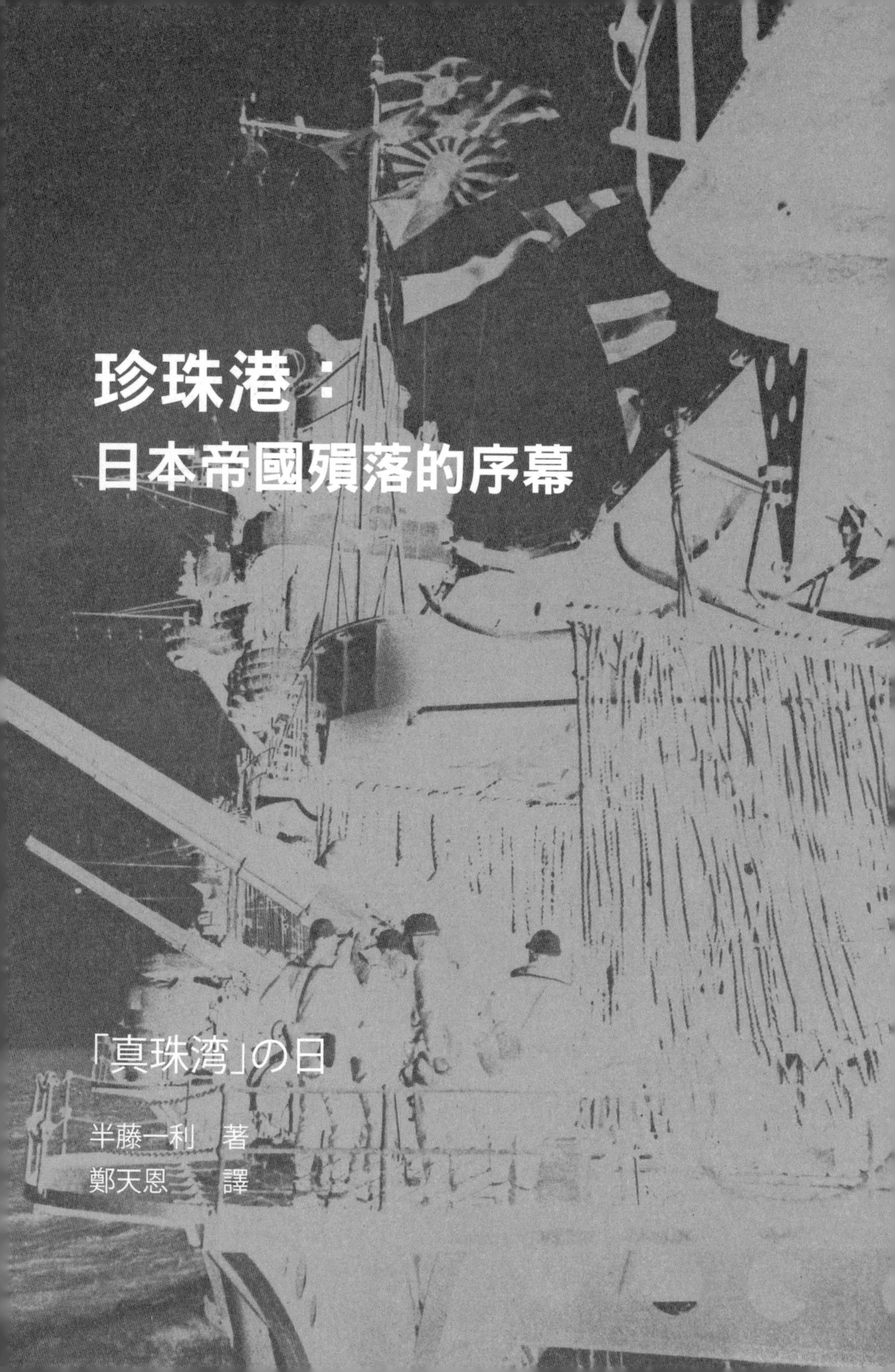

珍珠港：
日本帝國殞落的序幕

「真珠湾」の日

半藤一利　著
鄭天恩　　譯

日本主要登場人物

裕仁天皇

東條英機

東鄉茂德

永野修身

杉山元

山本五十六

南雲忠一

山下奉文

山口多聞

美國夏威夷珍珠港，左邊是福特島，戰鬥艦列位於它的右側，最遠處油庫前方是太平洋艦隊司令部，海軍造船廠在其對面。右邊陸地上是希甘姆機場，下方可見兩艘船隻正駛向珍珠港的入口水道。

駐美大使野村吉三郎及來栖三郎特派大使結束與赫爾國務卿的會談後，步出美國國務院，大批媒體在外面守候，等待好消息。但這些都是煙霧彈，日本已經做好開戰的準備。

美國破解日本外交密碼的「紫色」密碼機。（Mark Pellegrini）

橫渡北太平洋的日本機動部隊，藉由補給艦的加入，日本海軍發動了遠距離的偷襲作戰。圖為國洋丸特設油料補給艦。

航行在氣候與海象極差的太平洋航線，為了避開被第三國船舶發現，日本海軍從北邊的千島群島出發，以夏威夷為目標，橫渡太平洋。後方分別是加賀號及瑞鶴號航艦。

日本海軍軍令部內，左二為永野修身。

英國駐馬來亞的 PBY 水上飛機，出動搜索可能來襲的日本軍隊，可惜在回報之前就先被日機擊落了。

出發前飛行甲板上的簡報，飛行員都圍繞著聽取簡報，地面上是珍珠港的態勢圖。

「砲擊開始！」華德號發現尾隨軍品補給艦安塔爾斯號進港的潛艇而下令發動砲擊。即使這樣的接戰狀態，依然沒有驚動美軍高層的注意。

航空母艦上蓄勢待發，目標：珍珠港！

赤城號攻擊隊出發了。

地勤人員揮手祝福飛行員收獲滿滿。

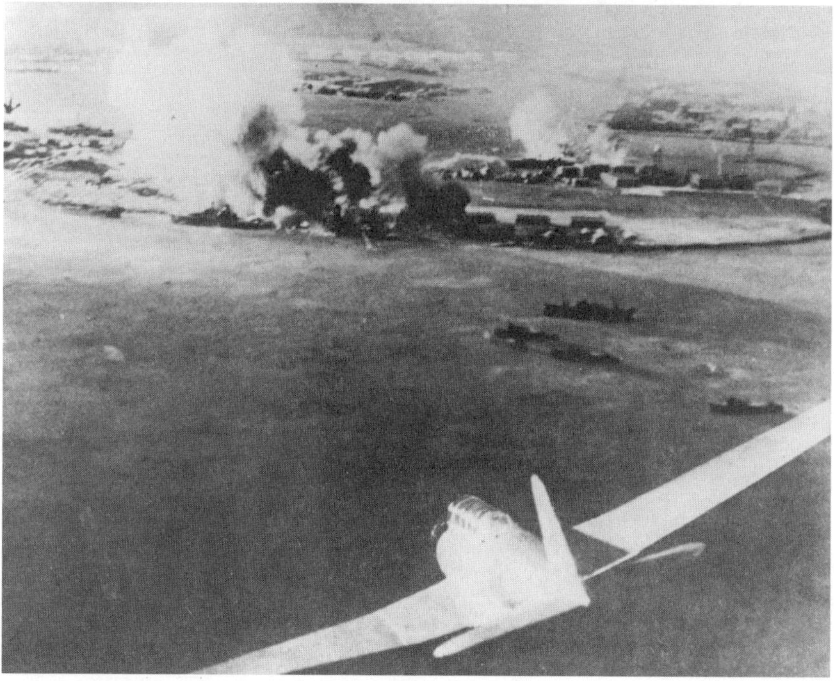

日本九七式艦攻機，對著福特島西北邊的軍艦發動魚雷攻擊。

惠勒基地被空襲了，美軍戰鬥機幾乎都在地面上被擊毀。

飛行於希甘姆基地上空、珍珠港南邊的瑞鶴號航艦第 5 航空隊的 307 號九七式魚雷攻擊機。後方可見珍珠港已經陷入一片火海及黑色濃煙。

珍珠港內海軍造船廠南邊的陸戰隊營區，官兵無奈地看著海軍基地冒出厚重濃煙，美國軍隊遭受羞辱般的攻擊而無法回擊。

康奈歐希被炸毀的 PBY 水上飛機，是日本第一波的攻擊對象，避免巡邏飛機可以找出日軍的確切位置。

亞利桑那號戰鬥艦彈藥庫中彈，因此整艘艦在一瞬間發生了大爆炸，成為美國紀念珍珠港偷襲的最大歷史印記。

羅盤故障的甲標的潛艇擱淺在夏威夷東岸的懷馬納洛海岸，距離目標區甚遠，艇長酒卷和男亦成為第一個被俘虜的日軍戰俘。

戰爭平靜的一角。日本全國上下，在發動戰爭的那一刻起，宛如壓力得到了釋放，大家都放下了心頭大石，準備迎向「更好」的未來。但是在 3 年零 8 個月後，日本帝國的殞落是這個時候幾乎沒有人可以預料得到的。

A（左至右）
莫納根號驅逐艦（DD-354），第一時間接獲命令緊急出動，後在港內發現日軍甲標的潛艇。
法拉格特號驅逐艦（DD-348）
戴爾號驅逐艦（DD-353）
艾爾文號驅逐艦（DD-355）

B（左至右）
亨利號驅逐艦（DD-391）
帕特森號驅逐艦（DD-392）
拉夫・塔博特號驅逐艦（DD-390）

C（左至右）
塞弗里奇號驅逐艦（DD-357）
凱斯號驅逐艦（DD-370）
塔克號驅逐艦（DD-374）
里德號驅逐艦（DD-369）
康寧漢號驅逐艦（DD-371）
惠特尼號驅逐艦母艦（AD-4）

D 布魯號驅逐艦（DD-387）

E 鳳凰城號輕巡洋艦（CL-46）

F（左至右）
菲爾普斯號驅逐艦（DD-360）
麥克唐瑙號驅逐艦（DD-351）
沃登號驅逐艦（DD-352）
杜威號驅逐艦（DD-349）
赫爾號驅逐艦（DD-350）
多賓號驅逐艦母艦（AD-3）

G 慰藉號醫院船（AH-5）

H（左至右）
阿倫號驅逐艦（DD-66）
咀嚼號驅逐艦（DD-106）

J（左至右）
拉姆齊號輕型佈雷艦（DM-16）
甘布林號輕型佈雷艦（DM-15）
蒙哥馬利號輕型佈雷艦（DM-17）

K（左至右）
特雷佛號快速掃雷艦（DMS-16）
布里斯號輕型佈雷艦（DM-18）
黎剎號輕型佈雷艦（DM-14）
派里號快速掃雷艦（DMS-17）

L 美杜莎號維修艦（AR-1）

M 卡蒂斯號水上飛機母艦（AV-4）

N（左至右）
丹吉爾號水上飛機母艦（AV-8）
猶他號靶艦（AG-16）
羅利號輕巡洋艦（CL-7）
底特律號輕巡洋艦（CL-8）

P（左至右）
檀香山號輕巡洋艦（CL-48）
雪利號驅逐艦（DD-103）
拉馬波號油料補給艦（AO-12）
舊金山號巡洋艦（CA-38）
紐奧爾良號巡洋艦（CA-32）

Q（左至右）
普雷貝爾號佈雷艦（DM-20）
天鵝號掃雷艦（AM-34）
聖路易斯號輕巡洋艦（CL-49）
巴格利號驅逐艦（DD-386）
特雷西號佈雷驅逐艦（DM-19）
普魯特號輕型佈雷艦（DM-22）

1 加利福尼亞號戰鬥艦（BB-44），沉沒，後續被打撈及修復。

2 尼奧索號運油艦（AO-23）

3 奧克拉荷馬號戰鬥艦（BB-37），沉沒。

4 西維吉尼亞號戰鬥艦（BB-48），沉沒，後續被打撈及修復。

5 維斯托號維修艦（AR-4）

6 馬里蘭號戰鬥艦（BB-46），損毀。

7 田納西號戰鬥艦（BB-43），損毀。

8 亞利桑那號戰鬥艦（BB-39），沉沒。

9 內華達號戰鬥艦（BB-36），駛離戰鬥艦列突圍，後被日軍盯上，繼而擱淺。

10 蕭號驅逐艦（DD-373）

11 凱興號驅逐艦（DD-372）

12 唐納斯號驅逐艦（DD-375）

13 賓夕法尼亞號戰鬥艦（BB-38），太平洋艦隊旗艦

14 抹香鯨號潛艦（SS-170）

15 奧格拉拉號佈雷艦（CM-4）

16 海倫娜號輕巡洋艦（CL-50）

17 荷姆號驅逐艦（DD-388）

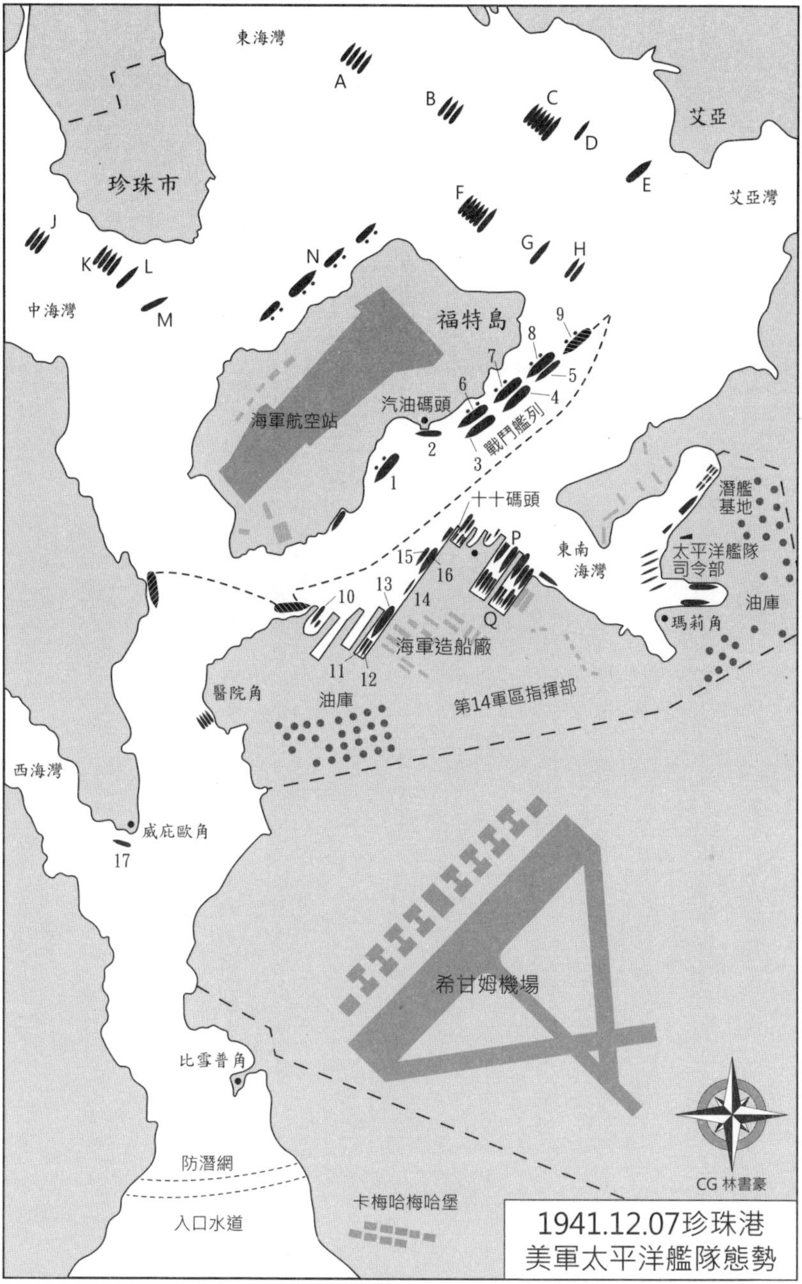
東海灣
A
B
C
D
E
艾亞
艾亞灣
珍珠市
F
G
H
J
K
L
M
N
中海灣
福特島
9
8
7
6
5
4
汽油碼頭
海軍航空站
2
3
戰鬥艦列
1
十十碼頭
潛艦
基地
P
東南
海灣
太平洋艦隊
司令部
15
16
10
13
14
Q
油庫
瑪莉角
海軍造船廠
11
12
醫院角
油庫
第14軍區指揮部
西海灣
威庇歐角
17
希甘姆機場
比雪普角
防潛網
入口水道
卡梅哈梅哈堡
CG 林書豪
1941.12.07珍珠港
美軍太平洋艦隊態勢

目次

序幕　021

在三國同盟、進駐法屬印度支那後，日本開始進行對美和平談判，但華盛頓方面的態度相當嚴峻，於是東條內閣決定，把戰爭的可能性放入方針之中。太平洋形勢的緊張，一下子驟然升高。

第一部　《赫爾備忘錄》　049

美國原本準備好了讓步方案《暫行過渡辦法》，但不知為何卻加以撤回，改為提出要求日方接受的最後通牒——《赫爾備忘錄》。這期間，帝國陸海軍分別朝著東方和南方，展開了作戰準備。

第二部　開戰聲明　117

十二月一日，天皇下定決心開戰。X日定為八日。羅斯福雖然向天皇發去親筆信，但一切為時已晚。南雲機動部隊逼近珍珠港，對奇襲成功充滿確信。

第三部　閃耀的早晨　223
珍珠港的美國太平洋艦隊遭到了毀滅性的打擊。對馬來半島的登陸作戰也獲得成功。這是世界戰史上史無前例的勝利之日。可是，日本的開戰通告遞交卻延遲了……

第四部　傳來捷報　403
被逼到死角、每天呼吸著沉重空氣的國民，在接到奇襲成功的報告時，終於有種雲開霧散的感覺，但又覺得有點莫名緊張。然而，沉思默考的山本五十六長官，他的心中又在想些什麼呢？

尾聲　429
就在日本因戰勝而沸騰之際，莫斯科正面的德軍展開了全面撤退。美國的孤立主義一掃而空，日本則在歷史上，被烙下了「欺騙之國」的烙印。

後記　437

參考文獻　441

舊日本陸軍編制說明

舊日本陸軍軍制，括號內是對應台灣使用的稱呼。

軍（軍團）	設中將軍司令官。
師團（師）	約 15,000 至 20,000 人之間。
旅團（旅）	因需求編制不同，人數在 3,000 至 8,000 人之間。
支隊	因任務需求臨時編組的作戰單位，編制由 5 至 6 個聯隊組成，兵力有 15,000 人以上，有的只是 1 至 2 個聯隊組成，兵力僅數千人。
聯隊（團）	編制 3,800 人。
大隊（營）	編制 1,100 人。
中隊（連）	編制 180 人。
小隊（排）	編制 54 人，由 4 個分隊組成。
分隊（班）	編制 13 人，包括班長、4 名機槍手和 8 名步槍兵。

序幕

「死中求活」

一九四〇年九月，彷彿命中註定般，日本在對英美戰爭的道路上，踏出了重大的一步。

為了截斷英美對蔣介石政府的援助路線※，也為了即將到來的南方作戰之必要，一九四〇年九月二十三日，日本陸軍以武力強行進駐法屬印度支那（現今的越南）北部。接下來在二十七日，近衛文麿內閣締結了日德義三國同盟[1]。這時歐洲已經掀起第二次世界大戰，日本與英國交戰中的納粹德國同盟，無異把已經全面援助英國、「距離參戰只差一步」的美國，視為準敵國。日本明明對此了然於胸，卻還是斷然踏出了這一步；在有心人士看來，這是決定日美戰爭的一步。

美國駐日大使約瑟夫．格魯（Joseph Grew）就這樣寫道：「寫完九月的日記，我的心情沉重不已。這裡已經不是過去我所熟知的日本了。」

事實上，打從一九三一年滿洲事變以來，隔著太平洋遙遙相對的日本與美國，便一直就爭奪亞洲霸權的問題上有了嫌隙。一九三七年七月，隨著日中戰爭的開始，兩國之間的敵對反而更為加深。日本認為，美國若是能夠停止對退守重慶的蔣介石政府提供援助等干涉行為，日美戰爭則可避免。但美國方面完全不認同日本踏足中國和東南亞的舉動，強烈要求將日軍局限於日本本土，回歸到一九二〇年代（滿洲事變前）的舊秩序。為了達成這個目的，不只中國，美國還聯手英國與荷蘭，著手建構包圍日本的集體防衛體制。

日德義三國同盟看在美國眼裡，等於是日本擺出戰鬥姿勢，意圖對抗既有的世界體制，從而創造出新的秩序。這是以牽制美國行動為對象的軍事同盟，美國國民從這個時候開始，對日本產生了跟納粹德國相似、充滿懷疑、敵意與不悅的感覺。美國的輿論開始把日中戰爭看待成並不侷限於亞洲一隅的戰鬥，而是將它與歐戰連結，看成是全球性的事務。

不只如此，美國國民對於在中國大陸戰鬥的日本兵暴虐野蠻的行為，也產生了強烈的憎惡感。「Jap」這個詞，對大多數美國人來說，幾乎就意味著「殘忍狡詐的黃皮膚矮小子」。

面對這種為了對抗美國而強行推動的三國同盟政策，十月十四日正好前往東京辦公的聯合艦隊司令長官山本五十六大將，不禁對親密友人吐露出自己的憂心與憤怒：「實際上，我只能一語斷定……在我想來，最後若是與美國開戰的話，那幾乎就是要與全世界為敵了。不過既然已經到了這個地步，那麼不久就要開始戰爭了吧！到那時候，我也只能盡我最大的努力去奮鬥了。或許我就這樣，在戰艦長門上戰死吧[2]！而在這期間，東京、大阪或許會被燒毀三四次，陷入非常慘烈的境地也說不定……老實說，我覺得相當苦惱，可是我也沒有辦法再做出更多努力去挽回了。」

然而，在政府和軍部，以及大多數日本人並不是這麼想的。自一九四〇年一月，美國正式廢棄《日美通商航海條約》（US–Japan Treaty of Commerce and Navigation〔1911〕）以來，對於美國愈發強硬的經濟制裁，日本人內心充滿了懷疑、恐懼與反彈，從而對美國的敵視也更加強烈。

1　編註：第二次近衛內閣，任期自一九四〇年七月二十二日至一九四一年七月十八日。

2　編註：戰艦長門多次擔任聯合艦隊旗艦。一九二〇年十二月一日為第一次。二戰期間，山本五十六於一九四二年二月十二日，把旗艦轉移到新造服役的大和號戰艦，之後旗艦的角色又再次落在長門艦身上，直到一九四五年九月十五日二戰結束為止。

不僅如此，大家也都感覺得到輿論是盡己所能地在煽動。輿論說：美國的基本政策，是以援助蔣介石政權，要求日本從亞洲全面撤退、屈服為主軸。正因如此，他們才不斷升級經濟制裁。九月時美國全面禁止對日輸出廢鐵，不正是這樣的表現嗎……？

廢鐵之後，接下來就是工具機、鋁和鋁土，以及石油了吧！特別是石油，假使全面仰賴美國的石油輸入遭到斷絕，日本將一舉陷入存亡的危機當中。既然如此，那國家的求生之道就只有……將荷屬東印度（今印度尼西亞）為中心的東南亞資源地帶全部納入手中，再確保滿洲與中國的資源，從而達成經濟上的自給自足，好立於不敗之地，除此之外別無他法——這是日本方面得出的結論。

然而，若是對南方出手，不光是英國，就連美國也會站出來。考慮到英國的據點新加坡，以及美軍的亞洲根據地菲律賓的存在，就知道無法只對資源地帶進行奇襲攻略，乃是不證自明之理。換句話說，要實施南進，就要有與英美為敵、展開全面戰爭的覺悟。出手就是戰爭，但不出手就是自滅，這真的是相當巨大的兩難。

儘管如此，若是德國能夠挾歐洲閃電戰之威，一舉成功登陸英國本土，逼使他們屈服的話，這個兩難或許就能化解了吧？畢竟，只要美國遭到孤立，那他們也會失去作戰的意願。

現今，在美英與中國、荷蘭極度強力的包圍網（ABCD包圍網）下，日本帝國可說走入了絕境，正遭對方強壓低頭。在這種情況下，民族的生存之道，除了「死中求活」之外再無他法。為此，日本一方面明確下達了對美作戰的決心，同時為了準備作戰，也急速以武力踏上泰國與法屬印度支那。不管國際情勢如何演變，日本現在都必須將南方納入手中，以建構起不敗的態勢。最後，只能冒發起全面戰爭的風險。

一九四〇年將盡的時候，許多日本人已經開始思考這樣的問題。

《文藝春秋》月刊一九四一年一月號，發表了一份以「國民的想法」為題的問卷調查結果。回覆的問卷有六百八十五份，調查截止時間是十二月五日。在眾多問題中，也有類似「你認為日美戰爭能夠避免嗎？」這樣意味深長的問題。關於這個問題，民眾的回答如下：

可以避免：四一二人

無法避免：二六二人

不　明：十一人

一看就相當清楚，在一九四〇年底，已經有超過三分之一的日本人，認為戰爭無法避免。

「開戰當下，猛攻擊破敵主力艦隊」

幾乎就在《文藝春秋》發行的同時——

山本五十六摒棄了傳統的對美戰術思想——「漸減邀擊作戰」計畫[3]，轉而開始設想全力集中、攻

3 編註：作戰計畫的想定，日本海軍首先攻占呂宋島以及關島，藉此誘出夏威夷的美國艦隊，並在美軍抵達日本近海之前先用潛艦與飛機輪番消耗美軍戰力，然後在決戰前夜使用魚雷部隊攻擊，最後則由戰艦來進行最重要的艦隊決戰。也就是在航空母艦的艦載機先擊傷敵艦，然後由戰鬥艦在砲戰中決勝負，機動部隊是作為戰鬥艦的輔助作戰單位。

擊珍珠港的作戰。按照一般的判斷，這是大約一九四〇年下半年的事情。

直接影響山本形成這種決意的主要因素有兩點：第一是一九四〇年五月，美國政府公開表示，要將太平洋艦隊的主力常駐在夏威夷珍珠港。另一個原因則是在十一月十三日，英國皇家海軍航空母艦艦載機奇襲了義大利的塔蘭托軍港，並且獲得了將六艘停泊於港內的戰艦其中三艘加以重創的戰績。

山本五十六在十二月下旬與海軍大臣及川古志郎會談時，首次開口提及，若無論如何都必須與美國開戰的話，那就該執行夏威夷作戰。接著在隔年初的一月七日，他在寫給海軍大臣（簡稱海相）的書函「關於戰備之意見」中，又以公文的方式，確認了這一點。換言之，山本除了口頭申述意見的紀錄外，還希望留給後世證據來表明自己的真意。

「關於作戰方針……我們一向以來的研究，都是堂而皇之的迎擊大作戰」，而且也經常實施相關的演練。可是，若從兵棋推演的結果來看，「帝國海軍從沒有獲得一次大勝的經驗；照這樣發展下去，恐怕將會陷入很難堪的境地。因為擔心面子掛不住，所以演習中止，幾乎已經成了慣例。」

山本批評說，從一九〇七年以來便成定論、以迎擊從太平洋上前來的美國艦隊，與之進行大艦巨砲艦隊決戰的這種傳統戰術，必定會失敗。

「當日美開戰時，我們首先必須要做的要項，就是在開戰初始，猛攻擊破敵主力艦隊，讓它損失到美國海軍及美國國民認為無可挽救的地步，以沮喪其士氣，才是正軌。」

山本明言，除了實施夏威夷作戰這種「孤注一擲」的作戰之外，其他方法都是必敗無疑。

可是，作為海軍戰略與戰術核心基石的軍令部[4]，這時候還是不動如山——沒錯，他們幾乎就是完全不曾改變，還是頑固地捍衛著傳統的大艦巨砲決戰思想。換句話說，他們認為在太平洋上逐步削減敵人戰力，「以逸待勞」、進行迎擊的艦隊決戰必定會實現，然後就能贏得大勝。和美國海軍相比、數量只有對方七成戰力的日本海軍，要勝利的方略就只有這樣而已；在心裡他們，還夢想著重演日俄戰爭中的日本海海戰。

一九四一年春夏之間，海軍軍令部對大艦巨砲決戰必勝的信念，變得愈發堅定。在這年秋天到年底，當日美艦隊比例超過七成的時候，更是下結論說，若繼續執行這樣的決戰計畫，必定會贏得勝利。如果對美戰爭乃是一種「宿命」，若蹉跎不前、致使時機喪失，則必會因為生產力的差距，使得兵力差距日益過大，從而失去戰爭的良機。東京的海軍高層，就這樣持續湧現出對美強硬論的聲浪。

身處在遙遠瀨戶內海根據地的山本，對於打一場必敗的戰爭，展現出激烈反對的態度。他嚴厲地表示：如果真的無論如何都要打這場我所反對的戰爭，那就用我的戰法來打吧！四月十日，山本心目中的作戰主力——航空母艦機動部隊[5]（第一航空艦隊）新編完成。就在是否對美開戰的危機迫在眼前之際，軍令部與聯合艦隊之間，還在環繞戰術展開激烈的爭論。

---

4 編註：軍令部負責海軍作戰相關的軍事事務，包括確定戰略、作戰計畫、備戰、訓練以及具體指揮作戰為中心的全部海軍事務在內。在日本海軍，軍政與軍令兩部是互不隸屬，軍令部只負責作戰，這對日本海軍的發展和作戰都造成了不利影響。

5 編註：日本海軍對現今熟知的航空母艦戰鬥群的稱呼。美軍二戰時則是使用特遣艦隊（Task Force）一詞。

「再重新判定一次」

就在太平洋局勢波濤洶湧之際，一九四一年六月二十二日，納粹德國開始入侵蘇聯。為應對世界情勢的劇變，七月二日在御前會議上，確立了日本的新國策。

「帝國為了建設大東亞共榮圈……朝向處理支那事變邁進，並確立自存自衛之基礎，必須踏出往南方前進的步伐，並且隨著情勢推移，也解決北方問題」；而「為達成本目的，不惜對英美一戰」。

在此，日本正式做出了攸關命運的決定，決意踏足南方，並把國家帶往戰爭。

這時，美國也已經成功解讀了日本的外交密碼。據說，美國解讀出日本外務省的密碼通信（在國外稱之為purple——「紫色」），是在一九四〇年十月時的事。事實上，在這之前一年，日本引進了九七式歐文打字機，之後外務省便廣泛利用它來進行外交通信。美國陸軍通訊情報部（Signal Intelligence Service, SIS）注意到這一點，便立刻複製了八台這種打字機——稱為「紫色」；透過對這種機器的順利運用，美國很早便成功解讀了日本的外交密碼。然而日本政府對此卻一無所知，在情報上完全落人下風，這只能用可悲來形容。就這樣，外務省對駐德、義大使館發出的秘密電報，全都被人攔截了。而在七月八日，美方已經得知了日本在御前會議上決定的新國策方針。

對此事完全一無所知的軍部高層，按照「踏足南方」的計畫，決定在二十三日進駐法屬印度支那南部。就像是在等待這個機會似的，二十五日，美國接續宣布凍結日本在美國的所有資產。英國與菲律賓也隨後跟進，二十七日紐西蘭與荷蘭也仿效，在經濟上已經完成了實質的日本包圍網。

二十八日，日軍登陸法屬印度支那南部。搶先一步得到正確情報的美國，八月一日終於宣布全面禁止對日輸出石油。面對日本的行動，美國也以直接的戰爭政策來加以回應。

說到美國的戰爭政策，七月二十三日，羅斯福總統正式批准由陳納德指揮的一百位美國飛行員，以及五百架飛機所組成的志願空軍到中國服務[6]。這是赤裸裸的軍事援助。不只如此，二十六日，在日本進駐法屬印度支那南部前夕，美國也成立了美國遠東軍（United States Army Forces in the Far East），任命麥克阿瑟中將為總司令，菲律賓部隊也歸屬於派遣的美國陸軍指揮。簡單說，美國已經把菲律賓變成其亞洲戰略的一大基地。面對美國這種戰爭政策，日本軍部所感受的威脅，自是不在話下。

太平洋一下子變得波濤洶湧起來。日美兩國隔著太平洋，展開了激烈的對峙。軍方開始公然倡言對英美開戰，與美國衝突是既定事實的宿命感日益高漲。

為了應對美國的石油禁運，在九月六日再度召開的御前會議上，日本對國策稍微做了一點修正。他們說，要在「不惜一戰的決意下」，再次與美國展開談判；「如果到了十月上旬還沒有能夠貫徹我方要求的話，那就下定決心對美（以及英荷）開戰。」簡單說，日本一方面下定決心開戰，同時也重新展開中斷的日美談判。

可是，從九月六日到十月上旬，只有短短一個月的期限。在這麼短的時間內，真的能夠在交涉上達成共識嗎？這個國策決定，恐怕只能說是擔心外交談判磨磨蹭蹭、感到焦慮不耐的軍部，對日本政府下

6 編註：正式名稱是美國志願航空隊，也就是熟知的「飛虎隊」。

達的最後通牒吧！軍部同時也發出了大元帥令，要求「以十月下旬為目標，將戰爭準備達到完備」。

彷彿要為這種情勢更加火上添油般，集結了對美強硬派的海軍高層，也認為在外交無法妥協的情況下，日美戰爭必然會發生，於是開始極機密地對山本長官建議的空襲珍珠港作戰是否可行，進行研究與討論。結果，反對論調蜂擁而出，紛紛認為這乃是一次大賭博。

有人說，分散兵力是下策，會對真正的戰略目的南方作戰造成問題；也有人說，這未免太過投機了，萬一美國主力艦隊沒有停泊在珍珠港，那怎麼辦？還有人說，假使一開戰就突然遭受挫敗的話，結果實在太過嚴重……簡單說，這是太過孤注一擲的賭博，怎麼想都不是一種正常的戰術，於是軍令部便把山本的方案給否決了。就實際層面來說，可預見的狀況眾多，包括海上難以進行油料補給、長距離無線電靜默航行帶來的不安，以及途中有可能遭遇中立國船舶等等。

九月十七日，在東京目黑的海軍大學校（簡稱海大）一間房裡，少數相關人士秘密集合，對夏威夷作戰進行兵棋推演。結果，這樣的不安徹底得到了印證。

兵推是根據聯合艦隊當時考慮的作戰計畫，以不得不在十一月十六日開戰為前提，集結四艘航艦（赤城、加賀、蒼龍、飛龍）的藍軍，對珍珠港進行攻擊來進行推演。敵軍（紅軍）並沒有察覺到藍軍攻擊珍珠港的意圖。可是，當藍軍從北方悄悄逼近珍珠港，在預定攻擊的前一天，遭到從夏威夷起飛，航程達四百英里遠的美軍水上飛機發現。不得已，藍軍機動部隊只好傾巢而出，集中全部三百六十架艦載機，全力強攻珍珠港。

判定結果是——藍軍擊沉紅軍四艘戰艦、重創一艘，港內四艘航艦有兩艘被擊沉，一艘重創，另一艘在戰鬥中被摧毀。其他還有三艘巡洋艦被擊沉、三艘中度受損。在空中和地上，一共擊毀對方一八〇架飛機。可是，藍軍本身的損害也十分嚴重。在敵軍的反擊下，四艘航艦有兩艘被擊沉、兩艘輕微受損。來到第二天，在紅軍的水上飛機與長距離轟炸機追擊下，輕微受損的航艦當中有一艘沉沒、另一艘重創漂流（結果自沉），換言之兵推得出是航艦全滅、搭載的艦載機全部喪失的悲慘結果。

這個悲慘的事實，讓擔任演習統監的聯合艦隊參謀長宇垣纏不禁為之驚愕。像是要打破屋內沉鬱的氛圍般，他大聲怒吼：「再重新判定一次！」

再判定，意思就是重丟一次骰子。當然，重丟的話，骰子的數字也會跟著改變。然而，結果並沒有如他所想的好轉起來。藍軍的四艘航艦全滅這個數字終於減半，但是大規模損傷的結果並沒有改變。當然，反對作戰計畫的軍令部看了這場兵推的結果更是振振有詞，反對夏威夷作戰的聲浪更為高漲了。

可是，在瀨戶內海聽到報告之後，山本的反應相當憤怒（九月下旬）。他說：「沒必要的事根本不需要做！軍令部開口閉口說這是賭博，可是這既不是賭博也不是投機。不攻擊夏威夷的話，戰爭根本進行不下去。在經過和中國四年的泥沼般戰爭、國力消耗殆盡之後，還要一頭栽進對英美的戰爭，這才是真正的賭博，不是嗎！假使上天保佑的話，夏威夷作戰一定會成功；假使失敗的話，也是上天不給我們這個機會。這時候，我們就應該馬上放棄戰爭才對。」

沒有這麼輕易被挫折擊退的山本，在九月二十九日對軍令部總長永野修身大將提出意見表示，戰爭要是演變成長期戰將會「相當困難」，因此「應該要避免戰爭才對」。

可是，海軍高層並不為山本的意見所動；更正確地說，對之冷笑與反對的意見反倒更強。不只如此，在關鍵時刻必須擔任主力、對於珍珠港進行攻擊的第一航空艦隊（機動部隊）司令部本身，也因為對於執行作戰感到相當不安，充斥著不贊成與反對的聲浪。

面對部下這些赤裸裸的反對，山本以激烈的態度回應：「假使在南方作戰進行的過程中，美軍艦隊從東方對本土空襲的話，那該怎麼辦？若是將南方資源地帶納入手中，東京、大阪卻化為焦土，那有任何意義？」

接著，他幾乎是聲嘶力竭地大喊道：「只要我身為聯合艦隊司令長官，就要堅持執行夏威夷作戰。不這樣做，對美戰爭就沒有勝算。即使全艦隊有再多的勉強和困難，夏威夷作戰都必定要執行；我希望各位以『必定要成功』的積極思考方式，去進行相關的準備。」

得知長官不動如山的決意，麾下的全艦隊也都抱持決死的覺悟，開始認真準備夏威夷作戰。這是開戰前兩個月，也就是十月七日時的事。

「除了辭職之外再無他法」

就在九天之後的十月十六日，領導國策的近衛文麿內閣垮台了。與其說是垮台，倒不如說是近衛首相面對九月六日御前會議上的決定——「如果到了十月上旬還無法貫徹我方要求」——眼見時間日益逼近，於是不負責任地拋棄了自己的職責。

「若以人體來說，（從中國）撤兵的問題就好像是心臟一樣，陸軍把它看成是相當重大的問題。若是就這樣服從美國的主張，那麼支那事變的成果都將歸於零；不只如此，滿洲國也會陷入危險，甚至朝鮮的統治也會動搖……以撤兵作為交涉前提，是絕對不行的。撤兵就是心臟。該主張的東西就要主張，就算一步步退讓，有必要連基本的心臟都讓出去嗎？這樣還算什麼外交，根本就是投降吧！」§

陸軍大臣東條英機中將在內閣會議中如此力陳。當他拿著九月六日御前會議的決定，極力逼迫對英美開戰時，海軍大臣及川古志郎則是把開戰與否的決定，全都推給首相自己處理。在這一瞬間，近衛首相察覺到海軍的曖昧態度，在天平上明顯與自己想要主張的「和」不搭調，於是就落跑了。陸海兩軍的不一致，只是他用來掩飾自己落跑的遁詞罷了。

兩天後，東條英機內閣上台。強力推舉這位逼迫近衛文麿開戰的人擔任宰相的，是內務大臣木戶幸一。一般認為，這是木戶的策略，他要將九月六日御前會議上的決定回歸白紙，並且要這個忠於天皇的軍人，對於進退之道從根本重新研究。為此，以木戶為中心的宮廷政治隔空操縱，再次扮演了重要的角色。

木戶將天皇希望和平的意向，具體傳達給東條：「不要被九月六日御前會議的決定所拘束，必須重新深切檢討內外情勢，並進行慎重考慮。」

這就是完全修正為新方向的所謂「回歸白紙的御敕」，天皇對東條的期待就是這樣的。可是，和內閣不同，天皇並沒有對陸、海軍高層下達「回歸白紙」的大元帥令。軍方已經別無他路可走，只能一路推進準備開戰的作戰計畫而已。

第二天，也就是十月十九日，聯合艦隊先任參謀黑島龜人大佐前往軍令部，傳達山本明確的意思，也就是運用六艘航艦進行夏威夷作戰的定案。面對始終不願意認可夏威夷作戰的海軍高層，前來要求他們做出決定的黑島，從一開始就顯露出強烈的鬥志。

作戰部長福留繁少將與課長富岡定俊大佐，前來迎接黑島參謀。他們冷淡地表示，為了實施南方作戰，是絕對無法認可使用六艘航艦的計畫，完全沒有商量的餘地。還說，聯合艦隊司令部遵從軍令部的指示乃是理所當然的，擺出一副完全聽不進去的頑固姿態。

「夏威夷作戰違反作戰常理，是極度危險的行動。」

「不，正因為是超乎作戰常理的行動，所以也超乎了敵人想像，因此成功的勝算很大。」

「不對，失敗的可能性遠遠要大上許多。」

黑島參謀露出嚴肅的表情，臉紅脖子粗地反駁說：「那麼，軍令部是打定主意，要放棄夏威夷作戰囉！」

富岡課長回應：「說過多少次了，主要作戰徹頭徹尾是南方作戰；為此，正規航艦兩艘的兵力是絕對必要的。這點絕對不能退讓。」

黑島盯著富岡的臉說：「那我跟你們沒什麼好談的了。我要去求見次長。」

這句話完全打破了海軍慣例。而且他不只是說說而已，還真的強行這樣做了。黑島輕蔑地看了福留和富岡一眼後，便趕赴次長室。面對軍令部次長伊藤整一中將，他打出了最後的王牌：「山本長官主張，即使賭上自己的職位，也要斷然執行夏威夷作戰。假使這個案子不管怎樣都通不過，那麼長官也無法擔起防衛皇國的責任，除了辭職之外再無他法了。」

說完這句話之後，黑島又語氣激昂地補上一句：「我們幕僚也一樣，全體會立刻辭職。」頗有圖窮匕見的感覺。

最後的決斷必須交給永野總長決定。不久後，總長邁著有點刻意的步伐，走到在次長室內等待的黑島面前，對他說：「山本真的這麼有自信的話，那就照他的期望進行吧！」

總長的言語之中，充滿了日本式的溫情。黑島不禁潸然淚下，一次又一次地低頭鞠躬，道謝不已。

夏威夷作戰，就在這種近似脅迫的主張，與人情式的決斷下，從這一天起正式展開了。對海軍高層來說，他們只是勉勉強強地承認，這是計畫第一階段南方作戰的分支作戰，至於把它當成乾坤一擲、捨身的全力決戰，則是完全沒有想過……

接著在不久後的十月二十四日，山本向出任東條內閣海軍大臣、和自己在海軍兵學校[7]同期的嶋田繁太郎大將，送去了一封信函。其內容較之前給及川的信件更加具體，也直接表露了他果敢推動夏威夷作戰的心境。

就算像大本營[8]所說的，以南方作戰為第一要務。但是在南方作戰中，我方的損傷如果嚴重的話，海軍兵力還有辦法延展開來嗎？這實在是令人憂心的事。特別是航空兵力的補充能力，以現狀來說相當地貧弱。在這種情況下，即使在太平洋上展開一場大決戰，迎擊從夏威夷襲來的敵主力艦隊，要取得勝

7 編註：相當於海軍官校。

8 編註：發生戰爭時，為因應需要而設置於天皇之下的日軍最高統帥部。大本營負責策畫日軍作戰的各種計畫、發布天皇對日軍所下的命令等。大本營包含陸軍的參謀總長，以及海軍軍令部總長，兩人肩負幕僚長的角色。

利也相當困難。

故此，「經過種種研究之後的結果，我認為只能在開戰初始便以強有力的航空兵力殺入敵方大本營，給予他們物理和心理上一時難以再起的痛擊，除此之外別無他法……」山本如是說。

明明是已經被逼到開戰的地步，海軍高層卻還把這場作戰看成勝負機率各半的大豪賭而不肯全力投入，這是什麼道理！日中戰爭爆發以來的四年間，我們的國力已經消耗殆盡，在這種情況下，還要與更強大的英美作戰。而且還想打持久戰，除了愚劣之外再無他話可說。

「唯有果斷執行這個計畫——不，正確來說是被大勢所逼不得不如此。身為艦隊指揮官的我，無法採取平常一般的作戰，結果陷入只能實施像是桶狹間、一之谷，或是川中島之類作戰的窘境[9]，這種無路可走的心情，還望您能夠理解。」深刻理解到以上狀況後，山本這樣說。

山本打從一開始，就不怎麼抱持著奇襲會成功的僥倖心理，這點在信中也明白地陳述出來。畢竟，艦隊必須要突破珍珠港美軍廣達五〇〇到六〇〇海里的警戒圈才能實施攻擊。不只如此，假使天氣晴朗的話，視野還必須加算四十海里。因此，會被發現乃是理所當然之事。儘管攻擊隊利用續航力、戰鬥機的護航，可以從遠距離外的航空母艦上起飛，但還是必須踏進二三〇海里的範圍內才行。就算巧妙地利用破曉時分，以機動部隊的艦隊速度，要達到二十四節以上還是有困難。換言之，即使運氣不錯，一切照計畫進行，那麼會在前一天的上午十一點突進六〇〇海里警戒圈內，下午三點進入五〇〇海里的美國航空部隊警戒圈內，在行動前一天就被發現的可能性相當之大。所以山本在給嶋田的意見書中也承認，「要在月明之夜或黎明時分，率領全部航空兵力，以全滅為目標，強（奇）襲敵軍。」簡單說，比起奇襲，他更有要發動強攻的覺悟。

儘管話都說到這種地步了，山本直到最後的最後，還是反對向英美開戰。他主張，即使隱忍自戒、臥薪嘗膽，也應該要避免戰爭。在這封長信的最後，他用半死心斷念的告白方式，深切表達應該在外交上妥協：「被逼到今日這種狀態的日本，真的能夠有轉機嗎？我在感到憂心惶恐之虞，也只能期待尊貴的陛下做出聖斷了。這種憂懼，還盼您能深刻了解。」

到了這種階段，山本還抱持著一絲希望，希望天皇能夠開口說句「ＮＯ！」

可是，天皇真的會這樣做嗎……？

「非開戰不可了吧」

就在山本開始提筆寫信給嶋田之際，從二十三日起，連日召開內閣會議與大本營—政府聯席會議，針對「回歸白紙的御敕」進行內外情勢分析、國力再調查等作業。嚴守禮儀的東條首相幾乎是每隔一日便前往宮中參謁，向天皇用詳細的數字，上奏國策再檢討的經過，天皇也允許了他的作為。

這時候，各式各樣反英反美的訊息在國內到處流竄，巧妙地煽動國民的好戰熱潮。全面禁止自用車使用汽油，金屬類回收令，以及生活的窘迫，對於燃起反英美的同仇敵愾，也有很大的作用。十月

9 譯註：這三場作戰的勝方，都是採用不合乎戰爭常理的奇襲方式來取勝。

二十六日的《東京日日新聞》（現《每日新聞》）的社論，就用一種煽動東條內閣般的語調寫道：「這樣下去，日本的國力就算不戰也會被消耗殆盡。現在，斷然斬除羅斯福政府對日、對東亞政策的主力，瓦解其阻礙的時候已然到來。我們都看清了這點。日本與日本國民，是不會中羅斯福政府的計。我們與國民殷切渴求東條內閣，毅然針對局勢做出最好的選擇，徹底完成事變，並朝向建設大東亞共榮圈的最短距離邁進。」

歷史的滔滔潮流，已經變成了任誰也無法阻擋的激流。個人的反對，就像前首相、海軍大將米內光政所言，宛如在尼加拉瀑布上駕孤舟逆行，根本是癡人說夢。

在這種情勢下，東條內閣與軍部還是不為輿論所驅策，花費了令人驚訝的長時間與認真態度，對國策進行了再檢討，但結果還是得到「開戰」的結論。他們認為，如果現在開戰的話，是有勝算的。

在我方的兵力方面，陸軍有五十一個師團以及十一個留守師團（後備師），總計兩百一十二萬人，要應付英美在亞洲方面的兵力綽綽有餘。海軍兵力有三百九十五艘（戰鬥艦艇兩百三十五艘、其他一百六十艘），總排水量一百四十六萬噸（戰鬥艦艇九十七萬噸、其他四十九萬噸），重油四百五十萬公秉；其他還有輔助艦船六百一十艘（排水量一百三十五萬噸），總共配員二十三萬兩千人。然後一般徵用商用船舶，也有二十萬噸。

在飛機方面，陸海軍共有五千七百架飛機，航空汽油的儲量是九十萬公秉，以現在來看也是相當充裕。

針對一九四一年末的海軍對美現有兵力，可以再稍微細寫一點。戰艦：日本十艘，美國十七艘；

航艦：日本十艘，美國八艘；重巡洋艦：日本十八艘，美國十八艘；輕巡洋艦：日本二十艘，美國十九艘；驅逐艦：日本一百一十二艘，美國一百七十二艘；潛艦：日本六十五艘，美國一百一十艘。不過這是包含美國大西洋艦隊在內的數字。總計起來，日本海軍的艦艇數是兩百三十五艘，總排水量九十七萬五千七百九十三噸，美國則是三百四十五艘，總排水量一百三十八萬兩千零二十六噸。換言之，日本的對美比率是百分之七十點六。又，飛機是日本三千八百架（當中部署兵力是一千六百六十九架），美國五千五百架（對日當面部署為兩千六百架），比例也是百分之七十。

這個數字已經達到海軍自明治時代以來反覆研究演練、擁有絕大取勝自信的「七成海軍」的程度。不只如此，在一九四〇年七月，美國國會通過了「兩洋艦隊法案」（Two-Ocean Navy Act）；若是照這個法案發展下去，那麼在一九四三年底，日本海軍的對美比例，據推斷將降到五成以下，一九四四年底更將降到三成以下。這意思就是說，即使竭盡日本的國力，也沒有對抗的餘地。在飛機生產上也是一樣，美國的生產能力是日本的十倍以上。到一九四四年，日本飛機的總數將是美國的七分之一到八分之一，完全是處於絕望的狀況下。所以，要戰的話就只能選擇現在。

更進一步來說，日本海軍在計算上，還有一個足以打消不安的期待，那就是巨大戰艦大和號在年內即將服役，其姊妹艦武藏號也會在數月之內完成。他們認為，只要這兩艘戰艦搭載的四十六公分巨砲噴出火焰，至今為止只搭載了四十公分主砲的美國戰艦，一定會不堪一擊。不只如此，美國海軍還必須分成太平洋與大西洋兩邊作戰。換句話說，戰力比率已經超過八成，甚至是接近對等，這對艦隊指揮官與參謀的士氣而言，都是一種鼓舞。

根據這樣的實力檢討，十一月一日到二日間，召開了長達十六小時的大本營—政府聯席會議。東條提出了三個建議：（一）避免戰爭、臥薪嘗膽；（二）立刻開戰；（三）一邊準備作戰，一邊進行外交談判，要眾人從中做出一個選擇。出席者全都明白，這是決定日本走向的最後機會，因此這場討論，可說是集認真與悲壯之大成。

強烈支持臥薪嘗膽政策的，是外務大臣東鄉茂德。他在會上力陳道：日本若與聯軍交戰，明顯地幾乎沒有獲勝的可能性，而納粹德國逼使英國屈服的可能性也極低；在這種情況下，根本不該徒然開戰。大藏大臣賀屋興宣也應和東鄉的說法，認為打一場勝算極小的戰爭乃是無謀之舉。

但是，這樣的邏輯無法說服軍方。在日本臥薪嘗膽的時候，美國會強化對中國、英國、荷蘭、蘇聯的援助，使得對日本的包圍網日益堅固。而在這段期間，日本仍在持續消耗貴重的石油，結果只會使得美國的優勢更為擴大。

「到那個時候，就算再談開戰，也已經無法作戰了。」

永野總長的發言聽在耳裡，讓人感覺充滿了悲愴。

「若是拖到來年春天，情勢會變成怎樣，實在無法預料。我也沒有把握，能保證對方不會攻來。」

賀屋還是很小心地再問了一句：「既然如此，那何時開戰最有勝算呢？」

永野漲紅了臉，大聲回答道：「就是現在！之後不會再有這樣的機會了！」

藏相啞口無言。我們今天在這裡不斷侃侃而談、進行議論，到底是為了什麼呢……？

出席的每個人都心知肚明。勝敗乃是由雙方物資和心理的總體力量來決定。可是，若繼續拖延下去，正如剛才的數字所顯示的，精神力姑且不論，在物力上，日本就已經不是擁有龐大生產力的美國的對手，而且會整個完全遭到壓倒；到了一九四二年三月以後，就完全看不到作戰成功的可能存在。這就是擺在日本眼前的現實。＊

十一月二日，東條針對過去十天，幾乎是每天激烈爭論的會議做出結論。結果是選了（三），也就是一邊備戰，一邊繼續對美交涉。然而，「當無法成功透過外交手段進行交涉的時候，日本就決定開戰。」他和陸海兩總長一起，將這樣的結果報告給天皇。另一方面，若是交涉不成功，則將發動武力的時機定在十二月初。換句話說，對美交涉若是在十一月二十九日（也就是十一月三十日的午夜零時）之前成功，則作戰便會中止……

為何要將開戰時間選在十二月初呢？理由有四：一、雖然從石油儲備來看，還有若干餘裕空間，但是在一九四二年初，就必須決定開戰或者屈服才行。二、為了防止蘇聯可能的攻擊，必須要在不適合北方作戰的冬季就結束南方作戰才行。考慮到南方作戰需要的時間大約是三個月，那麼十二月開戰是最適合的。三、英美在菲律賓與馬來亞方面的備戰正急速提升，美英荷與中國的共同防衛也日益緊密，因此及早開戰是最好的。四、從馬來亞近海的風浪狀況來看，一到二月波濤甚大，並不適合登陸作戰。

另一方面，由於是軍事機密，所以在公開場合都是隱匿不提的。但對海軍高層來說，當機動部隊為了夏威夷作戰而展開行動之時，一月份以後的北太平洋狀況，對他們來說是徹底的不利。這點也是他們縈繞於心的考量。

天皇在聽了東條與兩總長的報告後，以極度沉痛的表情思考良久；最後，他用叮嚀般的語氣說道：

「必須極力進行日美交涉，但是達不到目的的情況下，也就非得對英美開戰不可了吧！」

接著他又明確表示：「事態既已演變到今日這種地步，那就非得更進一步進行作戰準備才行；但，即使如此，無論如何都要極力打開僵局，進行日美交涉才行。」

忠誠的東條聽了，只是誠惶誠恐、深深低頭不語。

「養兵百年，所為何用？」

十一月五日，在皇居大廳召開了御前會議[10]，這是昭和天皇即位以來的第七次。這場會議，實際上就是決定發動太平洋戰爭的會議。在這裡，東條和兩總長十一月二日上呈的「帝國國策遂行要領」，正式獲得天皇的認可。

其內容是，日本方面為了達成交涉而讓步的提案——「甲案」，若是不成之際的最終讓步提案——「乙案」，兩者都是按照天皇的期望，為打開交涉難局而提出的方案。但是，儘管付出如此拚命的努力，還是無法成功的話，那就決定將發動武力的時機，定在十二月初。

會議結束後，準備好的甲乙兩案便被送到位在華盛頓、擔任日美交涉最前線的駐美大使野村吉三郎手上。與兩案一同發來的外相訓電，相當悲壯地對野村這樣傳達。「這次交涉是最後的嘗試，我方的提案也是名符其實的最終案，請務必清楚認知這點。」在第二天的訓電中，外務省又強烈地陳訴道：「因為各種緣故，最遲必須要在本月二十五日完成締約。」由於甲乙兩案與訓電都被美方給攔截了，所以應該是完全不曾修改過的原始內容。

負責交涉的當事人——美國國務卿赫爾（Cordell Hull），在他的回憶錄中這樣寫道：「這份被攔截到的電報中，終於明確寫出了交涉的期限。（中略）這份訓電的意味也相當清楚，那就是日本的戰爭機器，已經開始轉動其車輪，假使十一月二十五日前我方不答應日本的要求，他們將不惜對美國發動戰爭。」

無論日方再怎樣隱蔽自身的意圖，還是全被對方看得一清二楚。◎

十一月七日，對此一無所知的野村，迅速將甲案親手交給赫爾國務卿。然而，赫爾根本不把它當作一回事，冷冷地看完就丟到一邊；畢竟，這個提案距離現實實在太遠了。比方說第一項，「派遣到支那的日軍，在日支和平成立後，於北支、蒙疆、海南島，在必要期間內（大約二十五年左右）繼續派駐兵力，除此之外則在日支和平成立同時開始撤兵，兩年之內結束。」

但是，一九四一年之後的二十五年，就是一九六六年了。因此，這與其說是當下的外交交涉，還不如說是屬於未來學的範疇。

當然，赫爾也不會單獨就檯面上的提案，來進行戰略進退的考量。事實上，美國國務院應軍方的要求，決定採取議而不決的拖延戰術。「要發動攻擊還是後退，全都交由日本去決斷」，這種坐以待之的態度，始終不曾改變。十一月十二日會談時，赫爾只是悠然地表示「十四日再做回答」，讓野村焦灼不已。

華盛頓的十一月十二日，在日本已經是十三日。這一天，山本在岩國海軍航空隊基地聚集麾下各艦

10 譯註：作者原用「一之間」，指的是御殿中最大的大廳。

隊主官與主要幕僚，進行最後的討論。作戰會議從早上九點開始，因為要確認種種細節，所以一直開到下午三點才結束。最後，出席者一起舉杯祝賀，並拍了出戰前的紀念照。

這場最終會議結束後，山本將全體指揮官帶到另一間房裡集合。在那裡，他下達了指示：十二月X日將與英美開啟戰端，X日目前暫定為十二月八日，不過尚待後令決定。機動部隊將集結在千島群島中擇捉島的單冠灣[11]，採北方航路向夏威夷前進。說完之後，山本用炯炯燃燒般的眼神，一個一個掃視著仰望他的全體成員臉龐，斬釘截鐵地說道：「這不是一場輕而易舉的戰爭，全軍官兵都必須全力投入生命與履行職責。」

「但是，」山本又附加了一句，「假使當下在華盛頓進行的交涉能夠成立，那麼在X日前一天的凌晨一點，我會下令出動的部隊全體撤退回國。當接獲這道命令的同時，我希望各位立刻中止作戰，轉頭撤退。」

聽了這話，機動部隊司令長官南雲忠一中將立刻發出反對之聲：「這是不可能的。敵人就在眼前，士氣會受影響的！而且就實際問題而言，這再怎麼想，都是不可能做到的！」有兩三位指揮官也附和似地跟著點頭，甚至還有人用相當鄙俗的話說：「小便放出去，就收不回來了啦！」

山本的臉上瞬間顯出怒容。

「養兵百年，所為何用？不正是為了保護國家的和平嗎！如果有認為不該接受這個命令領軍撤退的指揮官，那我現在就下令他禁止出動，並且要他馬上遞出辭呈！」

在長官威風凜凜的斥喝下，再也沒有人敢多有意見了。

山本即使到了這個地步，仍然希望日美交涉能夠達成協議。可是，戰神總是與這樣的平穩背道而馳，因此人們的期待也總是歸於枉然。華盛頓時間十一月十四日，赫爾按照與野村的約定，遞出了美國方面的回應文件。其中雖然沒有全面拒絕日本的甲案，但內容與甲案相去甚遠。

野村大使明瞭，美國的態度已經極為明確，那就是他們拒絕甲案這種出自日本本位的提議。可是在此同時，日本仍舊必須竭盡全力，來避免戰爭爆發才行。

儘管如此，日本在十一月十五日召開、為期五天的臨時國會上，經過認真審議後，決定通過追加預算三十八億日圓。在此同時，也通過了發行公債以及增稅的決議。質詢的小川鄉太郎議員大喊：「我強烈主張，現在應該是轉向決戰的時刻了！」與之呼應的島田俊雄議員，也大聲催促政府：「再這樣下去絕對不行，這是全國國民的心聲！」東條首相則還是用他慣有的語調，大聲駁斥道：「現在乃是決定帝國百年大計的重大時局啊！」[12]

另一方面，大眾傳播媒體也擺出一副好戰勇猛的陣仗。「發動一億總進軍」（《東京日日新聞》）、「應當配合國民的覺悟，全力集中完備國內各體制」（《朝日新聞》）。對美強硬的主張，可說是一片鑼鼓喧天。

---

11 譯註：位於今日俄羅斯境內，日本稱南千島群島的港灣。

12 譯註：小川和島田都是政友會系統的人物，他們兩個從內文來看都是主張開戰的（後來也都加入大政翼贊）。反而是東條這時候是屬於持重派，力推甲乙兩案優先。

「東條的演說結束後，美國海軍武官探出身體，對著書記官悄聲說：『哎呀呀，還是沒有發出宣戰布告呢！』」格魯的日記如此寫道。

這可說是熱度高漲、情緒激昂、整個巨大的氛圍朝向戰爭發展的五天。

人在華盛頓的野村這時候能夠抓住的救命稻草，就只有美國政府把注意力放在德國身上，未必希望與日本戰爭，並且由衷地期望自己的觀察是正確的。若是如此，那現在就該把日方最低限度可以接受的乙案交給赫爾了。在野村心裡，已經認定外交上沒有多少空間可以操作了。

然而，儘管日方展現出強烈決意，若是美國拒絕或者不接受最終條件的話，那就只有選擇戰爭。但事實上，他們還是希望或許能夠反過來，開拓一條和平之道。在野村心中熱切懷抱的這種期待與可能性，其實也是日本政治領導者普遍抱持的願望。

不過，他們也暗自下定決心，假使美國的答案是否定，那日本為了自存自衛而宣戰，就有正當理由了。

就這樣，攸關戰爭乃至國家命運的乙案，現在就要提出，而美國政府是否接受，則是一切的關鍵。「開始就乙案進行交涉」，接獲東京的訓電，野村向赫爾提出再次會談的請求，得到的結果是「十一月二十日中午，在國務卿辦公室進行會談」。

野村把深藏在大使館保險箱裡的乙案，慎重其事地重新取出。

※根據一九四一年六月二十日軍令部的調查，所謂「援蔣路線」，透過越南路徑運入的汽油、鐵材、卡車以及彈藥等，約為一萬一千噸（月量，以下同），透過緬甸路徑運入的彈藥、工具機、武器等則有四千噸，透過華南也有同樣的物資九千噸流入。這些都會對日中戰爭停戰造成妨礙，並方便中國軍隊採取泥沼式的戰略遲滯行動，因此令日本軍部感到焦慮與屈辱。

§關於日美交涉，美方始終一貫的主張，不出以下四項：
一、保全各國領土並尊重其主權；
二、支持對他國內政不干涉之原則；
三、支持機會均等（包含商業方面）原則；
四、維持太平洋地區現狀，若要變更現狀，需以和平手段為之。
表面上完全是可以商議的主張，但實際上背後的戰略，具體言之就是強烈要求日軍從中國完全撤兵，並且也從法屬印度支那撤退。又，所謂機會均等，意味著否定滿洲國的存在。但即使如此，美國對於自己領有菲律賓一事，卻將之排除在「維持太平洋地區現狀」的條件之外。
在日美談判中，美方的態度始終不曾超出這四原則之外。換句話說，美方打從一開始就沒有談判的打算，完全是要逼日本低頭接受其條件而已。

＊美國的生產力在當時和日本相比，艦艇是四點五倍、飛機六倍、鋼鐵十倍、GNP（國民生產毛額）十二點七倍。至於日本的GNP，在兩年前達到高峰後便一路下滑。而且日本受到泥沼化的日中戰爭影響，在生產設備的儲備上幾乎已經完全見底，也沒有開發新技術，同時也沒有龐大的設備轉換或新建餘力。不只如此，勞動力也已經徵用到極限；至於今日所謂的自動化或是大量生產，那更是想都不敢想。有關資源方面，在本書中也已經屢屢提及。

◎翻開當時的報章雜誌，幾乎都是一片「攻擊美國」、「美國不足懼」的叫囂。這在一般美國人眼裡看來，不免會判斷為「日本國民都渴望戰爭」。但事實上，仔細觀察就可以發現，這是一些有心人在用高調的強硬論，來牽引大多數國民的情緒。比方說針對《東京日日新聞》的某篇社論，身為知日家的格魯大使，在一九四一年十一月三日的日記中就寫道：「我相信這篇報導和社論，充分反映了現在日本人的情感。」
這篇社論的結尾是這樣的，「日本的忍耐已經到了極限。（日美會談）遷延、長期議而不決的結果，正如（羅斯福）自己先前在石油演說中所預言般，會為西南太平洋播下禍亂的種子。更進一步說，這也會造成無法收拾、蔓延全世界的大動亂，而這責任全都必須由羅斯福總統一人扛起。」
石油演說是七月二十四日，羅斯福詳述自己對日本石油資源的認識（詳情請參照本書第一部），在日本人看來是一場相當令人難以接受的演說。儘管如此，將戰爭的責任全部推給羅斯福，完全是一種任性妄為的情勢判斷。迴避戰爭之道，竟是如此狹隘。

第一部

《赫爾備忘錄》

「達成和平妥協乃是必要之事」

這年初冬的華盛頓，寒流比往日更早降臨。賓夕法尼亞大道上的行道樹，葉子早已落盡，變成光禿禿一片。路上擦肩而過的行人，全都拉緊大衣領子，蜷曲著背部。白宮庭院裡的樹木，也在刺骨的寒風中顫抖著身子。

這一天，是一九四一年（昭和十六年）十一月二十日，也是該月的第三個星期四，赫爾國務卿應允在國務院的辦公室內，與日方面談。赫爾或許並不期望和日本繼續進行外交談判，但到了中午，野村大使與來栖三郎特派大使還是揪著一顆心，頂著寒風前來造訪赫爾，並提出日美交涉中，日方的最終提案——「乙案」的英譯本。

赫爾鄭重地接下提案，並順暢地一行行讀下去。與其說是他在確切理解內容，不如說是露出一種確認已知事實的視線。兩位大使看到他這種草率的態度，心裡都大惑不解。

事實上，這個提案早在十一月四日從東京送到日本大使館，並被收藏進大使館保險箱以來，羅斯福總統和赫爾就已經同步透過日本外交密碼的解讀機「魔術」（magic）了解到它的內容，也清楚知道這是日本的最終提案。在赫爾的《回憶錄》（*Memoirs*）中表示，因為美方還在考慮外交戰術上的對策之故，「所以不能讓日方看見太強烈的反應，以免給予他們停止交涉的口實。」正因如此，他一直讓自己保持著稍微冷靜的態度。

對此一無所知的來栖，針對提案的各個項目，就日本政府的意思仔細地逐一說明。這時，原本默默聽著的赫爾打斷了他的話，開口提出反駁的意見，特別是針對第四項。

「我國面對德國對歐洲的侵略，現在也在提供英國援助。因此，只要日本的大陸政策不採取明確的和平路線，我國就會繼續提供中國援助，這點請您務必理解。援英和援蔣是同樣的道理，這個方針是不會變的。故此，在要求停止對蔣介石政府的援助上，是沒有得談的。現在停止援蔣，就跟停止援英是一樣的問題。」

與其說赫爾面露難色，倒不如說他赤裸裸地露出了近乎拒絕之意。不只如此，他還補上了一句：「到現在為止，我國在中國的利益因為日本而受到了重大損害，這點請千萬別忘記。」

來栖仍然不肯罷休：「先前，總統表示為了實現和平，將不辭辛勞地在日中之間擔任調人。明明如此，卻仍然持續援助蔣介石政府，這不是反過來造成和平實現的阻礙了嗎？」

「不，」赫爾當場反駁。

「總統所謂的斡旋和平，是以日本停止對中國和東南亞侵略為前提所發表的言論。美國國民現在都相信，希特勒與日本是為了各自瓜分世界的一半，所以才攜手合作的。」

來栖還想反駁，但赫爾做了個手勢制止他，接著又繼續說道：「日本的報刊對於三國同盟的意義，不斷重複使用著『東亞新秩序』或是『大東亞共榮圈』之類納粹式的口號，而日本的領導者也像是不想輸給希特勒似的，不斷進行強硬的演說。在這種現狀下，日本即使如兩位所說，想要從此以後採取和平政策，我等也無法輕易置信。總之，我們確切期望日本的政策，能夠迅速且明確地採取和平路線。」

自日美交涉這年四月在華盛頓正式展開以來，赫爾的論調基本上沒有一絲一毫的改變。在此為年輕的讀者整理一下，日美交涉的爭議點整體來說，大概是以下幾點：一、將日德義三國同盟實質上變為空談。二、除了蔣介石政府以外，不承認中國的其他政權。三、從中國與法屬印度支那撤兵。美國強烈要求這三點，相對之下，日本則是持續說明自己的立場，以及主張日美通商關係無論如何都應該正常化。日本雖然在三國同盟問題等方面可以做出有限度的讓步，可是說到底，仍舊只是看不到妥協點，是「為交涉而交涉」罷了。華盛頓駐美大使有多辛苦，由此可以輕易得知。日本對中國大陸派出大軍，乃是侵害中國的主權，這個事實擺在眼前，不管日本政府費盡多少口舌都無法自辯。更不要說停止對蔣介石政府的援助，日本愈是在這點上固執，就愈等於是執著於戰爭。針對重複這些要點的赫爾，野村靜靜地答道：「總之，這樣下去日美間的情勢，只有日趨緊迫一途。是故早日達成和平妥協，乃是必要之事。這項乙案乃是基於這樣的宗旨所提出的方案，希望貴方對此能夠有充分的理解。」

他用的語調幾乎已經是半哀求了。赫爾一邊表示理解，一邊又說：「您說的話確有道理。但是，正如我所強調的，要就此對日本的條件照單全收，無論如何都有困難。儘管如此，我們仍會對今天日方的提案，做出相當慎重的檢討。」

據野村回想，這時候赫爾的表情顯得相當「沉痛」。

被赫爾送出門外之後，兩位大使覺得街上的寒風變得更冷了。明明才不過下午兩點，深灰色的陰鬱就已經籠罩了整條大街。街上人煙稀少，只有廣闊的道路不斷向前伸展。

「乙案能否順利過關，實在不甚明確哪！」

「是啊，雖然對方說要充分檢討，可是……」

兩人簡單交換一下感想，便踏著枯乾的落葉，躲進了車中。對於東京是否真的認為乙案能夠達成協議，兩人雖然嘴裡不說，但在心底還是萌生出難以壓抑的疑問。

「將法屬印度支那南部的日軍移駐北部」

東京方面真的認為，乙案能夠達成協議嗎？還是像兩位大使懷疑那般，是明知這個提案也很無理，但還是有所覺悟而提出的產物呢？讓我們暫且停住歷史之流，把時針往回撥一點，再次稍微試著回溯過去——

從保存的紀錄來看，日本的首腦們確實對乙案抱持著認真的期待。十一月六日，東條首相就對陸軍省的主要幕僚這樣說道：「乙案不是為了開戰而做的口實。我由衷地向神明祈願，希望這個案子無論如何，都能與美國達成協議。」

即使認為已經喪失談判時機，且抱持強烈開戰決意的大本營，也在十一月五日的御前會議上和天皇確切約定，若是這項外交提案能在十一月二十九日中午十二點達成協議，那就停止用兵。也就是說，他們在心裡，確實存在著乙案可能達成協議的想法。這一天，大本營陸軍部戰爭指導班的《機密戰爭日記》是這樣記載的：如果妥協到來的話，「那就把過去的不滿全都忘得一乾二淨，專心為將來努力。但願這種外交上的不和能夠終結，並且不要出現對美『確定』開戰的狀況。」

從中可以看出他們在幹勁滿滿的同時，還是半帶著忐忑的心情，期待交涉或許會有結果。

主要負責的外相東鄉當然更不用說，乃是打從心底祈求這個乙案，能夠達成迴避戰爭的效果。

乙案說到底，乃是在外務省前輩幣原喜重郎與吉田茂兩人的協力下，是暫定和平方案的集大成。眼見日美關係的前途已經走到懸崖邊，這兩位憂心的外交老手也絞盡了腦汁。隨著七月底日軍派兵進駐法屬印度支那南部，八月初，美國也以全面禁止對日輸出石油這種戰爭手段來回應，日美關係危機自此一口氣嚴重惡化。因此，若要打開僵局，根本的方法就是無論如何，都要把進駐法屬印度支那南部的軍隊給撤回來。作為交換，美國或許會同意重新恢復對日本的石油輸出。如此一來，軍方那種破罐破摔、鐵了心要進行戰爭的態度，應該也會變得和緩一些，而日美也有可能重新走回到談判的路上。乙案就是基於這種情勢判斷下，由兩位外交界前輩撰寫而成的產物。

當初的乙案簡單來說，是由以下三個項目以及備考組合而成：

一、日本不對法屬印度支那以外的南方各地區進行武力侵略。
二、日美在荷屬東印度的石油與錫等必要物資獲得上，應互相合作。
三、美國每年供給一百萬公秉的航空汽油給日本。

〈備考〉
一、若是交涉成立，則進駐法屬印度支那南部的日軍將移駐北部。
二、日美就通商關係與三國同盟的解釋及履行相關規定加以協商，並追加新增內容。

一言以蔽之，本提案的主旨就是日軍回到進駐法屬印度支那南部以前的階段，日美關係也同時回到互相妥協的狀態。但在此同時，乙案對於引起最大議論糾紛的中國問題（日軍撤兵），卻沒什麼膽量去觸及。

一開始，軍方對此有著猛烈的反彈。參謀總長杉山元大將與次長塚田攻中將顫抖著身體，闡述著反對的意見；不過，東鄉外相也以毫不退讓的剛毅態度回應。他暗示說，如果這個案子不獲接納，那他可能會辭職，而內閣也會倒台。就在這樣的糾紛之中，大本營—政府聯席會議，針對提出的方案做了若干修正，最後乙案終於獲得了正式通過。

修正的第三項中明記，日美兩國政府將通商關係回歸到七月二十四日的原狀，同時美國也保證日本必要的石油。除此之外，在陸軍的強烈要求下，還加上了第四項，那就是美國政府不採取妨礙日中和平努力的行動，換言之就是停止對蔣介石政府的援助。

或許是覺得幣原、吉田的乙案要折服美國，在可能性上還是相當低吧，東鄉在心裡還是抱持著前景頗為黯淡的預測。但是，假使美國真像他們每每宣稱的那樣，是真心期盼著太平洋的和平，那麼對於這個日本竭盡心力表示誠意的案子，或許美國政府方面會再重新思考也說不定。東鄉這樣想著，同時也接納了將一縷希望寄託其上的軍部所主張之第四項。

可是，仔細讀過乙案便會發現，日本確切約定會履行的，就只有「將進駐法屬印度支那南部的日軍移駐北部」一項而已。不只如此，移駐北部的軍隊若是再度南下，要再次占領法屬印度支那全境，也只需要兩天的時間而已。因此，從軍事常識來看，這樣的約定根本等於零。

即使如今從客觀考量來看，把這種乙案當成最終提案，仍然是太過自我感覺良好的表現——不，更正確說，這不能看作是國家性質的利己主義，而是必須當成日本領導者被逼到牆角、焦灼不已的情況下所提出的產物才對。站在命懸一線的懸崖邊的人，就連一根稻草也會當成是救命繩索，這句俗話說得真有道理。

「一切都在意料之中」

就這樣，乙案在十一月五日的御前會議上，被納入「帝國國策遂行要領」當中並獲得認可，成為應當採行的國策。正如前面已經寫到的，其內容大致如下：試著透過所謂「甲案」、「乙案」，來打開日美交涉最終的僵局，但如果無法成功的話，那就將發動武力的時機，定在十二月初。

雖然回顧未免有點太長，但是針對這場御前會議再次稍微詳述，乃是有必要的。只是，關於這次會議的詳細內容，至今仍然不甚清楚；因此我只能根據僅存的資料，來試著推斷當時的情況。

首先是東條首相站出來說明實情：雖然我們已經根據九月六日御前會議的決定，真誠地尋求外交交涉，但「美方完全沒有做出任何反省」。接著他又向昭和天皇及列席者報告：政府與大本營陸海軍部[1]，前後共進行了八回的聯席會議，透過綿密與冷靜地檢討，結果「展開戰爭的決心相當堅定，並將發動戰爭的時機定在十二月初」。

不過，「在完成作戰準備的同時，也仍然在尋求透過外交交涉打開僵局的方式。」這位忠誠的軍人首相，沒有忘記加上這一句。

接著站出來的東鄉外相，卻立刻否定了首相的說明。「透過外交打開僵局」說起來容易，但是「在嚴重受限於時間的情況下，相當遺憾地，在這段期間裡，外交能夠施展的空間相當有限」，坦率陳述出自己的絕望。

第三位上場兼任國務大臣的企畫院總裁鈴木貞一，與第四位上場的大藏大臣賀屋興宣的說明，都是搬出不知從哪裡來的數字，表現出一派光明的樂觀論。既然戰爭明顯就要展開，那麼不管這時候搬出的數字有多架空，總之要讓大家覺得「不會後悔」就是了。

作為壓軸的，是接下來的兩位陸海軍總長的說明[2]。

首先是杉山陸軍參謀總長，他強烈表明開戰的決意：若是拖延開戰時機，則敵方兵力將增大，而且在南方天候上作戰也會陷於不利，所以希望開戰時機，最遲定在十二月初。儘管戰爭可能演變成長期戰，但只要確保南方的資源，那就能占據「戰略上不敗的態勢」。另一方面，蘇聯因為與德國戰爭蒙受重大損害，所以在關東軍方面，也可以不用顧慮來自北方的攻擊。從這層意義上來說，也是必須盡早收拾南方，以確立不敗的態勢。

1　編註：雖然在日本政府機關中設有陸軍省和海軍省，但這兩個部門只負責人事、預算、裝備等事項。有關作戰、動員等計畫則是大本營的陸、海軍部的權責。陸、海軍大臣皆會列席大本營的會議，但無發言權。

2　編註：日本陸軍負責軍令的是陸軍參謀本部，主官稱為參謀總長。海軍則是軍令部為權責單位，主官是軍令部總長。兩機關為平行單位。

永野海軍軍令部總長的說明，則讓眾人留神傾聽，並且浮現出關注的神情。他首先充滿自信地表明，海軍到十一月底將完成所有的戰爭準備，不過又補上一句說：「戰爭開始之後的作戰，才是最重要的。」換言之，為了進行先制攻擊，「隱蔽戰爭企圖，乃是攸關戰爭成敗的重大關鍵。」在這裡，他已經暗示了除天皇、陸海兩總長、首相，以及海相外，會讓所有列席者「嚇一跳」的珍珠港攻擊計畫。

開頭的說明就這樣結束了。接下去進行的會議，是由樞密院議長原嘉道對首相、外相、企劃院總裁、兩總長的質詢。關於這段應答，在此就不多加贅述，不過幾乎從頭到尾都是排除外交議論、對於作戰抱持樂觀的論調。換句話說，他們認為這樣就已經很夠了。最重要的、也是令人悲哀的事實是，全體列席者幾乎都已經放棄接受日美交涉的結果了。

原嘉道議長在會議的最後，做出這樣的結論：「如果錯失現今的戰機，那麼就只能屈服於美國、任其頤指氣使了。因此不得已，我們只好下定決心，對美開戰。儘管初期作戰或許會很順利，但是再下來的困難會日益增加；不過，一切都在意料之中，我對此深感信心。」

就這樣，大日本帝國在「一切都在意料之中」的未來藍圖下，下定決心一腳踏入戰爭。

東鄉外相在這一天，向華盛頓發出指示的電報：「若是美國對『甲案』表現出極不贊成的態度，明顯不可能達成協議的話，則提出預定的最終案『乙案』……這是帝國政府最後的處置。時局已極度迫切、事態已極度緊迫，絕對不允許延誤。」

如前所述，這些從東京發出的電報，在「魔術」的解碼下，全都轉到了羅斯福與赫爾的手上。關於甲乙兩案的內容，他們也都已經確實地讀過。不只如此，像是「不要給美方這是最後通牒的印象」，或是即使達成協議，「關於締約的所有準備，都絕對必須在十一月二十五日之前完成」，這些「嚴格規定貴大使」的電報，也全都被美方給解碼得知。換言之，日本的政策手段，已經全部被美方給看透了。

「在這裡有個叫做日本的國家」

就像這樣，日本發動太平洋戰爭的決意，與其說是出於某種目的的合理判斷，倒不如說是在極度緊繃的狀態下，所做出的集體自殺行為。不只如此，他們心裡所想的東西，也全都被美國解讀得一清二楚。對此，只能說他們既可憐又愚昧了。

另一方面，實際必須上戰場作戰的軍方看來，乙案大致在會議上獲得接受，還是件讓人半信半疑的事。就算乙案真的能獲得日美共識，但如果美國出於國防上必要的理由，仍然掐緊石油的輸出供給，那又要怎麼辦？

在嚴密的包圍下，日本的資源只有日益低落一途。結果，軍隊在失去所謂的「對應能力」之後，萬一開戰要怎麼面對強大的敵人呢？放眼望去，就只剩一片悲慘的景象。到最後，很有可能會演變成像以前的大坂夏之陣一樣[3]，無法作戰，只能屈從的狀況。

3 譯註：德川與豐臣家間決定命運的最後一戰。在之前的大坂冬之陣中，德川雖然包圍大坂城，卻拿堅固的城防無可奈何，於是德川家康便施展計略，偽作談和，騙豐臣家拆毀城牆。之後德川再次進攻，已無險可守的大坂城在三天激戰後陷落，豐臣家自此徹底滅亡。

石油日漸缺乏的憂慮，對海軍來說更是特別嚴重。八月全面禁止對日輸出石油以來，這種憂慮已經變成了恐懼。特別是七月二十四日羅斯福總統在某場集會中所做的「石油演說」，更讓海軍軍官一想起，就忍不住冷汗直流。或許是出於某種意圖，羅斯福在這場演說中，直言不諱表明了美國直至今日為止，對日本的石油輸入要採取的手段。

羅斯福是這樣說的：歐洲爆發的世界大戰還沒有波及亞洲，從我國國防的視野來看，確保亞洲所產的橡膠與錫等產物，是非常緊要的政策。然而，「在這裡有個叫做日本的國家」。

羅斯福又繼續說著：「姑且不論日本人是否有將他們帝國的版圖擴大到南方的侵略意圖，他們位在亞洲的北部，自己完全沒有石油資源。在這種情況下，如果我們切斷石油輸出管道的話，他們毫無疑問早在一年前，就已經入侵荷屬東印度了；如此一來，我國也已經捲入戰爭了吧！換句話說，我國對日本有限制地提供石油，不只是為了我們自身的利益，也是為了保衛英國與海洋的自由，更是為了讓南太平洋到目前為止，一直置身戰爭之外而採行的政策。」

這條石油輸出管道，在八月一日被羅斯福切斷了。這代表著什麼意義呢？除了美國下定決心進行對日戰爭以外，再無其他意義可言。

在世界的原油生產國當中，當時日本的排名是二十二位。一九四一年一年間，日本的油田只產出了大約三十點八萬公秉，占世界原油總產量的百分之零點一都不到。同年，美國則產出了約兩億三千兩百萬公秉，也就是日本七千倍以上的大量原油。

因為知道自己的國力貧弱，所以日本為了應付有事之際做出準備，自一九三〇年代起，便拚命地努力增加石油儲備。在條件允許的情況下，不惜運用黃金來強行輸入石油，同時也極度限制民間的需求，只為了多儲存一點石油。只是，根據統計顯示，輸入石油量的五分之四，還是都來自美國。

就這樣，到了一九三九年，日本的石油儲備終於超過了一千萬公秉。儘管如此，第二年美國採取石油輸出限制措施（許可制）之後，輸入還是急遽減少。到一九四一年八月面對全面禁運困境的同時，總儲備量已經下降到九百四十萬公秉。

若是對日石油全面禁運再這樣維持下去，日本每個月將會消耗掉四十萬公秉的儲油量。在經濟斷交、每日空轉的情況下，到了一九四二年底，就算有大艦巨砲也動彈不得，甚至整支艦隊都會陷入無法運轉的地步。

往不好的方向推測，美國是不是等到日本已經忍耐到積累足夠的石油之後，才一舉切斷石油供應管道的呢？這種疑惑始終令人揮之不去。透過石油來操作戰爭，這是羅斯福施展的狡猾戰爭戰略，而日本陸海軍只是如來佛掌上的孫悟空，徒有威勢而已……實在讓人忍不住做此聯想。

從這層意義上，軍部也認為禁運石油這種報復措施，是美國表明決心要正面發動對日戰爭的意思。在這種情況下，為了自存自衛，只能按照一貫的計畫，在三到四個月內，為追求石油進軍亞洲南部各島嶼了。為此，必須排除各種困難……美國也是明白這一點，所以才採取強硬政策的吧！

「石油是我們的生命。如果掐斷我們的呼吸，那就只能發動戰爭了。」

這是海軍中公認的政治軍人——海軍省軍務局第二課長石川信吾大佐，在八月時發出的大言壯語，不過這也是軍人之間共通且自然的感情表露。

就在這種動彈不得的情況下，在御前會議正式通過以乙案來尋求外交妥協的十一月五日，永野總長向聯合艦隊的山本五十六，發布了大海令第一號，其內容是：為了自存自衛，預計將在十二月上旬向英美及荷蘭開戰，因此必須完善作戰準備。所謂「大海令」，是「大本營海軍部命令」的簡稱，是軍令部總長承掌握統帥大權的大元帥陛下之命，代為發行的敕令。

第二天也就是十一月六日，陸軍也編成了南方軍，任命寺內壽一大將為總司令官。這也是大元帥的統帥命令（大陸令）。

當華盛頓的外交交涉落空之後便即刻開戰。攻擊就是最好的防禦，因此陸海軍必須調整到完美的攻擊準備才行。部隊和艦隊都要移動到預定的位置待命。剩下的時間相當之短。只是正如前面所提及，日本這種和戰並進的兩手策略，全都在美國政府與軍方的電文密碼破解下被察覺得一清二楚。可是，日本政府和軍部對於這種狀況，仍然一無所知。

「除了拔槍相見之外再無他法」

繞了這麼大一個圈子，最後還是讓我們重新回到十一月二十日——

姑且完成了重責大任，默然坐進車中的野村與來栖兩位大使，當然不會從東京那裡得知日本陸海軍都已經下定決心進行戰爭，並且做好了十全的戰鬥準備。離開本國將近一年的野村固然不用說，來栖接受特派大使的任命離開東京，也是在御前會議舉行的十一月五日早上。

儘管華盛頓的談判遲遲沒有進展，但歷史的齒輪從這一天起，在接下來的半個月中，突然急遽地轉動起來。兩位大使將乙案交給赫爾，換算成日本時間，是在二十一日深夜時分。

就在三天前的十八日破曉，五艘潛艦在甲板上各自搭載了一艘特別攻擊隊的特殊潛艇（甲標的），從廣島縣龜之首出發[4]。這五艘潛艦沿著豐後水道南下，邁向通往太平洋的漫長東進之途，最終目標是前往珍珠港外的配置點。在此前後，第一、第二、第三潛水戰隊，也將日本內地拋在身後，朝著夏威夷前進。

二十日，南方軍總司令官寺內對麾下各軍，下達了有關攻略南方要地的命令。雖然他說「攻擊開始日還要按照之後的命令決定」，但是不管怎麼說，南方作戰的各路軍，都已經陸陸續續抵達攻擊發起線了。

同時，山本長官也接獲了大海令第五號，並在二十一日深夜的午前零時，向麾下全艦隊發出「聯合艦隊電令作第五號」，也就是「第二開戰準備」的暗號電報——「登上富士山一一二一」。這意思是說，各艦隊按照先前指令，從待機地點前往作戰海域。日本時間二十一日零時，在華盛頓是二十日上午十點，也就是野村、來栖兩位大使敲響國務卿辦公室大門的兩小時前。換句話說，早在乙案提出之前，軍隊的齒輪就已經開始轉動了。

說個題外話，就在前天下午，為了將大海令交給山本，而造訪聯合艦隊旗艦長門號戰艦的軍令部作

4 編註：位於今日廣島縣吳市倉橋島東邊的海角，當地有隸屬於吳港的海軍工廠。

戰部長福留繁少將與作戰課員神重德大佐，在二十一日早上接受了一頓壽喜燒的款待[5]，忍不住大喜道：「這是多麼豐盛啊！」事實上，神大佐曾經抱怨過「好久沒有吃到牛肉了」，所以宇垣參謀長特別準備了這樣一頓盛宴。在宇垣的日記《戰藻錄》中，開心地記載著：「昨天拜託航空隊用飛機運來五貫[6]的肉，為中央統帥部解決營養不良的問題。」完全展現出一副游刃有餘的樣子。

另一方面，在《戰藻錄》中，二十日的紀錄下，也有相當值得注意的文句。這大概是聯合艦隊司令部與統帥部的兩位軍官進行種種交談時，所聊起的話題吧！在此謹加以引用。

「來栖大使抵達後，就會盡可能按照乙案進行交涉。可是要回到進駐法屬印度支那之前的狀態，再加上日支問題橫躺在中間，要想達成協議，總覺得非常困難。對方的態度相當強硬。他們到底還是低估了我國國力，更不知我方決心之堅定。若是不能解決的話，那除了拔槍相見之外再無他法。」

聯合艦隊的意氣昂揚，由此可見一斑。

不只如此，就在野村、來栖兩位大使將乙案交給赫爾並進行交涉的同時，日本外務省對各外館，送出了「待風」的訊息。這就是被美國稱為「風之訊息」的秘密電報。簡單說，外務省這封電報要通知的就是，當面臨要與英美或蘇聯斷絕外交關係、且訊息不通的非常狀態時，便會如下所述，在日本的短波廣播中插入天氣預報。

（1）日美關係陷入危機↓東方有風、雨

（2）日蘇關係陷入危機↓北方有風、雲

（3）日英關係陷入危機↓西方有風、晴

這項警告會加在廣播的中間與最後，而且必定會重複兩次。除此之外還附加指示，一接到訊息，就要將所有的密碼冊以及其他必要文件完全處分掉。

兩位大使一回到位在麻薩諸塞街二五一四號的大使館，便立刻遇到迫不及待前來迎接的參事官井口貞夫與海軍武官橫山一郎大佐，並且得知了「待風」的密電報告。這真是完全令人喘不過氣、措手不及的發展。聽到報告的兩人，臉上一下子露出了緊張的神情：「傳來這個預告的意思是……」

「有可能明天就會發出『天氣預報』吧！」

「嗯，是有這樣的可能性……可是，難不成……」

大家都無法確信。在完全不明瞭東京狀況的情況下，館員們只有日復一日，充斥著隔靴搔癢的感覺而已。

「不管怎樣，若是聽到這個訊息的話，就只能切腹謝罪了吧……」

不容有任何疏忽遺漏，大使館內的氣氛一下子繃緊起來。話雖如此，這種緊張並沒有持續太久，反而是一種孤寂的感覺一下子明顯地取而代之。

5 編註：壽喜燒，代表有值得慶祝的日子或事情而吃的料理。
6 譯註：一貫為三．七五公斤。

「這是對日本人相當公平的提案」

十一月二十一日早上，赫爾國務卿召集國務院幹部以及陸海軍首腦，就日本正式提出的乙案該如何處理，進行相關對策的協商。

赫爾在戰後撰寫的《回憶錄》中說：「如果答應日本的提案，那無異於是美國完全放棄自己的義務，舉手投降」、「面對這種完全沒有道理的東西，想要任何一個有責任與地位的美國政府官員加以接受，根本是癡人說夢。」看起來，赫爾好像是不多考慮，便輕易地把乙案給否決了；但從國務院的外交文件顯示，當時的情況未必就是如此。在這裡，歷史這東西顯露出某種無法一概而論、令人深感玩味的特質。

赫爾國務卿的提議有三點：一、不加回應，就這樣暫且加以擱置；二、立刻回絕日本的提案；三、由美國這邊提出反提案；從這三個方針中做出選擇。根據赫爾對英國駐美大使的轉述，這是一場「集結了國務院最菁英的智慧」，非常認真的討論。

結果他們選擇了第三案。不管第一案或是第二案，都會顯得美國沒有誠意，而且還會給日本開戰的口實，對世界輿論也會造成不良影響；這是無論如何都得避免的。既然如此，該提出怎樣的反提案才好呢？

陸海軍首腦異口同聲主張，考慮到參加歐戰的有利時機，以及透過對日經濟戰略的強化來壓垮日本，「盡可能有六個月、至少三個月的準備期，乃是必要的」，要求外交上應該充分地考量到他們的狀況。換句話說，軍方強烈要求，不可以太早就對日本展現出戰爭的決意。

會議最後以全員同意的方式，決定由國務院負責擬定美方的反提案。

事實上，自這個月十日左右開始，整個國務院遠東司自司長包蘭亭（Joseph W. Ballantine）以下，便已經全力投入擬定該如何與日本找出妥協點、並迴避戰爭的臨時協定當中。他們的目標，雖然也有按軍方要求，「爭取時間」的成分存在，但對遠東司本身來說，他們不希望從「冷戰」變成「熱戰」的心情，或許也不是假的。

這份原案之後加上各種意見，在二十日、二十一日、二十二日這三天間又經過多次加工，最後在二十二日終於大致成案。這項被稱為《暫行過渡辦法》（temporary modus vivendi）的條件，內容如下：日本自法屬印度支那南部撤兵、在北部的駐軍維持兩萬五千人以下，日美兩國的通商關係回歸資產凍結令（七月二十五日）之前的狀態。這份協定在三個月內有效（也就是三個月的休戰期間），是一份相當穩健，值得談判的內容。

這個提案送到了戰爭部長[7]亨利・史汀生（Henry Lewis Stimson）、海軍部長佛蘭克・諾克斯（Frank Knox），以及羅斯福總統的手上。值得注意的是，羅斯福針對這份原案，留下了一段日期不詳（一說是十七日交給赫爾）、引人關注的親手筆記。

「在六個月間——（一）美國恢復（與日本的）經濟關係（石油和米）。（二）日本不再增加法屬

7 編註：美國在此時尚未成立統領所有軍隊的國防部。戰爭部（Department of War）就是負責統管陸軍的內閣機構，直至二戰後的一九四七年方更名為陸軍部。後至一九四九年美國國防部成立後，才降級為國防部底下的分支。

印度支那、滿洲國，以及任何南方地區（荷蘭、英國、泰國）的軍隊。（三）即使美國加入歐洲的戰爭，日本也不啟動三國同盟……」

換句話說，羅斯福在這個時間點，還在考慮跟日本妥協。國務院訂下的協定案是休戰三個月，但羅斯福的想法則是六個月，確實頗令人玩味。或許，這是因為他一直密切觀察著歐洲戰事的緣故吧！

還有另一個更引人注意的事實。羅斯福應赫爾的要求，就這項《暫行過渡辦法》的內容，發了一封電報給英國首相邱吉爾（Winston Churchill）：

「十一月二十二日（實際上是二十日——作者註），日本大使提出了日本從印度支那南部，將兵力移動到印度支那北部等提案。另一方面，他們也要求美國做出重新供給石油、並且答應不採取阻礙日中回復和平之努力等讓步措施，以此作為臨時協定（即乙案——作者註）。

對此，美國政府回覆，日本提案有違解決中國問題的內容，這方面不可能接受，不過日美兩國可以就東北亞、北太平洋、東南亞、南太平洋各地區，相互約束不進行軍事上的侵略。另一方面，只要日本部隊從印度支那南部撤退，並將北部的兵力控制在兩萬五千人以內，美國就可以採取供給民用石油等經濟制裁上的緩和措施，這是我方打算提出的《暫行過渡辦法》。」

羅斯福在這時候，已經相當明瞭《暫行過渡辦法》的提出，是為了爭取更充分的時間。然後，在這份電報的末尾，總統又親自加筆寫了這一段：「這是對日本人相當公平的提案。不過，是否同意或拒絕，完全是日本國內政治上的問題，而我對此也不抱太大的期望。我認為，我們都應該為即將爆發的紛爭做好充分的準備才對。」

從這裡可以看出，這時候羅斯福的心情相當地動搖。乙案乃是最終提案，除此之外只有斷交一途。面對如此表示的日本，《暫行過渡辦法》就算提出，也有可能只是一場空。可是，萬一日本人有冷靜下來的可能性，結果或許能走向妥協的方向。只是，一切都要看日本人決定，而自己這邊也不能鬆懈對戰爭的準備，這是羅斯福的認知。

「美國太過軟弱了」

雖然我們都知道，歷史並沒有所謂「如果」，但不管怎樣，我們還是會忍不住想問，假使美方將這份根據乙案規劃的《暫行過渡辦法》提示給日本的話，那會發生什麼事呢？不要說六個月，三個月的休戰就已經很足夠了——不，即使只有一個月也好，若是日美交涉持續下去的話，那會怎樣？假使這樣，那或許真如羅斯福所期待，日本的一頭熱會冷卻下來，並且必須面對急速變動的世界情勢了吧！

正因如此，假使「冷戰」依舊持續下去，日美交涉在接下來一個月也依舊磨磨蹭蹭、議而不決，日方應該也還是不會踏出開戰這一步、萌生戰爭的想法吧！不管如何妄想著誇大勝利，到最後還是不得不做出「不可能」的結論，這樣的事態應該會到來才是。

雖然有點反覆贅述，不過在先前的十一月十五日，大本營—政府聯席會議，其實已經就戰爭終結時機的可能進行了充分討論，並有了結論。

一、南方作戰初期成功，足以確保石油、橡膠、錫的自給，並且能夠耐得起長期戰的時候。

二、以敏捷積極的行動，逼使重慶的蔣介石屈服的時候。

三、德國在德蘇戰線中獲勝的時候。

四、德國成功登陸英國本土，逼使英國講和的時候。

不管哪一個時機，都有可能讓美國孤立且失去戰意，然後得到體面地談和的機會。在這裡也有值得注意的地方，那就是如以上簡明所述，他們並沒有想要讓美國全面屈服，進而把日軍真的當成了「無敵」的陸海軍。這就是日本終戰方案的主要內容。他們特別相信（三）和（四）一定會發生，是故勝算估計起來就更大了。換言之，德國的勝利乃是徹底可以想像的。

事實上，就在美國策畫《暫行過渡辦法》的同時，十一月二十二日，德國國防軍確實已經攻到距離莫斯科以西約二十公里的伊斯特拉（Istra）西部，這也是他們到現在為止，距離莫斯科最近的地點。德國將軍們自誇道：「用望遠鏡就能看到克里姆林宮的尖塔。」另一方面，蘇聯紅軍則是拚了命在應戰。「俄羅斯相當廣大，但是越過莫斯科後，我們就沒有後退的地方了」，士兵們一步不退地，持續展開死鬥。

日本也從德國那裡接獲了這些情報。德國對蘇聯的戰爭，距離全勝只差一步之遙。是故，羅斯福在《暫行過渡辦法》前嘆息，也不是沒有道理，而日本軍部的戰意則相當旺盛。這時候，美方也判斷蘇聯必定投降，這點也反映在《暫行過渡辦法》上面。

可是，就在半個月後……

讓我們先不急著說下去。假定的論述就到此為止，現在我必須談談這個煞費苦心的《暫行過渡辦法》變成了什麼樣子，以及它的命運。

就在莫斯科西邊的戰場掩沒在一片暮色朦朧中，華盛頓時間二十二日的上午九點，赫爾召集了英國、澳洲、中國、荷蘭四國的大使與公使來到國務院。闡述完八個月以來，日美交涉的來龍去脈後，赫爾將《暫行過渡辦法》的草稿拿給四人過目。他根據這個方案妥協之後，將重新向日本輸出的民用石油、棉花、醫藥品等的數量，徵詢了各國的意見。換句話說，日美交涉現在就形式上來說，是一國對五國的架構。

「如果交涉破局的話，我們必須要有南太平洋立刻陷入戰時狀態的覺悟才行。日本方面會判斷哪裡才是交涉的終點，這點我方完全無法預測。但是，我和白宮都打算盡可能在談判的基礎上制定對策。為此，我們才擬定了這個方案。」

聽完赫爾的意見後，英、澳、荷三國的大使、公使都對國務院案表示贊成，並答應會照會本國政府。但是，中華民國駐美大使胡適的反應則截然不同。他先是異常地狂笑，接著用怒氣滿滿的聲音說道：「我們原本期待和日本的交涉會有什麼成果，結果卻完全不是如此！交涉妥協之類的事情，我們根本不考慮！美國政府太軟弱了！」

然後，胡適又銳利地指出了最關鍵的一點：「當這個案子達成協議的時候，日本是否要負起不擴大侵略中國的責任？」

這確實是攸關重慶政府存亡的大問題。胡適失去了冷靜，聲音愈來愈大：「日本會從我國撤兵嗎？」

「按照這個方案妥協的話，日本確實不用負起這樣的責任……」

赫爾一邊這樣回答，一邊為中國激烈的反應感到震驚。赫爾感覺胡適彷彿是在拔刀逼問他，美國是否打算在最終階段放棄中國？這種多少有點誇張的表達方式，成為最終毀滅《暫行過渡辦法》的第一個契機。結果，就在胡適的狂笑中，避戰的機會轉瞬間便已遠去。

這天晚上八點，野村、來栖兩位大使，又來到赫爾的家中拜訪。會面長達三小時，赫爾似乎很不開心，強硬的態度也一直沒有改變。

兩位大使婉轉地催促，希望美方對乙案作出答覆。赫爾則回答道：關於此事，現在正在檢討中，也向四國提出並尋求其理解，故此，應該會在星期一（二十四日）作出回應才是。野村露出苦笑辯解道：「其實是東京方面的督促相當急迫……」但赫爾卻用有點憤怒的語氣回絕道：「就算再怎麼努力，我的力量也是有限的。逼迫我作出草率的回應，結果只會換來失望而已。我想不出連兩三天都等不了的理由是什麼！」

野村的話語背後，其實隱藏著這天從東京接到的極機密指示。東京方面表示，日美交涉的最終期限從二十五日延到二十九日，但是這個期限是絕對不會再改變了；在這之後，情勢就只能「自行發展而已」。

當然，赫爾也已經透過「魔術」得知了這一點。

「這兩個外交官在我家陪笑臉，露出慎重的態度，在表面上擺出一副親近的樣子；這看在我眼裡，是多麼虛假的表現啊！我已經透過電報攔截，得知日本不法的計畫，所以也很清楚野村、來栖兩人擁有相同的資訊；正因如此，對於要應和他們的調子來談話，我只感到相當難耐。」

赫爾在《回憶錄》中如此寫道。他所寫的這段文字，其實也證明了美方同樣是虛情假意在回應。

「野村時時發出輕笑，來栖則是露齒而笑」，對此，赫爾則是不時露出冷笑。

這場一無所獲的會談結束時間是華盛頓的晚上十一點，在日本時間則是二十三日午後一點。三十分鐘後，航艦加賀號在擇捉島單冠灣下錨，穩穩地將它的巨大身軀安頓下來。由於為了配合珍珠港淺海深度而製造的淺沉度魚雷來不及生產，因此加賀號從本土出發的時間一直延後，最後終於在搭載其他航艦分出來的魚雷下，在這個夜裡下錨，完成了秘密的出航任務。

由南雲忠一中將擔任總指揮，為了夏威夷作戰而部署的機動部隊，全兵力三十艘（航艦六、戰艦二、重巡二、輕巡一、驅逐艦九、潛艦三、油料補給艦七），終於在單冠灣這裡集結完畢。

「世事不能盡如人意」

日本的十一月二十三日，是天皇家的宗教儀式「新嘗祭」舉行的日子。在這個儀式中，天皇會將這年收穫的新米供奉給八百萬神明，以示感謝之意，並祈求天下太平，同時自己也會加以品嘗。直到儀式結束為止，天空都還是一片晴朗，但不久開始烏雲密布，到了午後便開始下起雨來。初冬令人微寒的雨，濡濕了大內山[8]蒼松的綠葉。

就在同一天，南方海南島的三亞天氣晴朗。在蔚藍清空與澄澈藍海的圍繞下，負責支援陸軍馬來亞作戰的南遣艦隊司令長官小澤治三郎中將，與派遣到馬來亞（Malaya）的第二十五軍司令官山下奉文中將，在旗艦鳥海號重巡洋艦上進行了秘密會議。兩人雖是初次見面，但從寒暄開始就顯得心意相通；關於陸海方面的協同作戰，也幾乎是一談就成。山下軍計畫從泰國的宋卡、馬來半島的英領哥打峇魯（Kota Bharu）進行敵前登陸，小澤則答應派出最優秀的船艦編成護航船團。馬來亞方面的作戰，就這樣在陸海軍的協調下，萬事順利地持續進行。

也在這一天，日本政府決定就山下軍在宋卡登陸並通過泰國領土方面的照會，以及防止日軍與泰軍發生無益衝突的處置，向駐泰日本大使坪上貞二發出訓令。只是有附帶條件，那就是交涉開始要在X日（開戰日）前一天的上午六點以前，且在中午十二點以後就無效；換句話說，是在一個極度緊繃的時間點下進行交涉。雖然按照日方判斷，泰國總理鑾披汶・頌堪（Plaek Phibunsongkhram）對日本的態度頗為友好，但同時在泰國國內，仍然有很強大的親英勢力，因此日本政府和軍方，未必就是一面倒地樂觀到底。

在北邊的擇捉島單冠灣，當夕暮籠罩白雪皚皚的千島群山之際，在旗艦赤城號航空母艦上，隨著機動部隊命令第一、第二、第三號的下達，所有艦隊司令齊聚，進行相關的協商。

第一號「作戰方針」的內容是：

機動部隊及先遣部隊應極力隱匿其行動，朝布哇（夏威夷）方面前進。在開戰初始，便以機動部隊對布哇的敵艦隊果斷展開奇襲，給予致命之打擊。同時，先遣部隊則扼守敵方出路，極力對之展開捕捉攻擊。

空襲第一擊預定於X日〇三三〇。

換言之，這裡已經明記了「奇襲」要在X日凌晨三點三十分（日本時間）啟動，換算成夏威夷時間是上午八點。

軍隊就這樣朝著開戰狂奔而去。這天聯合艦隊參謀長宇垣少將的日記裡，彷彿難得擁有空檔般，留下了一篇罕見的長文，上面除了表達自己對時局的觀察、以及堅定的決心外，也坦然記下了一旦開戰之際，身為負責者之一的真實心情。

「英國並沒有在遠東作戰的餘力。荷蘭也是一樣，在本國被攻占的情況下，若是再失去東印度並非上策，他們對此心知肚明。」「至於蔣介石的駐美代表胡適，雖然相當活躍，但是一旦美國心裡決定不干涉支那事變，那他也只能暗自飲泣了。」

既然如此，那接下來就只能看美方會怎麼應對，又會打出什麼牌了。國務卿赫爾是個相當明智的人，因此「或許會體面地避免戰爭也說不定」，宇垣做了這樣一個有點天真的預測。然而，若只是一時的休戰，

8 譯註：即皇居的別稱。

而不是以數年不戰為前提的話，那就不應該輕易妥協，宇垣用剛毅的筆調如此寫道。但，在接下來的一段話中，可以隱約窺見他內心的動搖：「現在，聯合艦隊正持續朝開戰進行部署。一切都在極機密狀態下進行——趁著英美荷的戰備尚未整頓妥當之際——換句話說，若以作戰本身而論，誠為最有利的時機。（中略）想到將要到來的大戰爭時，軟弱的人或許會嚇到昏過去，剛強的人則會說，沒有什麼做不做的問題，做就對了。然而不管是剛強還是怯懦，在沒有足以迫使對方屈服的確切手段這點上，兩者其實都是一樣的。古諺有云：兵者，國之大事，不可不察也。然而，另一方面，若是讓這個時機就此錯過，那就永遠不會再有另一個機會到來，這點我也有感覺。在這個緊要關頭，我輩也只能夠達觀地說，世事不能盡如人意，這乃是人間常理。雖然是無意義的思考，但今晚我真能睡得著嗎……？」

「寒冷透頂、悽慘無比的營舍……」

就在日本兩位大使與赫爾國務卿進行了直到深夜的會談後，經過二十三日（星期天）一日，到二十四日（星期一）中午之前，在華盛頓這邊一直處於「休假」的狀態。二十四日，日本大使館接到東京傳來的電報，不過內容還是有關交涉日期的確認，以及督促美方回答的指示。兩位大使無計可施、面面相覷，只好丟出一則派人在國務院前埋伏所得到的回報：「赫爾國務卿似乎又開始有動作了。」

事實上，赫爾在這天中午稍晚，為了進行協議，再次召集英、澳、荷及中國代表來到國務院。這次召集既是為了聽取各國代表向本國照會後，對《暫行過渡辦法》的反應，另一方面也是要重新徹底說明本協定案的主旨。席間，赫爾費盡唇舌闡述，能夠和日本獲得三個月和平行動的公約，對各相關國家是多麼好的上策。

可是四國的回應裡，只有荷蘭表示接獲本國政府的指示，會積極加以支持，英、澳的反應則是頗為曖昧冷淡。赫爾對於這種「冷漠與不願配合」感到相當失望。在頹喪的赫爾面前，中國的胡適則是擺出一副比前次更強硬的反對論調。

「接受在法屬印度支那半島北部駐留兩萬五千日軍，對中國將是很大的威脅。至少應該降低到五千人才對！」

赫爾回答道：「當然，我連一個日本兵都不想要他們留在那裡。可是若和日本之間能達成三個月的休戰，那麼這段時間就可以做很多的準備，這點請務必深思。」

「這種約定什麼時候會被打破，誰也不知道啊！」

胡適的評論，與各國代表的冷眼，在在都讓赫爾沮喪不已。宇垣抱持期待、認為是「明智之人」的赫爾，至此也開始對於費盡苦心擬定出來的這份《暫行過渡辦法》，不得不萌生「失望」的情緒。儘管如此，他在會談的最後，還是再次強烈懇請各國惠予協助。

同一時間，與其說失望，不如說深深嘗到幻滅滋味的，還有另一個人，那就是人在柏林的德國外交部長里賓特洛甫（Joachim von Ribbentrop）。德國駐東京大使尤金・奧圖（Eugen Ott）的電報指出，一切徵兆都顯示日軍有占領馬來亞與荷屬東印度油田的意圖，並且正在向南方移動。

若這份情報屬實，那麼日本已經放棄了對蘇聯的攻擊。換句話說，不管他們怎麼籌畫在南太平洋與英國、荷蘭為敵並開啟戰端，最終就是明白要對美國武力衝突。里賓特洛甫打從心底感到沮喪。若是日本從西伯利亞方面展開攻擊的話，在東西兩面的夾擊下，蘇聯必定只能選擇投降一途，而良機正是現在，他相當確信這一點。

而且，奧圖的電報裡，還有一件值得玩味的事要確認；那就是如果日本開始戰爭的話，是否德國也要一起對美宣戰？這點日本政府的態度，讓人頗感困惑。畢竟在這重大時刻，要做出對美戰爭這種攸關命運的決定，日本政府卻完全將德國政府蒙在鼓裡。里賓特洛甫深信，日本的南進是以英國、荷蘭的殖民地為目標。從將美國殖民地（菲律賓）排除在外，日本政府真正的意圖，實在令人不解。

其實我們不該忘掉，這時候還有另一個是里賓特洛甫沒有想到、但同樣抱持著絕望心情的人。那就是正面臨冬將軍的嚴酷寒冬，以及補給不足這個超乎想像的難敵，在莫斯科正面陷入動彈不得境地的德國國防軍海因茨．古德林將軍（Heinz Guderian）。漫長且過度延伸的德軍戰線，事實上不管是哪位名將，都是難以處理的危機。

古德林在二十四日，寫了一封痛苦悲觀的信給妻子：「嚴寒透頂、悽慘無比的營舍，經常匱乏的衣料、人員與料件的損害，不管怎樣都不夠的燃料補給；因為這些緣故，戰爭現在正陷入苦境當中。我快被這種恐怖而沉重的責任給壓到喘不過氣了。不管話說得多漂亮，能扛下這種責任的人，根本就不是人類。」

潮流就這樣慢慢地開始逆轉。里賓特洛甫對於日本的幻滅，從他在書信裡短短的一句「不願攻擊蘇聯的日本」，就可以清楚理解有多深刻。而這句話，也意味著德國的勝利正在逐漸變成幻象。

「必須是日本先開第一槍」

從結果來論，十一月二十五日星期二，對瀕臨破局邊緣的日美關係來說，乃是最重要的一天。期盼美方早日回答的日本，隨著時間不斷流逝，對於石油管道受到逼迫、軍力差距擴大、日趨艱困的恐怖與不安，也更加如坐針氈。不只如此，依循著作戰方針，軍部的開戰時程也按照計畫，持續在進行之中。假使到了二十九日，最終讓步案（乙案）還得不到回應的話，那麼情勢便會「自動發展」。

可是，因為透過攔截密電了解到日本的交涉終止期限，同時也相當了解野村與來栖的焦慮，所以赫爾反而相當鎮定、步步為營。當然，從陰謀論的說法來解讀，也可以說成是美國從一開始就要把日本逼到窮地，然後策畫好要讓日本先出手。可是，真的能夠這樣一概而論嗎？只要仔細追尋赫爾的動向，就可以發現事實未必如此。

這一天，美方召開每週二定期舉行的三長官會議；戰爭部長史汀生、海軍部長諾克斯，在上午九點與赫爾在國務院碰頭。這時，赫爾把根據日本軍部要求、以日美交涉「延期三個月」為目標而起草，經過再三修正後的最終《暫行過渡辦法》，拿給了兩位部長看。

「我打算在今天或明天，將這份文件交給日本大使。」

會議上，兩位部長對此都表示歡迎。不過史汀生提出了問題：「根據這份協定，我國在輸出上只是稍微讓步，這樣能夠完全滿足日本嗎？還有，倫敦和重慶會接受嗎？」赫爾對此則是回答道：「我們已經將協定案私下傳達給英、荷，以及重慶政府，相信不久後就能收到他們從本國傳來的回應。」就這樣，在這個唯一的質疑應答後，協定案便獲得兩位部長的認可，旋即散會。

從這裡看，美國軍方對於交涉的「三個月延期」，其實也是歡迎的。而另一方面，直到這個階段，赫爾將《暫行過渡辦法》提交給日本的計畫，都還存活著！

接著到了中午，由羅斯福總統召集的「軍事會議」，在白宮橢圓形辦公室內展開。參加者有羅斯福、赫爾、史汀生、諾克斯，以及陸軍參謀長馬歇爾上將（George Marshall）、海軍軍令部長史塔克上將（Harold Rainsford Stark）等六人。關於當時的會議內容，我們在此將充分引用史汀生的日記，以及之後他在參眾議院的珍珠港事件聯合調查委員會上所做的證詞。

比方說在供詞裡，他表示：「羅斯福總統立刻談起對日關係的議題。赫爾國務卿表示日本已經擺出了攻擊的架勢，不知何時會發動攻擊。總統則是說，日本若是不加預告就發動奇襲的話會惡名遠播，美國或許會在下週的星期一（十二月一日）遭受攻擊也說不定。」

另一方面，在日記中，他則是這樣說：「（在會議上的）主要問題是，如何在我們自己不致遭受過大危險的情況下，來誘導日本開出第一槍。這是個相當困難的任務。」※

在供詞中，羅斯福總統之所以預測會在十二月一日遭到攻擊，這種說法的根據其實很容易理解。根據「魔術」的解讀，日本將交涉的底線定在十一月二十九日；橢圓形辦公室裡的列席者，也全都知道這一點。一瞬間，沉默支配了整個房間。

至於史汀生日記中所說的「開第一槍」，則和之後的《赫爾備忘錄》（Hull Note）[9]連結在一起，成為某些人指稱「攻擊珍珠港乃是美國所設陷阱」的主因。確實，全面禁止輸出石油以後，美國的戰爭政策便具有相當的好鬥性。但是這並不足以作為日本迴避開戰責任的免死牌。畢竟，日本打從一開始，就已經在作戰方針中，決定要比美國「先開第一槍」了。

白宮的「軍事會議」接下來要討論的，如果日本沒有攻擊美國領土，而是只攻打美國以外地區的時候，該如何向國會與國民提出對日開戰的理由？赫爾主張，「基於海洋自由原則，以及日本參與了希特勒的世界侵略政策，這樣的事實就已經相當足夠了。」「不，要以對菲律賓的威脅，以及對馬來亞地區貿易航道的威脅與阻礙為由，美國國民才會理解。」雖然也有這樣的反駁，不過大致上大家都同意赫爾的看法。

接著，大家就軍方提出的「為了充實軍備，最少必須有三個月的時間」進行討論。即使遭到了第一擊，但假使戰備已經十分完備，那就不至於有太大的危險。但是，要在不刺激日本的情況下，放任現狀默默發生嗎？諾克斯當面提出了異議：「這是絕對不行的。放任日本繼續南進的話，無異於我國對這樣的行為抱持默認態度。」

赫爾插嘴回應道：「就因為這樣，所以才要用《暫行過渡辦法》來處理不是嗎？假使日本答應的話，接下來三個月內都不會有戰爭……」

史汀生不太贊成赫爾的說法，他開口說道：「總統您的意見如何呢？相較於起草的這份《暫行過渡辦法》，總統您若是將八月十七日發出的警告[§]，也就是日本如果繼續南進、將招致美國武力介入的警告，

9 編註：全稱為 Outline of Proposed Basis for Agreement Between the United States and Japan，《美日協議基礎大綱》。

再次強烈地向日本表示，說不定反而效果會更好……」

從這段發言來看，列席者對於《暫行過渡辦法》是否能夠將日本約束在談判桌上，確實沒有什麼自信。唯一充滿信心的，就只有赫爾一人而已。

「現在再發出警告，其實並非良策。畢竟日本已經提出了最終提案；對於這點，我國也必須表現出明確的態度才行。以過去的警告來代替表態，只會讓人覺得『這到底是在搞什麼』而已。」

羅斯福同意國務卿的意見，但史汀生仍然強調：「總之，我國的準備還不充分，希望無論如何都能爭取到三個月的期間。赫爾國務卿的方法真能做到這點嗎？」

對於這個質問，赫爾明確地回應：「三個月嗎？……是的，或許可以辦到。不管怎麼說，將交涉持續到最後一秒，爭取到的時間對美國都是利益，這是再明顯不過的了。因此，我們必須持續進行針對二十日那天日本提案的反提案作業才行啊！」

羅斯福在這時候，依然同意赫爾的意見：「沒辦法，在情勢不甚有利的情況下，除了等待別無他法。」

就這樣，會議在下午一點半的時候結束了，而美國對於和日本和平妥協，明顯抱持著悲觀的態度。可是，他們也不想要馬上開戰。現在需要的就是「時間」，為此必須商議出最好的辦法才行。嚴格來說，這並不是為了和平而做。儘管如此，對日本提出《暫行過渡辦法》的想法，直到這場會議時，還沒有完全否決，甚至還抱持這是唯一手段的想法。

「祝一舉成功」

會議結束後，眾人各自回到自己的辦公室。這時，陸軍情報處傳來的新情報，已經擺在史汀生的桌上等待著他。

「日軍在上海集結了三四十艘運輸船，已經開始大規模移動部隊。其中第一支船團被發現，正沿著中國沿岸，往台灣南方航行中。」

史汀生立刻就這個情報撥電話給赫爾，同時更下達指示，要將相關文件傳給總統和赫爾。有一說法是，這時候他也打電話給羅斯福總統告知了這件事。然後他聯絡了馬歇爾、史塔克兩位上將，著手起草要太平洋各地美國陸海軍部隊指揮官進行警戒的命令。這是華盛頓時間下午兩點過後的事。

在此必須慎重說明，史汀生所接獲的情報乃是事實。搭載負責登陸馬來半島東岸哥打峇魯任務的第二十三旅團（指揮官佗美浩少將）、第五師團（指揮官松井太久郎中將）主力官兵的大輸送船團，已經從上海出發，沿著中國大陸朝向海南島的三亞航行中。香椎丸、東山丸、九州丸、青葉山丸、金華山丸、佐渡丸……

不，這時候發動的日本部隊還不只他們。就在史汀生打電話給總統和赫爾的華盛頓時間下午兩點過後，又過了大概兩個小時，也就是日本時間二十六日上午六點，負責攻擊珍珠港的南雲機動部隊各艦都接獲了「旗信（旗艦信號）」，準備起錨出港」的信號旗訊息。終於要出擊了。各艦紛紛起錨，開啟主機。跟在警戒隊身後，以旗艦赤城號航艦打頭陣的機動部隊主力開始行動。

我們在此對由高速戰艦霧島與比叡組成的第三戰隊機關參謀[10]竹內將人少佐的日記，做個稍長的引用。（括號內文字為筆者註解）

○六○○（早上六點）　起床

○六四五　早餐

○七二○　三戰隊（第三戰隊）預定出港，不過這時傳來「赤城推進器被網纏住，暫緩出港」的電文，於是比叡以參對參（參謀對參謀）的方式回覆赤城：「本艦會準備一組水中切斷器」，並且命令三戰隊各艦「以十二節速度待機二十分鐘」。

不久後，赤城傳來「網子已除去，○八一○出港」的信號，並按一水戰（第一水雷戰隊）、八戰隊（第八戰隊）、一潛隊（第一潛水戰隊）、一航戰（第一航空戰隊）、二航戰（第二航空戰隊）、五航戰（第五航空戰隊）、油料補給艦的順序向灣口前進。

○八二○　三戰隊最後起錨，按第一警戒航行序列的占位離開海灣……

南雲機動部隊在比預定的上午七點晚一小時的情況下，全體離開了單冠灣。

一直在灣外擔任警戒的大湊警備府海防艦國後號，向陸續通過眼前的各艦送出訊號：「祝一舉成功！」

航向九十七度、速度十二節，航路沿著太平洋的北緯四十度一路東進。機動部隊在灣外部署成以六艘航艦為中心的警戒航行編隊，於上午八點半，終於開始向夏威夷進擊。來到北太平洋後，夾雜著雨雪的風，與宛若山一般洶湧起伏的大浪，開始猛烈搖晃起各艦。航艦飛行甲板上，還不時落下冰雹，打得乒乓作響。氣溫零度、風速六公尺。

加賀號的戰鬥機隊分隊長志賀淑雄大尉如此回想：「當我們終於從單冠灣出擊的時候，艦隊全體一起試射了主砲、副砲。砲聲在千島的群山和白雪間轟然迴響，令我印象深刻不已。雖然有點不好意思，不過自我踏入海軍以來，這還是第一次看見軍艦射擊大砲，感覺真是爽快至極。」

毫無疑問，出擊的官兵都是懷抱著一股勇壯之氣在開火射擊的吧！

這時在京都，正好同一天，彷彿追隨著機動部隊雄壯出擊的腳步般，舉行了一場在歷史上堪稱有趣的座談會。出席者是哲學家高坂正顯、高山岩男、西谷啟治，以及歷史學者鈴木成高等四人。他們討論的題目是「世界史的立場與日本」（發表於《中央公論》新年號）。這是一場企圖透過近代世界史的發展脈絡，來為日本在二十世紀所應扮演的角色，賦予理論和意義正當性的座談會。

這些學者是這樣說的：世界史現在正面臨激烈的翻轉。十九世紀以來，西歐透過獲得殖民地產生的發展與膨脹，已經迎來了終幕。從殖民地或半殖民地——也就是歐洲以外的各國——特別是亞洲展開的反擊，明顯是歷史的新潮流。所謂西歐一元化的世界史正在改變，開始變成亞洲登場的多元世界史。這就是二十世紀的世界史面貌，而理應扮演主導這項重大歷史轉變的國家，就是我國日本。故此，日本人

---

10 譯註：負責船艦有關動力機械（如鍋爐、引擎等）業務的參謀。

應該要對這個角色有所自覺，並且重新就理論上去思考世界史的方向，這正是歷史提出的邀請。

高山表示，「事變的意義與理念，在後來明顯證明是真實的。我認為所謂歷史，完完全全就是如此。（中略）開天闢地並不是遙遠古早的事，而是今日必須創造之事。打破古老的世界，才能創造新秩序；如何打破ABCD包圍網創造出新世界，這正是開天闢地般的偉業。（中略）」

高坂：「不管怎麼說，歷史問題都並非任意拼湊挖掘之事，而是過去與現在之間的媒介。然而，透過對歷史問題的解決，從而展開新的世界，這也是歷史的意義。營造這種解決的主體，乃是國族。透過國家，打開新的世界。的確，高山君所說的『開天闢地之際』，正是現在。這是相當重要的。」

在討論的最後，高坂正顯如此斷言道：「人類憤怒之際，身心都會產生憤怒。那是一種身心共有的憤慨。戰爭也是如此，是天地共有的憤怒，從而也使人類的靈魂得以獲得淨化。故此，世界歷史重要的轉捩點，都是由戰爭所決定的。」

四位博學之士的發言，看起來相當具有說服力。打破ABCD包圍網，創造新的世界。這是將日本人陷於混沌不明的心情，所做出的一場漂亮整理。應該說，他們想做的，就是為即將到來的對英美戰爭，提出一種理論根據。於是，「東亞新秩序」與「大東亞共榮圈」的創造，就成了天降於日本人獨一無二且尊貴的使命。

如前所述，這場討論正好發生在十一月二十六日。這種時間上的巧合，對我輩而言，真的只能說是充滿了歷史的諷刺與趣味吧！

「要犧牲中國來換取和日本攜手合作嗎？」

有種歷史觀認為，國家說到底，只是在命運這種難以抗拒的力量當中隨波逐流罷了。有能力的指導者雖然能夠逆流而上、改變方向，或是減緩它的速度，但是結果還是無法抵抗歷史大勢的沉重壓力。

說實話，國家各自擁有其註定的命運，這種說法並沒有合理的根據，而我也認可理性的說法，認為宿命論毫無意義。可是在此同時，從日美關係在戰爭或和平的危機下展開的運作來看，比起宿命論更接近理性的力量……直到現在為止，我都沒辦法接受這樣的說法。

所謂「三個月」，不是美國的政治操作，而是日美雙方在競合下，透過理性的力量與合理的思考，盡可能從滔滔的命運之力中，迴避戰爭的機會；在這個時間點，透過這樣的作為，應該會產生什麼效果吧？我忍不住這樣想。

好比說，若是這時候，赫爾國務卿像他對兩位軍方的部長說的「今天或明天」將《暫行過渡辦法》提交給日本的話，或許……我一直這樣想著。透過此舉，就算什麼都不去多想，單憑重新核准輸出石油的條件，就足以賦予日本的和平派更多力量才對。這道直射根本問題的曙光，或許能帶來和平的光明也說不定。

可是，歷史不會給人這種思索「if」的空間，它只會不斷奔流，朝向一切破滅的方向湧進。這除了說是命運之外，再無其他可言。

就在華盛頓時間二十五日午後稍晚，接近黃昏時分，赫爾展開了更加慎重的行動。簡單說，他在結束「軍事會議」回到國務院之後，便一一撥電話給英、荷、中的大使公使，和他們約好要在國務院進行個別會談。有感於前次會談的教訓，個別會談更能聽出各國真正的心聲。

在會談中，英國表示：「您若覺得這是最好的方針，那我們基本上支持。可是要求太高、而代價太低，因此對於重新輸出石油一事，我們不能不抱持疑問。」也就是雖有疑慮但表示同意。荷蘭也表示：「在不致擴大日本軍事力的情況下，有限度地對日供給石油」，在這個條件下，他們對於《暫行過渡辦法》表示贊成。

但，問題還是在於最後一位，也就是中國的胡適。胡適用震耳的聲音，激烈表示反對。夾雜著來自重慶蔣介石委員長的意見，胡適以讓赫爾整個愣住的態度，滔滔不絕說著：「美國打算對中國袖手旁觀，並且犧牲中國來換取和日本攜手合作嗎？你們真的打算賣石油給日本嗎？若是採取這種調和政策，放緩對日經濟封鎖的話，中國軍隊的士氣會完全喪失，中國國民和軍隊對日本的抵抗精神也會完全瓦解的！蔣介石委員長不也說過嗎？賣給日本一滴石油，中國士兵就要多流一加侖的血，您難道忘了這點嗎？」

赫爾完全沒有回應的餘地。胡適接著又補上一句：「希望您能盡最大的努力，將我的意見迅速且正確地傳達給總統閣下及各位閣員！」

胡適走出國務院時，已是天色微暗之際。他僵硬的表情，讓等在外面的各國新聞記者紛紛交頭接耳，猜想是否因為日美交涉正在順利進行之故。畢竟，犧牲重慶能夠使會談順利進行，這點自信大家還是有的。

對於這份以羅斯福總統的手諭指示為開端，由赫爾集結國務院遠東司的智慧編寫而成的《暫行過渡辦法》，他們也有相當自信，至少能夠使日美開戰延緩三個月。正因為如此，胡適的反彈聽在耳裡，實在讓人相當不悅。

事實上，從這天早上開始，重慶政府就對赫爾以及史汀生、史塔克兩位部長，丟出了大量抗議《暫行過渡辦法》的電報。這看在赫爾眼裡，根本就是「歇斯底里式抗議」，因此他實在很不想理會，但又不能完全無視。

就在胡適告辭之後，赫爾再次召集院內的部下。因為會議實在太急迫，所以中間為了吃晚餐休息一陣子，之後又在赫爾居住的飯店內繼續進行。關於《暫行過渡辦法》，大家做了反覆商討，最後得出這樣的結論：這只會在紀錄上，以我國單方面讓步的形式記載而已。況且，儘管已經反覆說明，但蔣介石和中國國民，對於美國採取的政策所造成的損失，不只不會接受，且絕對不會坐視不理，這點也不能不考慮進去。這種陰鬱的事態發展預估，已經變成了大家的共識。

更糟糕的是，對於正在和德國惡戰苦鬥的友邦諸國來說，他們若是覺得《暫行過渡辦法》是美國為了迴避和日本對決而提出，會不會有美國要捨棄他們的感覺呢？這點也是討論的重點。

有好幾位列席會議的赫爾下屬都記得，國務卿在中途曾經好幾次離席，到外面去打電話。他通話的對象是誰不得而知。但是，當他講完電話回到座位上的時候，對於「《暫行過渡辦法》，有根據我的構想持續推動的價值」這種想法似乎開始產生了動搖，而且變得愈來愈軟弱，下屬們明顯有這樣的印象。但儘管如此，協議案在這時候還沒有死亡。

如果根據留存的史料，將「歷史」講成一個故事的話，那真實的內容就只到此為止了。當赫爾告知會議終了、將屬下解散之後，在十一月二十五日深夜到二十六日早上間，究竟發生了什麼事，這就只能交給推理小說的世界去處理了。

就在這個大多數人都已入眠的短暫時間，情勢急轉直下。《暫行過渡辦法》轉瞬間遭到了放棄，取而代之突然浮現的是《赫爾備忘錄》。關於這點，所有的證言都讓人感到疑惑。該相信誰？又該相信什麼？一切都充滿了深深的謎團。愈是閱讀，就愈是感到一切都充滿了問號。

比方說，赫爾在自己最關鍵的《回憶錄》中，其陳述就相當曖昧。二十五日深夜，赫爾仍在就是否應將《暫行過渡辦法》提交給日本，進行反覆的討論。但是就在這晚，英國首相邱吉爾送來一封電報。首相表示，由於受到蔣介石哀求的影響，他對《暫行過渡辦法》已經完全不感興趣。

「（英國首相陳述）中國若是瓦解，對我等將會造成極大的共同危險。關於這點，經過國務院遠東專家重新檢討後，最後我得出結論，認為應該廢棄《暫行過渡辦法》。」

他將事情的來龍去脈寫得很清楚。但奇怪的是，他在召集屬下官員進行會議時，明顯沒有說出這樣的結論。另一方面，邱吉爾的電報究竟是何時傳抵華府，這點也相當不明確。根據紀錄，國務院電信室是在二十六日凌晨零點五十五分收到這封電報。按照倫敦和華盛頓間有五小時時差來計算，倫敦發信的時間應該是二十六日上午五點五十五分。但是根據紀錄，倫敦的發信時間卻早了半天，在二十五日下午六點就已發出！這除了不可思議以外，別無他話可說。*

更進一步說，赫爾在沒和羅斯福商量的情況下，就擅自決定放棄好歹也是總統認定的《暫行過渡辦法》，這點也相當詭異。關於這點，赫爾對改弦更張為《赫爾備忘錄》的理由是如此說明的：「我寫下了以下這段備忘錄，並且在二十六日一大早，在總統面前宣讀。『假使和日本之間就這份臨時協定達成協議，對中國人的士氣將會是一大打擊……儘管我認為日本會對這份臨時協定表示同意，可是我無法十足保證，這項處置所帶來的危險值得一賭。』」

聽了他的進言，總統便立刻同意不提出《暫行過渡辦法》。

可是，赫爾在這天早上和總統面談的事情，似乎不是事實。根據《產經新聞》記者前田徹的調查，「二十六日凌晨零點十五分就寢的羅斯福，直到早上九點四十五分和財政部長小亨利．摩根索（Henry Morgenthau Jr.）見面為止，完全不曾面見任何人，和赫爾也是直到上午之前，都沒有見過面。」（「白宮訪客紀錄」，White House Visitor Logs）

就這樣，將種種證言、回憶錄、紀錄等按時間拼湊起來，彼此對不上的地方愈來愈多。從這裡可以推斷出，倫敦也好、華府也好，應該都在盡力隱瞞些什麼。但是，我們仍然必須大膽踏入這片「竹藪中」，方能求得真相。

「在中國四年多的戰鬥，都將變成一場空」

確實，從二十五日傍晚到二十六日早上，羅斯福、史汀生、赫爾等人透過電話和書面，進行了大量的交流，而事態的演變也令人目不暇給。再加上蔣介石、胡適、宋子文、人在重慶的蔣介石顧問拉鐵摩爾（Owen Lattimore）、邱吉爾等關係國的人物彼此交錯，使得其狀況變得更加複雜怪誕。

關於這當中的迂迴曲折，直至今日為止，一般都認為是因為羅斯福的震怒之故。一直以來的看法都認為，總統之所以接受赫爾的提案，捨棄迄今為止支持的《暫行過渡辦法》，改提出《赫爾備忘錄》，並不是因為邱吉爾和蔣介石的反對，而是因為其他突發的原因。據說，當史汀生將日本運輸船團從上海朝印度支那航行中的情報報告給羅斯福的時候，發生了這樣的事：「總統情緒激動，整個人就像是烈火燃燒般憤怒不已。日本已經就從中國全面撤兵等議題進行全面休戰的交涉，卻又把軍隊派往印度支那，這正是日本完全無法信賴的最好證據。於是，一切都轉變了。」史汀生在日記裡這樣寫道。

即使臨時協定成立，對日本也無法信任。從邏輯上來說，現在讓交涉決裂、進行作戰準備未免太遲。但是，事到如此，感覺也只能做了。

不過，史汀生的日記內容也有相當誇大之處，這點也不能忽視。根據戰爭部的報告，南下的日本軍「大約有十艘到三十艘之間，兵力或許達到五萬，但很有可能比這更少」。而且陸軍情報處也判斷「他們應該不會採取什麼值得關注的軍事行動」，並將這種判斷報告給了史汀生。換句話說，是討厭日本的戰爭部長為了激怒總統，恣意扭曲事實加以報告囉？光憑日本運輸船團南下，就能讓羅斯福的心情產生劇變，這種長久以來的說法還是很奇怪，且讓人疑惑不解。

畢竟在一天前的軍事會議上，大家都已經說過，十二月一日或許會遭到日本攻擊了啊！史汀生自己也表示要誘導日本先開出第一槍，不是嗎？羅斯福真的是信任日本，認為日本不會開戰，所以才持續進行交涉的嗎？這樣一想，說是因為總統的怒火而一夕翻盤，就未免太武斷了。而且，史汀生在日記中寫到時間是在「二十六日早上」，這點也相當詭異；照赫爾的說法，那天一早在他的建議下，羅斯福應該已經同意放棄臨時協定才對啊！

赫爾在建議中提到「中國對《暫行過渡辦法》的猛烈抗議」，這點完全可以理解。《暫行過渡辦法》在蔣介石眼裡，無異於美國對日妥協。因此，能不能阻止這份案子提出，乃是攸關中國命運之事，而蔣介石政府也會拚命表達自己的憤怒。因此，不光是胡適奮起迎戰，蔣介石特派到美國的妻舅、同時也是心腹的宋子文，也奮力發出電報催促美方：「（若是締結臨時協定的話）中國人民必會認為自己被美國當成犧牲品來對待。全體人民的士氣都會瓦解，而亞洲民族對民主的信賴也會喪失，為此深受打擊。」（二十五日收）

宋子文因應局勢，發出這封催促電文，與胡適分進合擊，奮勇投入這個戰場。他成功地向史汀生和諾克斯兩位部長，親手交出了抗議的訴求：「只要日本不從中國撤兵，那解除對日禁運和經濟封鎖，就完全沒有考慮的空間。若不如此，則中國喪失無數人命、國土荒廢的四年多戰爭，都將變成一場空。」

不只如此，蔣夫人宋美齡也從重慶，向美國政府的高官顯要分別打電話。和羅斯福親近的拉鐵摩爾，也將他的意見書送到了美國政府手上：「我從來沒有見過他（蔣介石）那麼生氣……放鬆對日的經濟壓迫、或者是解除禁運，都會讓日本在中國的軍事優勢，產生極度危險的擴大……若是日本透過外交勝利而得以免除軍事上的敗北，那麼結果將會是中國民眾失去對美國的信賴……中國軍隊將會瓦解，而中國抵抗的瓦解，將直接導向世界的破局。」

這已經接近威脅了。總之，中國方面使出了各種手段，反對的動作可說激烈至極。而這些手段也產生了效果，報紙與參眾兩院議員，力陳「不可對中國見死不救」的聲浪日益高漲。另一方面，以作家賽珍珠（Pearl S. Buck）為首的美國知識分子也一同站在蔣介石這邊，開始對政府施加壓力。只是，這些都是二十六日早上以後的事了。

不只如此，蔣介石還向邱吉爾泣訴。在這封長長的電報中，他一改態度，反覆地哀求道：「中國的抵抗瓦解後，即使再說要出於人道主義予以支援，那也毫無意義了。」

中國的抗議，在某種意義上取得了明顯的成功。透過這樣的舉動，美國政府在某種程度上，毫無疑問地被迫動了起來。但是，政府內部的親中派姑且不論，嚴格來說，羅斯福與赫爾說起來，對蔣介石未必就有什麼好感。赫爾屢屢為了重慶政府對世界情勢的理解不足而覺得沮喪，並且曾經好幾次因為蔣介石向總統提出抗議的無禮之舉而感到憤怒。若是從核心部分來看的話，說到底，赫爾並不會因為中國的種種動作而放棄提出《暫行過渡辦法》。

既然如此，那打動羅斯福、並且化解赫爾固執的，還是如赫爾在《回憶錄》中所言，是那封在恰好時機送來的邱吉爾電報。

「一封無法公開的電文」

被蔣介石的泣訴所打動，邱吉爾在發給美國政府的電報裡這樣說道：「……當然，處理這個問題的責任全都在於閣下您，而我們也確實不期望爆發新的戰爭。可是，我們該注意的點只有一個，那就是蔣介石會變成怎樣？我們會不會太輕視他了呢？畢竟，蔣介石可是一直忍受苦難到了今天啊！我們憂慮的是中國關係。假使中國瓦解的話，對我們共通的威脅將明顯加大許多。我期待美國能在充分考慮中國立場的情況下來實施這項政策。我想，日本現在應該正處在不知怎麼做才好的狀況下吧！」

可是，當我們重新引用這段文字的時候，會發現它感覺起來，其實並沒那麼有說服力。首先，美國政府對於邱吉爾突然對中國抱持強烈的關心和同情，感到的大概只會是驚訝吧！畢竟，在這之前和之後，英國首相幾乎不曾對蔣介石表現過任何的關心。

比方說一九四二年十月，邱吉爾就寫了這樣一段文字給外交大臣艾登（Anthony Eden）：「老實說，我腦海中所縈繞的，就只有如何讓歐洲——誕生近代國家與文明的歐洲大陸——重返榮耀而已。」不只如此，他還曾經反覆向閣員們用「野蠻之地」來形容亞洲。

邱吉爾經常在意的，不是蔣介石會變成怎樣，而是美國會怎麼做，就只有這樣而已。為了防範德國，美國對大英帝國的援助乃是不可或缺的。美國若是不全面介入戰爭，打倒希特勒就遙遙無期。換句話說，邱吉爾比蔣介石還更不希望美國透過《暫行過渡辦法》，遠離對日戰爭。就在半個月前的十一月十日，邱吉爾在演說中明確約定，若是日美戰爭爆發，「英國將在一小時內對日本宣戰」。對於這點，前日本駐英大使吉田茂有著巧妙的形容：「為了盡早擊破德國終結戰爭，不論怎樣都要把美方拉入英方陣營，因此除了促使他們參戰別無他法。」英國的意思，就是這樣子一回事。

另一方面，邱吉爾在自己的著作《第二次世界大戰回憶錄（第三卷）：偉大的同盟》（*The Grand Alliance: The Second World War, Volume 3*）中，曾經這樣形容羅斯福：「他擺出一副強力的中立國元首姿態，顯現出高傲尊大的模樣，但是比起保持中立的美國，我更深切渴望能促使他們介入爭取自由的戰爭。可是，他還是不知道該怎樣介入戰爭才好。」

重新省思這段話，可以發現邱吉爾必須代替羅斯福，開拓出一條共同介入戰爭的道路才行。既然如此，要怎麼做才好呢？那麼，接下去我們就透過推敲，來解讀一份充滿疑問的報告。

在這裡出現的是一本令人驚訝的書，那是前英國情報員拉斯普利夏，（James Rusbridger）與前「英國亞洲密碼破解之父」奈夫（Eric Nave）共同寫成的《珍珠港的背叛》（*Betrayal At Pearl Harbor: How Churchill Lured Roosevelt into World War II*）。在這本書當中，有一段刺眼卻又令人不得不注目的文字（括弧內為筆者註）：

> 十一月二十五日，ＦＥＣＢ（遠東聯合局）解讀出山本（五十六大將）對待命中的（日本）機動部隊，發出的JN-25（海軍通訊密碼）第二次命令。
>
> 「機動部隊應於十一月二十六日早上從單冠灣出擊，十二月三日午後抵達集結點，迅速將燃料補充完畢。」
>
> 這份通信文相當重要。畢竟，這是ＦＥＣＢ與英國海軍部首次得知，日本機動部隊已於千島群島集結，並且即將進行一場需要在八日內進行海上油料補給的長途航行。

從中可以計算出，若以巡航速度十八節來看，一天大約可以航行四百海里，換句話說在八天之內，日本機動部隊可以達到三千兩百海里的遠方海域。以單冠灣出發的距離來算，可能攻擊的目標包括了珍珠港（三一五〇海里）、新加坡（三三九四海里）、馬尼拉（二二五七海里）……可是亞洲南方地區，並沒有必須動用大型機動部隊的目標存在。

這代表了什麼呢？按照這本書的記述，珍珠港便以最大目標之姿浮現眼前。

緊接著，攔截到這段通信的詳細情況在十一月二十五日深夜，送到了邱吉爾的跟前。

根據這本書，除了剛才所記、被蔣介石打動而發出的電報以外，還有另一封電文。「二十六日稍晚時分（倫敦時間）」，邱吉爾送出了第二封緊急電報給羅斯福。然而，這是一封至今為止，「仍然不能公開的電文」。理由據英國外交大臣所言，「一旦公開，將有損國家安全」。

更進一步讓事情合情合理的，還有另一段證詞。那是出自剛才提到的前田徹所引用、由前太平洋艦隊情報官艾德溫・雷伊頓少校（Edwin T. Layton）等人所共同寫成的內容。

換句話說，若是從二十五日晚上邱吉爾送交羅斯福的第一封電報內容來看，這封電報在二十六日凌晨三點（倫敦時間）送抵美國駐倫敦大使館，這件事相當不自然。畢竟，這並不是那麼緊要的內容。那麼，為何如此呢？雷伊頓他們做出了這樣的推論：「根據狀況證據檢視，我們認為在這一晚，倫敦與華盛頓間，毫無疑問還進行了另一次商討。英國政府堅定地拒絕公開相關情報，也正證明了這點。（中略）結果，體現出日本的軍事行動這一『卑劣行為』的另一個重要情報，應該是寫在另外一份電文當中吧！」

據此，雷伊頓他們也提出假說，認為山本對日本機動部隊下達的出擊命令，已經透過英國或荷蘭的無線電攔截知悉。

雷伊頓等人的推論，和《珍珠港的背叛》當中指出的論點正好相符。可是推論畢竟只是推論，並非事實。畢竟，邱吉爾第二封電報的內容至今仍然完全不明。而且，倫敦時間的「二十六日稍晚」，假設是晚上十點，那在華盛頓是二十六日下午五點；就算是九點，也是下午四點。這和前面提到的「二十六日一早」的時間點，就算再怎麼硬拗，在邏輯上也是兜不攏。

一切真相即使到了戰後六十年，仍然是深藏在「竹藪中」。但是，邱吉爾提供了羅斯福某種極為重大的情報，應該可以確定是事實。情報戰的真相，即使到了今日，仍然深深影響著世界政略的發展。為了國家安全，即使是遙遠過去的事實，各國還是擔心將一切攤在陽光下之後，將會讓國家的謀略手段無所遁形，因此不願明白透露。事實就這樣被隱蔽起來，並且放逐到忘卻的彼方。▲

不過再說回來，羅斯福的驚愕與憤怒是確實無誤的。但如剛才所述，若認定這是因為發現運輸船團的報告所致，那也太武斷了。更進一步說，若他是出於自信，而命令同樣自信滿滿、固執地認為「《暫行過渡辦法》乃是賢明且有利」的赫爾國務卿，勉強他放棄這個案子，這也很欠缺說服力。

但是，假使換成「日本部隊從千島群島出擊，進行一場需要海上補給的八天航海」這個情報的話，那情況又不同了。和運輸船團不一樣，這是戰鬥部隊的出擊。接到這個恐怖的情報，不只是羅斯福，大概所有人都會跳起來吧！這完全是有著天壤之別、足以翻轉天地的重大訊息。這明顯是日本的戰鬥行為。對於正沉浸在幸福感中，認為戰爭或許可以延緩的羅斯福，這應該像是挨了當頭一棒般，整個人震驚到說不出話來，然後為日本的大膽行動，感到憎惡而氣得發抖吧！或許，邱吉爾在當中做了巧妙的誘導也說不定……

不過，我還是要在這裡不厭其煩地說，一切都不能真正解開謎團，只是推論而已。畢竟這封據稱被攔截的聯合艦隊司令長官山本五十六大將「第二道命令」，在保留的日方紀錄當中，並沒有發現有發報的事實。更進一步說，這種超機密的作戰，應該是從最初開始，就已經確切規劃好了作戰命令，並且極機密地發報到部隊才對。

攻擊珍珠港的命令，全都是透過文件進行，完全沒有發出任何電報。單冠灣出擊也全都是根據親手傳達的命令來進行。換句話說，十一月二十一日零時，聯合艦隊司令部發出電令作第五號「第二開戰準備（登上富士山一一二二）」，這樣就已經很足夠了。根據書面命令，機動部隊早已決定按預定計畫於十一月二十六日從單冠灣出擊。

「假使真有這道命令的話，那恐怕也是採取親手交付的密封命令形式吧！那時候，機動部隊應該還在日本本土才對。」

一位仍然健在的前軍令部參謀Y氏這樣笑著說道。

「簡單說，我們只有一個方案」

放棄《暫行過渡辦法》後，堪稱「命中註定」要登場的《赫爾備忘錄》，被交到野村、來栖兩位大使手中，是在（華盛頓時間）二十六日下午五點。前一天，兩位大使曾提出面見赫爾的請求，但是被以「預定行程已滿」的理由加以拒絕了。二十六日，他們再次提出希望上午會談的請求，但是沒有得到明確的回應。一直等到下午將近五點左右，他們才終於得以見到赫爾。

在直到傍晚的這段漫長時間中，國務卿在做些什麼呢？即使透過各種資料，仍然相當奇妙地不得而知。唯一可以知道的是，按照《回憶錄》所述，他在早上面見羅斯福並報告，表示要放棄提出《暫行過渡辦法》（可是就如前面所寫的，這並非事實），回到國務院時，接到史汀生打來的電話。他和戰爭部長之間，進行了這樣的對話：「你要按照既定的那個案子，向日本提案了嗎？」

「不，我下定決心要一筆勾銷，不提出《暫行過渡辦法》了。但目前為止，還沒有其他的提議。」

說完之後，赫爾對史汀生補上一句「您辛苦了」，便掛上電話。

然而有趣的是，根據其他資料，在這之後他立刻撥電話給白宮，向總統建議要停止提出《暫行過渡辦法》。

在電話裡他說：「比起寬宥敵人，失去盟友這件事情更為重要。」

這段話不用說，不只和《回憶錄》互相矛盾，而且相當不可思議。

另一方面，史汀生也留下了奇怪的說法。當他掛斷和赫爾的電話之後，立刻撥電話給總統，詢問總統是否已經讀過昨天呈交，有關日軍運輸船團動向的報告。

「我還沒有看那份報告。」

總統如此回答。於是史汀生便在電話中向他報告。聽了這段報告後，羅斯福怒火沖天，在電話裡用激動的聲音說道：「日本算什麼國家！一邊說著要進行休戰交涉，背地裡卻又向印度支那派出軍隊，這不正是日本完全無法信賴的證據嗎！」

這段敘述有前後矛盾。按照史汀生的說法，羅斯福應該到這時候還沒有震怒才對，這和赫爾的說法，顯得牛頭不對馬嘴。

不管怎樣，到了二十六日早上，《暫行過渡辦法》便已煙消雲散。◎緊接著，所謂的《赫爾備忘錄》，突然在外交舞台上登場。由於剛才赫爾在跟史汀生通電話時，手上「還沒有其他的提案」，因此它的登場，真的只能說是突然。

在此簡單說明一下《赫爾備忘錄》是什麼。十一月十八日，對日強硬派的財政部長小亨利．摩根索，送了一份備忘錄給總統，同時也將副本送到赫爾手上。這份備忘錄有個長長的名字，叫做《消除與日本緊張問題暨確保德國敗戰的處理方案》（An Approach to the Problem of Eliminating Tension with Japan and Insuring Defeat of Germany）。根據赫爾所言，這是暗中對國務卿位子虎視眈眈的摩根索出於野心所做出的提案。

摩根索提案的原始版本，是財政部長特別助理哈利．D．懷特（Harry Dexter White）於當年五月所起草的文件。懷特之後在一九四八年因為蘇聯間諜案被捕，並在審判終結前猝死，因此也有人認為，《赫爾備忘錄》其實是蘇聯ＫＧＢ的陰謀。

不只如此，陰謀論者還主張，在二十六日上午，感到疲倦不堪、厭煩無比的赫爾，在偶然的情況下，從自己的辦公桌中取出了這份放置已久的備忘錄。也有人說，是羅斯福自己看到了這份備忘錄，於是交給赫爾，要他當成《暫行過渡辦法》的替代方案進行研析。對於這個怪異的轉捩點，一切都顯得曖昧模糊，而我個人是認為後者有理。在夜裡被邱吉爾的極機密電報所激怒的羅斯福，硬是要求赫爾放棄《暫行過渡辦法》，並且將財政部長的案子推出來，這樣的推斷相當合理。而且，摩根索又是羅斯福的心腹。

而根據這天早上的「白宮訪客紀錄」，摩根索確實曾經和總統面談過。

總之，赫爾和國務院官員們，從這天早上到下午，不得不在心不甘情不願的情況下，針對這篇有著長長名字的備忘錄進行研析，並且從中選出對日本特別嚴酷的項目。研析成果便是稱為「美國與日本之間協定之基礎概要」（Outline of Proposed Basis for Agreement between the United States and Japan），共有十條的新提案，也就是所謂的《赫爾備忘錄》。

將其中的文字經過潤稿之後，《赫爾備忘錄》對日本的提案，可以歸納成以下四點：

（一）日本軍隊及警察，從中國和印度支那完全撤退。

（二）日美兩國政府除了重慶（蔣介石）政府以外，不承認其他政權。

（三）日美兩國政府放棄對中國的一切治外法權。

（四）與第三國締結之協定，將會在保持太平洋地區和平的情況下，不朝衝突方向發動。

我們可以簡單理解到，（一）是要日本放棄中國與法屬印度支那等占領地；（二）是要否定汪兆銘政權、瓦解滿洲國；（四）則是要求將日德義三國同盟虛名化。在日本的解釋看來，確實就是這麼強硬的東西。簡單說，就是要日本退回一九三一年滿洲事變以前的界線。

赫爾在《回憶錄》中，如此輕描淡寫地寫下：「針對這個問題，我在召集國務院遠東專家再次研析之後得出結論，決定取消《暫行過渡辦法》，轉而向日本提出為了全面解決而擬定的十條提案。」

可是赫爾心知肚明，若是將這份提案提給日本，那就意味著戰爭。還不只如此，這和《暫行過渡辦法》的時候不同，沒有事先向英、荷、中通知、商討與獲得理解，就直接丟到日本面前。

下午五點，赫爾露出一副極親切的表情，出現在兩位大使眼前。他首先就讓他們久等一事再三致歉，然後一邊滔滔不絕地說著，一邊從辦公桌上把一份看起來像是文件的東西，擺在他們兩人面前。當野村和來栖在國務卿辦公室裡，接到赫爾親手交來的這份文件時，他們的驚愕、沮喪與絕望，完全可以想像。

在這份文件中，完全看不到赫爾曾經說過的讓步之類內容。至今為止不斷付出的一切外交努力，名符其實地全都付諸流水。儘管如此，面對白宮這種堪稱可恥的劇變，他們還是一步不退地努力辯解與抗議：「對於當中包含了絕對不可能答應的項目的本案，我們實在很懷疑，到底該怎麼傳達給本國政府？」

關於從中國和印度支那撤退這一點，野村表示「絕對沒得談」。赫爾則解釋說：「撤兵是接下來要交涉的事，並沒有要你們立刻撤兵。」兩位大使接著又相繼主張：「條款裡說只承認蔣介石政府，但正如美國不能對重慶政權見死不救般，日本也不能對汪兆銘政權見死不救！」赫爾則反駁說：「根據我國獲得的情報，我們必須承認，汪政權根本沒有統治中國的能力。」

野村最後問道：「除了這份回答之外，沒有其他任何考慮餘地了嗎？」

「沒有。簡單說，我們只有一個方案（a plan）。」

「這就是美國政府的最終案嗎？」

「不對，從頭到尾就只有一個案子。」

野村這時候回想起羅斯福在十七日時曾說過的話。

「據說總統先前曾經說：『在朋友間，沒有最後的談話這回事。』故此，我希望能再次和總統會談。」
「可是，那是在朋友之間……」
「那麼，我們已經不是朋友了嗎？」
赫爾似乎察覺到了自己的失言，最後露出一臉沒勁的表情，打電話給總統，約定好明天見面，總算展現出一點誠意。
午後六點四十五分，兩位大使僵硬地和赫爾握手道別。映在步出戶外的兩人眼裡的，就只有華盛頓夜晚一片漆黑的街道而已。回到大使館後，兩位大使不禁長嘆：「這是對日本的侮辱」、「美國政府根本沒有誠意」。館員們讀過這份新提案文件之後，也覺得兩位大使是說出了他們的心聲。
對此一無所知的日本政府，還在這一天向野村送去訓電，要他取得保證，能夠在就乙案妥協的同時，從美國確保四百萬公秉、荷屬東印度確保兩百萬公秉（皆為年量）石油的輸入。

「男子漢平生夙願就該如此」

兩位大使回到日本大使館時，換算成東京時間，已經是二十七日的上午九點。這一天從早上十點開始，就在召開大本營—政府聯席會議，但是訊息並沒有在第一時間傳到會議出席者手上。直到中午時分，駐大使館武官的第一報才傳到陸軍高層，這還比野村那封「十萬火急」的電報來得快。
陸軍高層在愕然的同時，也感到雀躍不已。不只是參謀本部作戰課的參謀，就連陸軍省軍務課的課員，都認為乙案或許會被美方接受。因此老早就開始針對一旦妥協，接下來的對策該如何因應而進行推演。大本營陸軍部戰爭指導班在《機密戰爭日誌》中，這樣喜形於色地記載著：「美國的回答完全是一派高壓態度。其意圖非常明確，就是要重新確認『九國公約』（Nine-Power Treaty）[11]。換句話說，他們完全沒有改變遠東政策的誠意。如此一來，交涉自然決裂，而帝國要踏出決心開戰這步就容易多了。真是可喜可賀，堪稱天佑。在這種情況下，國民的心意必會堅定，而達成舉國輿論一致也更容易了。」

和軍部大喊快哉的情況截然不同，緊接著收到野村電報的東鄉外相，則是「眼冒金星，如受失望重擊」。「比起到現在為止的提案，這是完全難以容忍的倒退」、「全然無視於迄今為止的交涉過程」、「完全無視於亞洲現實」、「直到最後都固執於當初的主張，連一點讓步都不肯」。從他發表的這一連串感想，可以看出他是多麼難以接受這個事實。要是接受這個條件的話，「日本無異於自殺」。

「就算為了避免戰爭，閉著眼睛硬把它吞下去，這實在也是令人難以吞下……比起為了自己的努力不足而感到愧疚，我更因為我方的誠意不被認可而深感憾恨。往後，我再也沒有工作的熱誠了。」東鄉之後這樣寫道。

從這點來看，赫爾也好、東鄉也好，不管怎麼看，身處在外交第一線的這兩人，都已經完全自暴自棄了。一邊在總統的強權壓迫之下，不得不違背自己的心意，在最終決斷尚未成熟的情況下，就自作主

11 編註：一九二二年根據太平洋會議議定、簽署的條約。其中保證中國主權獨立、土地行政完整。由於有中國、英國、美國、日本、法國、義大利、葡萄牙、比利時、荷蘭等九國簽署，因此又稱為「九國公約」。後因日本於一九三一年發動「九一八事變」，公約形同廢約。

張、輕率急躁地把案子提交出去。而接受的這一方也沒有多做審慎研究，就因為自己的誠意遭到踐踏而憤怒不已，同樣自作主張，放棄了繼續溝通的努力。我不得不這樣想，赫爾和東鄉兩個人半斤八兩，都是抱持著頑固信念的人。然而，外交應該要像水一樣因方圓而變，抱持著智慧、寬容與融通無礙才是最重要的，不是嗎……？

不，還不只是外相而已。就連和東鄉一起，自就任以來就一直主張「臥薪嘗膽」的賀屋財務大臣，也在看到《赫爾備忘錄》之後，徹底放棄了自己的主張。號稱亞洲盟主的日本，如果現在答應全面撤兵這種要求的話，那「日本的威信將掃地，難以把握滿洲人心，朝鮮的獨立運動也會更加有力，到最後日本恐有在大陸完全失去立錐地位之虞」，他不得不這樣想。果然，他也是眼冒金星的一員。

就這樣，《赫爾備忘錄》明顯讓日本的領導者們，充滿了到現在為止完全受騙上當的憤怒、無法接受的絕望感，以及除了作戰外已經別無選擇的悲壯覺悟。他們已經沒有冷靜理性的餘力去思考，這份內容與日本的主張究竟背離多遠。在情感的憤怒與心理的反彈下，日本領導者打從心底拒絕這份文件，只把它當成是美國的「最後通牒」。

之後有人問赫爾：「《赫爾備忘錄》是不是最後通牒？」結果他憤怒地回答說：「No！」在回憶錄中，他也是這樣寫的：「即使到最後階段，我還是抱持著日本軍部或許能夠稍微恢復常識這種渺茫的希望，盡我最誠實的努力去持續進行談判……日本的宣傳，把我們的備忘錄加以扭曲、並將之包裝成所謂『最後通牒』。這完全是用莫須有的口實來矇騙國民，讓他們支持軍事掠奪。這是日本一流的操作手法。」

確實，現在冷靜閱讀《赫爾備忘錄》的全文，會給人一種或許並非最後通牒，而只是「一個方案」（a plan）的印象。另一方面，這份備忘錄也明記著，它只是「僅為試案，沒有拘束力」（Tentative and without commitment），標題也是「美國與日本之間協定之基礎概要」（Outline of proposed basis for agreement between the United States and Japan）。換言之，它只是一份試案，是接下來談判的基礎（只是當時的日文譯本，似乎將「Tentative and without commitment」這一行給刪掉了）。

像吉田茂這樣冷靜的人，便很鄭重地對東鄉說：「這不是最後通牒，上面完全沒有寫到中斷談判之類的字樣。」不只如此，他還忠告東鄉說：「就以這份備忘錄為基準，繼續交涉下去吧！假使大本營－政府聯席會議聽不進去，那你就該毫不猶豫地提出辭呈。若是你辭去外相的話，內閣會議一定會遭挫，而腦袋發熱的軍部，或許也會稍作反省吧！當然，你或許會遭到殺害。但是，若因此而殺身成仁，不也是男子漢的平生夙願嗎？你的遺骨，我會替你收拾的。」但是，東鄉只是苦笑搖頭以對。

早在之前的下午兩點，大本營－政府聯席會議雖然還沒有收到《赫爾備忘錄》的全文，但是已經就對英美開戰的最後程序，擬定了一份「有關宣戰事務手續之順序」。在這個階段突然丟出「回到滿洲事變前的狀態」這種嚴酷且唐突的要求，日本根本沒有其他可選的道路。事已至此，東鄉不管辭不辭職，接任外相還是會將國策繼續往既定的路線上推進。

換句話說，「十二月一日下午的御前會議上，會決定國家開始戰爭的意見。開戰第二天，內閣會決定宣戰、經諮詢樞密院後，按上奏、裁決的程序進行。宣戰布告詔書的公布與政府聲明、內閣告示將同時進行。」

日方所做出的決議就是如此。

在這裡相當引人注目的是，「在開戰第二天提出宣戰布告」這一點。在這天的《機密戰爭日誌》當中，也寫道：「在開戰第二天提出宣戰布告。宣戰布告隨詔書一同公布。」換句話說，他們完全沒考慮事先通告敵對的英美。這是相當可恥的行為，不過當時的日本領導者向來就是如此。即使知道國際法，他們還是無視其存在。

不過，日本政府和軍部則又有自己的一套理論。這些領導者斷定，從迄今為止的交涉過程來看，《赫爾備忘錄》就是最後通牒。既然對方已經將這種東西擺到眼前，那麼日本自然是為了自衛而奮起，而若是自衛的話，當然無須通告，這在國際法上也是說得通的。

關於這點，之後我還有機會加以詳談。總之，聯席會議就這樣斷絕了繼續交涉的念頭，正式決定開戰。然後在第二天的內閣會議上，也是全體閣員一致通過，將之定為國策。這是冷酷的戰爭計畫與合理性結合而成的決意，完全感受不到遺憾之意。正確說，這是在憤怒與自暴自棄之後，在國家名譽與權威束縛的情感下，由「死中求活」的精神主義所支撐出來的決斷。總之，國家已經下定決心，要打這場戰爭。

「第一槍必須是由日本打響」

《赫爾備忘錄》的全文在二十七日深夜才送達，當時東鄉除了沮喪與嫌惡以外，恐怕連上床的力氣都沒有了吧！東鄉對全文進行仔細研讀的時候是晚上十點左右，在華盛頓則是二十七日上午八點。這時候，赫爾正在接史汀生打來的電話。對於提出《赫爾備忘錄》一無所知的史汀生部長打電話來詢問，是否已經照預定，將《暫行過渡辦法》提交給日本大使了？結果赫爾明確回答說：我已經放棄了《暫行過渡辦法》，然後他說——

「我已經洗手不幹，接下去該輪到你和諾克斯，也就是陸海軍上場了。（I have washed my hands of it, it is in the hands of You and Knox, the Army and Navy.）」

按照邏輯，從這段話裡也可以推敲出，赫爾是在明知下一步就是戰爭的情況下，將備忘錄遞交給日本的。「昨天我將最後通牒交出去了，接下來就輪到軍隊上場了」，這段話確實可以做這樣的解釋。但是，他講這句話的來龍去脈，應該要連結到二十五日早上，他和史汀生、諾克斯進行會議時的商討狀況加以思考方為正解。因為你們的請託，我已經盡所有的外交努力，試圖延緩三個月，但是在總統突然的強制命令下，一切都只能宣告結束。接下去就交給你們吧。換句話說，這等於是一句氣餒的話，意味著赫爾本身已經放棄了。作為外交主管，他把慎重全都扔到一邊，而且還很不當地做出中途任意放棄職務的發言。

可是，羅斯福卻截然不同。他很清楚意識到，《赫爾備忘錄》接下來將會招致什麼樣的結果。當掛斷和赫爾的電話後，激動難抑的史汀生接著撥電話給總統，問說是否要送出警報，要求人在菲律賓的美國遠東軍總司令麥克阿瑟做好「應戰準備」？這時，羅斯福很明快地回答道：「一定要！」

雖是後話，不過我忍不住想起麥克阿瑟在羅斯福過世的時候，對副官說的一句話：「那個能說謊話的時候，就絕對不會說真話的男人死了啊。」

確實，羅斯福在對日外交上，是一個幾乎看不到一貫性與邏輯連續性的領袖。他在公開場合說的話，與實際採取的行動，有許多不一致的地方。換句話說，會隨著情勢去改變方針。《暫行過渡辦法》的廢棄，正體現出這一點。基本上，他對美國海軍抱持著高度的信賴，也對中國抱持著好感。在他的腦海中，並不存在於對「美國在亞洲的國家利益，是否值得靠掀起戰爭來加以守護」這個問題作出深刻的思考。他所擁有的，就只有對日本日益激烈的敵視而已。

至於史汀生，他似乎被「接下去就是你的事了」這句話給挑動了，整個人開始動了起來。身為對日強硬派的他，所抱持的信念就是，要讓日本順從低頭，就必須使用和對歐洲諸國不同，粗暴、強制的態度才行。上午九點半，他找來陸軍參謀本部兼作戰計畫處長的參謀次長（Assistant Chief of the General Staff with duty in War Plans Division）雷納德・T・傑羅准將（Leonard Gerow）、海軍軍令部長史塔克上將，以及諾克斯部長，一一對他們發出指示。

就這樣，以陸軍參謀長馬歇爾上將的名義，美軍向麥克阿瑟以及夏威夷方面的陸軍司令官蕭特中將（Walter Short），送出了以下這份「極機密、優先處理」的戰爭警告電文：

對日交涉事實上可被視為已結束；可是若日本政府願意重新思考，提出繼續會談提案的話，則不在此限。日本今後的行動難以預料，或許何時會發起敵對行動也說不定。萬一無法避免敵對行動的話，我們希望是由日本方面，大膽採取最初且明確的行動。

「希望由日本方面，大膽採取最初且明確的行動」，換句話說即是「第一槍必須是由日本打響」，而這毫無疑問是羅斯福的意思。

羅斯福拚盡老命，希望輿論能夠支持戰爭。他從一開始就意圖要將孤立主義者翻轉過來，變成好戰主義者，並在這種狀態下踏入戰爭。他的政策在這一點上，倒可以說是一以貫之。不管怎麼說，都必須避免讓這場戰爭成為「總統的戰爭」。為此，「日軍發動的第一擊」乃是必要的。不這樣做的話，在沒有輿論支持的情況下就貿然捲入戰爭，那麼他的政策，甚至是他本身，都會陷入危險，這點他心知肚明。

史塔克海軍軍令部長也對麾下的亞洲艦隊司令湯瑪斯．C．哈特（Thomas C. Hart）上將（菲律賓），以及太平洋艦隊司令官金默爾（Husband E. Kimmel）上將（夏威夷），發出了一份相當明確的電報：

> 本電應視為戰爭警報。為求太平洋情勢安定化而進行的對日交涉已經告終。日本的侵略行動，預計數天內就會展開。日本陸軍的兵力部署以及海軍作戰部隊的編成，暗示著他們將有可能對菲律賓、泰國或是克拉地峽（泰國南部）、婆羅洲等地進行登陸作戰……

在這裡可以看到，史塔克針對日軍開始在南方展開作戰行動時，各方面所應做出的處置，已經下達了強烈的指示。然而，很明顯的是，珍珠港並不在這個警告範圍之內。

不管怎麼說，在提出《赫爾備忘錄》之後，美國已經展現出明確的戰爭決心——不，其實這種決心早在之前就已經具備了，只是基於決心進行的戰爭準備，步調一下子加快起來罷了。羅斯福收到軍方已經發出戰爭警告的報告後，似乎相當心滿意足。就在這天的下午兩點半，他照約定在白宮接見了野村、來栖兩位大使。

赫爾也一同出席會談，並且大略記下了總統與兩位大使的會談內容。

野村坐下之後，首先點了根菸。羅斯福擦亮火柴，要幫他點菸，但是單眼失明的野村一直沒辦法將菸對準火焰，於是雙方都不由得嗤笑出聲。會談就在這樣一團和氣的情況下展開，但雙方都心知肚明，這只不過是表象罷了。

野村首先表示：「昨天的《赫爾備忘錄》，讓我們感到非常的失望。」對此，羅斯福則是如同平常一般，帶著微笑回應說：「事情發展到這種地步，我也相當失望。可是，當兩國開始交涉之後不久，日軍便進駐法屬印度支那南部，當頭給了我一桶冷水。而最近的情報更是讓我有如冷水澆身般，驚懼不已……」

對於「最近的情報」是什麼，野村和來栖全都一無所知。雖然是婉轉的非難，不過裡面卻如綿裡藏針般的銳利諷刺。仔細想想，羅斯福所說的「最近的情報」，應該就是邱吉爾傳來的第二封電報吧！

羅斯福接著又繼續說：「在這麼長的交涉期間，我從沒聽過日本高層講過任何一句希冀和平的話。這讓我不禁感到困惑，到底該相信什麼才好？日本無論如何，都必須放棄希特勒主義與侵略的政略戰略才行。日本最佳的利益，就是按照我們這次提出的備忘錄（《赫爾備忘錄》）當中傳達的概要方向，勇敢踏出步伐。若是貴國不願如此，而是決定貫徹希特勒主義以及侵略方針的話，那麼很不幸地，日本將會成為終極的失敗者，我如此確信不疑。」

野村則是用平靜的語調，說明了日本今日所處的現實立場，並且率直地懇求，希望在總統的政治智慧下，能夠避免戰爭，找出一條打開僵局的道路。

「明天中午過後，我要前往喬治亞州的溫泉鎮（Warm Springs）靜養，下週三才會回華府。在這之前若是能發現一條打開僵局的路，那就好了……」

羅斯福直到最後，臉上都不曾失去微笑，一直以溫和的態度應對。「我一直有個習慣，就是到了鄉下會吃火雞。」他說完這話後，和兩位大使相視而笑。

四點過後，走出總統辦公室的兩位大使，展露出和預期相反的明朗表情。看在外面等候的媒體記者眼中，不免會猜測說日美交涉或許還沒到最惡劣的地步。他們全忘了昨天在自己報刊上，頭版標題寫著「日美交涉已經步入終局」、「美國已將決定和戰的條件交付日本」之類字眼……

就在同一時分，莫斯科時間二十八日午夜零時，在克里姆林宮的地下，參謀本部裡愈夜愈有精神的蘇聯最高領導人史達林（Joseph Stalin），帶著陰沉的表情，在擺放著大地圖的桌子前不斷來回踱步。前線送來的，依然只有關於莫斯科最後命運的報告。

彷彿終於下定決心般，史達林撥電話給前線的莫斯科防衛軍總司令朱可夫元帥（Georgy Zhukov），下達戰術上的決定。「沒有任何反對理由，對戰線東北端的德軍即刻投入兩個旅，不惜犧牲將之擊退。」◆

不過，史達林與朱可夫所不知道的是，這時候德軍大部分的師，有百分之四十以上的官兵的雙腳都出現了凍傷，處於動彈不得的狀況。凍住的還不只有腳而已。步槍和機關槍也全都派不上用場。戰車的引擎也凍結了，而且不容易解凍。

朱可夫日後曾這樣說：「當我們看到德軍俘虜的時候，發現他們不論軍官或士兵，全都穿著合腳的鞋子。這讓我們對德軍參謀本部的敬意，不禁產生了嚴重動搖。」

蘇軍對手下官兵，都會配發大一號的鞋子。他們在冬季期間，會在鞋子的縫隙中塞報紙，使得可以保持溫暖並防止凍傷。

在重慶，二十八日早上五點，蔣介石不以早起為苦，在接獲宋子文傳來的電報之後，心情相當的好。電報的內容是宋子文轉述他和史塔克海軍軍令部長面談時，對方所說的話：「中國對此絕對無須顧慮，美方對日所提主要條件之一，即為日本必須脫離軸心國，此舉日本勢難辦到，恐日本切腹之時非遠矣。」

美國果然沒有捨棄中國！對蔣介石而言，這個事實恐怕比最好的佳釀更美味吧。

二十七日，南雲機動部隊按照決定好的航程一路突進——這天的天候不錯，但是波濤起伏依然很大。氣溫攝氏四．五度，航向一〇〇度，速度十二節。霧島號戰艦實施了三萬公尺外的砲戰訓練。霞號驅逐艦有一名水兵落海，被浪捲走、下落不明。艦隊完全不理會事故發生，持續前進。其他並無任何異狀。到這天為止，他們已經航行了二六七海里，一步步逼近夏威夷。

※關於史汀生日記的譯文，我是引用自《現代史資料》的〈太平洋戰爭1〉，不過這個譯法，說實話有點太文雅了。
原文是這樣的：The question is how we should maneuver them into the position of firing the first shot without allowing too much danger to

ourselves.

我覺得翻成「該用什麼手段，把日本逼到非開第一槍不可的地步」，這樣比較合宜。

§ 八月十七日，羅斯福總統親手交給野村大使的警告。

其內容如下：「儘管美國再怎麼努力，日本政府還是在遠東各地區持續進行軍事行動和部隊的配置，甚至還派出陸海空軍占領印度支那。（中略）假使日本政府繼續用武力或是武力威嚇的方式，遂行其對近鄰諸國的軍事支配及計畫，甚至是採取任何措施，那麼美國政府將會不惜立刻採用任何手段。這是為了保衛合眾國及美國國民之正當權利與利益，也是為了保證我國的安全而採取的必要行動。在此將以上主旨通告日本政府，並請他們務必認清現況。」

從這裡可以充分得知，日軍進駐法屬印度支那南部，確實造成了日美關係的徹底惡化。儘管如此，這份充滿威嚇性的警告，只會讓日本軍部感到相當火大，這也是完全可以想像得到的事。

＊ 羅斯福與邱吉爾之間，從一九三九年到四五年間，彼此的直接電報通聯超過了一千七百封。這些都是由英國駐華府大使館、以及美國駐倫敦大使館直接收取訊息，並用各自的外交手段傳遞給母國的。

只是，根據杉野明教授（關東短期大學）的研究發現，兩者的通訊在十一月三十日到十二月八日間，卻完全付之闕如。換言之，在這當中很有可能有現在不能公開發表的文件，或是要刻意隱藏什麼事情。

邱吉爾在《回憶錄》中，曾經如此斷言。

「我會盡量將電報按照正確的前後順序加以排列，畢竟讓讀者為了日期困惑，乃是沒有必要之事。我通常都工作到凌晨兩點或三點（英國時間）。我送出的電報是由密碼組成，所以對方解讀大概需要兩三小時。儘管如此，我在就寢前起草的訊息，還是會盡可能及時地送到羅斯福總統手上。換句話說，當總統醒來的時候，電報就已經到了他的手上，並在必要的情況下，就這份電報做出回應。」

雖然邱吉爾如此澄清，但還是相當可疑。

▲ 開戰至今超過六十年，各國的文件幾乎都已經公開了。然而，正如杉野教授所指出，英國的解密期限最久，長達七十五年。因此，到現在公開的文件其實相當少。

◎ 關於將《赫爾備忘錄》送交日本的來龍去脈，在自美國本國送往駐美英國大使的報告中，還留有威爾斯（Sumner Welles）署理國務卿的說明，可以供做參考。

「對赫爾國務卿來說，因為沒有得到英國政府的支持，所以他不得不放棄《暫行過渡辦法》（作者註：但我前面曾經說過，英國只是表達意見，並沒有改變全面支持美國的立場）。可是，從英國首相的訊息中，並沒有給人這樣的印象（作者註：關於這點我也曾說過，英國首相的訊息，只是稍微提起有關中國的問題而已）。對赫爾國務卿而言，因為中國強烈反彈，再加上英國明顯持保留態度，所以只好撤回提案。」

◆ 在本書中，雖然說到朱可夫因為在莫斯科堅定不屈的指揮而受到史達林讚揚，但另一方面，他卻留下了以下這樣的話，必須在此加以註記。他說的是，史達林曾經發出哀號，願意將德軍已經佔領的白俄羅斯、烏克蘭、俄羅斯領土當成禮物送給希特勒，好換取停戰協定。換句話說，史達林已有覺悟，為了保持自己的權力，不惜出賣國土的一部分，以及被占領地區數百萬的國民。這話出自莫斯科攻防戰的英雄朱可夫元帥，對照他之後遭史達林冷落，長時間坐冷板凳的事實，不得不認為這有相當的可信度。另一方面，美國政府對於蘇聯是否會投降的憂慮，也是理所當然的。

第二部

開戰聲明

「如今只有戰爭一途而已」

僅僅一份文件，就決定了世界運轉的走向。羅斯福和赫爾都很清楚，將《赫爾備忘錄》擺在日本面前之後會發生什麼事。英國首相邱吉爾對此也有明確的認知。他在《第二次世界大戰回憶錄》中，用冷靜的語氣這樣寫道：「到這時為止，我都還不知道所謂『十條通牒』（Ten Point Note，《赫爾備忘錄》）的存在。與其說它反映了我與盟國各政府的期望，倒不如說它比我所設想過、最大膽的期望都還要更進一步。」

所謂「更進一步」，就意味著這份提案超級強硬。接下來等著的，除了「戰爭」以外就沒有別的東西了。不過邱吉爾在這裡，對於自己透過漂亮的引導，成功將美國總統引入戰爭這件事，或許有點低調就是了。

另一方面，在第一線緊迫的氛圍當中，也有位海軍將領在接到二十六日的《赫爾備忘錄》，以及伴隨而來的史塔克海軍軍令部長命令後，便判斷戰鬥已經開始，並下令即刻進入備戰態勢。這位將領就是第八特遣艦隊（航艦部隊）司令海爾賽中將（William Halsey Jr.）[1]。他在二十八日為了運輸海軍陸戰隊的戰鬥機中隊前往威克島[2]，而從珍珠港出港時，收到了這個命令（順道一提，常駐珍珠港的另一艘航艦列星頓號（USS Lexington, CV-2）於十二月五日出港，執行往中途島輸送飛機的任務。至於太平洋艦隊所屬的另一艘航艦薩拉托加號（USS Saratoga，CV-3），則正在美國本土的聖地牙哥軍港修理中）。他立刻對航艦企業號（USS Enterprise, CV-6）的艦長下達命令，要他在太平洋上，立刻對全體官兵發布艦長命令第一號（Battle Order Number One）。這段命令的開頭是這樣的：「本艦現在起以戰爭狀態行動（The Enterprise is now operating under war conditions）」。

一頭霧水的海爾賽手下參謀，用力地敲打著司令室的大門：「長官，艦長下這個命令……是您認可的嗎？」

「是啊。」

「這可不得了啊！萬一為此引發全面戰爭，誰來負責啊？」

「就我負責。總之，假使有礙眼的傢伙出現的話，立刻開火攻擊。至於討論，那都是之後的事。」

不只是海爾賽，日本這邊的軍人也同樣鬥志滿滿。戰爭指導班在二十八日的《機密戰爭日誌》中，寫下了一串堪稱「喜形於色」的文字：

一、我們收到了美國回答的全文，內容是要求我們徹底後退到滿洲事變前的狀況，其言詞可謂無禮至極。

二、美國的世界政策與對遠東政策毫無任何變化，都是依循著維持現狀世界觀，企圖稱霸世界。

三、如今只有戰爭一途而已。

---

1 編註：第八特遣艦隊成立於一九四一年十一月，戰力為企業號航艦、鹽湖城市號、北安普敦號、切斯特號巡洋艦，以及八艘驅逐艦。之後於一九四二年二月併入第十六特遣艦隊。

2 編註：陸戰隊第 211 中隊（VMF-211）的十二架 F4F-3 戰鬥機。

聯合艦隊的宇垣參謀長，也在第二天（二十九日）的日記《戰藻錄》中，寫下讀完《赫爾備忘錄》全文之後，意氣昂揚的心情：「帝國的主張，完全沒有任何容身之地。美國不只堅持原本任意妄為的主張，甚至還把各國期望的諸多條件也都一起放進去了。現在已經沒有再作任何考慮與研究的必要，除了把美國徹底打垮以外毫無其他方法。完全只需如此主張而已，至於那些來自外交官、軟弱無比的言論，完全不值一提。明瞭這一點的話，就會認為這樣的看法確實有道理，呵呵！」

參謀長自十一月二十三日以來的憂懼、遲疑與懊惱，現在一口氣全都煙消雲散了。

這天（二十八日），東條內閣從早上十點開始召開慣例的內閣會議，會中就像宇垣講的一樣，對其他意見「完全不值一提」。全體閣員一致達成決議，認為「除了為自衛而戰外別無他法」。所有閣員全都露出如釋重負的神情。雖然這個結論還不算是對英美開戰的正式決定，不過卻代表了軍部和政府已經團結一致，確認了開戰的意志。

隨後，東鄉外相帶著《赫爾備忘錄》的全文前往宮中參謁，並向天皇報告。據說，天皇也露出極度失望的表情，良久說不出話來。

就跟軍部一樣，日本的政界和官僚，現在也都已經到了非得跟隨明確定下來的意志，冷靜進行戰爭準備的時候。各部會主官開始行動，其中東鄉外相更是特別忙碌。外交談判到二十九日為止，換句話說，這個期限過後的星期天——也就是十一月三十日，軍部就會扣下攻擊的扳機，外相如此深信不疑。剩下的時間只有兩天了。

這時候他最先想到的，果然還是德國是否會遵循同盟的規範，踏出對美開戰這一步？不，比起這個更重要的是，對於華府接下來的動作，必須發出明確的訓令才行。於是東鄉對野村，發出了一封叮嚀再三的長電報，提醒他在第一線必須注意。

「對方提出像這次這種毫不講理的提案，實在讓人意外且感到遺憾，而我方無論如何，都不能以此做為交涉的基礎。是故在這次交涉中，你必須針對這份提案，向對方清楚表明帝國政府的見解（兩三天內我們這邊就會回電）。雖然實質上已經是交涉終止的情勢，但你必須要避免給對方交涉決裂的印象……」

這可以說是一場苦肉計。儘管實際上隨著《赫爾備忘錄》的提出，交涉已經決定性地決裂，但在表面上仍然要裝出沒決裂的樣子，繼續進行外交談判，這就是東鄉在訓令中所要講的意思。接到命令的野村與來栖，儘管感到萬分驚訝，但也知道接下來就是戰爭，因此不禁為事態的重大再次為之肅然。

華盛頓時間二十八日晚上抵達的這封電報，當然也被美國的「魔術」給監聽到了。交涉極限的二十九日（東京時間），在華盛頓是二十八日。既然如此，那就代表日本的作戰行動已經迫在眉睫。在這之前，要盡可能地進行欺瞞外交，這就是東京的訓令。赫爾在閱讀這封破解電報後，立刻產生了以下的直覺：「來栖的使命已經接近第二階段。他的第一個使命是促使我們承認日本對亞洲的支配，第二個使命則是萬一這個企圖失敗，則在日本軍部做好攻擊準備為止，都要透過會談來誘騙我們上鉤。」

然而，在此要慎重說明，所謂「來栖的使命」並不存在。儘管赫爾應該是因為執念而產生這樣的誤認，不過對於日本的攻擊已經近在眼前，這點認知倒是正確無誤。

「為了避免慢慢輸光，結果卻一把輸個精光」

十一月二十九日，星期六。天氣多雲轉雨，海上雖然有霧，但波濤並不洶湧，反而相當平穩。五航戰的航艦瑞鶴號與翔鶴號結束燃料補給，向夏威夷東進中的機動部隊，正在黃昏時分的狹窄視界中航行。這時，東京的福留作戰部長，傳來日美交涉必定決裂的電文。

航艦赤城號的飛行長增田正吾大佐在日記上這樣記載：「接近東經一七〇度。在此聽到對海外的短波廣播新聞：『二十六日，日美第四次會談的進程，已經來到最後階段。』骰子已經擲下去了，箭也已經離弦而出。我們成為宣戰的嚆矢，筆直飛出。X日仍然為時尚遠。從傍晚開始下起雨，不久後濃霧大作。」

南雲中將機動部隊的官兵們，預測途中折返的機率趨近於零，每個人都有著必將開戰的覺悟。

在此說個題外話，當我還是雜誌編輯的時候，曾經召開過一場名為「我在珍珠港上空」的座談會。會中邀請了參與珍珠港攻擊的攻擊隊總隊長淵田美津雄中佐，加賀戰鬥機分隊長志賀淑雄大尉、飛龍雷擊隊分隊長松村平太大尉、蒼龍水平轟炸隊分隊士山本貞雄中尉、翔鶴水平轟炸隊員大久保忠平一飛曹等五人與會。這時候，他們聊起了有關前往夏威夷途中漫長海上航行的話題。為了讓大家更清楚當時的狀況，在此做稍長的引述。

山本：當時的天候一直都不是很好呢。可是，這反而有好處，因為會形成天然遮蔽，讓敵軍的偵察機無法看見我們。

淵田：只是，海上補給一直是最大的問題。幸好那一天風平浪靜，感覺真的是天佑我等呢。（笑）

大久保：惡劣的天候一直持續時，機庫中用來綁機輪的鎖每次一搖晃，就會發出嘰嘰嘎嘎的聲音，讓我印象深刻。談起珍珠港時，我仍然會想起那個聲音。至於飛機，則是嘶嘶沙沙的聲音。

山本：總之，連機庫的艙間也是搖晃得很厲害。可以聽到海浪「咚」的碰撞聲，撞擊在鐵製的牆壁上。

淵田：我們赤城號官兵約定好，從珍珠港一直到回家為止，都絕對不喝酒。這是因為美國雜誌上面寫說，日本海軍航空隊雖然可怕，但是他們的飛行員喜歡喝酒，所以其實沒什麼好怕的。因為我們都知道預定十二月二十三日就會回到日本，所以就在月曆畫上了酒杯和酒壺的圖樣。（笑）

志賀：在比叡號戰艦上有人畫了幅名為「太平洋夜話」的畫作，我們把它弄到了手，連同加賀號官兵的畫作一起，辦了個展覽會。雖然是春宮圖，但因為是用四國的寺廟加以擴大著色畫成的，所以大家都說很漂亮呢！（笑）

松村：戰鬥機就一直得在甲板上待命呢。

志賀：是啊，一定要保持六架戰機待命，不過這十幾天間還是有點空檔的……（下略）

在東京，從這天上午九點半開始，應天皇「想聽聽重臣意見」的想法，在宮中的「千種之殿」，舉行了政府與重臣（曾擔任首相者）之間的座談。出席的重臣全都是前首相，包括了若槻禮次郎、岡田啟介、廣田弘毅、近衛文麿、林銑十郎、平沼麒一郎、阿部信行、米內光政等八人，再加上樞密院議長原嘉道。政府方面則是由東條、嶋田、東鄉、賀屋以及企畫院總裁鈴木貞一出席，統帥部則是無人現身。

雖然也有反對聲音指出，重臣既然在憲法上不用負責任，那就不適合參與重要國策，但是因為是天皇提議要求的緣故，所以才召開這場與前首相之間的座談。雖然只是「政府進行必要的說明，並尋求重臣理解」的形式，但還是一種滿軟弱的行為。不過，這也是為了邁向開戰的事務性程序之一，更正確說，也可以算是一種儀式吧。

然而到了實際開會，好幾位重臣卻全都認真以對，毫不通融地展開一場激烈的論戰。東條針對自存自衛，對英美戰爭乃是無可避免的事態，進行了長達一個小時的漫長說明。接著東鄉又用了將近一個小時陳述日美交涉的經過，同時也毫不保留地吐露當《赫爾備忘錄》擺在自己眼前時的震驚。最後，他做出了這樣的結論：「美方不對這份最後通牒有所更易的話，那就不可能透過談判達成妥協。換句話說，我們不得不判斷，美方已經不惜代價，也要發動對日戰爭了。」

聽完外相這番絕望的感想之後，十一點半開始進行質詢應答的階段。這場認真至極的討論，直到下午一點都還沒結束，只能暫且休息。一直等著的天皇，在御學問所[3]與重臣們共進遲來的午餐。之後重臣們與首相以下的閣員，從兩點開始在表御座所[4]，與天皇對談。天皇說：「這真是個相當艱難的時期」，並一一聽取各重臣的意見。木戶內大臣這時也列席其中。與天皇的對談結束後，政府和重臣之間的會談在「千種之殿」再度展開，一直持續到下午三點半過後。

關於這次的重臣會議，阿川弘之在《米內光政》中曾提及，「他（米內）在這場『內參』，曾經說過一句話：『為了避免漸漸輸光，結果卻一把輸個精光。』」除此之外，《木戶日記》也屢屢被當成引用的題材。

簡單說，重臣們的意見如下。

若槻：我國國民的精神意志無須擔心，但是物資方面是否堪於進行長期戰，則有必要慎重研究。上午政府雖然做了說明，但我對此還是十分擔心。

岡田：今天我們確實是在面對一場非一般的狀態。對於物資的補給能力，即使已經做了充分的計算，但還是令人相當擔心。先前政府的說明，也讓人難以全然認可。

（平沼、近衛的發言在此省略）

米內：因為我手上沒有資料，所以很抱歉不能提出具體的意見。不過在這裡請容我用個鄙俗一點的說法，那就是「不要為了避免漸漸輸光，結果卻一把輸個精光」，希望大家對此能充分注意啊！

3 編註：皇宮內書房，同時也是講課，研究學問的地方。
4 編註：天皇辦公室，天皇在這裡執行公務，包括閱覽公文或簽署法律文件。

在這當中，米內的「為了避免漸漸輸光，結果卻一把輸個精光」，更是成為琅琅上口的俗語而廣為眾人所知。

在參謀本部的備忘錄《御下奉問答綴》中，也可以看到同樣的語句。關於重臣們的看法，「大體的意向是，三分之二主張對美忍耐，維持現狀，三分之一主張不得已必須對美開戰。前者在御前暢述心懷。他們擔心開戰，將會陷入『輸個精光』的境地；維持現狀雖然會『漸漸輸光』，但在這當中或許找出某種良策，因此方為正軌。除了廣田、林、阿部以外的人都進言維持現狀，而首相則針對維持現狀論，一一進行反駁說明，天皇陛下似乎也相當理解。

積極論的主張者為廣田、林、阿部，其中阿部的主張特別強硬。現狀維持論以岡田、若槻最強硬，特別是岡田相當堅決。」

這份備忘錄多少有點偏袒自己人，因此寫說「首相一一反駁說明」，但在天皇面前，事實上並沒有發生這樣的論戰。

不過若把此事暫擱一邊，則這份備忘錄與《木戶日記》的記載大體上是一致的。天皇與重臣在表御座所的懇談，幾乎就是這樣一回事。至於實際的論戰，則是在天皇不在場的情況下，由重臣和東條在「千種之殿」進行。在這裡因為木戶沒有出席，所以也沒有相關的紀錄。

在「千種之殿」裡，辯才無礙的首相以重臣為對手，再加上其他負責閣員的援手，長時間滔滔不絕地論戰下去，其內容則相當令人好奇。在此謹根據美國局長（時任）山本熊一先生的手記，對此做出較為詳盡的敘述。

「為了理想而亡國是不行的！」

座談由若槻禮次郎率先開火。他針對政府說明的內容進行糾正，於是展開了以下這樣一場論戰。

若槻：外相表示因為交涉的最終期限已經到了，所以十一月過後，除了截止外交交涉之外就再無他法。但是，真的沒有再交涉的餘地了嗎？

東鄉：再繼續交涉下去也毫無意義，乙案已經是最大讓步案了。然而對方卻連這點也無視，只是提出自己任性妄為的主張，這實在讓人難以忍受。

——這時首相立刻插進來說道。

東條：換句話說，外交已經沒有希望可言，剩下的就只有為了讓作戰有利，設法利用外交而已。我會在最近的御前會議中請奏，請求陛下做出聖斷。

——重臣之間「喔」的聲音此起彼落。

若槻：只因為彼此談不攏，所以就要立刻發動戰爭嗎？日美交涉的種種糾紛，不都是因為最近進駐法屬印度支那南部的事態發展而導致的嗎？不只如此，日德義三國同盟的影響又怎麼說？

東條：美國對於我方進駐法屬印度支那南部的處置，實在令人費解。另一方面，三國同盟是日本為了阻止美國參戰而結成，但美國則是為求太平洋方面安定，以使其得以踏足大西洋，所以希望我們能讓這份條約變得徒具其形，而無實質意義。

若槻：若是交涉斷絕，你打算立刻開戰嗎？

東條：若是對自衛自存與八紘一宇[5]，亦即各個東亞民族以此為本進行的新秩序建設造成妨礙的話，日本就應該毫不猶豫地站出來。到現在為止試著透過外交交涉打開僵局，已經是我們很大的自制。但就算現在馬上發動戰爭，也是不足為恥的堂堂正義行動，完全沒有什麼好怕的。

——在這裡，東條作出了「自衛自存、八紘一宇」的發言。這段發言的基礎，是在和戰尚未定局的十一月十一日，他在大本營—政府聯席會議上，構想出來的「對英美開戰的基本名目」。在這當中，他堂而皇之地頌揚戰爭目的：

「一、建設大東亞新秩序、確立永遠和平、並進而賦予世界和平，乃是帝國不動的國是。」

東條的「八紘一宇」發言，正是對這種「不動的國家綱領」的再次強調。之後，這句話透過報章媒體廣為傳播，進而煽動起國民的情緒。關於此事，在重臣當中，只有若槻禮次郎相當奇妙地與之大唱反調。在午餐後的午後座談中，若槻再次追問：「比起理論，考慮現實要來得更加必要。因此，就算有損日本的面子，也必須進行妥協才對啊！即使到最後現實就是有損面子，也應該慎重考慮。即使顏面掃地，也不該進行無謀的冒險啊！」

到了這個時候，大家嘴上常掛著的八紘一宇，也就是作為「亞洲盟主」的國家顏面，已經怎樣都無所謂了吧！面對如此斷言的若槻，東條則是予以強力回擊：「我知道追求理想不能背離現實。可是，做任何事情都必須要有理想才行。」

若槻也毫不退讓：「為了理想而亡國是不行的！」

從這段對話中，可以深刻聽見這個即使已有亡國覺悟，卻仍然不得不奮起的國家，所發出的沉重哀嗚。

話題有點遠了，讓我們再回到重臣座談會的討論上——

若槻：與英美戰爭恐怕會演變成長期戰，物資將會日益減少，儲備也會在兩三年之內便見底，關於這點，政府有何看法？

東條：長期戰的可能性確實很大。不過關於這方面，我們有針對油、汽油、鐵等進行重點研究，並且將儲量全部算下去，以此為基礎，才得出（開戰）這一結論的。不管怎樣，希望各位相信政府。若是占領了必要地區，據估算油料將在三年後逐漸增加。航空燃油在某種程度上雖有危險，但我們會透過作戰方式來靈活運用之。鐵在去年有四百七十萬噸產量，三年後增產，從具體來看也是可預期的。

——這時，岡田代替若槻站出來質疑：「你到現在為止的回答，我完全不能理解。」

岡田：關於只要踏足南方，物資調度就能夠十分充分這點，我個人抱持相當的懷疑。確實南方是有資源，也能夠獲得原料，但是要進行長期戰的話，我們根本沒有採掘這些原料的勞力可用。另一方面，（將資源運回日本的）船舶問題又要怎麼解決？據估算至少需要三百萬噸（排水量）才夠，就算現在不得已從民間徵用一部分給軍部，但早晚都要還給民間需求的吧？日本的造船力是有限的。結果最後在物資運輸上陷入困境，三年以後……（南方地區的）資源堆

5 編註：日本政府二戰期間宣傳的理念，其解釋是天下一家、世界大同。

積如山，（日本國內）卻一貧如洗，難道不會變成這種狀態嗎？

東條：關於船舶，在民需方面勉強要確保三百萬噸左右。雖然有危險，但靠著國家的強大政治力，以及國民共體時艱的決意，一定可以達成目的。即使如此，這些配置給陸海軍的船舶，最後還是會還（給民間）的。我們的造船力，每年可以達到六十萬噸。資源這點雖是非常讓人憂心之處，但檢討的結果讓我們確信，一切都沒有問題，這點也請諸位務必信賴。

岡田：你這樣一講，反而讓我更加擔心了。現在的船舶有六百萬噸（一半為民需），造船也有相當能力，但真的能這樣一直持續下去嗎？（中略）假使軍需工廠必須擴張，那所需材料要從南方獲得，可不是嘴上說說那麼簡單。你們能夠針對材料獲得這個基礎問題，竭盡全力加以解決嗎？

——不愧是海軍出身的重臣，岡田完全說到了重點。正如東條的說明，當時日本持有的運輸船舶是六百萬噸。為了從南方運輸資源與糧食，最低限度必須要使用其中的一半，也就是三百萬噸。企畫院的最終報告指出，這三百萬噸使用下去，可以確保現狀無虞。是故，為了獲得南方資源，以確保國力維持、長期不敗的態勢，現在開戰是最有利的，這是政府與軍部的判斷。

可是，這個結論有一個很大的漏洞，那就是受到美軍攻擊而沉沒的船艦，它們的損害到底會到多大？當負責人算出真正的可能數字時，陸海軍兩大臣與兩總長，竟然出現同時大喊「這樣一來只能總辭了」的一幕。

根據海軍急忙找來的資料，在第一次世界大戰期間，英國喪失的船舶量，其損耗率大約是每年百分之十。以此為基礎，日本的損害大約第一年八十萬噸、第二年六十萬噸、第三年七十萬噸。換句話說，一年推算起來大約六十萬噸多一點。以日本的造船能力每年六十多萬噸來算，勉強在正負誤差之間。（當然，實際進入戰爭之後，沉沒的船舶可就不止六十萬噸這樣了。第一年一百二十五萬噸、第二年兩百五十六萬噸、第三年更高達三百四十八萬噸。）

岡田完全不信任東條「值得信賴」的說明，執拗地緊咬不放，也正是因為這個原因。

岡田：說到底，日本海軍有壓制住美軍攻擊力的能耐嗎？

東條：這點確實事關重大。儘管兩年後不能斷言確實有勝算，但至少應該可以確保要地，形成長期戰的基礎。

岡田：當然，如果沒看透這點，那要下定決心對美國開戰是絕對不可能的。但是，以你到現在為止的說明來看，當中還有太多的未知數。美國若是像現在這樣持續增強戰力，把比例差距拉大的話，那危險性不就更大了嗎？

東條：關於這方面，任何一些細節我們都已經進行了詳細的檢討。假使不戰的話，結果又會怎樣呢？英美的氣焰明顯將會更加高張，而帝國不是只能唯英美之命是從，俯首稱臣了嗎？迄今為止，我們在支那事變中已經喪失了十六萬人的英靈，而現在更有超過兩百萬人在艱苦當中掙扎。我們對一再的讓步與屈服，已經無法忍耐。如果放任現在這個時機流逝，結果一兩年之後又被逼到不得不開啟戰端的境地，那時候想作戰，也已經完全沒辦法了！

——就在東條的壯語中，座談會畫下了句點；而在參謀本部的備忘錄中，力主反對開戰、臥薪嘗膽論的若槻、岡田兩位重臣，其實完全是正確的。然而，他們兩位拚死陳述的正論，完全起不了作用。最後會議以「我們只能相信政府會善盡自己的責任」為結論就此散會，然後東條便向天皇報告說：「全員一致決意戰爭。」怎麼想都覺得真是無力回天啊！

《機密戰爭日誌》裡是這樣寫的：「證諸國家興亡之歷史，興國者必為青年，而亡國者必為老年。對重臣們的消極心理，我輩再無他話可言。我們不能將皇國永遠的生命，託付給若槻、平沼這些老朽之輩。我們能做的，只有一路奮戰到孫子那一代而已。

下午三點半，重臣座談終了，天皇陛下似乎也已經獲得了充分的理解。」

「開戰日就定在八日」

然後，這一天稍晚，在宮中還舉行另一場更重要的會議，那就是下午四點開始的大本營—政府聯席會議。在這場會議中，決定了預計在十二月一日召開的御前會議，其議題如下：

對英美荷開戰案

由於根據十一月五日決定的《帝國國策遂行要領》展開的對美交涉無法達成共識，所以帝國政府決定對英美荷開戰。

接下來，東鄉外相提案，由於日美交涉必然決裂、開戰迫在眼前，因此有必要向希特勒與義大利總理墨索里尼傳達相關訊息，這點也獲得全體一致通過。在自始至終保持愉快表情的東條領導下，具體的開戰事務性程序，一一俐落地過關。

接下來討論的是，今後要怎麼對華盛頓進行交涉呢？

「事到如今，就算繼續做外交也沒意義了吧！」外相如此說道；但軍方統帥部異口同聲表示，既然已經決定開戰，那麼為了作戰成功，希望能夠繼續擺出交涉的模樣，直到開戰日為止。面對這種「為了戰爭勝利要繼續交涉」的要求，一直認為會即時開戰的外相，不禁露出驚愕的表情，大聲問道：「還有時間留給外交運作嗎？」

永野低聲回答道：「還有時間。」

東鄉在眼鏡後的目光灼灼，繼續問著：「到底軍部打算哪一天開戰？不是十一月三十日，要不然就是十二月一日嗎？也該讓我知道開戰日是哪一天吧，若是不知道的話，根本無法進行外交啊！」

賀屋財務大臣也呼應東鄉的說法。一旦戰爭爆發，有可能會導致股票暴跌。為此，必須提早作準備，採取相關預防措施才行。

「這個嘛……」永野顯得極度欲言又止，「關於開戰的日子……」

接著，他用非常小的聲音悄悄說道：「時間就定在八日。因為還有空間，所以為了替戰勝製造良好契機，希望外交這邊能夠配合。」

接著嶋田和海軍省軍務局長岡敬純少將也鄭重叮嚀，絕對不能讓對手察覺。

東鄉表示理解，點點頭說：「既然如此，要不要也把這個決定通知華盛頓那邊（野村與來栖）比較好呢？畢竟你們應該已經知會海軍武官了吧！」

「不，連武官都還不知道。」

永野的回答，讓東鄉再次感到驚訝不已。（海軍為何對這個計畫隱匿到這種地步……？）於是他再度衝撞軍部的意志。

「可是，我們總不能把日本代表就這樣丟在那邊不管吧？」

然而，軍部還是擺出一副頑強的態度：「這也是沒辦法的事。假使發生什麼不好的事情，那外交官也必須做出犧牲才行。我們希望直到最後為止，外交這邊無論如何都要促使美方反省、持續進行質問，並掩護我們的作戰計畫。」

東鄉像是勉強接受般，抿緊了唇沉默不語。這時，不知道是誰脫口而出的話，在沉默的房間中清楚響起：「這個時候，國民全體都要成為大石內藏助了[6]。」

這意思就是，為了這一天，全體日本人都必須進行讓對方一無所知的欺瞞工作。聽到這話，室內眾人更是目瞪口呆，任憑沉默主宰一切。雖然是帶著幾分想像，不過既然這種欺瞞的外交方式非得持續下去的話，那外交交涉中斷的時間點，以及接下來的宣戰問題，就變得相當微妙了[※]。

事實上，東鄉的腦海裡，確實湧現了在開戰前一週，該如何發出宣戰通知的大問題。在這場會議結束後，他便開始思考這方面的事情。

回到外務大臣辦公室的東鄉，立刻草擬好給柏林和羅馬的訓令，並且在這天深夜發出電報。其內容主旨是，由於帝國正面臨重大事態，因此希望能在極機密情況下會見德義領袖，並進行交流。

不過這時在柏林，就在東鄉的訓令電報發出之後不久（柏林時間二十九日上午十點半），日本大使大島浩已經和里賓特洛甫部長會面，並且得到了「日本若是投入對美戰爭，德國也將立刻參戰」這個令人開心的訊息。

「我們得到情報，因為美國的高壓態度，日美交涉事實上已經不可能妥協了。」部長如此說道。他揮揮手制止臉上露出驚訝表情的大島，又接下去說道：「若這是事實的話，那日本不得已，只好下定決心跟英美開戰了吧！若是如此，這就成為日德兩國共通的利益。不只這樣，這也是對日本有利的結果。」

部長就像往常一樣，沉浸在自己的話語之中：「日本若是投入戰爭的話，德國當然也會立刻對美宣戰。在彼此聯繫的狀態下，德國也絕對不會單獨對美議和。元首在這一點上，也已經下定了決心。」

大島心裡感到喜悅萬分，忍不住想拍手叫好。這不就是日本政府一直由衷渴望，最直接簡明的保證嗎？事實上，在從里賓特洛甫口中聽到這句話之前，柏林方面就已經爽快表示會這樣做了。大島立刻將這件事向東京報告。

然而，這封大島十一月二十九日從柏林發出的電報，也被美國給攔截了。「里賓特洛甫這樣說：『若是日本投入對美戰爭，則德國毫無疑問，必將立刻宣戰……』」對羅斯福來說，大島的報告帶有明確的

6 譯註：大石內藏助是日本著名故事「忠臣藏」的主角。他為了替主公復仇，率領四十七名浪士忍辱負重，最後終於一舉成功，取下仇家的首級。

含意，對日戰爭現在已經變成是可以與德國正面決戰的「快速通道」了。正如他所意圖的那樣，日本發動最初一擊的意義又變得更大了。日本方面渴求的柏林保證，結果讓美國總統比日本人更高興，這不能不說是歷史的諷刺吧！

當然，日本對這種事是想像不到的。

這天傍晚，參謀本部第十一課（通信）參謀戶村盛雄中佐，打電話給負責監督遞信省[7]檢閱室的白尾干城，要他從明天開始為了警戒，外國電報「一律晚五個小時發出」。不過，日本政府的電報，以及有關德義政府的電報則不在此限。白尾立刻用電話，向中央電信局發出命令。

朝向開戰的事務性程序，就這樣一步步持續地建構起來。

「只要讀了就能戰勝」

十一月三十日，星期日。位在泰國與馬來亞邊境的五萬英澳軍，堂而皇之地廣播說「我們已經做好入侵泰國的準備」，對倒向日本的泰國政府進行恐嚇。另一方面，新加坡的英國廣播，也連日叫嚷著日軍從法屬印度支那侵略泰國的危險性。在泰國曼谷的美國公使，也正式下達了要當地美國僑民撤退的命令。

在這個地區的狀況，已經呈現出一派開戰之前的景象。即使是星期天，也完全不受影響。

事實上，在法屬印度支那的日軍，已經幾乎徹底完成戰備。行囊的卸下、裝載都已完成，部隊東奔西貢的混亂也已經收攏完畢。金蘭灣的海軍部隊，已經做好了完整的出港準備。在海南島的三亞港，陸軍官兵已經準備好要搭乘運兵船。在金邊、吳哥附近，日軍已經開始進行大規模的部隊移動。西貢的路透社對於日益高漲的危機，寫下了這樣的報導：「日軍開始向邊境移動，已經在邊境集結，看樣子似乎是要通過泰國，直衝緬甸。」

負責規劃「兵力運用」的，是參謀本部作戰課參謀瀨島龍三少佐。這天，他在作戰會議上，說明將登陸馬來半島部隊集結地選在海南島三亞港的理由。他在上衣胸前的口袋裡，裝著一份將好幾張再生紙綁在一起、宛若經書般密密摺疊的「南方作戰準備一覽表」。這是他精密計算後寫成的成果，必要的時候就會從口袋裡掏出來，然後流利地將排得滿滿的作戰計畫流程念出來：「開戰日以十二月八日最佳。這時候從太平洋向馬來半島，會吹起每秒八公尺到十三公尺的季風。若是乘著這股風，運輸船團只需要平常的三分之一時間。即使途中遭到敵軍攻擊，憑藉著速度加快，也可以減少損失……」

在三亞港，第二十五軍司令官山下中將也對麾下各師團，首次下達了「我軍的任務是以神速攻擊『新加坡』，徹底消滅英國在遠東的根據地」這道命令。接著，他更出席了搭乘香椎丸的第五師團命令下達式，並在這天做出了以下的訓示：「我會搭乘龍城丸，跟師團將兵一起登陸。若是龍城丸在航海中有個萬一，則由第五師團長代替我指揮全軍。假使香椎丸出事，則由我直接指揮師團各部隊。」

山下從二十九日起便搭上龍城丸，在船長室裡起居生活。

---

7 編註：日本二戰前的中央機關，負責交通、通信、電力等事務，後拆分成總務省、日本郵政及日本電信電話（NTT）等單位。

第二十五軍作戰主任參謀辻政信中佐，一邊輕撫著一本口袋版的袖珍小冊子封面，一邊向作戰參謀朝枝繁春少佐，表達對他長期辛勞的謝意。這本小冊子的標題是《只要讀了就能戰勝》（これだけ読めば戦は勝てる），是辻政信和朝枝兩位參謀合作的結晶。原本是以對蘇聯作戰為主體、在寒冷地帶訓練的近五十萬官兵，突如其來要投入南方。為此，他們兩人在極機密的情況下，寫了這本只要閱讀就能大致了解南方的小冊子。

朝枝參謀後來說道：「這本書就像吃飯喝水一樣簡單易懂，而且包含了許多東西。從衛生問題到兵器處理方式，再到皇軍為什麼要前往南方的精神論。除此之外，也必須要端正軍紀。要愛惜當地人，表現出身為東亞盟主該有的儀態作為。我確信，這本書會對後來的作戰，扮演非常重要的角色。」

這確實是一本如他所言的作品。「一、南方作戰地帶是怎樣的地方呢？」那是「受到英美法荷白人侵略的東洋寶庫」，在那裡，「有一億遠東民族受到三十萬白人所虐使」，同時也是「石油、橡膠、錫等的世界級產地」。在當中彙整了這些項目。然而，在「二、我們為何必須作戰，又應如何作戰」中，可以看到「我們要愛惜土民，但是不要對他們抱持過大的期待」、「要尊重土民的風俗習慣」等字眼，從中可以嗅出他們對日本人的優越感過於自信的味道。

「朝枝君，這本冊子是要給士兵人手一冊的嗎？」

「不，是每個分隊一冊。我會下達指示，出港之後直到X日，才可以啟封。」

「不，要他們出港之後立刻閱讀，這樣比較好吧？」

兩位參謀的對話顯得一團和氣。

朝著夏威夷前進的機動部隊，在這天傍晚發生了一點小狀況。在機動部隊前方開路的先遣部隊（哨戒隊）伊二十三號潛艦發生了故障，不得不脫離艦隊行動。第八戰隊（重巡部隊）參謀藤田菊一中佐的日記中，對此作了以下的概述：這艘潛艦在二十七日報告，其左舷主機的傳導齒輪毀損，導致變速器以及幫浦無法使用，能發揮的最大速度只有十分之八。之後狀況更加惡化，最終脫隊。

除此之外，完全沒有任何異狀。海況平穩。機動部隊已經抵達北緯四十二度五十分、東經一七一度三二分的海域。日落相當的早，將近傍晚四點，天色就已經陷入微暗。夜晚沒有霧氣，月光明亮照耀著廣大的海洋，就像是不曾發生過任何狀況般，旗艦赤城號用燈號下達命令：「明天一天，二航戰、八戰隊進行補給，開始時間〇五〇〇，速度十二節。」

「一切只等大命降下」

——事實上，這時候在東京發生的事，或許才該稱之為「狀況」。

十一月二十日起擔任軍令部作戰課參謀的高松宮宣仁中佐，在這天（三十日）上午十點，受天皇之召前往宮內參謁，並與天皇進行了大約四十分鐘的交談。召見高松宮的理由，自然是天皇對於以海軍為中心展開的對英美戰爭略感憂慮，所以在作戰方面，想聽聽弟弟「真實」的說法。

這時，高松宮率直地將內情告訴天皇。他說：「海軍的真意是，眼下應該要竭盡全力，盡可能避免日美戰爭爆發，因為他們真的沒有自信。」遺憾的是，《高松宮》日記欠缺了關於這天的記載，因此，相關來龍去脈只能透過《木戶日記》來推敲。

雖然是星期天，不過木戶還是活力充沛地到處造訪宮家，並且在平常不出勤的下午兩點半，來到內大臣室辦公。得知木戶到來的天皇，立刻傳他晉見。天皇將從高松宮那裡聽來、關於海軍沒有自信的話語轉達給木戶，然後又加了一句：「依你之見，應該怎麼辦才好呢？」

御前會議已經預定好，召開日期就在明天（十二月一日）。事到如今才問怎麼辦，就連木戶也嚇了一跳，不過他還是沉著地回答道：「若是這次做出決定的話，就是再也不能回頭的重大決定。若是感到些許不安的話，那麼盡可能謹慎再謹慎地去了解，或許是最好的做法……」

於是，為了準備明天御前會議而恰巧入宮參謁的東條，便首先遭到了詰問。對此，東條是這樣說的：「想要避免這場戰爭的心情，政府自不用說，就連統帥部也是一樣的。不過就像我在入宮上奏的時候已經表達過的，既然事已至此，那麼出於自存自衛，開戰乃是不得已必須做出的決定。可是，海軍作戰乃是對英美戰爭的基礎，所以若陛下仍然略有疑慮的話，還煩請召見軍令部總長、海軍大臣確認。」

午後六點十分，兩名海軍首腦急遽受召，前往御學問所拜謁天皇。為緊張不已的兩人賜座之後，天皇用平靜的語氣，詢問永野總長：「時機日益切迫，恰如箭欲離弦；然而，一旦箭離了弦，就再也不能回頭，只能進行長期的戰爭。關於這點，真的能照預定進行嗎？」

永野看見天皇的樣子頗為溫和，於是定下心來，緩緩答道：「是的，我們已經做好了萬全的作業計畫。詳細情況會在明日的御前會議上奏。若大命降下，全軍便會按照預定展開攻擊。我們的機動部隊，已經逼近珍珠港西方一千八百海里之處了。」

天皇接著又將視線移向嶋田海相，開口問道：「大臣這邊也一樣，全都做好準備了嗎？」

「是的，」嶋田斬釘截鐵答道，「不論是物或人，全都做好了充分的準備，一切只等大命降下。」

嶋田在手記中如此寫道：「陛下打從心底想避免令人厭惡戰爭的心念，以及在國家被逼入絕境時，挺身面對戰爭的勇氣，我全都親身體驗了。」因為抱持這樣的想法，所以兩位海軍主管為了讓天皇安心，異口同聲地報告：聯合艦隊的訓練相當完善，山本長官以下官兵的士氣高漲入雲，因此我們有充分的勝算，並且也都有所覺悟，無論如何都要讓這場戰爭獲勝……在兩人如此堅決地報告時，天皇一直靜靜側耳傾聽。

接著，天皇開口問道：「要是德國輸掉了歐戰的話，你們打算怎麼辦？」

嶋田答道：「我們並不認為德國是個真正可以信賴的國家。因此，就算德國撒手放棄了，也跟我們完全沒有關係。」

——明明這場戰爭計畫是以相信德國會勝利為根本而制定的，結果現在又說「我們不認為德國可以信賴」，這不是牛頭不對馬嘴嗎？

「戰爭或許會亡國，可是不戰也會亡國。不戰而亡國的話，那就是從魂魄開始徹徹底底喪失，永久的亡國了。」永野也表達了自己的意思。這就是作為「日美戰爭宿命論」先鋒的永野所抱持的信念：「若是戰到最後一兵一卒，即使亡國，我們的子孫也能承繼這種精神，重新再站起來。」

永野和嶋田，在精神上都已經徹底僵化了。當組織這東西進入防衛態勢之際，外壓愈是強烈，攻擊性也就愈強，這是常態。開明、合理，乃至知己知彼的精神，全都與之無緣。這點和一般公認充滿妄想的陸軍，完全沒有什麼差異。

六點三十五分，木戶與天皇再次會面，這時天皇說道：「由於海軍大臣和總長在剛才的答詢中，全都表現出相當的確信，因此就告知首相，一切按照預定進行。」

最後的和平機會就這樣錯失了。在此引述陸軍最資深的長老宇垣一成，在十二月一日所寫下的內容：「日美交涉即將走到懸崖邊緣。識見短淺愚昧之輩當權，自會做出如此的歸結。唯一能挽回的方法，除了仰賴至尊的赫赫之威或是國民的力量以外，實在相當困難，嗚呼！」

然而，這場或許真能牽動天皇的赫赫之威，亦即「聖斷」的「異變」，卻在剛剛冒出徵兆的時候，就因為永野和嶋田這兩位海軍將領的自信過剩，以及毫無道理的確信和斷言，而完全遭到了抹殺。正如宇垣所言，「識見短淺愚昧之輩」誤國，莫此為甚！

另一方面，從歷史事實來看，這天其實還有另一封引人關注的電報從倫敦發到了華盛頓：「我提議，英美兩國應該就日本若是更進一步發動侵略時，對於將提交議會討論的重要問題，做出明確的宣示。」

這是邱吉爾給羅斯福的提議。所謂該提交議會討論的重要問題，即是對日開戰這個嚴重至極的問題。可是，羅斯福並不認同邱吉爾的提議。儘管如此，這是否代表英美還有想法，要透過強化對日威嚇來迴避戰爭呢？

我怎麼想都不覺得如此。畢竟事情已經無法回到這個階段，兩位領袖應該都有清楚的認知才對。再說，以促使美國參戰為最高政策的邱吉爾，會講出這樣的話，相當不可思議，而羅斯福完全不接受這個提案，也讓人感到一頭霧水。因此，有可能是為了當作留存在歷史上的免罪金牌，又或者是假意擺姿態，邱吉爾才做出這樣的提案，而羅斯福也在暗中思考，要留下些什麼，才會讓這種印象更加明確有效？於是，他才寫了一封我們後面會提及的「給天皇的親筆信」，並透過國務院傳達。假使這個提案成立的話，那日本對於怎麼回答，一定會大感困惑吧？……光是想像這點，就令人不禁冷汗直流。

「寂靜籠罩了整個太平洋」

邱吉爾在《第二次世界大戰回憶錄》中如此寫道：從十二月一日開始，「接下來的一週，可怕的寂靜籠罩了整個太平洋。」

不，不只是太平洋方面，就連莫斯科的戰場，彷彿也被突如其來的寂靜所籠罩。德軍的攻勢完全停止。攝氏零下二十度、一望無際的大地全都被白雪所覆蓋，身處其上的德軍則在挨寒受凍。飢餓的士兵，開始分食凍死的軍馬。蘇聯紅軍也在持續的防衛戰中感到疲憊不堪。不過，因為通曉冬季作戰的方法，所以他們還能勉強維持住。整個戰場都被降雪與嚴寒所凍結。

「紅場線，往克里姆林宮的方向，請在這裡搭車。」

最前線的德軍，在前往莫斯科的巴士站前，一邊頂著猛烈的暴雪，一邊開著心酸的玩笑。

「可是，巴士何時會來呢？」

「應該不會來了吧！」

沒有援軍、也沒有補給。將軍們向柏林建議，應該為了大規模的春季攻勢做準備，可是卻被希特勒一言喝退：「不准！」

相較於這個嚴酷的戰場，太平洋方面確實是一片寂靜。可是說到底，它真能算得上是「寂靜」嗎？確實，從美國和英國來看，這或許算是他們為了讓日本發出最初一擊，而靜靜地、一直等待與期望的一週。另一方面，為了這一擊能夠順利成功，日本在這一週，也幾乎是絞盡了所有腦汁。他們雖然在表面看起來顯現出毫不掛心、完全波瀾不興的平穩態度，但背地裡卻隱藏著悲觀或絕望的心情。為了讓這場不想打的戰爭能夠順利展開，他們竭力做好周全的準備，不管官方、軍方或是高層，全都不分晝夜地瘋狂奔走。

那麼，一般的日本人也是抱持同樣的態度嗎？不，完全不是這樣的。無數的日本人，被封鎖在貧困、窮苦與順從的生活當中。在政府與彼此的監視下，每個人都只能沉默以對。不只如此，就連個人能夠獲得的些許安樂，也都被接踵而來的徵兵、動員、訓練、勞役等給剝奪殆盡，再加上物資管制，讓人打從心底整個精疲力竭。國民幾乎都已經受夠了在中國大陸持續不斷的泥沼般戰爭，因此對於政府和軍方還想要發動更大的戰爭，內心不禁都覺得「究竟他們要瘋狂到什麼地步才夠」？

國民生活自從日中戰爭爆發以來，也是一直處在被壓得喘不過氣的狀況之中。比起物資面的不自由，精神生活的痛苦難耐更嚴重。特別高等警察（特高）的監視網，籠罩著每一個人的生活，除此之外還有憲兵。若是對生活的苦境發出什麼不平不滿，就會不由分說地立刻遭到舉發。就在開戰前夕的十一月二十日，還公布了「國民勤勞報國協力令」。也就是說，勤苦奉公已經變成了國民的義務。人們在心中開始暗暗抱持心願，希望能發生些事情，來除去這種喘不過氣的重壓。

作家永井荷風的《斷腸亭日乘》，就清楚傳達了這時候庶民不穩的動向。

「傍晚前往土州橋。電車乘客眾多，人潮雜沓。據電車車掌說，因為後天物品稅要加倍，所以今明兩天為了買東西而前往銀座日本橋的人，從早上開始就擠得水洩不通。」（十一月二十九日）

可是另一方面，英美為因應日本政策而逐步增加的制裁，如凍結借款、停止輸出廢鐵，特別是石油封鎖，也讓人有難以忍耐的憤慨感。這些制裁讓日本能選擇的道路日益狹隘，最終將整個國家逼到只能在降伏與攻擊之間二選一的狀況。若是與美國和平的代價就是降伏，那無異於要國民全體去自殺。這樣的想法與心情，不知何時開始深植在很多人的心中。

不管怎麼說，人們都還是過著寂靜而鬱悶的每一天。前方的道路完全看不清，大家都渴望能夠有個揮散沉重的烏雲，讓陽光短暫透入的晴朗時分。冗長且不知要持續到何時、不斷忍耐的每一天，實在讓人難以承受。不管往哪個方向轉變都好，只希望能讓心情變得舒暢一點。於是在這種情況下，高唱入雲的對英美強硬論，就開始變成大家喜好的論調。

就這樣，決定國家命運究竟該駛向何方，決定「國之大事」的御前會議，按照預定計畫於十二月一日下午兩點召開了。參加者包括了首相以下的全體大臣、陸軍參謀總長、參謀次長、海軍軍令部總長、軍令部次長、樞密院議長、內閣書記官長、陸海軍省各軍務局長，合計十九人。閣員當中，也有人是初次出席御前會議。這是因為面臨戰爭之際，有必要在意志上統一國內領導之故。

東條一開場，就針對《赫爾備忘錄》的無理蠻橫發出強烈的抗議之聲：「假使帝國屈從於這種條件的話，那麼帝國的權威將整個掃地。不僅是支那事變的完結遙遙無期，就連帝國的生存都將陷於危殆之中。」不只如此，英美盟國的經濟、軍事壓迫也日益增強，因此「特別是（我國）作戰上的要求，已經不允許繼續蹉跎時日了。事既至此，帝國為了打開眼下的危局、達成自存自衛的目的，不得不對英美荷展開作戰了」！

緊接著是永野代表陸海軍，表達自身的決意。到最後，他用這樣一段強烈的話語作結：「現在正是建國以來最困難的時刻，陸海軍作戰部隊的全體官兵，士氣都極其旺盛，燃燒著一死奉公的心意，只等大命一下，便將立刻踴躍奔赴大任，這點特別請您安心！」

天皇一語不發，這是御前會議的慣例。根據杉山總長留下的文件（《杉山筆記》）所述，「陛下對於說明只是點點頭，完全沒有任何不安的樣子。眼見陛下氣色甚佳，實在令我誠惶誠恐、感激至極。」在這樣的儀式下，開戰的「聖斷」就此發布下去。

會議持續一小時後結束。雖然事到如今講什麼都沒用了，不過有一個值得關注的點，那就是樞密院原嘉道議長的質問。他問道，《赫爾備忘錄》中的「中國」，是不是包含滿洲？關於這點，東鄉是這樣回答的：「由於四月十六日的美國提案中，明確表示願意承認滿洲國，所以當然可以解釋成中國（支那）並不包含滿洲。可是，這次他們鐵了心要否認汪兆銘政權，所以我認為他們也會徹底否認前言才對。換句話說，滿洲當然是包含在支那當中。」

列席者全都認為關於這一點，從迄今為止的交涉過程來看，毫無疑問是「包含其中」無誤。

就這樣，日本如今乃是為了自存自衛，而不是為了樹立大東亞共榮圈、亞洲解放等「理想」，決定要把戰爭當成正式的國策加以推行。

木戶簡單的記載道：「兩點，召開御前會議，正式決定對美開戰。四點半，首相來室，與我就宣戰詔書進行協議。」一切都按照預定進行。

在御前會議後，杉山、永野兩總長並列而立，接受作戰開始的大元帥令。「這樣的事情，真的是不得已而為之。在這種情況下，希望陸海軍能夠好好同心協力，為達成作戰目的而努力。」大元帥（天皇）對兩總長如此說道。就這樣，對陸海軍下達開戰決定的統帥命令也發布了。《機密戰爭日誌》慷慨激昂地如此高喊道：「聖斷已下，此真為世界歷史之重大轉捩點。皇國悠久的繁榮，就從此刻開始。即使進行百年戰爭，也在所不惜！」

聯合艦隊司令部也在這天入夜後，接到軍令部下午五點發來的命令：「打開前日送來的密封命令書。」啟封之後，裡面是大海令第九號。可是，上面只寫著「十二月上旬開戰」，至於「武力發動的時機則有待後令」。

這時候，山本五十六並不在旗艦長門號上。因為中央傳來緊急聯絡，所以他搭下午四點從岩國車站發車的快車，只穿著便服就趕往東京。之後代理的宇垣參謀長，在收到大海令後，便對麾下全艦隊的司令官發出了要當事人親啟的電報：「決定了。X日有待後令。」

接著，在記下廣播傳來的情報（原本在療養地的羅斯福急速趕回華府，英國艦隊被派遣到亞洲等）之後，宇垣在《日記》裡這樣寫著：「但願接下來一週的形勢，能夠盡可能地平靜。」

這一天，機動部隊已經到達離夏威夷航程約一半的距離。天色陰鬱，還吹著風速十六七公尺的強風，因此燃料補給可說是煞費苦心。旗艦赤城號電信室裡，人員集中所有精神，等著從東京發來的開戰命令到達。終於越過東經一八〇度線了。在這以東就是西經緯度的海域。從中途島（Midway）與阿留申群島的基斯卡島（Kiska, Aleutian Islands）開始，就進入美軍的警戒圈內了。

「這攸關我們身為大國的信義」

不只是陸海軍，在御前會議之後，外務省內也為了開戰準備而弄得一片兵荒馬亂，原因只在於天皇的一句話。就在會議之後，天皇特地把東條找去，懇切地對他說：「千萬要銘記，在交出最後通牒之前，絕不可以發起攻擊。」聽了天皇的話，略感慌張的東條絲毫不敢怠慢，於是便把這段話如實轉告給外相。

可是在這之前，東鄉手邊就已經接到野村在二十七日從華盛頓傳來的電報。野村表示，若是在開戰之前不明確表達交涉中斷的意思，恐怕會被對方利用來反宣傳。而且，「這也攸關我們身為大國的信義」。

野村嚴肅地向外相表達了自己的意見。

一心打算要在X日同時中斷交涉的東鄉，曾經一度想過要放棄通告。畢竟，通告必須以密碼送過去，在時間上實在不充裕。除此之外，東鄉還有另一個認為不需要通告的理由。之後在東京審判上的證供中，他對這點做了明白的陳述：「因為我認為這場戰爭乃是自衛之戰。特別是在日美交涉當中，若以美國定義的自衛權來解釋的話，那我們明顯是自衛戰爭無誤。所以我認為既然是自衛戰爭，那就沒有發出宣戰通告的必要了。」

舉例來說，一九一六年，美國遠征墨西哥。當時美國政府沒有經過議會承認宣戰就展開戰鬥，而他們的說明正是「此乃自衛行動」。又，一九三九年，當德軍入侵波蘭之際，法國也為了履行對波蘭的同盟義務，於是不發出宣戰聲明，就直接開啟和德國的戰端，這也是為了自衛。

在東鄉的判斷中很清楚地認定，若是被動或是受挑釁而不得不行使武力的一方，那就不需要聲明宣戰，而《赫爾備忘錄》正是這種挑釁。在外相眼裡看來，這毫無疑問是美國的最後通牒（宣戰聲明），除此之外再無其他可言。

在國際法上，針對開戰通告的問題，在二十世紀初時也制定了相關法規來約束世界各國。一九〇七年簽署的海牙第三公約中，「有關開戰之條約」第一條就規定：「締約各國承認，除非有預先的和明確無誤的警告，彼此間不應開始敵對行為。警告的形式應是說明理由的宣戰聲明或是有條件宣戰的最後通牒。」

這是國際各國間的共同約定。日本既然在一九一二年（明治四十五年）一月十三日批准了這項條約，當然也受到它的拘束。只是，對於開戰宣言應該在戰鬥行為開始多久前發出通知，條約並沒有規定。就算在對手沒有任何反應空間的情況下發出開戰通告，然後立刻發起攻擊，這也不算違反條約。而且，條約也沒有任何罰則。

可是，這裡為了謹慎還是要再說一次，日本帝國正如前述，在十一月二十七日時，已經決定要採取不通告開戰的手段。大本營－政府聯席會議，決議要在「開戰第二天發出宣戰聲明」，換言之，是要在X日後一天公布宣戰詔書，同時發出宣戰聲明。

東鄉也對日本這種「此乃自衛之戰」的獨特判斷抱持同意態度。可是在這之後，不待東條提醒，他自己也開始思考，是否有必要發出斷交或者開戰通告。特別是野村陳述意見的電報到來之後，這種想法更是強烈了起來。東鄉之後說，他開始萌生出這樣的想法。「即使明白通報程序實際上是不必要的，但在遵守國際道德這點上，與其讓人懷疑日本的信用，倒不如確實按照程序行事好些……」

於是，東鄉在這天（一日），立刻造訪了對於事先通告強烈表示為難的海軍統帥部。然而，將夏威夷作戰成敗賭在「奇襲」上的軍令部，對此還是回答得不乾不脆。

「仔細思考的話，發出戰鬥開始的通告，果然還是比較適當的通常程序……」面對外相的勸說，伊藤次長如此答道。「但總之，為了讓開戰的效果達到最大，還是希望交涉能夠一直持續到戰鬥開始為止。」

東鄉拒絕了伊藤的要求：「交涉可以持續，但通告一定要確實發出。」

伊藤不依不饒，再次反問道：「那不能只在東京，而不在華盛頓通告嗎？」

「這點不行，絕對辦不到。」

東鄉在拒絕的同時，也暗自心想：伊藤會發出這樣的質問，大概就代表海軍也能夠接受要事先通告了吧？

外務省在背地裡的動作，突然開始活躍起來。海牙第三公約裡的規定，究竟是指純然的開戰通告，還是包含開戰宣言的最後通牒，又或者是只要單純的斷交通告就夠了？省內官員連日不斷研究著。

同樣在這一天（一日），外務省對倫敦、新加坡、馬尼拉、香港各大使館發出訓令：「必須毫不猶豫進行以下的處置，同時對外部嚴守關於本訓令之秘密：除了一份亂數表以外，將所有電信密碼本（外務省、陸軍省、海軍省用）全部銷毀。燒毀之後，回電『榛名』作為暗號。來往電報的檔案以及所有極機密文件也全都燒毀。至於其他秘密文件，則在不招致外部疑慮的情況下，同樣加以處置掉。」

第二天，以駐英大使館為首，各國的駐外使館陸續向東京發回「榛名」的訊號。只是，同樣的命令並沒有送往華盛頓，這應該是因為開戰通告的關係，所以還需要密碼機與密碼本之故。

美國方面不用多說，自然也透過「魔術」攔截了銷毀的指令。根據戰後紀錄指出，不知為何，這個「銷毀密碼機」的情報，只有送到夏威夷的太平洋艦隊司令部。海軍軍令部長史塔克的心情變化，實在是讓人難以理解。總而言之，金默爾司令也知道了戰爭即將逼近的訊息。

「登上新高山一二〇八」[8]。

一日晚上發布，日期為十二月二日的日本各大晚報，全都大大報導著美國國務院發表，「預定與野村、來栖兩位大使進行會談」的消息。接著，二日發布的各家早報，對於這場會談做出以下的社論。

……在折衝到達最後的階段時，美國回歸一貫的原則論，徹頭徹尾固執於這種論調，而且還將它當成唯一的方案，強迫日本接受這個難題。不只如此，他們還將眼見交涉不成的責任，全都轉嫁給我方，完全擺出一副單方面解釋的態度……（《朝日新聞》）

我國因為心繫太平洋的前途與人類未曾有的慘禍，所以儘管雙方主張仍有天壤之別，卻仍然隱忍自

8 編註：新高山即位於台灣的玉山，因在日本殖民時期，發現玉山比日本本土的富士山還要高，於是稱為新高山。

重，持續進行商議。但從該條約可以得知，美方對東亞的現實情勢極其盲目，因此我國的努力遂成為一場空……（《讀賣新聞》）

……對於美國的偽裝和平論，就算多加傾聽也是徒勞無益。國民如今該銘記在心的，便是團結一致，對於政府果斷的決策給予最大幅度的支援……（《東京日日新聞》）

已經沒有交涉餘地了，政府不該為美國的策略所乘，應該毅然採取對策——各家報紙如此異口同聲說道。

確實，在這些早報送到日本家庭當中的時候，羅斯福似乎正在進行某種謀略。一日午後六點半（日本時間二日上午八點半），接獲總統指示的史塔克海軍軍令部長，向馬尼拉的亞洲艦隊司令哈特發出電報命令。

租借三艘小型船隻，充作防衛性的巡邏船之用。為了證明具備美國軍籍，最小限度條件為：以一名美國海軍軍官為船長，配備步槍、機槍各一挺，便已足夠……一艘前往海南島與順化之間，一艘前往金蘭灣與聖傑克岬（Cape St. Jacques）[9]之間的印度支那沿岸，另一艘則前往金甌岬海域，各自配置妥當……

這就是三艘著名的巡邏船——拉尼卡號（USS Lanikai）、伊莎貝爾號（USS Isabel, PY-10）以及茉莉．

慕亞號（Molly Moore）[10]。按照指示可以發現，這三艘船在地圖上的位置，正好位於搭載日本陸軍，準備登陸馬來半島的運輸船團，從海南島三亞出發前往泰國克拉地峽的必經之路上。它們雖然表面上說是要偵察日軍的動向，但明顯是引誘日本發出最初一擊的良好誘餌。在美國史上，包括獨立戰爭（一七七五年）、美西戰爭（一八九八年），乃至第一次世界大戰（一九一四年），都常以本國船隻被擊沉為理由，發動對外戰爭。美方為了尋求開戰契機而進行偽裝的意圖，由此昭然若揭。§

說到偽裝，其實日本也在進行。在這緊迫的形勢中，二日下午一點，日本郵船公司所屬的龍田丸，在五色彩帶的歡送下，從橫濱港大堤華麗地出航。這艘船上搭載著希望離日的在日外國人，以及少數日本人。它的目的地是經洛杉磯前往巴波亞（巴拿馬），目標是載運外國旅客歸國，並載回當地希望回國的日本僑民。

當初這艘船原本預計要在十一月三十日出港，但若是按照行程，則會在十二月十三日到達美國。到時候戰爭已經爆發，一定會被美國海軍所緝捕。為此，大本營海軍省打算阻止它出航。但是，此時英美荷的諜報網已經虎視眈眈，對日本何時開戰做出嚴密的監視。假使預定出航的龍田丸突然中止航行，那不只會給對方確切的證據，還有可能會讓對方推測出X日，這不能不說是件令人擔心的事情。

「就讓龍田丸出航吧！這樣一來敵方也會安心，認為X日會是往更後面的事情。」

---

9 譯註：今越南頭頓市一帶。
10 編註：茉莉．慕亞號是一艘雙桅縱帆船，但一直都沒有參與到這項行動。

海軍軍令部參謀如此判斷。同時，這也是一種用來緩和緊張感的手段。既然如此，那就大張旗鼓地把它送出去吧！然後命令它一旦有了萬一就馬上回國，這樣就行了。正確來說，它會在十天之內回國。於是這艘船就以掩護機密的誘餌身分，大大方方地出航了。

日本報紙的觀察是這樣的：「假使戰爭要爆發，也應該在這艘船回到日本之後。不只是美方，我們也毫無疑問地這樣認為。既然如此，那戰端開啟會在十五日之後嗎？——過去從不曾進行過人類之間死鬥的太平洋，如今也已經陷入難以避開逆捲巨浪的境地了。」

就在離開大堤前夕，一位穿著便服的海軍軍官，造訪了龍田丸船長木村庄平。和船長熟識的他，親手交給船長一個十二月八號才能開啟的信封，然後還連信封一起，給了船長一個包裹起來的箱子。這位軍官用認真的表情，反覆叮嚀道：「這是我給你的餞別禮，不過要到洋上之後才能打開。那麼……祝一路順風。」

說完之後，軍官便匆匆忙忙地下船了。這位海軍省軍務課員市川義守少佐為何穿著便服，令船長有些訝異。不過因為出航作業極其忙碌，所以他過不久也就忘了。

等來到太平洋上一段時間後，船長打開包裹一看，好幾把手槍赫然出現在眼前。

就在龍田丸出港三小時後的上午十點，大本營—政府聯席會議，再次決定了開戰日為八日（日本時間）。華盛頓時間則是七日（星期日）。「至於這方面……」永野總長代表海軍做出了明確表態，「我們贊成向華盛頓發出事前的開戰通告。」和昨天的曖昧態度截然不同，海軍顯露出一派積極的態度。

海軍之所以會產生決心上的變更，背後其實是山本五十六的強烈要求。這天早上抵達東京的山本，穿著便服順道造訪了海軍省。這時，他首先懇切地對伊藤次長建議說，若要按照預定開戰的話，有一個大前提，那就是「一定要事先通告斷交，且確確實實傳達到對方那裡」。在面對省部中堅的對美強硬派時，他也強烈表示：「戰爭就是要堂堂正正，無通告的奇襲攻擊是絕對不行的。一定要遵守事前通告的原則。」為了讓珍珠港奇襲成功，而傾向於不宣而開戰這種瀰漫東京的氛圍，讓山本打從心底感到憂心。

雖然比較不為人知，不過擔任海軍次官（一九三六至一九三九夏天）時，山本曾經編纂過《戰時國際法規綱要》，並且要求海軍省內徹底注意這點。當他前往聯合艦隊後，也曾經召集幕僚和艦隊司令部軍官，進行長達四小時的國際法授課。簡單說，他是一個在精神上，極其嚴格遵守國際法的軍人，而海軍首腦面對他那合乎常理的論述，也只能甘拜下風了。

下午兩點，杉山、永野兩位總長入宮參謁，向天皇報告聯席會議決議於十二月八日凌晨零時以後開戰，並請求天皇裁示，對開戰日加以允准。這時永野的請奏，關於「將X日決定在十二月八日的理由」，十分值得玩味。

當海軍機動部隊空襲夏威夷之際，最好選在美軍艦艇停泊在珍珠港數量較多、且處於休假日的星期天比較有利，因此才選定在夏威夷當地是星期天、陰曆相當於十九日的十二月八日。八日在亞洲是星期一，不過還是以機動部隊的奇襲為最重點來做決定。

從這裡可以發現，一切的決定都是以攻擊珍珠港為基礎來做考量。

接著，兩總長根據大元帥命令，向麾下全軍發出X日決定的指令。

傍晚七點三十分，人在海南島三亞運兵船內的山下軍司令官，接獲南方軍總司令官寺內壽一大將的電令：「日出山形」。

這個暗號當中，「日出」指的是開戰日，「山形」指的則是八日。關於開戰日，事前已經分別定好，將十二月一日至十日，分別按照廣島（一）、福岡（二）、宮崎（三）、橫濱（四）、小倉（五）、室蘭（六）、名古屋（七）、山形（八）、久留米（九）、東京（十）的順序，以都市名來做為代號。

山下的腦袋立刻開始高速運轉。X日既然決定是八日凌晨，那麼出港便是在四日。這一天終於到來了。

位在瀨戶內的聯合艦隊司令部，也在下午五點接到了軍令部次長的電報，要他們「啟封大海令第十二號」。根據這項統帥令，以山本長官之名向麾下全艦隊發出電令：「登上新高山一二〇八」。*

這時是下午五點三十分，命令的意思是，開戰日已決定為十二月八日，部隊按照預定計畫展開行動。向夏威夷航行中的機動部隊電報員接到這份電訊後，晚上八點，南雲在赤城號艦橋的昏暗燈光下，讀到了它。這一天，太平洋整天吹著猛烈的南風。

機動部隊參謀長草鹿龍之介少將如此回想：「開戰，或是奉命折返？那一抹無法拭去的不安，隨著這封電報，變得宛如雲開霧散、陽光普照一般。」

同樣在這一天，英國遠東艦隊旗艦威爾斯親王號（HMS Prince of Wales）和卻敵號（HMS Repulse）

戰鬥巡洋艦抵達了新加坡，當地英軍當局對此進行了大肆報導。同時，菲利浦少將（Sir Tom Phillips）也被任命為艦隊司令。少將是由參謀次長轉任到亞洲這個「戰場」，由此可見英國也漸漸重視起這邊的情勢。當局發出豪語，說新加坡這座島是難攻不落的堡壘，報紙也說「這兩艘戰艦的威力，足以讓英國支配亞洲海域」。

「他們（日本）或許可以嚇住美國，但嚇不倒我們，絕不可能。他們不過是在唬人罷了。」

新加坡市民也一樣充滿自信。

同一時間，柏林的宣傳部也自信滿滿，向各報的負責人送出重要的指令：「明天新聞的頭版，要大大報導莫斯科陷落的消息。」但是，捷報直到深夜仍未到來。

這個晚上，山本和海兵學校同期的摯友堀悌吉（預備役中將）見面，語重心長地說道：「終究還是決定了。萬事休矣。原本我都做好準備，如果交涉能夠達成協議，那就立刻把部隊叫回來，可是……真的是，唉……」

這天晚上的東京街道，因為從一日開始實施的節電六成規範，在瑟瑟的寒風中，只剩下連走路都困難的一片黑暗。永井荷風在《斷腸亭日乘》中如此寫道：「十二月初二。因為本月開始電燈要節電六成的緣故，街燈一片昏暗，家中的燈火也顯得有氣無力。本日天氣晴朗，一片無風。」

「此事之成敗，深繫國家興廢之所在」

專跑外務省的新聞記者小川力曾留下一本日記，在此做個稍長的引述。

十二月三日（星期三）

世界關注的焦點，都在我國將在何時、又要如何回應美國交付給日本的文件（《赫爾備忘錄》）。我們外務省記者團每天在與情報局第三部長的定例會見中，也都把質問的砲火集中在「準備做出回答了嗎？」上頭，可是從堀第三部長的回應中，還是察覺不出任何頭緒。

野村大使在二日對記者團說：「日本政府對於赫爾國務卿的通牒，會從各種角度做出極其慎重的深思熟慮。日本的態度，一直是盡可能避免戰爭。」

可是，赫爾國務卿在三日會見記者團的時候，針對迄今的日美會談，突然打破沉默，就會談的來龍去脈、對於帝國政府提出的文件等，第一次做了詳細的發言。雖然在內容上，國務卿明顯只是針對所謂基本原則論老調重彈，但突然這樣單方面的發表，讓人不禁覺得是在進行某種政治上的運作。

這位記者也全文引述了美國報人赫斯特（William Randolph Hearst）在舊金山報紙上投書的評論：「華盛頓說，亞洲會不會爆發戰爭，全都繫於日本，但這並非事實。事實上，這完全是依美國的政策走向而定。自從支那事變發生以來，美國就出於『對失敗者的同情』，提供支那援助……認為日本要對美國挑起戰端，這完全是謬誤。主動要斷絕和身為世界第三大貿易對象日本關係的，不正是美國政府嗎？日本對美國，並沒有任何僭越之處，也沒有產生威脅……美國若是對日支兩國採取平常的通商態度，並且放任這兩國自行處理相關事務，則未來將會是一片祥和。」

不管是對重要的極機密決定一無所知的媒體也好、或是閱讀這些媒體，企圖得知狀況的一般國民也好，再怎麼想，都只能為他們感到一陣的悲哀。就這樣，對和平的企求與祈願，就如前面所述，被國家意志所左右，並且在某一天突然將國民投入戰火之中，這都是世間常見的事。

孤注一擲做出對美開戰決議的日本政府與軍部自不用說，一直擺出等待姿態的美國政府與軍方，又何嘗不是在編織一張對日戰爭的大網呢！當美國政府提出《赫爾備忘錄》，並且等著接受的日本做出開戰決定時，就已經放棄透過外交談判獲得和平了。

親中國派的羅斯福、史汀生固然如此，就連立場並沒有那麼強烈的赫爾，在提出《赫爾備忘錄》以後，也開始抱持著堅定的決心，認為「戰爭何時爆發都無所謂」了。華盛頓時間十二月二日，史汀生會見宋子文時說：「再稍微忍耐一下，接下來萬事都會轉好的。請這樣向蔣介石委員長轉達。」

在他們腦海裡感到些許煩惱的，只剩下萬一日本不直接進攻美國，而是對新加坡或荷屬東印度出手的話，那美國國民會贊成投入對日戰爭嗎？對歐洲的戰爭應該涉入到什麼程度？將來美國在亞洲應該扮演怎樣的角色？諸如此類的問題。不過比起這些，他們最擔心的還是，如何在盡可能減少損害的情況下，讓日本開出第一槍？

負責指揮這個「開第一槍」計畫的山本五十六，在三日上午十點四十五分，為了接下天皇的敕語而入宮參謁。山本雖然一直穿著盡可能不引人注意的便服，不過這時則換上了軍服。海軍侍從武官城英一郎大佐的日記是這樣寫的：「一〇四五　山本／GF拜謁，獲御賜敕語。奉答。只有武官長從旁侍立。接著前往皇后宮拜謁，獲賜御言。之後又獲賜物品。接著則前往賢所[11]參拜。

傍晚　／GF的奉答文被呈至御前。聖上朗讀一遍之後，又反覆閱讀了三遍，表情似乎相當滿意。」

GF指聯合艦隊，「旗」指的是司令長官旗，也就是表示山本五十六的省略符號。天皇贈予山本的敕語，是這樣一段相當鄭重嚴肅的話。

> 朕在此將出師的全權委任給卿，由你統帥聯合艦隊。
> 然而，聯合艦隊的責任極其重大。此事之成敗，深繫國家興廢之所在。
> 期盼卿不負朕之倚信，發揮多年艦隊磨練之實績，進而剿滅敵軍，向中外宣揚威武。

山本則是做出這樣的「奉答」。

> 謹奉大命，聯合艦隊全體將兵，都已抱持著粉身碎骨、矢志貫徹出師之目的，以應聖旨之命的覺悟。

至於天皇之後朗讀，並且又閱讀了三次的「奉答文」，則是山本將想說的話，透過宇垣參謀長之筆寫成的作品。

因為這次的戰爭，乃是未曾有過的大規模對數國作戰，所以聯合艦隊方面，也盡可能做出了非常慎重的考慮。關於作戰方針的擬定，全都按照大海令進行。儘管我們會堅決地尊奉陛下的御令以及指示，不過在執行作戰的精神方面，也會和帝國陸軍部隊保持密切的聯繫，以期達成完美的聯合作戰，並發揚光榮的帝國海軍精神。在情況允許下，我們會採取先制奇襲、積極果敢的行動。在開戰後的作戰推移，也會盡可能按照預定，滿足一切進度。當然，我們也有覺悟，可能會發生某種局面，使得損害眾多、陷入相當苦戰。但是，聯合艦隊的將兵，全都抱持著赤誠的心念、必勝的信念，以及竭盡死力的決心。在陛下的威光，以及神助之下，我們深深確信必然能夠達成作戰目的。

山本相當誠實地表示，「我們會盡可能按照預定滿足進度」、「也有可能會發生損害眾多、陷入相當苦戰的局面」。而且他還說，「儘管我們會堅決尊奉陛下的御令以及指示」，意思是說也有可能無法達成天皇的期待。這真是前所未見的一句話。雖然現在說這些都太遲了，而且歷史也沒有「假使」可言。但，如果永野和嶋田都能這麼真摯地回答天皇質問的話……走筆至此，不能不再次為此擲筆憾恨！

從宮中退下、再次換回便服的山本，前往海相官邸與嶋田面談。然而，嶋田卻露出一副頹喪的樣子，

11 譯註：奉祀日本三神器之一八咫鏡的場所。

用語重心長的口吻說：「野村是個渴望和平的不簡單人物，希望他無論如何都能夠在日美交涉上達成共識啊！」

雖然明白這只是癡人說夢，不過山本或許在心裡，還是暗暗期待著「聖斷」的出現吧。

然後就在這一天，軍部決定在馬來半島登陸作戰的同時，也要進行航空擊滅戰。原本按照陸海軍中央的協定，決定採行第二案，也就是當航空擊滅戰完全結束後，陸軍部隊才開始登陸。這是因為他們得知了英國戰艦威爾斯親王號與卻敵號已經進入新加坡，噴火式戰鬥機部隊也已經抵達的情報，於是自然在氛圍上，會傾向於第二案。但這時，負責掩護登陸的小澤長官，一針見血說道：

> 南遣艦隊的兵力，不管是海上護衛或是掩護登陸，都不是相當充分。若是哥打峇魯方面露了馬腳，英國皇家海軍根據他們的傳統，在察覺到的情況下必然會以全艦隊進行反擊。這時候，為了將英國艦隊誘往這方面，並加以迅速擊破，果敢地同時登陸哥打峇魯，乃是一條捷徑。當然，強攻哥打峇魯，必然要有招致相當覺悟的損害。但是，因為是開戰之初的奇襲，所以勝算相當之大。故此，我們南遣艦隊同意在哥打峇魯同時登陸，我也做好了全滅的覺悟。

就這樣，在沒有多少商議餘地的情況下，決定同時展開作戰。

第二十五軍的山下司令官，立刻向大本營發出機密電報：

軍隊在四日早上滿載從三亞出發，將兵一同發誓，絕不辜負陛下期待。

對馬來半島奇襲登陸的作戰，也就是陸軍對英國開出的「第一槍」，終於也開始動了起來。不管大家在心裡怎樣期望，轉動的戰爭齒輪已經停不下來了。

「希望就這樣喪失了」

十二月四日，拂曉。以法屬印度支那為基地的海軍第二十二航空戰隊（司令官松永貞市少將），派出三十架九六式陸上攻擊機與三架陸上偵察機，在法屬印度支那、菲律賓群島、馬來亞之間的廣闊海域，進行仔細的偵察行動。在陸續傳到西貢司令部的報告中，明白指出在南海沒有發現現在還不是、但馬上要成為「敵人」的敵方艦艇與飛機活動。

上午七點，從三亞港出發的山下兵團二十艘運輸船團，在眾多海軍艦艇的護衛下，沿著法屬印度支那的海岸南下。先頭右列是熱田山丸、那古丸、香椎丸、龍城丸四艘排成縱列，左列則是並行的笹子丸、青葉山丸、九州丸、佐渡丸……船與船之間相隔五百公尺，形成一個細長綿延的長方隊形。

搭乘龍城丸的山下中將，在這天的日誌中這樣寫道：「七時出港，東西方日月同時可見。」同時他在日記的欄外，還寫了一首短歌：「一億一心，引弓離弦；箭越晨空，日月齊照。」來表達自己的心境。在山下的手邊，擺著一張一九四〇年（昭和十五年）六月繪製的小地圖，上面標示著「由

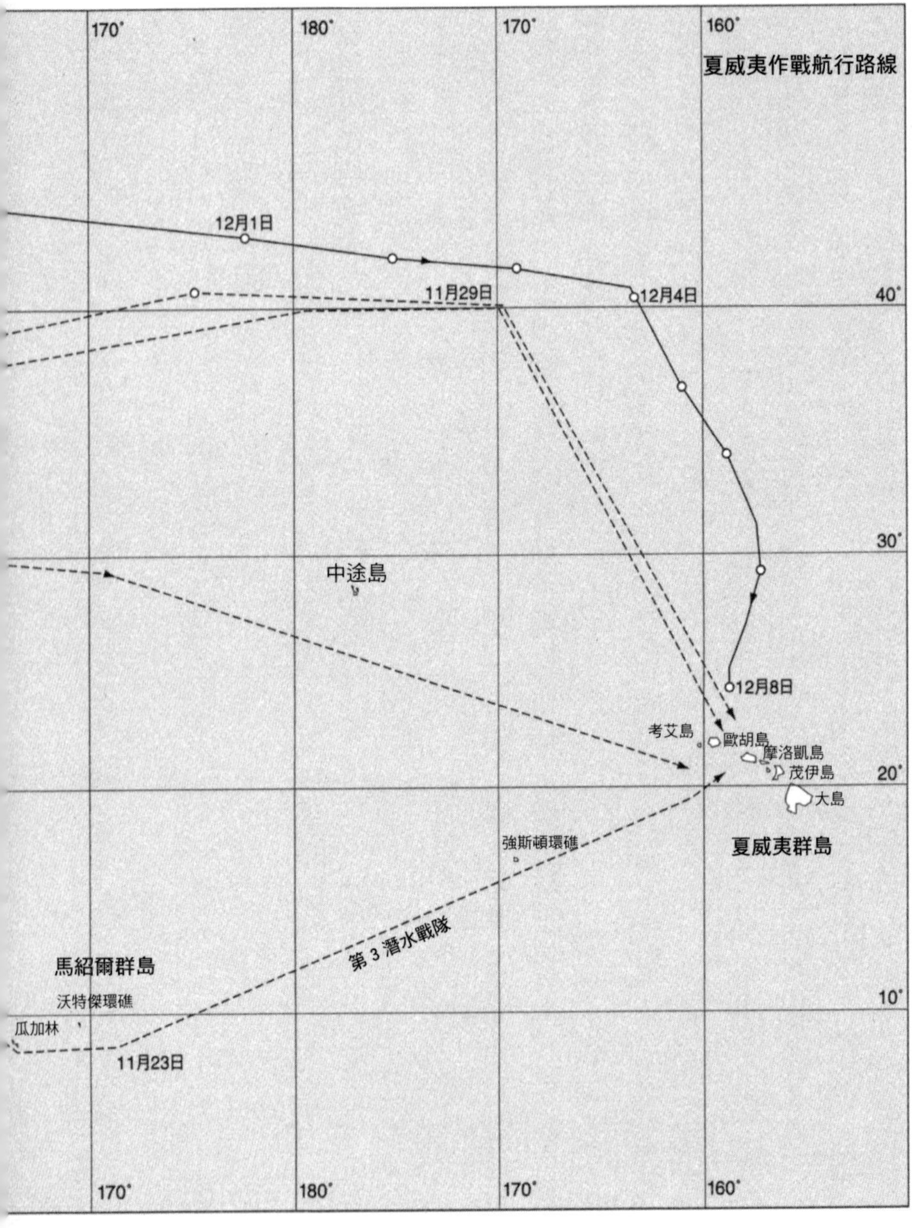

夏威夷作戰航行路線
170°
180°
170°
160°
12月1日
11月29日
12月4日
40°
30°
中途島
12月8日
考艾島
歐胡島
摩洛凱島
茂伊島
大島
20°
強斯頓環礁
夏威夷群島
第 3 潛水戰隊
馬紹爾群島
沃特傑環礁
瓜加林
11月23日
10°

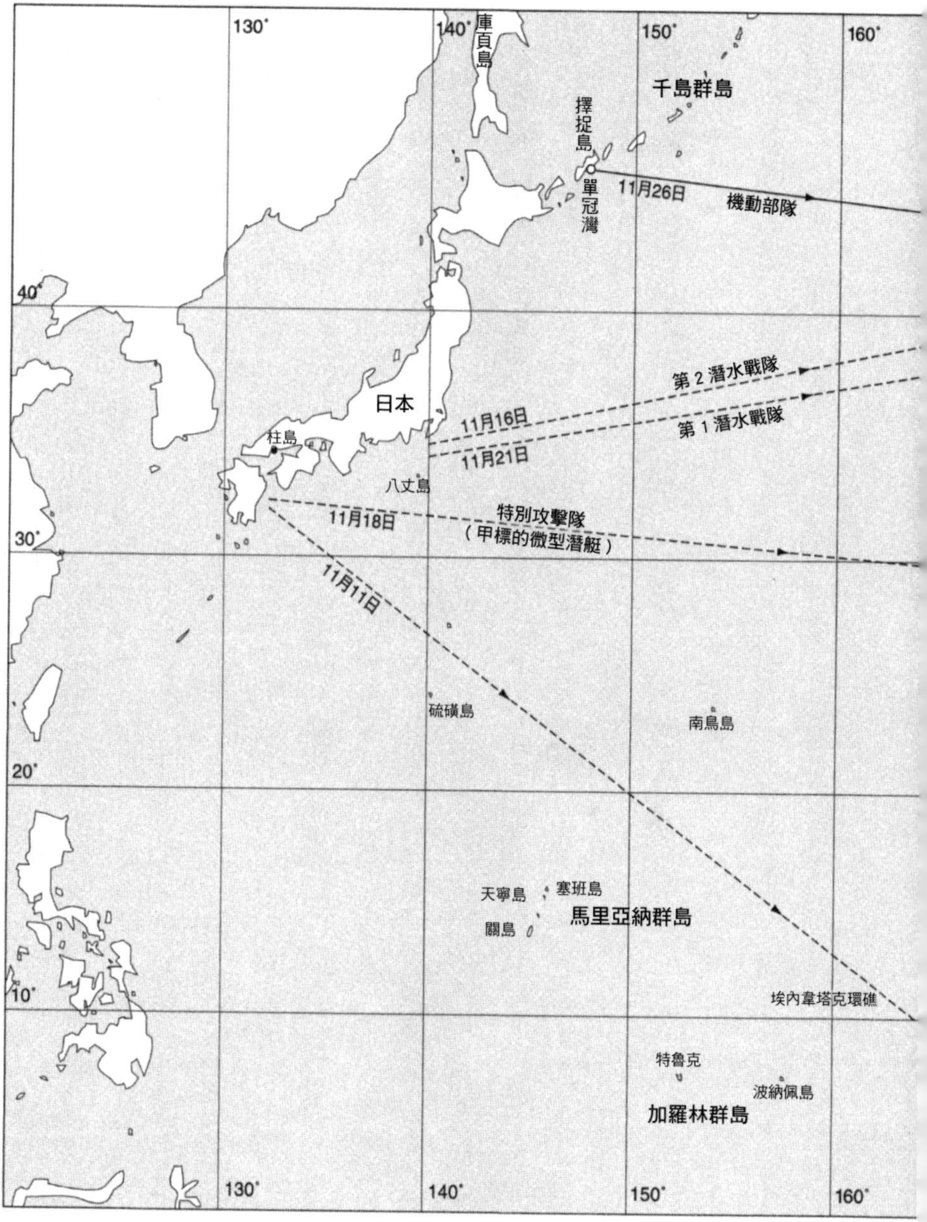
130°
140°
150°
160°
40°
30°
20°
10°
庫頁島
千島群島
擇捉島
單冠灣
11月26日
機動部隊
第 2 潛水戰隊
第 1 潛水戰隊
日本
11月16日
11月21日
柱島
八丈島
11月18日
特別攻擊隊
（甲標的微型潛艇）
11月11日
硫磺島
南鳥島
天寧島
塞班島
馬里亞納群島
關島
埃內韋塔克環礁
特魯克
波納佩島
加羅林群島

於機場的所在與區別資料不夠充分，因此難以期待正確性」的註解。就只能仰賴這種讓人不安的地圖，在未知的敵境讓大軍一舉登陸。前方等待的究竟是什麼，任誰也無法得知。然而，箭已離弦，如今也只能勇往直前、加以實施了——山下再次堅定起自己的決心。

太平洋上的南雲機動部隊在這個早上，收到了昨天晚上十一點從東京發出、有關珍珠港停泊美軍艦隊的情報。「夏威夷時間十一月二十九日午後現在」，停泊在港內的艦艇有戰艦六艘、航艦一艘、重巡九艘、輕巡九艘、驅逐艦十八艘，以及其他艦艇。軍令部是煞費苦心，將所知的有限情報急速送來了沒錯，但問題是八日早晨，情況又會變成怎樣呢？只是，從情報判斷，珍珠港的美國海軍並沒有擺出特別嚴防的態勢，這對機動部隊的官兵來說，算是打了一劑強心針。

中午，機動部隊抵達北緯四十度二十分、西經一六四度零分的海域。從這裡開始，航向將轉為一四五度，停止東進開始南下。終於要朝珍珠港前進了。現在已經進入歐胡島一千三百海里的方圓之內，從這天傍晚起，開始可以模糊聽到夏威夷的廣播節目。檀香山上空氣象預報也都傳了過來，在官兵之中，也有人在日記裡寫著：「雖然很高興，不過又覺得他們有點可憐。」南雲忠一對全艦下令，要更加提升警戒。

在東京，這天下午兩點起召開大本營－政府聯席會議，就「對美開戰通告」進行最終審議。海軍的伊藤整一次長率先開口說道：「若是在華盛頓時間十二月七日中午十二點三十分將開戰通告交給對方，則我們沒有任何異議。」聽了伊藤的話，對珍珠港攻擊計畫尚一無所知的東鄉外相，宛如確認般地詢問道：「這個時候到攻擊開始為止，還有足夠的空間嗎？」

伊藤明確地回答：「正是如此。」

時間就這樣決定了，接下來是內容的問題。杉山總長提出了一個很有意思的問題：能不能在一次通告裡把話說死，而是保留若干餘地呢？到這種時候還在講這樣非現實的話，實在令人啞口無言，不過這是他把最後通牒與斷交通告給微妙地弄混之故。照理說應該要有這種區別的常識才對，但陸軍高層顯然欠缺這種常識就是了。

東鄉對此嚴詞回應：「既然是帝國政府給美國的通告，那當然只有一次，之後不會再有任何空間了。」

於是，大家便開始就先前已經發下的外務省案進行討論。這個案子是由美國局長山本熊一所起草，對於迄今為止日美交涉的經過，以及拒絕《赫爾備忘錄》的理由，都以堂堂正正之筆加以論述，並在末尾做出以下的結論：「是故，帝國政府對日美國交之調整，以及對與合眾國攜手確立、維持太平洋和平的希望，就這樣喪失了。然而，帝國政府仍以合眾國政府之態度為鑑，就今後無法繼續交涉、亦無法達成妥協的意旨，向合眾國加以通告，並深表遺憾。」

換句話說，這就是一封宣告交涉中止的聲明。針對這點，海軍軍務局長岡敬純少將提出了他的意見：「這樣的聲明，是否真能充分表達開戰的意思呢？和日俄戰爭時一樣，加上一句『帝國保留採取必要行動之自由』之類的話，會不會更明確、也更好一點呢？……」

對此，外相則是明確表示「沒有變更的必要」：「說到底，是美方逼使日本開啟戰端的。這如果不算是挑釁，那還能算什麼呢？是故，光是主張交涉中止，就足以讓美國政府明確理解成宣戰聲明了。這樣已經十分完善且充分了。」

東鄉在稍後（十二月十日）發給外館的訓電中，也吐露了他堅持的信念：「在交涉中止的聲明中不明確表示行使武力的意圖，這是相當普通的事。期待在這上面做出明示，反而是相當不可思議的事。」

事實上，正如後面會講到的，不管羅斯福還是赫爾，在接到這份聲明的時候，都明確把它當成宣戰聲明來看待，因此東鄉的宣戰聲明，在目的上是完美達成了。

聯席會議最後決定將聲明文交給外相全權處理後，便結束了有關開戰通告問題的討論。

對於這項「將開戰通告正確無誤遞交出去」的國策決定，最感到歡喜的人或許就是山本五十六了吧！下午三點，他搭上東京站發車的特快車，再次趕回聯合艦隊旗艦長門號。為了避開新聞記者的目光，他仍然是穿著一身便服。

當特快車抵達橫濱車站的時候，摯友堀悌吉悄悄來為他送行。兩人什麼話也沒說，只是靜靜地彼此相視。就在列車將要開走之前，山本說了這麼一句話：「謝謝你……我不會再回來了。」

事實就如山本所言，直到一九四三年四月，在所羅門海域的飛機上戰死為止，他都不曾再次踏上東京的土地。

同時，各大報社也接到了大本營海軍報導部傳來的一個有趣要求：明天（五日），以及接下來的六、七日，這三天當中，每天會有三千名水兵前來東京參訪。關於這點，務必要刊載照片，而且要用大篇幅去加以報導。

三天間有將近一萬名水兵前來東京，若是以海軍普通的半舷上陸、也就是半數人員留守艦上來看，必定會有相當大的一支艦隊進入橫須賀軍港靠岸。不只如此，從這年春天開始，水兵的軍帽上都取下了各艦艦名，僅留下「大日本帝國海軍」字樣，因此局外人完全無從得知究竟是哪一支艦隊。接到這個訊息的各大報社，不由得面面相覷，心想這次海軍是要從事什麼紀念活動？

還有另一項情報是，外務省明天將招待東京的外國大使館員，在歌舞伎劇院舉行一場觀劇晚會。

面對這種超不尋常的和平氣氛，報社也嗅出了詭譎的氣味。事實上，不管再怎樣努力營造一切如常的氛圍，現實的狀況還是一天比一天更加嚴峻。這天晚上，東京發出空襲警報，實施燈火管制，整個城市陷入一片黑暗。即使知道是演習，但是警防團員拿著擴音器大喊「空襲警報發布！」的聲音，還是伴隨著人們急促走過大街的不吉利聲響，久久縈繞在這個城市當中。

身為隨筆家兼演員的德川夢聲，在這天的日記中寫道：「——日美會談、不變的危機、ABCD包圍網的日益強化，老早就開始了。」

在之後的回想中，夢聲也這樣記述了關於當時的感想：「那個時候，我們連一天能讓神經好好休息的時間都沒有。以現在的話來說，就是已經瀕臨精神崩潰了。我們已經沒辦法忍受再繼續過著這種緊張的日子了。」

這大概是所有日本人共同且難以負荷的心情吧！

簡直就像是看透了國民這種困苦難耐的心情。這天，聯合艦隊的宇垣參謀長，宛若迫不及待般，在日記中吐露了自己的心境：「說實話，趁對方熟睡偷襲並不是卑鄙，而是為了讓勝利來得更輕易之故。要解決眼前這種龐大且為數眾多的敵人，除此之外沒有其他可以挫他們銳氣的方法。在輿論中，也可以看出這種一片死寂的情況。這是因為外交不得要領，再加上我方對輿論下指導棋的緣故，實在是值得大大稱讚一番。」

然後就在這一天，東京發出的短波新聞中，播報員一連說出好幾次「東方有風雨、東方有風雨」的天氣預報。不過，大多數的日本人都聽不到這段廣播……

「目標動員一千萬人」

華盛頓時間十二月四日早上。東京雖然已經是五日，不過白宮卻在報紙上，拋出了一個相當震撼的新聞。在《華盛頓時代先驅報》（*The Washington Times-Herald*）的頭版上，「羅斯福的戰爭計畫」幾個大大的標題字，赫然刺入人們的眼睛。

在這個標題下，還用一行小標寫著，「目標動員一千萬人」。底下的說明指出，「其中半數將派遣到歐、亞、非三洲。為了打倒納粹，他也提案在一九四三年七月一日以前，發動陸上攻勢作戰。」

另一方面，《芝加哥論壇報》（*The Chicago Tribune*）記者切斯利·曼里（Chesly Manly），透過秘密管道，弄到了一份這年（一九四一）九月十一日，「美國陸海軍聯席會議」（Joint Army and Navy Board）策定的「最高戰爭機密文件」——「勝利計畫」（Victory Program）。這號稱是有史以來「跨越整體文明社會、左右人類命運的決定事項及公約」被揭發的驚人文件。

「在這份根據羅斯福總統的命令，由陸海軍聯席會議計畫而成的秘密報告當中，總計五百萬的美國遠征軍，將對德國及其衛星國發動決定性的地面攻勢，為此必須要求相應的動員。在這份秘密報告中，計畫動員一千零四萬五千六百五十八人。這項計畫，乃是迄今為止前所未有的規模，在至少包含兩大洋（太平洋、大西洋）、三大洲（歐、亞、非）地區，進行全面戰爭的藍圖。」

根據這篇大書特書的八卦報導，當美國為了打倒德國而進行的戰備完成之後的兩年，即使屆時英國與蘇聯都已敗北，或是日本也加入敵營，美國都將斷然參戰。同時在報告中也明快地主張，若在一九四三年七月一日，訓練出陸海空兵力一千萬人，則勝利將手到擒來。

除了人員，還包括超過了一萬五千架飛機、一千八百萬噸的運輸艦，以及世界最強大的艦隊，以這些龐大的戰備計畫作為後盾。「勝利計畫」在這方面來說，毫無疑問堪稱是相當完整的。

換句話說，這個計劃代表著美國雖然一直隱藏著介入歐洲戰爭的意圖，但這個時機眼看已經趨於成熟。同時，這更證明羅斯福在一九四〇年成為第一位三次連任的美國總統時，與民眾約法三章、宣誓說「我不會、絕不會、絕對不會將你們的孩子送往外國作戰」，不過是單純的選舉話術罷了。因此在這方面，也可以說是一份「重磅炸彈」級的文件。

又過了五天，《華盛頓時代先驅報》又用斗大的標題，繼續爆料「勝利計畫」的後續新聞。但羅斯福依然不動如山。在上午十點的記者會上，他只是說：「我沒什麼好說的，有什麼問題，去請教史汀生部長吧！」就這樣把問題給推掉了。他同時也說，《芝加哥論壇報》一向是以孤立主義派的代言人自居，對於羅斯福的「戰爭介入」政策不只反對，還持續進行批判。為此，這個刻意營造的八卦，很有可能也是無視於政府一貫主張，進行攻擊的手段之一。對於總統的強辯，輿論也都不加思索地照單全收了。

然而，九月十一日策定的計畫，現在想起來，毫無疑問是真實存在的事實。戰爭爆發後，美國便按照這個計畫進行準備。只是話又說回來，對於戰爭態勢，並不能單方面歸咎於美國的計畫。日本陸軍也在九月十日，根據南方作戰計畫大綱，開始進行作戰部隊的大規模動員。隔著太平洋，兩國軍部的「戰爭」同時激烈地展開。軍隊的力學有時相當奇妙，會朝著同一個方向同時運作。

不過，從這裡開始，我們必須再次踏入堪稱現代史特性的「竹藪中」。有一種說法認為，羅斯福的戰爭計畫不是在這種燃眉之急的時候才擬定，而是更久遠、更緊密、更毫不留情的產物。一九九九年底在美國出版、由羅伯特・史蒂尼特（Robert Stinnett）所著的《珍珠港真相》（*Day of Deceit: The Truth About FDR and Pearl Harbor*），就是抱持這種看法。在這本書當中，提到早在日德義三國同盟締結的次月，也就是一九四〇年十月，美國政府已經通過了一份名為「對日開戰實施計畫」的極機密文件[12]。

對於這份被認為是承羅斯福之意，由海軍情報局遠東課長（Far East Section, Office of Naval Intelligence）亞瑟・麥卡蘭少校（Arthur McCollum）所準備的文件，該書以附錄資料的方式收錄了全文。在這當中，清楚描述了將日本一步步逼到絕境，從而逼使戰爭爆發，以造成對歐參戰「突破口」的戰略規畫。它建議了八項行動可以用來達成目標。

如果認為這就是羅斯福唯一的大戰略（相信的人還真不少），那麼我們迄今為止所談到的東西──日美交涉也好、乙案也好、《赫爾備忘錄》也好──全都必須要畫上問號才行。換句話說，歷史的因果關係全都必須抹消，人的智慧、決斷、苦惱與錯誤全都是一場空，一切都只是照著劇本演出的一場戲、戲劇性引發出的騷動，以及剩下的「欺瞞」罷了。被玩弄的日本，完全是笨蛋到了極點。若真是如此，那歷史裡所學到的東西，就完全沒有意義了。

老實說，我並不認為這份文件真有那麼重要[12]，但它應該也是「竹藪中」的繁多文件之一。簡單說，「勝利計畫」也好、「麥卡蘭備忘錄」也罷，以白宮為中心，應該做了無數且各式各樣的戰略文件與戰術計畫才對。而且，羅斯福這個人又是一個毫無信念與信條可言、「來者不拒」、按照情況隨機應變的政治家。他是個隨著事情進展，能夠迅速看透機會，並且迅速掌握住何者最為有利的一個人，是完完全全的現實主義者。因此，要採用哪一份計畫，完全是看當下的情況來考量。正因如此，珍珠港攻擊乃是羅斯福的陰謀之說，才會始終不停地廣為流傳。

不管怎樣，這類沒有確證的事物，在我們周邊總是不停出現，也說之不盡。因此，複雜怪奇的事就講到這裡吧，畢竟接下來我們仍然要從宛若無底洞的「竹藪中」，努力穿越出來才行。

「遞交通告要延遲三十分鐘」

就在《華盛頓時代先驅報》的「羅斯福戰爭計畫」，讓首都掀起一陣騷亂不安的風暴之際，同一天（十二月四日），太陽西沉的下午六點，日本大使館的海軍副武官實松讓中佐，被連敲門都不敲就直闖

12 編註：備忘錄原標題為Estimate of The Situation in The Pacific and Recommendations for Action by The United States。一般稱為《麥卡蘭備忘錄》（McCollum Memo）或《八項行動備忘錄》（Eight Action Memo），並未如日方所稱的「實施戰爭計畫」。

進房間內的當班無線電士荻本健一兵曹的大嗓門，給當場嚇了一跳：「武官，風吹了！是天氣預報！還重複了兩次！」

當他們匆匆忙忙衝回電報室的時候，還可以清晰聽到短波放送播報員的聲音：「……在此再次重複一遍天氣預報。東方有風雨、東方有風雨……」

該怎麼說呢？或許該說是個期待已久、令人激動萬分的瞬間吧！實松深呼吸一口氣，讓自己冷靜下來，接著將這件事向橫山武官報告，橫山再向野村傳達相關的意思。「來了嗎？」同席的來栖只是聳聳肩這樣回答，而野村則是閉著眼睛，一言不語。實松立刻去準備處理掉剩下的一台密碼機，同時也為了把密碼本和其他機密文件燒掉，而將它們搬到庭院裡堆積了起來。

當然，美國方面也監聽到了這段暗號廣播，所以應該也知道它的意思才對——雖然我是這樣想的，不過並沒有確切的證據可以證明這點。那麼，到最後這個訊息，究竟有沒有傳入羅斯福耳中呢？在之後的審判上，這點變成一個問題，但是當事人直到最後，證詞都相當曖昧不明。資料這種東西，有可能是在情況對當事人不利的時候被銷毀掉了，但也有可能是從一開始就根本不存在，一切都相當不明確。

日本大使館收到這通「風之訊息」的時間——華盛頓四日下午六點，在東京是五日上午八點。火車橫須賀線田浦站的月台上，擠滿了人山人海的海軍水兵。那是海軍水雷學校的五百多名學員。當然，他們的水兵帽上已經取下了「海軍水雷學校」的標記，只留有「大日本帝國海軍」的字樣。他們是這天前往東京的三千人當中的其中一部分。

除此之外，以橫須賀海軍陸戰隊為首，包括海軍砲術學校、通信學校、機雷學校的學員也全被動員起來。

水雷學校學員到達東京後，先是整隊前往皇居前，接著到靖國神社、明治神宮參拜，最後在接近中午時分，造訪了位在有樂町的《朝日新聞社》總部。他們在那裡進用午餐。據學校說，接下來還要按相同路線折返，去拜訪《東京日日新聞》總部和《讀賣新聞》總部。於是他們便往銀座大街前進，整個東京的市中心街道，都被前來參訪的水兵擠得滿滿的，真是好一副誇示和平的遊行行列。

下午四點十五分，就在水兵如同退潮般，倏然從東京都心消失之際，參謀次長田邊盛武中將與海軍的伊藤次長，連袂前往外務省造訪東鄉。他們的用意是希望外務省能將遞交開戰通告的時間往後延三十分鐘，也就是在日本時間十二月八日凌晨三點，華盛頓時間十二月七日下午一點遞交。

外相硬著頭皮問了句「理由何在」，伊藤坦然答道：「老實說，這是我自己的計算錯誤所致。」這並不是統帥部要玩弄什麼謀略，而是根據過去海上訓練的結果，大艦隊的行動，往往會比計畫延遲二十分鐘。伊藤注意到了這一點。若是南雲機動部隊的發動晚了二十分鐘，那麼原本預計的一小時前通告，就要在一小時二十分之前發出通告，這樣給予敵軍的反應時間就太多了。所以，必須要延後三十分鐘才行。

田邊次長也說，因為陸軍的攻擊乃是接在海軍之後，所以這和陸軍也有關係。

「那麼，遞交通告與攻擊的間隔，大概要相距多久呢？」

面對東鄉的詢問，伊藤回答道：「因為是作戰機密事項，所以恕難奉告。」

「既然如此，」東鄉接著說，「那把遞交時間從十二點半延後到凌晨一點，距離攻擊開始還有足夠的時間可用嗎？」

「這點我可以保證。」伊藤簡潔地答道。

東鄉也察覺到，海軍在開戰之初發動的極機密作戰行動相當倚賴奇襲。只是，既然明言對作戰有絕對自信，那就算不奇襲，首戰應該也是勝利可期吧？因此，他在之後寫說，「我對戰爭的前途感到憂心」。可是不管怎樣，他也只能答應軍方的要求。

之後，就在要離開的同時，伊藤還小心叮囑了一句：「我們強烈要求，外務省千萬不能太早把通告送到華盛頓的日本大使館。」

或許這個要求，正是之後造成日本延遲通告這一重大失誤的遠因吧！

另一方面，在這天還有另一件耐人尋味的事情發生。那是關於由一名美國軍官指揮、搭載著美國人與菲律賓人混合編組，以偵察日軍動靜為名奉命出擊的三艘巡邏船的事。在這三艘船中，實際趕上出港的是伊莎貝爾號，它在十二月三日，從馬尼拉啟航。這艘有兩個煙囪、排水量九百噸、裝載三吋砲四門、機槍四挺的船隻，航向金蘭灣海域進行偵察任務，並且如預定計畫，在五日這天，順利被日本的巡邏機發現。

雖然這是個如羅斯福（據說的）意圖般，讓日本開出第一槍的絕佳機會，但是日本飛機只是在三百公尺上空盤旋好一陣子進行攝影觀察，沒有發動攻擊便消失蹤影了。相當遺憾沒有達成任務的伊莎貝爾號，在晚上剛過七點時，接獲哈特司令的命令，航向回到馬尼拉的歸途。

之後伊莎貝爾號副長馬里翁・法斯中尉率直地說：「我知道，我們這艘小船的任務就是要製造足以引發戰端的事件。」話雖如此，但這還是個詭異且難以言喻的作戰。

「日本艦隊出擊了」

不只如此，還有一件更詭異的事，在這裡非提及不可。這是由曾得到普立茲獎的歷史作家約翰・托蘭（John Toland）所發掘，前情報參謀雷伊頓少校在著作中也曾提及，並且經由電視製作人今野勉先生確認過的一項證據。這是保管在哥倫比亞大學的錄音帶歷史紀錄（口述歷史計畫）中，當時政府位階最高的女性公務員——勞工部長法蘭西絲・帕金斯（Frances Perkins），對開戰前夕內閣會議狀況的詳細描述。

這場會議是在華盛頓時間五日下午一點，也就是日本時間六日凌晨三點開始的。

首先赫爾帶著沉鬱的表情，就持續惡化的日美關係進行報告。「我確信他們（野村和來栖）為了爭取時間，正在進行某種不光明的行動。為了達成陰謀，他們不斷作出曖昧的言論。我實在不想見這兩個惹人厭的傢伙。」完全是一副罵人不帶髒字的樣子。

從這裡可以推斷，自從提交《赫爾備忘錄》以後，赫爾便完全喪失了氣力。這個被迫葬送自身理念的頑固老人，現在除了貶損對手之外，已經沒有辦法發揮其他功能了。時序邁入十二月以後，他長年的神經痛更加惡化，再加上感冒，於是更加衰弱。除了前往白宮的必要行程之外，基本上他都是躲在國務院的辦公室中閉門不出。不只如此，他還常常打瞌睡。每當老顧問亨培克（Stanley Kuhl Hornbeck）[13]看

13 譯註：國務院遠東專家，當時被赫爾聘為特別顧問。

著他那張皺巴巴的睡臉，忍不住出言說聲「喂，七十老頭」的時候，他就會嘟囔著做出一些意義不明的回答，而羅斯福對他的信賴，也日益薄弱。

然而，當天內閣會議的焦點不在赫爾身上。問題的焦點集中在當戰爭終於爆發之際，日本會採取怎樣的行動？假使日本攻擊英國的話，我們（美方）又該怎麼做？這時，諾克斯海軍部長忽然大聲說：「總統，我們既然已經知道日本艦隊在哪裡，那麼……」

羅斯福明快地答道：「是的，我們知道。」

接下來，他環視著閣員們說：「我相信大家都很明白，情勢已經相當緊迫。正如諾克斯所言，我們已經掌握了情報。那麼，法蘭克（諾克斯），就由你來說明吧。」

「這個嘛……」有點緊張的諾克斯，一度欲言又止，「儘管這只能讓在座各位知道，若是外洩會很麻煩，不過，日本艦隊已經出擊了。他們此刻已經不在港內，而是在海上。」

羅斯福表情嚴峻地點點頭。諾克斯接著說：「根據我們的情報顯示……」但馬上又說了聲「等等」，打斷了自己的話，然後才又繼續開口說：「不，對於日本艦隊駛向何方，我們並沒有獲得正確的情報。我跟海軍正在就他們是否往南方駛去，進行密切的研析中……」

「目標或許是新加坡？」有閣員這樣發問，而諾克斯也加以肯定。然而，根據帕金斯所述，羅斯福接下來說了這樣一段話：「然而，他們也不是絕對不可能向北移動。畢竟你們並沒有獲得他們不曾朝北航行的情報。你們關於對方的前進方向，完全沒有任何情資。」

在托蘭的著作中就這樣說：「為什麼總統如此堅持，還露出一副『海軍部長不知道，但我知道』的表情呢？」

在接下來的會議中，總統要求閣員就「如果他們向新加坡南進的話，我國該以什麼態度應對，又該做些什麼」表明意見，結果大部分閣員都說「當英國與日本進入戰爭狀態，美國應該立刻予以支援」。帕金斯雖然是孤立主義派，不過也贊成這個意見。聽了閣員們的表態，羅斯福顯得相當滿意，於是這個問題的討論就到此告一段落。

羅斯福手上，真的握有「只有他自己才知道的情報」嗎？▲

不只如此，在這場星期五的內閣會議上，羅斯福還明白表示，他還有另一個「秘密的外交手段」，那就是送出親筆信，「直接訴諸日本天皇」。雷伊頓在著作中做了這樣一段解說：「這是自一八五三年，培里代將（Commodore Matthew C. Perry）代表費爾摩總統（Millard Fillmore）送出著名的『和平友好』國書以來，美國總統首次致日本天皇的書信。雖然在八十八年後，同樣的手段是否仍然有效，這點頗讓人生疑，不過總統的判斷是，要迴避戰爭就只剩這樣的手段了。」

然而，羅斯福真的是如此判斷嗎？畢竟，當他明說要送出親筆信時，事態已經遷延到極度緊迫、甚至完全來不及挽回的境地了啊！羅斯福真的有認真考慮過，在太平洋或亞洲某處爆發最初的衝突之前送出親筆信，並得到日本在某種意義上的回應嗎？關於這點，實在是疑點重重。至少就現今所知，他並沒有留下這麼誠懇的紀錄。

反過來說，如果能夠透過親筆信讓戰爭停止爆發，那麼總統接下來會採取什麼手段，光是在腦海中想像，就足以大大刺激眾人的好奇心。然而實際上，他應該完全沒想過這方面的事情才對……

換句話說，羅斯福是計算好時間才送出親筆信的。若真如此，那它不過是場擺樣子的作秀罷了。他只是為了讓後世意識到這點，並留下良好印象才做的。這不只讓人產生「他已經知道時間來不及」的疑惑，更讓「總統陰謀說」有大作文章的空間。

不管怎麼說，從羅斯福在五日會議上的言行舉止來看，他似乎已經透過連海軍部長都不知道的總統祕密情報管道，掌握了日軍相當正確的動向。當諾克斯說日軍應該確實在南進而非北進之際，羅斯福卻斷言說，「他們或許也會向北移動，畢竟你們並沒有關於他們方位的情報」。

既然如此，當時羅斯福手上，已經得到日本艦隊正在北進，朝向美國領土的某處——比方說阿留申群島，甚至是夏威夷——航行的情報了嗎？

「有發出無線電訊號唷」

托蘭的著作中，對於這個疑問的答案是「Yes」。據他推論，羅斯福已經知道日本海軍即將攻擊珍珠港，然而他卻對此置之不理，這是嚴重的叛國行為。於是托蘭得出了大膽的結論，那就是羅斯福已經知情，只是放手讓日本發動第一擊而已。

然而，這只是徹頭徹尾的推論，是根據狀況證據推演出的陰謀說罷了。在書中，堪稱證據的事物有兩者：第一是爪哇的荷蘭軍情報部門，曾經探測到朝著夏威夷前進的南雲機動部隊所發出的訊號。其二是，航行在太平洋上的客輪勒萊號（SS Lurline），在位於舊金山第十二海軍區內的西北西方向，曾經接收到南雲部隊發出的無線電訊號。這個訊號既有和聯合艦隊司令部之間的通信，也有與機動部隊友艦之間的通信。

「十二月一日，又能明確接收到（訊號）。是長達兩小時的發信；至於受信者，則不斷複誦日本方面傳來的訊號。」

「十二月二日，電波漸漸增強，而且是大膽地一句一句進行複誦。較大的發信艦，似乎又將接收到的電文，再傳送給附近的小艦艇。」

這到底是怎麼一回事呢？

托蘭著作的日文版譯者德岡孝夫在註記中指出，聯合艦隊（位於瀨戶內海的柱島，之後在佐伯灣）與機動部隊之間，照理說應該是不可能有通信才對。山本下達的指示完全是單向的，而且也不只是發給機動部隊，而是全方面發出，再由行動中的各艦隊，按照與各自有關的部分加以採擷。不只如此，像複誦這種行為，用常識想也覺得不太可能，畢竟山本司令部曾嚴格下令「禁止使用無線電」。

德岡因此說，「雖然推論相當嚴謹，但是與事實未必一致」，我也有同感。要解開謎團，果然還是需要不可動搖的事物證據才行。光是憑藉傳聞證據，除了讓「竹藪」變成一片更加深沉的鬱鬱森林以外，其他什麼也辦不到。

然而，就在最近，出現了一個從極小處著眼，對托蘭說法加以呼應的驚人新論點，那就是前面也曾提及，由史蒂尼特所著的《珍珠港真相》。在這本書中，提到了一個對日本人堪稱驚天動地的情報（當然未必是事實）——十一月底從單冠灣出航的南雲機動部隊，經常隨意違反大本營禁止使用無線電的命令，就一些無關緊要的事情進行聯絡發信，而這些訊息也都被美方給原封不動地接收了下來。故此，直到機動部隊越過換日線、接近夏威夷為止，幾乎每天美方都會在地圖上畫下標記，說「他們已經到這裡了」。因此，南雲機動部隊簡直就像是響尾蛇一樣。這樣還能算得上是「奇襲」嗎？

當我讀到該書中記載，「美國方面監聽到南雲座艦赤城號所發出的聯絡訊號共有六十封，其他攔截到的無線通信總計一百二十九封」時，老實說不禁目瞪口呆，差點沒從椅子上摔下來。美軍情報史料裡，真有這樣的內容嗎？假使這是事實的話，那日本海軍根本不能算是戰鬥集團了。所謂榮耀的傳統與名譽，也全都只是一場笑話罷了。而將國防重任交給這種大剌剌違反命令、胡作非為的集團，昭和時代的日本人真的只能被打上可悲的烙印，說是地球上前所未見的愚蠢民族了吧！羅斯福陰謀說、國際政治的無情或是謀略的殘忍自不用提，而我們日本人，也喪失了傳統以來被認定的認真嚴謹，變成了敷衍苟且、不值得信賴、無視規律、輕浮的民族了嗎？

只是，我確實曾經親自耳聞，有關南雲機動部隊打破禁用無線電命令的事實。那是在前面提到過，淵田總隊長與志賀分隊長等人齊聚一堂的座談會上，當他們談到因為主機故障，不得不脫隊的伊二十三號潛艦時，曾有以下這樣一段對話。

山本：我後來聽說艦隊在途中曾經發出過電訊，真的有這回事嗎？

松村：是因為潛艦的事吧？當時因為找不到潛艦，所以……

淵田：南雲長官相當怕事，他曾說，因為前幾天毫無疑問有發現過敵軍潛艦，所以要派飛機出去搜索。然而，現在把飛機派出去就要發出無線電訊號，這樣事情就大條了，所以我就對長官說：「萬萬不可！就算附近有潛艦出沒也無可奈何，畢竟也不能急著把它打沉，所以還是放著不理吧！」長官雖然不甚服氣，但最後還是擱置了這個計畫。只是，他還是因為掛念前面的（我方）潛艦，所以發出了「你們在哪裡？」的訊號唷（笑）。

……（以下略）

當時，我對這段話的細節只有模糊的記憶，但我有追問：「那麼發出了幾次呢？」淵田總隊長是這樣回應的。

「只有一次唷，這種蠢事不可能常做吧！」

他的回答相當明確。

然而根據史蒂尼特的著作，這樣的舉動卻重複了六十次！換句話說，從十一月二十六日從單冠灣出發，到十二月八日破曉（以上皆為日本時間）為止，平均一天會發生五次南雲對麾下各艦隊進行無線聯絡的緊急事態。

白天可以用信號旗，日落可以用發光信號，這樣聯絡就已經很足夠了。在此再次引述戰艦比叡號的三戰隊參謀竹內少佐的日記。

十二月六日（星期六）

〇二〇〇　九節

〇二〇三　霧島傳訊『〇〇〇〇時發現伊二十三號潛艦，現於右方五十度、距離三公里處』

〇二三三　日出

〇三一〇　參謀長傳訊『伊潛會合完畢』（下略）

落後的警戒隊伊二十三號潛艦靠自力修理完畢，並且追上了艦隊。但在這個狀況下，伊二十三也沒有仰賴無線電之助，便成功與艦隊會合。畢竟，當時已經沒有那個時間和精力去進行搜索，且整個艦隊都已經進入戰鬥狀態，照理說不可能採用無線電進行上述的聯絡，所以應該全都是透過發光信號和旗號來通知才對。

在這裡說一個題外話。關於日本的密碼，外務省的部分確實遭到了破解。可是海軍艦隊使用的暗號JN-25a（一九三九年六月一日頒布，簡稱D密碼），在開戰一年前的十二月一日已經更新為JN-25b並加以啟用。關於這兩者，即使遭到攔截，在這個時間點也尚未能破解出來，因此美方也無法理解其內容。戰後留存的美國監聽通信文，破解出來的日期都是戰後。換句話說，美方在珍珠港攻擊以前，是無法解讀JN-25a與JN-25b的。

還有另一個題外話，那就是史蒂尼特主張，日本機動部隊的行動，在地圖上完全被追蹤得清清楚楚。

若真是如此的話，這種無比重大的情報，真的能由總統一個人所獨占嗎？對於這種其他人都不知道的組織與特別管道在當時是否存在，完全沒有旁證可言。早已得知一切的羅斯福，一面暗自竊笑，一面對認定日軍將南進的諾克斯部長說「你什麼都不知道」。這在戲劇上或許是很夠張力，但也未免太超現實了。

因此，縱使南雲艦隊那僅有一次的發信電波被捕捉到，應該也不會有什麼重大影響吧！畢竟它的內容尚未被破解，所以也沒有用處。在華盛頓監聽到並進行密碼破解、堆積如山的情報當中，或許還有其他能夠預測到珍珠港攻擊的資訊存在。譬如以下軍事情報史專家羅貝塔・威爾斯特（Roberta Wohlstetter）的論述，就屬於比較正確，且相對理性的判斷：「我們並不是因為欠缺適當的情報，所以無法預測對珍珠港的攻擊，相反地是因為無關的情報過剩之故。在堆積如山的無關情報中，暗藏著珍貴的重大線索。要接受它的警告，完全是不可能的事。至於要接受警告，從而採取行動，那就是更不可能的事了。」（《珍珠港》，讀賣新聞社）

資訊化社會的複雜怪奇之處就在這裡。而且就算不論諾克斯部長的話，美國政府和軍方也都確信戰場是在「南方」的馬來半島、荷屬東印度或者菲律賓，並沒有注意到其他的地方。因此，若能預測到的話，實在是件相當令人震驚的事。

「這是陛下的心意」

就在這場彷彿找不到出口的「竹藪中」會議持續進行之際，十二月六日星期六的早上，已經來到了日本。

這天《朝日新聞》的早報刊頭，大大的標題赫然躍入眼簾。

徒務遷延　美方毫無妥協誠意

美方首腦進行對日政策協議　完全不改其獨善見解

以對日包圍網之狂態　蹂躪我方和平意圖　四國一起開始備戰

各大報連日長篇累牘，刊載鼓吹戰爭的內容。△東京市民也大多為了防備戰爭的到來，而致力於挖掘防空壕；為了對應空襲，他們還得服公共勞役，在城市的各地到處挖掘儲水池。這天，永井荷風的日記是這樣寫的：「……餐後前往日本橋。賣柴魚的店說，他們在早上九點到十點左右，就已經全部賣完了。海苔店、茶葉店、乾貨店前面，也全都是大排長龍的人潮。」

大家都為了因應不時之需，連忙搶購物資。每日的生活必需品都已經嚴重不足了，若是爆發戰爭，那各種物資都會立刻見底吧！庶民的感覺，敏銳地搶先嗅出了這點。

軍方統帥部在整體架構上的準備也已經告一段落。然而就算如此，陸海軍的作戰課員，還是幾乎全體都留在作戰部裡，連日加班。晚上沒有睡覺的地方，就在附近的旅館休息。參謀本部因為鄰近的隼町有很多旅館，所以情況還算好些。對展開各軍的細節指示；有關開戰後戰備補足的對策；敵方諸國的情報蒐集；對作戰各軍聯絡狀況的掌握；萬一蘇聯軍發動侵略的情況，與關東軍進行密切磋商；和同盟國德義進行聯繫；為了開戰後能夠迅速確實處理參謀本部的內部業務，而進行的應急措施研究……雖說已經完全做好了開戰準備，但非做不可的事情，仍然像山一樣多。

內閣也為了開戰準備，而過著忙碌不已的每一天。在這當中，他們特別集中精神投入作業的，就是「宣戰詔書」的擬定。

自十一月二十九日的大本營—政府聯席會議，決定起草詔書以來，便以內閣書記官長星野直樹為中心，開始了詔書的擬定作業。陸軍省軍務局長武藤章中將、外務次官西春彥、企畫院鈴木總裁、情報局次長奧村喜和男等各部門的負責人，也都參與其中。不只如此，他們更就用語、表現、體例等，與漢學家川田瑞穗、宮內省御用掛[14]吉田增藏兩人商量。至於最終的檢討，則是由德富蘇峰負責。

儘管如此，天皇還是不假其他人之手，親自過目內容，並且仔細地加以評註。他並沒有完全放手交給政府去做，而是直到細節為止，都透過木戶內府與東條首相，傳達相關的加筆、修正、削除的口諭。天皇在意志上對詔書的極度關注，從十月十三日（近衛內閣決定總辭的第二天）的《木戶日記》中可見一斑。因此天皇居然這麼早就已經有對英美開戰的覺悟，實在令人驚嘆，所以在此作較大篇幅的引述。

按照這陣子的情況，我認為日美談判能夠成功的希望已經日趨淡薄。萬一開戰的話，就一定要發出

14 譯註：受宮內省任命，以專門知識侍奉皇家的非正職公務員。人數不定、性質也不定，從和歌、翻譯到婦產科專家都有。

宣戰詔書才行。在這方面，從迄今的詔書來看，特別是從國際聯盟退出的時候，我們雖然就文武恪循與世界和平做出了一番大論，但國民似乎都對此等閒視之。又，在日德義三國同盟之際發出的詔書，我們也是強調和平，但這點很快就被遺忘，而且對思考著如何對抗英美的國民來說，這也實在不算很有意思的內容。因此，關於這次宣戰詔書的擬定，近衛與木戶兩人務必參加，確實陳述我的心情，並且將之融入詔書當中才行。

事實上，天皇的意志確實明確在詔書中具體化了。詔書的原案中，只有「然今日不幸，英美兩國開啟釁端」這一句，星野書記官長檢閱之後，提議在後面加上一句「事已至此，不得不發」。相關人士對此頗有反對之聲，認為「都已經要戰爭了還作這樣的辯解，只是徒然示弱而已，這樣的字句根本不需要啊」，但是星野卻硬壓下了這種聲音：「事實上，這是陛下的心意，因此非加進去不可。」

星野在事前，已經接到了東條的鄭重訓令。相關人士聽到「陛下的心意」幾個字後，也全都閉口不語了。

然後，就在油印版的原案幾乎最終決定的十二月六日，東條又跑來這樣說：「在『事已至此，不得不發』的後面，再加上一句『此豈朕之所願哉』。」

內閣總務部長稻田周一嚇了一跳，開口問道：「這樣的話，文章不會變得很奇怪嗎？同樣意思的話重複兩次，這不是變成贅言了嗎？」

只見東條板著臉孔，嚴厲命令道：「這是陛下的心意，非加進去不可。」

又，在詔書的末尾，內閣的原案本來是「以期向中外宣揚皇道之大義」，不過後來改成「向中外宣揚帝國之光榮」。之後更在天皇的意志下，改成了更謙虛的「保全帝國之光榮」。

雖然或許有點冗長，不過在此附上詔書的原案與定稿。畫線部分是訂正之處（關於史料的提供，在此謹感謝報導文學作家奧野修司先生的厚意）：

承天所佑、得保萬世一系皇祚之大日本帝國天皇，敬告汝等忠誠勇武之眾：

朕於此處，對美國及英國宣戰。盼陸海將兵，皆能全力從事戰鬥，百僚有司，皆能勵精奉職。眾庶各盡其本分，協心戮力，舉國家之總力，以期萬無遺算，達成所期之目的。

朕之夙願，向乃確保東亞之安定與世界之和平。是故，帝國國交之要義，常以敦睦列國之交誼、同享萬邦共榮之實為主。然今日不幸，英美兩國開啟釁端，此豈朕之所願哉！曩昔，中華民國政府不解帝國之真意，擅構事端，擾亂東亞和平，帝國不得已執干戈而起，至今已四年有餘。之後，新國民政府成立，承帝國之提攜，結善鄰之誼。然重慶政權尚恃英美兩國，持續無益之抗戰，禍亂至今，朕深為之憾。英美兩國私相籌謀，援助重慶政權，妨礙帝國對支那事變之解決。如今更進一步誘使諸國對帝國增強武備，並逐次加重經濟上之壓迫。

縱使如此，朕尚盼事態能以和平方式解決，故命有司進行交涉；然歷經八月之久，彼等絲毫不曾顯現承讓之精神，曠日彌久，徒然遷延時局之解決。此間，彼等益發強化對重慶政權之援助，促其對帝國持續攻擊。除此之外，更發動經濟斷交之舉，乃至直接增大對帝國之武力威脅。如斯推移，則帝國攸關東亞安定之積年努力，將悉數化為泡影，而帝國之存亡，亦將瀕臨危殆之境。事既至茲，則帝國如今僅能為自存自衛而執干戈，擊破一切障礙，除此之外再無他法。

朕在此深深期盼，汝等忠實勇武、深值倚賴之眾，能速速斬除禍根，確立東亞永遠之和平，並向中外宣揚帝國之光榮。

（最後定稿版本）

承天所佑、保有萬世一系皇祚之大日本帝國天皇，敬告汝等昭昭忠誠勇武之眾：

朕於此處，對美國及英國宣戰；盼陸海將兵，皆能奮全力以交戰，百僚有司，皆能勵精奉職。朕亦期眾庶各盡其本分，協心戮力，舉國家之總力，以期萬無遺算，達成所期之目的。

朕念茲在茲、拳拳服膺者，乃確保東亞之安定與世界之和平。此乃承繼皇祖考（明治天皇）之心願，亦為紹述皇考（大正天皇）之遠猷。是故，帝國國交之要義，常以敦睦列國之交誼、以期萬邦攜手偕樂為主。然今日不幸，英美兩國開啟釁端。事已至此，不得不發。此豈朕之所願哉！曩昔，中華民國政府不解帝國之真意，擅構事端，擾亂東亞和平，帝國唯有執干戈而起，至今已四年有餘。幸賴國民政府更新，與帝國締善鄰之誼，並相互提攜；然重慶殘存政權，怙惡不悛，恃英美之庇蔭，行兄弟鬩牆之事，日夜不休。英美兩國支援殘存政權，助長東亞之禍亂，以和平之美名，匿其稱霸東洋之野心。如今更進一步引誘從屬各國，於帝國之周邊增強武備，挑戰我國。不只如此，彼等更妨礙帝國之和平通商，甚至實施經濟斷交手段，對帝國生存加諸重大威脅。

朕尚盼政府能和平回復事態，是故隱忍彌久。然彼等毫無承讓之精神，徒然遷延時局之解決。此間，彼等益發增大經濟軍事上之威脅，以期促使我之屈從。如斯推移，則帝國攸關東亞安定之積年努力，將悉數化為泡影，而帝國之存亡，亦將陷於危殆之境。事既至茲，則帝國如今僅能為自存自衛奮然而起，擊破一切障礙，除此之外再無他法。

皇祖皇宗、神靈在上，朕在此深深期盼，汝等忠誠勇武、深值信賴之眾，能恢弘祖宗之遺業，速速斬除禍根，確立東亞永遠之和平，以保全帝國之光榮。

現在重讀這份「開戰詔書」，可以發現其中完全沒有對之後大力倡導的「聖戰」歌頌的意識存在，這不能不說是令人驚訝的事。詔書與十一月十一日構想的對英美「開戰基本名義」採取相同順序，對直到開戰為止，日本艱辛忍耐，不斷進行對美交涉的過程娓娓道來。緊接著說，「帝國如今僅能為自存自衛奮然而起，擊破一切障礙，除此之外再無他法」，亦將與英美的戰爭，定位為自存自衛的防衛戰爭。

對於這個國力貧弱的國家而言，這可說是肺腑之言。至於「基本名義」中虛張聲勢主張的「建設大東亞新秩序」，到了詔書則修改成「確保東亞安定」這種與身分相應的言詞。在不得不下定決心，從事這場可能會導致國家敗亡的戰爭之際，這是唯一真心竭意的想法。日本在十二月八日的時候，除了自衛戰爭以外再無其他念頭。奇襲珍珠港也好，對馬來半島突襲登陸也好，都不是對他國領土的「侵略」，而是「行使自衛權」。日本在東京審判上，自始至終都抱持著這樣的論點，而且深信這是現實。

然而，於今反覆思之，「開戰詔書」中刪除了一行作為根本問題，乃是非常重要且理所當然的文字，真的只能說是令人扼腕不已。

在日清戰爭、日俄戰爭、第一次世界大戰之際，詔書中都有明確作出某種標示，那就是過去面臨外戰時，一定會明示的「恪遵國際公法規範」這項。但不知為何，在這份對英美荷開戰的詔書中，卻不見這樣的字句？為何昭和的領導人刪掉了這句，這是否太恬不知恥了呢？我們不得不如此嚴厲地提出質問。這不是忘記，而是有意識地削除。想到這裡，就只覺得可鄙之情更甚一層。◇

當時的我國領導人，對於擁有巨大力量的世界輿論全然無視，且在夜郎自大的獨善世界觀下，對自衛權過於自信。除了作此評論之外，再無他話可說了！

「在法屬印度支那海域，發現了日本船團」

政府和軍部，幾乎都作好了萬全的準備；特別是外務省，為了準時無誤將開戰通告送抵華盛頓，就發信時間等各方面，進行了鉅細靡遺的商議與籌畫。接下來就只能祈禱，陸海軍對珍珠港以及馬來半島的奇襲能夠順利達成。還有兩天，但願一切都平安無事。

可是就在十二月六日，時鐘指針剛過下午的時候，在南方海面上，發生了一起讓這個希望幾乎歸於泡影的事件。當時，搭載著山下兵團的運輸船團正在接近法屬印度支那最南端的金甌岬，並且準備轉舵向西北前進。結果就在此刻，他們被一架飛翔在超高空的雙引擎大型飛機，給捕捉到了蹤影。透過護衛艦隊的高精度望遠鏡，可以清楚看到在那架飛機的機翼與機體上，塗有英國皇家空軍的標誌。擅長機種辨別的人員判定，那是一架哈德遜式轟炸機。該機的機組人員似乎受過相當充分的訓練，一直謹慎保持在對空砲火的射距之外，慢慢地迴旋並進行偵察。這是下午一點四十五分發生的事。

負責護衛的南遣艦隊小澤治三郎司令，緊急下令西貢的海軍第二十二航空戰隊擊墜這架英國飛機。零戰接獲命令後立刻起飛，但在他們趕到之前，英國飛機已經利用雲層掩護，巧妙地脫離現場了。

小澤於是知會山下說，「運輸船隊的全貌，恐怕已經被英國飛機發現了」。同時他也向南方軍的寺內總司令官，通報了與英國軍機接觸、「令人極感憂慮」的事實。寺內收到訊息，臉上頓時血色全失。如此一來不要說奇襲登陸了，搞不好整個運輸船團還在海面上，就會遭到大舉出動的敵方海空軍猛烈攻擊。

「明日（七日）早晨，恐有敵機反覆來襲之虞。」

寺內向大本營如此報告，並且表示屆時將與海軍合力，全力出動陸基航空隊，展開進攻作戰。

大本營陸海軍部聞訊後，受到的衝擊更加強烈。他們立刻向永野總長報告此事，結果這位樂天自信的海軍司令官，當場驚愕得說不出話來。畢竟，這很有可能意味著整場歷經反覆籌畫的作戰——特別是夏威夷作戰，將陷入全盤崩潰的局面。

儘管如此，但讓人十分目瞪口呆的是，馬爾斯（羅馬神話戰神）似乎開了一個大玩笑。就像是要在最終結果悲慘且殘酷、走向國家敗亡之途的太平洋戰爭中，至少給予日本初戰輝煌的榮耀般，歷史繼續朝著意想不到的方向轉動著。

首先是最大的強敵英國遠東艦隊，率領戰艦威爾斯親王號為首艦隊的菲利浦少將，剛好在前一天搭飛機前往馬尼拉，與麥克阿瑟和哈特兩位上將會談。這天，他們也在談論英美的聯合戰略，換言之就是人不在第一線。更有甚者，如同麥克阿瑟在會議中悠然的開場白「若是日軍的攻擊在三個月後展開，那就完美無缺了」般，他們完全沒有那種今天或是明天就要開戰的迫切感。

這天，菲利浦也同意了美方提案的作戰計畫，那就是為了對日軍進行攻擊，英國艦隊應該將根據地從新加坡轉移到馬尼拉。之後不久，他便收到了「哈德遜轟炸機在法屬印度支那海域，發現了日本船團」的電報。

哈特問菲利浦說：「司令，你打算什麼時候回新加坡呢？」

「預計搭明天早上的飛機回去。」

「如果戰爭爆發的時候你想在現場指揮，最好是現在立刻回去比較好喔！」

然而，對話中多少帶點玩笑之意的哈特道謝之後，菲利浦因為準備不及，所以還是按照預定計畫，這天就留宿在馬尼拉。拜此之賜，儘管有了發現敵情的報告，但強大的艦隊還沉眠在新加坡港當中。

另一方面，在馬來半島，英軍的馬來亞陸軍總司令白思華中將（Arthur Percival）在吉隆坡的司令部，迎接了印度第三軍的司令官來訪，兩人相談甚歡。下午三點半時，發現日本船團的報告傳到他耳中。可是，白思華卻只是懷疑地搖搖頭，將報告收進口袋當，完全沒把它當成一件要事看待。

在新加坡，還有英國遠東軍總司令（British Far East Command）樸芳空軍上將（Robert Brooke-Popham）坐鎮。他大概也在同一時間，收到了同樣的情報，可是上將也沒有積極採取行動，儘管倫敦已經交給了他一份極機密的作戰計畫——「鬥牛士計畫」（Operation Matador）。在這份計畫中規定，當（一）英軍獲得情報，得知日本侵略部隊展現明顯意圖，將從泰國南部登陸；或（二）日軍侵入任意一處泰國領土時，就應按照既定計畫展開戰鬥行動。而決定戰鬥的權責，全部交由樸芳上將掌管。但是，他並沒有下令啟動計畫。

簡單說，負責馬來亞防衛的英軍首腦們，全都深信日軍不會從馬來半島登陸，假使戰爭真的爆發，那也是很久以後的事了。畢竟，泰國從以前就一直是親英國家，應該不會輕易允許日軍對泰國入侵或登陸才對。另一方面，在季風的惡劣條件下，日軍應該也不太可能直接對馬來半島進行登陸作戰才對。

說到底，這還是出於他們對日軍與日本人極度的人種偏見所致。之後我會再略作詳盡的說明，不過不管是美國還是英國，對日本人都有著長年根深蒂固的刻板印象，那就是日本人只會模仿、欠缺想像力與獨創性、完全沒有計畫並施行一場大規模機動作戰的能力，換言之就是一支非近代化的軍隊。

不只如此，在馬來亞有英軍一萬九千六百人、澳軍一萬五千兩百人、印度軍三萬七千人、馬來義勇軍一萬六千八百人，合計八萬八千六百人。正因有這麼強大的軍隊，英軍對於防衛是充滿了自信，認為已經十分完備。儘管飛機總計一百五十八架，在數量上略顯劣勢，但若是打陸地防禦戰的話，還是足以一戰的。

就這樣，由於英軍的自信、樂觀、誤判，特別是偏見等種種心態複雜交織，結果才使得日本軍——更正確說是大日本帝國，獲得了那萬分之一的僥倖。

當然，在十二月六日太陽西沉的時候，大本營是不會知道這些事情的。

陸海軍作戰部被一片哀痛的氛圍所籠罩，一部分參謀的臉上，甚至已經露出「沒辦法，該來的終歸是要來」，一副自暴自棄的表情。

聯合艦隊的宇垣參謀長在《戰藻錄》中，生動描繪了這種焦灼不安的心情。

……說到底，最讓人擔心的還是明天暹羅灣會發生的事。運氣不好的話，恐怕明天就會爆出火花。（中略）值此緊迫之際，若一下子替換既有的命令，導致產生動搖的話，整體看起來是最不利的。假使能夠按照理想狀況，順利進行管制的話，那倒還可以，但戰場如此廣大，彼此之間無法協調，這是最令人害怕的事。明天的衝突或許只會發生在飛機之間，故值此之際，對於那些太過巧言令色、讓人產生不必要動搖的提案，都必須加以嚴正駁斥才對。只是，明天過後又會如何呢！

今日令我愁腸百轉的，正是此事。之所以愁腸百轉，乃因此恐為世上前所未見之事。此乃賭上國家命運與眾多人命，人類史上最大的一齣「戲」。

不必擔心，該成的事就會成。成事在天，能成與否全在神意。畢竟，神國本來就是依循神意而運行的，而這也正是我們強大的地方。

彷彿在說宇垣的憂慮乃是多餘一般，現實狀況正如他所言，日本在「天佑」下，成功迴避了這次的危機。上天在我們所不知道的時候，已經對日本許下約定，要讓他們在首戰獲得輝煌的勝利。

可是在此同時，在地球的另一端，也發生了另一起讓人不禁感嘆「歷史真是作弄人」、扭轉歷史潮流的重大事件。這場戰鬥，預示了日本的榮耀不過是短暫的光彩，並且註定日德義將無法享受戰爭勝利的果實。

十二月六日，幾乎就在日本運輸船團於法屬印度支那海域被發現的同時，莫斯科時間上午九點，負責保衛首都的蘇聯紅軍，在朱可夫元帥的指揮下，投入所有保存至今的新預備師，對德軍展開總攻擊。至於擔任總指揮的，當然還是史達林本人。

莫斯科就在眼前。耐久力已經達到極限的德軍，儘管在冰雪深埋中動彈不得，卻還是不屈不饒地面對眼前的難局。兩軍的激鬥在整個戰場正面全線展開。在零下三十度、有時甚至達到四十五度，宛若極地般的嚴寒當中，兩軍不斷展開生死鬥。然而，在疲勞與彈藥欠缺的情況下，德軍開始漸漸被壓倒。

在靠近名著《戰爭與和平》作者托爾斯泰墓地附近的前線司令部裡，德國第二裝甲軍團司令古德林將軍佇立在戰況報告與地圖前，陷入了完全的絕望當中。文豪筆下拿破崙自莫斯科撤退時的悲慘情景，宛如惡夢般浮現在他的腦海。我們是否也一樣，一開始只是退卻，最後卻變成無法收拾的潰敗呢……？

將軍下定決心召回進攻的裝甲部隊，在後方建立起堅固的防線。除此之外，沒有別的辦法可以挽救瓦解的命運。然而──

「結果，我們對莫斯科的攻擊遇上了挫折。我不得不說，我們敗北了。」

不屈不饒的古德林，在這天下午終於這樣承認。

「此等怠慢，萬死不足惜」

同時，在東京時間六日的晚上八點二十分，東鄉外相發出命令，發出開戰的最後一道程序──對美宣戰聲明。由於聲明是超過四千字以上的長文，因此在不允許錯誤的情況下，將它分成十四個部分，並以英文發訊。

首先發出的，是人稱「預告訓令」的第九〇一號電。其內容是說，針對《赫爾備忘錄》，我方的回應內容已經決定，但因為文件很長，所以會分成好幾部分傳遞。又，關於向美方提出回應的時間，也會在後面追加告知。不只如此，它還附加了這樣一段話：「由於眼下的情勢極其微妙，所以接下來受領的內容，務必嚴加保密，不得外洩……必須保持不論何時都能按照訓令，將文件交付給美方的狀態，因此得就文件整理以及其他相關事務，做好萬全的準備才行。」

因為要「不論何時都能將文件遞交給美方」，所以必須做好「萬全的準備」。外務省發出了這樣的嚴厲指示。

接著在晚上十一點的第九〇四號電中——

「雖然或許有點贅言，不過在準備這份備忘錄時，絕對不可以讓『打字員』經手。在保持機密方面，一定要務求慎重。」

東京方面彷彿怕不夠清楚般，再次指出事態的嚴重性與文件的重要性。

就這樣，十四部分內容當中的十三部分，總算在剛換日的七日凌晨零點二十分發出，而收到訊息的中央電信局則在七日凌晨一點五十分，將全部的電報從日本發信完畢，這時是華盛頓時間六日上午十一點五十分。接著在華盛頓時間六日上午十一點四十九分，十三部分電報中的第一部透過民營電信公司，抵達華盛頓麻薩諸塞大道的日本大使館，之後其他電報也陸續抵達，最終在下午三點左右，十三部分全部到齊。於是在電信官堀內正名的指揮下，以梶原武為室長的五名電信室成員（梶原、堀博、吉田壽一、川端塚夫、近藤賢一郎），便開始拚命解碼電文。到了傍晚時分，已經完成前八部。

按照外務省的計算，到華盛頓時間六日下午九點三十分為止，靠著單單一台密碼機，應該能將已發信的十三部分密碼電文，全部解讀完畢才對。而大使館在非比尋常的緊張感壓迫下，也應該能照東京方面的期盼，順利進行作業才對。

話雖這樣說，但實際上在這「非比尋常」的狀況下，卻發生了一件相當欠缺緊張感的事情——

這天是星期六，大使館的業務早早就告一段落。而且從傍晚開始，為了替即將轉任到南美的寺崎英成一等書記官辦餞別宴，大家老早就約好了要一起去吃晚餐。餞別宴的地點在五月花飯店（Mayflower Hotel）。首席書記官奧村勝藏、一等書記官結城司郎次，以及當事人寺崎，在稍晚都出席了宴會。

然而，走筆至此，卻又出現了一件頗為棘手的事，那就是根據報導文學作家保阪正康的採訪指出，當天並沒有在旅館舉行餞別宴，只是吃頓稀鬆平常的晚飯而已。包括參事官井口貞夫、書記官松平康東、高木廣一、八木正男，以及其他年輕的副書記官們，群聚在聯合車站附近的中國餐館「中央飯店」（Chinese Lantern）當中，而寺崎本人也是稍晚才出現在大家面前。

就這樣，在那個週六晚上，大使館官員似乎分成了兩批，分別進行小宴。其中一方辦的是「餞別宴」，另一方則是「稀鬆平常的晚飯」。兩方證詞的彼此齟齬，總讓人有種窒礙不通的感覺。不論如何，我們從中都可以想像出當時日本大使館內部的派系鬥爭，以及人際關係之複雜，更可以感覺出官僚本位主義的纏繞不休。在這起事件裡，我們可以清楚看到大使館官員即使在面臨危機之際，仍然無法團結一致的態度。

至於被留在電信室裡加班的六個人，到了傍晚也爽快地把工作丟一邊，跑出大使館去覓食了。看樣子，他們似乎也參加了在中央飯店舉辦的送別會。

過了晚上九點半，吃完晚餐的電信室員回到工作崗位。只見他們六個一邊發著小牢騷，一邊再次開始進行解碼作業。剛過了晚上十一點，終於將前面十三部分對美通告全部解碼完畢。這已經比東京的期待，整整晚了快兩個小時。不管怎麼講，這實在都是太過怠惰的延誤（還有證言說，他們直到凌晨三點才解碼完成，那就更遲了）。

可是，正如眾所周知的事實，在這之後直到向美國政府通告為止，其間的經過更是糟糕到令人髮指，最後終於導致在開始攻擊珍珠港後，才遞出開戰聲明這種丟臉至極之事。這完全是誤判、漫不經心，還有怠慢交織而成的結果——不，誤判也好、怠慢也好，這些或許都不是一時的現象，而是牽涉到更加根本的問題。

說到底，迄今為止，有關日美交涉的事全都是野村和來栖的工作，頂多再加上井口參事官的協助，至於其他大使館官員，則幾乎全都裝出一副事不關己的樣子。

因為沒有親身參與，所以他們對於東京送來的長文很可能是對美國的最後通牒這件事，根本連想都沒想過。也正因如此，他們才會擅作主張，認為既然最後的第十四部分電文今天晚上似乎不會過來，那麼就把今天的工作量留到明天再做，然後跑出去享受週末的夜晚吧！結果——東鄉外相在他的著作中，悲憤地寫著：「因為通告時的怠慢，結果造成國家非比尋常的損失，這些人萬死不足惜！」他們所犯下的過錯就是這麼嚴重。

儘管如此，這些日本大使館的外交菁英，腦袋裡到底在想什麼？他們不是已經接到了「東方有風雨」的緊急指令，還被預告訓令仔細叮嚀一番了嗎？確實，情報這東西本來就是「信號」與「雜音」交錯，非得細細辨別不可的事物，但他們接到的，是無須辨別的訓令與指令啊！那是得知日美即將斷交，政府下令外館毀棄密碼本的指令。如果只是單純停止外交談判的話，那外交官只要把密碼機和密碼本，與威士忌等伴手禮一起裝進包包裡，帶回國內也就行了。會下達要大使館乃至總領事館毀棄密碼本的指令，其意義只有一個，那就是要戰爭了。他們應該都接收到這樣的訊息了才對啊！

再說，他們自己應該也在五日早上，便銷毀了三台密碼機當中的兩台才對啊！外務省也再三叮嚀，送來的文件是一份極機密的通牒，還嚴命要做好「萬全的準備」。然而，駐華盛頓的日本外交官，是一群腦袋朦朧、反應遲鈍的傢伙所組成的集團嗎？

雖然在這裡怒吼也無濟於事，不過接下來還有更令人髮指的事情發生——結束工作的電信室人員，終於和晚上人在外面的井口參事官取得聯繫（一說是奧村首席書記官也在場），並接獲了對方的指示，說「你們好好收拾一下就回家吧」。於是，他們便勾肩搭背走出大使館，一頭栽進充滿絢爛氣息的華府週末夜生活去了。在大使館內值班的，這時就只剩下一個人，可是任誰都對此含糊其詞。

然後，解碼完成的十三部分對美通告，就這樣也沒有經過繕打，便被擱在一旁置之不理。按照指令，為了要遞交給美方而進行的「萬全準備」中，繕打應該要與解碼同步進行才對——不，更誇張的是，當結束晚宴回來之後，這些外交官照理說應該會想要過目一下電文的內容才對，但事實上卻連一個人也沒有。

不管怎樣，雖然已經稍微叮嚀過了，不過為了幫助他們理解狀況，就再把話說得更清楚一點吧——東京方面作夢也想不到，這個晚上竟會發生「大使館鬧空城」這種難堪的事態。於是他們按照預定計畫，在華盛頓時間七日凌晨兩點（東京時間七日下午四點），將通告最後一部分、也就是寫有「帝國政府……認為，今後已經沒有繼續談判、並達成妥協之餘地」內容的第十四部分電文發出。外務省深信，透過在大使館待命的人員之手，一定可以在華盛頓時間七日上午十一點前，將所有內容全部處理完畢。

不只如此，當從東京發出第十四部電文的一小時半之後（華盛頓時間七日凌晨三點三十分），他們又發出了第九〇七號指示電，要華盛頓方面「於下午一點，將本通告親手遞交給美國政府」。這篇訓令是當場就要解碼的。外務省於是估量，這樣一來，要在華盛頓時間下午一點進行通告，一定綽綽有餘。

然而，事情的演變並非如此。後續的第十四部分電文雖然如東京的預期，在華盛頓時間七日早上七點就已經抵達，卻一直擺在日本大使館的信箱裡，沒人去動。直到九點駐美武官實松讓中佐上班時，才一邊抱怨「大使館未免太散漫了吧！」一邊將它交給了值班人員。在這名姓名與身分皆不詳的值班人員召集下，書記官與電信室員才在上午十點聚集起來，慌慌張張地開始作業。指定遞交時間要在下午一點的第九〇七號電，在上午十一點左右解碼完畢，至於第十四部分電文的解讀，則因為最後一封電報遲遲未能到達，所以直到中午時分才解碼完成，接下來還非得進行繕打成正式公文的過程不可。

根據「魔術」電報攔截的正式報告，美國政府高層從情報局那裡，收到這些電文的時間如下。

第一到十三部分：六日晚間八點三十分。（戰爭部、海軍部）
　　晚間九點三十分。（總統）
第十四部份：七日上午九點三十分。（海軍部）
　　上午十點前後。（總統）
第九〇七號電：七日上午十一點。（全體官員）

因為日本傳來的電文是用英文寫成，所以解碼作業的進展相當順利，但美國監聽小組的功力，也令人不得不刮目相看。從日美談判開始趨於緊迫的七月，到十二月開戰為止，外務省發至大使館的一一五封、大使館至外務省的一〇二封，合計兩百一十七封的日本外交電報，全被他們攔截與破解了。這天，他們也察覺到事關重大，於是在機器前假寐待命，就等著第十四部分電文的到來。▽

「這意味著戰爭」

這個時候，美國的羅斯福總統在做什麼？赫爾國務卿又在做什麼呢？……關於這點，讓我們把時鐘的指針稍微往回撥一點。

就在日本大使館的外交菁英為了兩場分別舉行的小宴而離開辦公室，也就是六日晚上七點四十分（日本時間七日上午九點四十分）時，羅斯福做了一個決定。收到英國飛機在法屬印度支那南端發現日本運輸船團的報告後，察覺開戰時間終於逼近的羅斯福，判斷送出給天皇親筆信的時機已然到來。這封信的原稿，早已由白宮幕僚草擬完成。

於是，總統命令赫爾：「以十萬火急的速度，立刻將親筆信送到格魯（駐日大使）手上。使用『格雷碼』發報也可以。必須節省時間，就算被監聽也無所謂。」

格雷碼是機密度較低的密碼。接獲命令的赫爾，立刻將總統對天皇發出親筆信的事情發布給報章媒體，並在晚上八點發出預告通知給人在東京的格魯，告知他將要送出親筆信這件事：「現在有一封重要電報，正在進行編碼中，這封給你的電報裡，包含了總統要給天皇的訊息本文，你必須盡早選擇時機，將它的內容傳達給對方。」

這段期間，美國的廣播也立刻報導了這件事。美聯社、合眾國際社也報導了此事，而日本的同盟通信社也透過路透社的管道，立刻得知了此項訊息。

「……雖然羅斯福總統致日本天皇的親筆信內容目前尚不明朗，不過據觀察，這封親筆信應該與太平洋眼下的緊張局勢有著密切關聯。」

就這樣，在入夜後的白宮周圍，突然掀起了一陣兵荒馬亂的騷動。另一方面，羅斯福送出親筆信給天皇的消息，也自然傳入了正在「中央飯店」舉行小宴的日本外交官耳朵中。據當時人在席間的藤山楢一副書記官的回憶錄所述，當松平書記官聽到這件事時，當場說了一句：「戰爭要來了啊。」

同席的所有人都被這句唐突的話語給嚇了一跳，接著紛紛嗤笑了起來，但松田卻不帶一絲笑意地繼續說道：「一九三九年九月，當希特勒入侵波蘭前夕，羅斯福也曾致電希特勒。之後，當義大利追隨德國參戰前夕，羅斯福也曾致電給墨索里尼。如今，他又向天皇陛下發出親筆電訊，這意思不就代表著戰爭嗎？」

聽見這番鞭辟入裡的話，整桌頓時都陷入了沉重的氣氛當中。但是，他們仍然沒有半個人覺得「現在已經不是坐在這裡的時候」，並且馬上起身採取行動。

羅斯福致天皇的親筆電報，就這樣在日本大使館員正歡談暢飲中的晚上九點（日本時間七日上午十一點），按照預定時程發到了日本。

三十分鐘後，發生了更加重大的事情。解碼出來的日本斷交聲明（到第十三部分為止），由白宮海軍武官皮耶多上校（John R. Beardall）的聯絡官舒茲上尉（Lester R. Schulz），直接送到了羅斯福手上。自從這個晚上收到第一則情報以來，總統就不斷接獲有關法屬印度支那海域日本運輸船團的動向。不過這時候，他正在書房中一邊集郵，一邊和他的首席私人顧問哈里．霍普金斯（Harry Hopkins）暢談。就在這種狀況下，這則重大情報傳了進來。根據舒茲後來在珍珠港攻擊聯合調查委員會（Joint Committee on the Investigation of the Pearl Harbor Attack）上的供詞，接下來發生的情況大致如下所述。

羅斯福花了十分鐘，將全部十三部分的電文瀏覽一遍，然後默默地將它交給在房間裡來回踱步的霍普金斯。當霍普金斯也讀完後，總統開口說了一句頗為有名的話：「This means war（這意味著戰爭）。」

只是，也有很多人認為，這段發言未必代表羅斯福就認定美國一定會受到攻擊。

然後，就在等待的舒茲面前，兩人毫不介意地論起了日軍的情勢。

「戰爭現在已經迫在眉睫。日本應該會按照他們準備好的步驟，陸續發動攻擊吧！這是一個相當好的機會。儘管如此，我們不能搶先開第一槍以阻止對方任何類型的奇襲，這仍是件憾事。」

霍普金斯這樣說，而羅斯福也頷首答道：「沒錯，絕對不行。畢竟我們是民主國家，而且又擁有愛好和平的國民。但是……」

然後，這時他的聲音突然高亢了起來：「But we have a good record」

這句話應該怎麼翻譯呢？「但是，我們手上有一份好紀錄（指十三部分的斷交聲明）」、「但是，我們留下了給人相當好印象的紀錄（指給天皇的親筆電報）」、「但是，我國留下了（不曾先出手）的良好（歷史）紀錄」……舒茲在證詞中，將他聽到這段發言的印象解讀成「美國不能先出手，必須等待事情爆發，如此才會在歷史中留下良好印象」。但我則解讀成，「根據這份意味著開戰通告的第十三則電訊，就算我們這邊不先發制人，日本也一定會動手。我們手上已經掌握了這樣的情報。」

更值得注意的，是接下去舒茲的證詞：「在這之後，總統完全沒有提及任何要對誰發出警告或警報之類的事項。」

事實上，這天晚上在美國軍方內部，完全沒有採取任何行動的痕跡可尋。事情還不止如此。儘管赫爾、史汀生、諾克斯等政府高層，都已經獲知了這十三部分破譯電報的存在，但他們卻沒有在這一晚將它們交付給負責指揮作戰的史塔克與馬歇爾。

不過，有人強烈主張，在這之後羅斯福曾經召集陸海軍的所有首腦——史汀生、諾克斯、馬歇爾、史塔克，進行一場緊急戰略會議，而且事後還將這場會議的歷史紀錄全都抹去。此事的真偽難以斷定，不過情報參謀雷伊頓的書中，則是記載有諾克斯部長個人的佐證。在珍珠港慘遭攻擊後進行真相調查之旅的諾克斯，回來之後對自己長年的友人、任職於海軍情報局的詹姆斯·史塔曼（James G. Stahlman），用怒形於色的語氣，述說了這件事：「諾克斯告訴我說，十二月六日晚上，在白宮召開了一場只有官員與會，討論日軍究竟會攻擊何處的長時間對話。出席者包括了羅斯福、霍普金斯、史汀生、馬歇爾、諾克斯、約翰·麥克萊爾（John L. McCrea，史塔克的副官）、法蘭克·皮迪（Frank Edmund Beatty Jr.，諾克斯的副官）。」

只是，關於六日晚間的戰爭會議，就只有這樣一段供詞而已。在官方紀錄的任何一處，都找不到這些人曾經出席這場會議的證據。不過在談到當天晚上十點自己在做些什麼時，這些高官的記憶全都有志一同變得很模糊，這確實是事實。

至於赫爾嘛……這位據說愈發渴望和平的老國務卿，已經被羅斯福當成敬而遠之的存在，因此也沒有叫他來參加戰爭會議。這個晚上，他正和助理國務卿阿道夫・伯利（Adolf A. Berle）等人，一同擬定萬一日本攻擊英國領土時，為了說服國民同意參戰，必須向國會提出的說帖——這是伯利在日記裡的記載。

順道一提，諾克斯部長是在晚上八點半閱讀到破解後的日本電文，換言之比羅斯福還要早一個小時。不過之後，接下來他就只有在八點四十五分撥電話給赫爾，四十七分撥給史汀生，分別約定好隔天（七日）上午十點，要在國務卿辦公室進行商討而已。

是否真有所謂的「夜間戰爭會議」，這又是一個「竹藪中」般的謎團。唯一可以確定的是，縱使真有這場會議，在這些官員當中應該也沒人會想像得到，日本竟有可能對珍珠港展開攻擊。畢竟，他們全都認定日軍會向東南亞發動侵略了。

總之，十二月六日的晚上就這樣結束了。當時間跨過午夜零時，日期也跟著來到七日，命運的烙印，開始落在時鐘的指針上。這個晚上對官員們來說，恐怕都是個難以入眠之夜吧！日軍先發制人的攻擊，究竟會在何時發動、又會落在哪裡呢？只是，反覆思之，赫爾、史汀生、諾克斯、馬歇爾……在這當中，應該沒有任何一位會認為目標是落在珍珠港吧。但，羅斯福也同樣如此嗎……？

「戰爭已經開始了」

這時候，在日本——

當美國媒體從國務院那裡接到總統發出親筆電報的訊息時，日本已是十二月七日星期日，太陽高掛、晨光普照之時。在冬暖花開的東京上野動物園，一早就可以看到攜家帶眷、前來參觀的人們，真是好一副悠閒「和平」的日子。

這天早上，《東京日日新聞》負責跑海軍線的記者後藤基治，雖然是星期天，卻還是前往海軍省採訪。像平常一樣，他首先跑到司機的休息室去張望一下。要了解首腦們的動向，這裡是最適合不過的地點了。然而，令他驚訝的是，幾乎所有海軍首腦的司機，此時全都齊聚一堂。

「發生什麼奇怪的事了嗎？」

「其實也沒什麼事啦……只是說，明明是星期天，卻一大早就把我們挖起來，要說奇怪，還真是有點奇怪……」

「這麼一大早，到底是去哪裡呢？」

「明治神宮和東鄉神社，而且是共乘一車。」

「中啦！」後藤腦袋裡浮現這樣的念頭，內心暗自竊笑了起來。司機完全沒注意到，只是用悠閒的語氣說：「嶋田海相和永野軍令部長，要搭同一部車連袂出發。」兩位海軍首腦同乘一車，這是過去從未有過的先例。那麼，這場極機密的神社祈願是……？

後藤又接著追問司機：「你知道兩位長官去那裡要做什麼嗎？」

「不知道，不過他們做了很長時間的參拜，還求了御守回來呢！」

不知道才是幸福哪！毫無疑問，這是開戰前的必勝祈願。也就是說，明天（八日）清晨——亦即美國的星期天——就要開戰了。後藤如此確信。

這個早上，前去參拜神社的還有另一個人，那就是為了撰寫「開戰詔書」，竭盡心力的德富蘇峰。由於知道開戰已經迫在眉睫，因此蘇峰一大早就起床，吃完早餐後，就帶著兩個孫子搭車前往明治神宮。當他在明治天皇靈前靜靜祈禱後，再抬起頭時，兩眼已是盈滿了淚水。

之後，蘇峰繞到社務所，向權宮司[15]問道：「今天早上還有誰來參拜？」

權宮司表示，參謀本部作戰課長竹田宮恒德[16]少佐與三位同僚一起來參拜過，還有嶋田、永野兩位大將也來參拜，並且拿了護符回去。身為明治人的蘇峰點點頭，看起來似乎相當滿足。大概他確信憑藉著明治天皇的神威，日本帝國必能安泰無疑吧！

參謀本部第二十班（戰爭指導班），在本書屢屢引用的《機密戰爭日誌》中，寫下了一段靜待明日大戰到來、胸有成竹的文字。先前的不安與暗鬱，彷彿全都一掃而空：「這是人生五十年間最後的星期天了。本班趁著等待明日戰爭發起的空檔，一同前往箱根旅遊（班長因為要去神宮參拜所以缺席，士官與打字員則是偕同前去）。在那裡，我們回顧過去一年種種，並盡情共享歡樂。今日，我輩得以生在這個神聖的時代，並且被賦予指導戰爭的重責大任，實乃天佑神助之賜也。在此謹抱持由衷感謝之心，度過這一天。」

為了慎重起見，在此必須說明一下。這天早上，參謀本部和軍令部為了隱匿企圖，除了必要以外的人員，一律禁止上班，因此大家都閒閒無事可做，所以才會去旅遊的吧！

就在第二十班搭乘列車前往小田原的時候，上午十點剛過，在山下兵團的運輸船團上空，發生了一件大事——有一架英國的雙發動機的大型水上飛機飛來。因為是在毫無掩蔽物的大海正中央，所以對方可以隨心所欲地進行偵察。

如果就這樣讓這架水上飛機回去，那登陸馬來半島部隊的兵力全都會被查明清楚，而反擊的敵襲也一定會蜂擁而至。就在船上的官兵正感不安之際，畫著日之丸標誌的九七式戰鬥機中隊，急急忙忙趕到了現場。水上飛機一面發射機槍，一面企圖全速逃走。戰鬥機散開進入追擊戰，其中一架戰機（窪谷俊郎中尉機），漂亮地擊墜了這架水上飛機。

這在某種意義上，確實是起大事件，畢竟是在開戰前就開槍擊墜了英國飛機。然而，這架水上飛機別說是偵察報告，就連交戰訊息都還沒透過無線電發給基地，就被擊墜了。因此新加坡的英國遠東軍司令部，只收到「有一架 PBY-1 卡特琳娜水上飛機沒有歸隊」的報告而已。關於這件事，應該怎麼解釋呢？樸芳、白思華，以及幕僚之間進行了討論，但是最後並沒有得出任何結論。戰神又對日軍露出了微笑。

第三飛行集團的戰鬥報告中，用不帶火花的淡淡語氣記載著：「十點二十五分，在班讓島（Panjang

15 譯註：即副宮司，是宮司不在時的代理人。也是神社體系裡第二號人物。
16 譯註：皇族，北白川宮能久親王的子孫。

Island）[17]西方約四十公里的海面上，發現一架英國水上飛機，制空巡邏中的我方戰鬥機與該機接觸時，因為敵機進行攻擊準備，且遭其射擊，因此我方立刻將之擊墜。」

山下奉文的副官在日記中，也是一派若無其事地如此記載著：「早上傳來友軍飛機前來，並擊墜一架敵機的報告。新加坡方面，英國戰艦入港的情報令人緊張……」

他們對於至此為止所發生的事，似乎都是一派理所當然的樣子加以接受了。一切全都是人力所不能控制的天命，當事者大概全都抱持著這樣的心境了吧！——不，其實也有無法冷靜下來的人在。參謀本部通信課的戶村參謀在中午時分，收到遞信省白尾事務官的電話，說有一件在處理上令人頗為頭痛的事，所以連忙打電話來。

「根據情報指出，美國總統羅斯福似乎

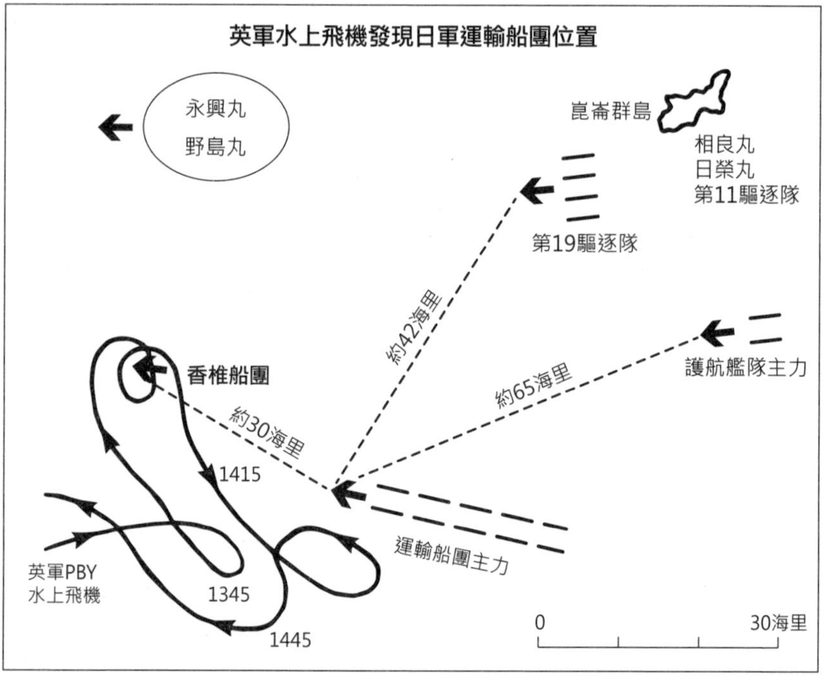

要發親筆電報給天皇陛下。按照前日的指示，這封電報該怎麼處理呢？也要晚五個小時嗎？」白尾直截了當地問道。

戶村說：「讓我想一想」，然後就掛上了電話。接著他立刻前往第八課（宣傳、謀略）徵詢意見，但是那裡連一個人都沒有。不得已，他只好回到自己的辦公室裡，結果就在大門口，遇到了作戰課的瀨島參謀。瀨島臉上也是一副慌慌張張的樣子。

「搭載我們南方軍主力山下兵團的船團，在暹羅灣上空被英軍偵察機發現了，於是南方軍總司令官緊急來電，詢問是否可以擊墜對方。我正在為了請奏陛下、請他裁可而起草文案，結果在上午十點左右，就收到南方軍傳來的報告說：『為了防止企圖暴露，不得已，已經將對方擊墜。』戰爭已經開始了，我必須要趕快去修改上奏文的內容才行！」

瀨島自顧自說完之後，就又匆匆忙忙離去了。聽完這番話，戶村心中也有了譜。在戰鬥已然展開的此刻，再傳達美國總統的親筆電報不只沒有任何意義，反而會成為混亂的因子。

回到房間的戶村，立刻向白尾事務官用電話下達指示：「現在開始，外國電報全都延遲十小時以上發布。」

戶村之後這樣寫道：「事已至此，這封親筆信除了表達總統的立場外，沒有任何意義。簡單說，他今天寄親筆信來，就只是為了向世界宣傳日本是大壞蛋，要大家一起圍毆日本，就只是這樣一種謀略手

17 編註：位於暹羅灣，現今越南海域的班讓群島當中最大的島嶼，現在稱土珠島（Tho Chu Island）。

段而已，我是這麼認為的……（延遲十小時以上）一方面讓陛下不至於變更決心，另一方面也讓南方軍和海軍，能夠對敵人發動奇襲。」

大約在同一時間，羅斯福總統發出親筆電報給天皇的訊息，也傳到了各大報章媒體耳中。《東京日日新聞》政治部副部長井上縫三郎，從國際部副部長高田市太郎那裡，得知了「羅斯福總統就日美交涉一事致電天皇」以及相關外電的消息。真的有這封親筆電報嗎？而這說到底，又代表著什麼意義呢？他覺得有必要求證一下，於是打電話到自己的老朋友——企畫院的鈴木總裁家裡。

鈴木對此完全一無所知。儘管如此，他還是用曖昧的口吻回答道：「假使真有這件事，因為今天是星期天，所以也不可能馬上傳達吧！再說，到這個時候傳來已經太遲了，不是嗎？」

「太遲了」的意思是……？井上彷彿嗅出了什麼異常的味道。在他的手邊，也有後藤記者令人深感興趣、有關早晨參拜神宮的訊息。終於要開始了嗎？

就像這樣，儘管在舞台幕後有著各種各樣的動作，但在表面上卻像什麼事都不曾發生一般。東京就這樣度過了和平的一天。在銀座和淺草的鬧區，今天也擠滿了水兵、熱鬧非凡。他們那套藍白兩色、色澤鮮明的服裝，在人群之中顯得格外醒目，每個人都流露出一副莫名喜悅的樣子。

「開戰通告沒問題嗎？」

晴朗的一天過去了，接著便是日暮西山之際。東京的日落時間是下午四點二十八分。

位在霞關的海軍省與軍令部、三宅坂上的陸軍省與參謀本部，所有的房間一如平日點起了燈火。為了保持機敏性，他們擺出一副平常如昔的樣子，但作戰課的參謀，卻已經秘密地全員到齊。

軍令部作戰課參謀高松宮的日記裡做了這樣的記載（括號內為筆者加註）。

「……夏威夷沒有異狀，航空母艦、C1（重巡洋艦）等仍在港內。／陸軍飛機於一〇三〇（十點三十分）左右，擊墜英 f^{S} XI（水上飛機一架）。／一八〇〇前往大宮御所。因三笠宮大婚之故，召集相關宮內官三十九人共進晚餐。二二一〇離開。」

好一副平靜無波的景象。

海軍侍從武官城英一郎大佐的日記裡，也表現出天皇周邊毫無任何異狀。

「一七三〇，外相拜謁。／一九〇〇，軍令部總長報告作戰進展狀況（一切順利）。當他拜謁之際，陛下問到『今後的狀況如何』。本日由陸海武官各一名當值。眼下輪到鄙人留守，下午過後就開始出勤宿衛。」

天皇在詢問中表示，對南雲機動部隊之後的動向感到掛心。對此，永野總長則拍胸脯保證說：「一切順利。」事實上，機動部隊在沒有任何異狀的情況下，已經完成最後一輪的燃料補給，並在這天上午七點（日本時間），以速度二十到二十二節，開始朝著攻擊隊的出擊地點挺進。旗艦赤城號的桅杆上，高高掛著字母DG的信號旗，這意思就是說：「皇國興廢在此一戰，各員一同奮勵努力。」

跟日本海海戰時，旗艦三笠號戰艦高掛的Z字旗是一樣的意思。

接著，機動部隊收到了軍令部傳來，有關夏威夷的最新情報。十二月六日，停泊在珍珠港的艦艇有

「戰艦九艘、輕巡三艘、潛水母艦三艘、驅逐艦十七艘……航艦出動中」，最後則說「檀香山市街平靜，並未進行燈火管制」，並以「大本營海軍部，確信此戰必能成功」作為結尾。

就這樣，全體官兵在激昂的情緒下，一路朝著珍珠港挺進。

若要說有異狀的話，那或許就是正朝馬來亞挺進的運輸船團了吧。雖然兩度被英國軍機發現，不過幸運的是已經入夜，敵軍來襲的可能性一舉降低許多。自從擊墜英國水上飛機事件以後，船團上空便有陸軍第十二飛行團的隼式戰鬥機，片刻不離地護衛。現在太陽西沉，一直盡可能盤旋在上空的戰鬥機也結束任務，返回基地。

發生異狀的就是這支戰鬥機隊。大概是因為超過極限的勉強飛行之故，這六架在加藤建夫中佐指揮下、飛翔於黑暗中的隼式戰機，有兩架不幸墜海，一架緊急迫降。加藤隊長自己雖然成功克服惡劣的亂流，安然返回法屬印度支那的基地，但卻遭受了開戰之前就提早折損兩名部下的沉痛損失。

正當加藤在基地裡悲嘆不已的時候，在東京，負責東京放送局（ＮＨＫ）國內新聞的報導課長橫山重遠，忽然接到一通出乎意料的電話。電話那頭的對方表示，自己是內閣情報局第二放送課長宮本元吉。

「明天早上六點要進行重大發表，關於取材與播放的內容，要鉅細靡遺地準備妥當。」

「這麼早的時間嗎？」橫山不由得脫口而出。

接著他問道：「那，要播出的內容是什麼呢？」

「內容嗎？這個我也不知道，是大本營要發表的。」

宮本冷冷地應道。（說到底，這也是理所當然的嘛……）橫山重遠露出苦笑，腦海裡瞬間浮現了「斷交聲明」四個字。儘管如此，他還是覺得，既然特地在華盛頓持續談判到現在，那應該不是我們這邊主動發出斷交聲明吧？比起這點，今天晚上找不找得到人值班呢……？他一邊想著，一邊站起身來。就在這時，值白天班的田中順之助主動開口說：「我留下來值班吧！」橫山不禁由衷感激。

在遙遠的瀨戶內海柱島泊地，晚飯過後，全體參謀便自動集結到聯合艦隊旗艦長門號的司令部作戰室內。作戰室大約有十來張榻榻米大小，四周的牆壁上，懸掛著太平洋全境的地圖，以及好幾張必要海域的小海圖。在正中央擺著一張大桌子，旁邊的小桌上則堆滿了裝訂成冊的作戰命令和電報。大桌上擺著一個交織著藍、紅、黃色的大地球儀，為這間冷冰冰的房間增添了一點色彩。

集合的參謀們全都一言不發，就連竊竊私語也沒有。在寂靜籠罩的室內，只有古老的落地鐘，不斷發出象徵時間流逝的機械聲。「好一個漫長的日子啊！」聽著這聲音，參謀們全都如此心想。這並不是結束，而是真正好戲的終於上演。東起夏威夷歐胡島北方海面、西到馬來半島海域，在幾乎達到五千海里的廣闊海域上，兩百二十多艘軍艦、小艦艇三百九十一艘，合計一百四十七萬噸的海軍兵力全面出擊。他們一直靜待著漫長的這一天終結，以及這個時刻的到來。

相較於迎接最後一日、氣氛如坐針氈的作戰室，山本長官從晚上七點開始，就一直帶著不變的溫和表情，待在隔壁的司令長官休息室裡。「難不成今晚又要通宵下將棋了嗎？」迎著幕僚這樣暗自心想的視線，山本就定位後，立刻找來政務參謀藤井茂中佐。

在軍務局待了六年後、於兩天前（十二月五日）剛轉任聯合艦隊司令部的藤井，是位長期負責與陸軍和外務省居中聯絡，頗有政略眼光的老練軍官。

「藤井君，雖然我已經說了很多次，不過外務省不會漏掉給美國開戰通告吧？沒問題吧？」

面對山本的詢問，藤井用相當自然的語氣回答道：「沒問題，我想一定趕得上的。」

事實上，司令從這天早上開始就不斷地確認這件事，因此他也深知山本的憂慮。

「可是……」山本只說了這樣一句，就沒再對藤井的回答多所追問了。然後，他對戰務參謀渡邊安次中佐喚了聲「渡邊君」。「如果有空的話，就來陪我下下將棋吧！」（今晚嗎？）人在山本身旁的渡邊聽了這話，不由得大吃一驚。（明明再過幾個小時，就要對英美開戰了啊……？）

「你幹嘛露出這麼驚訝的表情呢！今天晚上，我一定要把昨晚的帳給討回來才行呢！」

面對臉上還帶著緊張神色的參謀，山本淡淡一笑。

渡邊只是不由自主地反問道：「今夜也要下棋嗎？」

從剛才就一直忙著值班的其他參謀，現在也已經做完了所有該做的事。不久後，他們陸續從作戰室消失了蹤影，默默入浴，然後默默上床。整個作戰開始的時間是八日凌晨三點（日本時間），能夠入眠的夜晚相當之短。

在作戰室深沉的寂靜中，只有啪啪的落子聲低低鳴響。古老的落地鐘，此刻正指向晚間八點。

※在這天（十一月二十九日）的大本營—政府聯席會議中，其實還有另一個值得關注的討論，那就是值此戰爭迫在眉睫之際，輿論的動向該如何操作？一名閣員表示，據觀察，國民的戰鬥意欲已經達到最高潮。因此「如果再讓氣勢更加高漲的話，反而會讓美國益發做好戰爭準備。為此，有必要讓氣勢不再繼續高漲下去」。另一人對這段發言大吃一驚，連忙反對道：「這樣絕對不行！如果硬是壓抑的話，國民反而會有分裂的危險！」「不過……」另一個人也表明疑惑，「在不分裂的情況下，保持戰爭意欲是有必要的。特別是政府當局，絕對不能被人家說是氣勢低迷。」「既然如此，那利用外電是最好的方法吧！」報章媒體的煽動如何變成輿論、成功導向戰爭，從這段對話中可見一斑。

§關於這三艘巡邏船，著名史學家漢森．鮑德溫（Hanson W. Baldwin）曾經這樣記述：「羅斯福認為，為了守護美國利益，應該要參戰，但是反對的國民相當之多，所以一定要讓日本開第一槍，才能夠說服國民。」即使如此，這還是一個相當卑劣的作為。

＊將開戰日約定好的電報暗號「登上新高山一二〇八」誤解為發信給南雲機動部隊、要他們「按照預定對珍珠港進行攻擊」的人，出乎意料之多。事實上，這完全搞錯了。它的意思是「X日為十二月八日零時」，所以才要用緊急通信向全艦隊傳達。上面使用的密碼本是「D」本，也就是亂數本。好比說，現在吹的是什麼風之類的。遺憾的是，D密碼本現已不存，因此不可能加以復原。但是，中途島海戰後繼承D密碼的「呂」密碼本，現在似乎還保留在華盛頓。使用它來發出的密碼「登上新高山一二〇八」，乃是刊載在阿川弘之先生的大作《軍艦長門》中，有興趣的人可以參考。寫到這裡應該告一段落，但是或許有些讀者會感到很頭大，所以在此介紹一下透過模仿原版，用亂數計算完成的密碼。簡單說，就是打出像以下這樣的五位數字：「95905 28336 23472 86246 28192 14315 34090 79633 29327」而且，在這通電報發出的兩天後，亂數表便做了全面更新。就算能夠解讀基礎密碼本，只要亂數表一變，就全部都破局了。故此，日本海軍認為D密碼無法被破解，乃是一種理性的判斷。

◎在這裡我想談談有關麥卡蘭少校的「對日開戰實施計畫」（一九四〇年十月七日提出）。雖然有不少有識之士認為它很重要，並在報章雜誌上屢屢提及，但一言以蔽之，總是有種「現在才提出很奇怪」的感覺。以下列出這八項行動做為參考，並將我的意見，在左近允尚敏先生（和平安全保證研究會）的教導下，寫在括號當中。

1. 和英國締結協定，使用太平洋地區的英軍基地，特別是新加坡。（實際談判中，只有使用拉包爾基地這點有所進展。）
2. 與荷蘭締結合作關係，取得使用荷蘭基地及物資的許可。（完全沒有這類協定的蹤影；美國根本不把荷蘭當成合作對象。）
3. 在可能的情況下，給予中國蔣介石政府有限的援助。（這點從一九三九年以來，已經在實施了。確實有種「現在才提出很奇怪」的感覺。）
4. 派遣一個具有遠距離航行能力的重巡洋艦戰隊，前往菲律賓或新加坡。（沒有實行；又，這點兵力根本毫無意義。）
5. 派遣兩支潛水戰隊前往亞洲。（一九四一年秋，美國派遣十二艘潛艦前往馬尼拉。但這和本文件沒有關係，純粹是因為亞洲情勢惡化之故。）

6. 在太平洋上的夏威夷群島，維持美軍艦隊主力。（這點在五個月前已經實施了；難道麥卡蘭會不清楚這種連日本海軍都已經知道的事情嗎？）

7. 說服荷蘭，要他們拒絕日本不當的經濟要求，特別是對石油的要求。（美國的高官幾乎都有提出同樣的提案。）

8. 在禁止通商方面和英國合作，對日本進行全面的禁運、禁止通商。（隔年七月日軍進駐法屬印度支那南部後實施。與其說是麥卡蘭文件所致，倒不如說是當然的對抗措施。）

換言之，我實在不認為這份文件是誘導日本參戰的教戰守則。雖然左近允先生在《東鄉》當中也有引用它，但是正如為該書寫書評的約翰．普拉特斯（John Prados）所言，麥卡蘭的八個行動，不過是「順著當時華盛頓的氛圍寫下來的東西」罷了。我也是這樣認為的。更進一步說，憑這種程度的文件，就能讓日本決定南進政策，並將他們拖入戰爭，這樣也未免太天真——不，更正確說，是先有結論才做判斷的感覺，不是嗎？雖然在本書中並未觸及，不過若從軍事史來解題的話，一定會先從日本陸海軍之間長期的拔河開始，再到陸軍省內鴿派與鷹派的態度，以及海軍省內直到對美強硬論稱霸為止的激烈爭執，最後到南進戰略決定為止；波瀾萬丈的每一天，這些都是應該要了解的事情才對。

▲雖然本書中沒有提及，不過當談到羅斯福事前已經得知珍珠港攻擊這種「總統陰謀論」的時候，有另一個不可不提的決定性問題，那就是佐爾格的通報。一九四一年十月，佐爾格（Richard Sorge）向莫斯科報告，日本有在六十天內偷襲珍珠港的意圖。有論者認為，史達林已經向羅斯福告知了這份情報，但也有人認為羅斯福並不知情。而在華盛頓方面，當然不曾留下任何紀錄，指出他們曾從蘇聯接獲這份情報……只是，身為近衛首相智囊的尾崎秀實與佐爾格之間有著緊密關聯，因此近衛若從山本五十六這裡得知了珍珠港作戰的內情，確實有可能在不經意間，讓它流入佐爾格的耳中。不過，現在仍然沒有明確證據，能證明史達林曾向羅斯福傳達過這件事。

◆本書屢次引用的第三戰隊機關參謀竹內將人少佐的日記中，有相當引人注目的記載。在從單冠灣出擊之前，各艦隊司令官、幕僚、艦長、航海長等曾經聚集在旗艦赤城號上，接受機動部隊參謀長與通信參謀的訓示和密集的說明。特別是有關通信事宜，更是值得提出來特別大書特書。機動部隊對於禁止使用無線電的規範有多麼嚴格，從中可以窺見一斑。

「本行動中，通信乃是特別重要之事。絕對不可從艦隊這邊，發射出任何訊號。」「在沒有特別命令的情況下，各級指揮官不得任意發射訊號，不過需要獨斷專行的情況則另當別論。就算處於分離狀態，也是一樣規定。」「攻擊隊返航後，可以按照各級指揮官的判斷處理無線電管制，但直到被敵人發現以前，都必須要極力避免發射訊號。」（參謀長）

「偽電（偽裝通訊）已經由十二航空戰隊於十一月二十四日起，當作本隊的訊號加以實施，內海西部與日本近海也都使用同一呼號。又，本隊飛機的訊號，也已經與十二航空戰隊同步中。」

換句話說，在機動部隊出擊的同時，電波已經處在戰鬥管制中。取而代之發出的是偽裝的機動部隊訊號，並與柱島的聯合艦隊主力部隊，以及鹿島航空隊等，透過D密碼進行偽裝通信。總而言之，就是要營造出各艘航空母艦還在瀨戶內海或九州南部的假象。在這當中，十二航空戰隊（水上機母艦神州丸、山陽丸）在進入十二月後，便從本土出發，朝著海南島三亞方向南下，並且持續巧妙地發射訊號，營造出機動部隊南下的假象。美方的通信監聽部門，很有可能就是收到了這一類的假訊號吧！

△十二月八日出刊的《時代雜誌》（讀者實際閱讀到的時間是五日）上，以頭版報導寫下了這樣一段充滿危險意味的報導：

「萬事都已準備妥當。從仰光到檀香山，全員都已經各自就戰鬥定位……只要日本人扣扳機的手指一動，不管他們往哪個方向飛躍，或是作出什麼顯眼的行動，我們這邊都做好了充分的準備。我國陸海空軍的巨大部隊，現在正如同競技者般，在體育場的起跑線上排成一直線，只等迎接號令槍響起、起跑的那一緊張瞬間。」

從這裡可以得知，對於日美關係的無可挽救，美國人或許比日本人更加心知肚明。

◇刪去「遵守國際法」這句話，據說是東條首相出的主意。其理由是，萬一有必要從泰國發動軍隊進攻時，必須要事先建立協定，因此作為忠節的軍人與臣下，不能讓詔書中出現可能會導致違約的字句，否則就是不忠。雖然是相當詭異的論調，但如果是這個人的話，確實可以理解會有這樣的主張。令人無法理解的是其他閣員，以及樞密院的袞袞諸公。為什麼他們不表達疑義呢？實在令人費解。在這種賭上國家興亡的大事之前，所有的領導者竟全都失去了冷靜，這真是讓人相當難以想像的事情啊！

▽美國陸海軍在密碼破讀的任務上，通常是彼此分工的。偶數日是陸軍、奇數日是海軍。可是十二月六日時，他們因為判斷情況非比尋常，有必要作緊急處理，所以將十三部分電文中特別長的第十一部分交給海軍破解，長度第二長的第九、第十部分則交由陸軍處理。這種驚人的決心和毅力，跟日本大使館的各位外交官相比，真有天壤之別。

第三部

閃耀的早晨

七日晚上九點—十點（日本時間，以下同）

「前途多艱哪！」

聯合艦隊旗艦長門號的司令部作戰室裡，在深沉的寂靜中，只有落子聲低低鳴響。這樣的情況，已經持續了將近一個小時。渡邊戰務參謀[1]的落子實在不甚精彩，果然他還是很在意幾小時後即將展開的珍珠港攻擊吧！

下完三局後，山本一邊將死了渡邊，一邊笑著說：「這樣的下法可是不行的唷！……哎、哎，前途多艱哪！」

據渡邊參謀回想，長官當時確實說了這樣一句話。

可是，山本所謂的「前途多艱」，並不是在指他自己。

既然廟堂已經決定要對英美發動戰爭，那也就只能投注全心全意，努力執行而已。然而，若是陷入長期持久戰泥淖的話，那就看不到勝利的可能。而且國力的差距，也註定日本不允許進行長期戰。故此，儘管戰爭這種東西沒有勝利可言，但仍必須透過不斷累積短期決戰的勝利來結束戰鬥，並在招來亡國之禍前，就想辦法贏得和平。除此之外，沒有別的辦法可以終結戰爭——對資源貧乏且生產力薄弱的國家來說，這是唯一值得選擇的方法，山本經常如是說。

比方說，在對英美戰爭的主力——航空力量方面，一九四一年（昭和十六年）七月時，在戰時編成的兵力所需數量上，儘管艦上戰鬥機已經達到大約百分之九十的充足程度，但陸上攻擊機和運輸機，卻連百分之五十的比例都達不到。即使是數量比較充裕的戰鬥機所裝備的二〇公厘機槍（含彈藥）上，充足率居然只有百分之二十八。至於大型炸彈、飛機用的九一式魚雷等，則不過百分之二十左右。就算之後盡最大努力進行增產，但又能有多少成果呢？

更嚴峻的現實是，當決定要開戰時，各艦艇是配備數額不算充裕的彈藥，從各自的母港出發的。然而之後，橫須賀、吳港、佐世保及舞鶴這四大軍港的彈藥庫，庫存量便已趨近於零，甚至連一發二十五公厘機槍子彈都不剩。※

渡邊參謀也深知這種戰力的極限。故此，他很能理解山本五十六的苦衷。以這種薄弱的國力為基底，不停找尋可能的勝利之道，這就是聯合艦隊司令長官最大的任務。儘管海軍高層總是威風八面地嚷嚷著「必勝、必勝」，但是他們「既無方策，又無意見」，山本不屑地這樣說道。他們只會死守著「漸減邀擊」這種明治以來的傳統戰術。山本在這當中的絕望與拚命掙扎，身為隨從幕僚的渡邊看得一清二楚。而長官作為必勝方策，不惜壓下一切反對聲浪也要推行的作戰計畫，就是這場投入全部航艦航空兵力的珍珠港攻擊。這場堪稱奇策的大作戰，再過幾小時後就要展開了。

正因如此，要冷靜實在不容易。而且，愈是逼近這個時候，渡邊心中那種「如果這場夏威夷作戰失敗的話……」的不吉利想像就愈發湧現，不管怎樣壓抑都無法克制。比起成功的可能性，失敗的危險性

---

1 譯註：戰務參謀是山本五十六任內新設的職務，主要是負責命令、法令、訓示等的傳達或報告。

反而更大。若真是如此，那戰爭才剛開打，日本就註定失敗了。到那時候，司令長官或許得背起責任自盡也說不定……光是這樣想，他就忍不住覺得背上一陣惡寒。

渡邊完全隱藏不住自己的緊張。現在正是最重要且最關鍵的時刻，把全部心神投注在微不足道的將棋上，這是該做的事嗎？

「長官，既然前途多艱，那今晚我就暫且退兵吧，感謝您！」

才下了三局，就輸到這種連自己也傻眼的地步，渡邊參謀不由得出聲告饒。聽了他的話，山本便迅速將棋子全都收起來，露出一個「反正你今晚應該怎樣都睡不好了吧」的表情，早早回到自己的房間裡去了。

當帶著笑意的山本從司令長官辦公室消失之後，作戰室只剩下值班的航空參謀佐佐木彰中佐一個人，陷入無所事事的冥想當中。儘管他在這幾天以來也一樣睡眠不足，但此刻卻覺得目光清澈無比，有種能在這個光榮的夜晚當值，深覺喜悅的感覺。「就算想睡也睡不著啊……」他在心裡這樣想著。當山本離開房間的時候，他瞥了瞥作戰室的時鐘，上面的指針剛過晚上九點。

宇垣纏參謀長，這時候正在艦長休息室裡，舒服地倚著沙發橫躺著。一如平常般，他在日記上寫下：

「再過幾小時後，一齣驚天動地的大戲就要上演。這齣戲或許會讓全世界為之震撼吧！」

寫完之後，他也無法入眠，只是什麼都不做，任憑無聊的感覺籠罩自己。

「我必須和東鄉外相見面」

這個時候，在東京三宅坂上的參謀本部作戰課裡，從華燈初上時分便一直就各方面事項進行商議的參謀們，他們的討論也終於來到了最後階段。大家心裡都有種充實的感覺，覺得已經做好了所有該做的事。在預定攻擊點展開的部隊都已經做好了萬全的戰鬥準備，接下來就只等「時刻」到來了。說得更誇張一點，過去幾個月的辛勞，全都是為了迎接這個早晨的降臨——參謀們心裡都是這樣想的。不，不只如此，帝國陸軍已經將建軍六十多年來，所有的智慧、磨練與苦惱全都奉獻出來，只為了確保這一天的勝利，不是嗎？自日清、日俄戰爭以來，日本人胸中蘊含的攘夷精神，在幾小時後，就要畫上最渾厚的一筆。這可說是參謀們共通的想法。

在作戰室裡，從太陽西下就來到工作崗位的作戰參謀竹田宮恒德少佐坐在自己的座位上，大大的眼中光芒四射。看樣子，他似乎已經打定主意，今天晚上要和同僚們一起，在這間房間裡待到天亮了。竹田宮因為是負責對北方（蘇聯）作戰的業務，所以在這個對南方馬來半島登陸作戰迫近的時刻，他必須直接經手的事情並不多。作戰班長櫛田正夫中佐從晚上八點開始，就好幾次婉轉地勸竹田宮回家，畢竟讓王室貴族熬夜，他還是有點放心不下，可是竹田宮參謀並沒有輕易地被他打動。

到了接近九點半時，櫛田明白地開口說：「殿下，您還是請回府休息吧！情況有必要的話，我會盡速通知您的。」

聽到櫛田這樣懇切的請求，竹田宮終於開口說：「既然如此，那我就回去了。」

大概他也察覺到，自己一直待在作戰室裡，參謀們就無法休息了吧！再說，在這遠離戰場的東京，就算怎麼焦慮不安也無濟於事啊……竹田宮這樣想著。

總之，等到破曉，不管願不願意，一切都會塵埃落定。

接下來等著的，究竟是巨大的喜悅，還是陷入無底沼澤般的恐怖呢？當參謀殿下的身影再次出現在這間房間裡的時候，一切就水落石出了——參謀們一邊在心裡這樣想著，一邊目送竹田宮的身影離去。

就在參謀本部咫尺處，永田町的首相官邸裡，首相東條大將換上了和服，待在二樓的和室裡，徹底地放鬆自己。原本那種已經做好「從清水寺舞台上跳下去」覺悟的悲壯心情，現在也稍微冷卻了一些。和情報局總裁谷正之、法制局長森山銳一，以及書記官長星野直樹共進晚餐後，帶點微醺醉意的首相，心情似乎相當的好，還不停用一貫滔滔不絕的態度，講述一些陳年往事來助興。

確實，在這個晚上，首相官邸完全沒有各處打來的電話聲，更沒有訪客。在面臨開戰，內政、外交程序都已完成的現在，首相官邸會被一片靜寂籠罩，也是理所當然之事。接下來等待的，就只有快報而已。

從官邸二樓的房間透過窗戶玻璃，可以看到赤坂地區美麗的燈火。這點和平常一樣，沒有任何改變，而在燈火的那一頭——星野書記官長這樣記述：「特別是在遙遠的高處，可以見到美國大使館窗中閃耀的熊熊燈火，讓人印象十分深刻。」

和現在不同，當時只要越過窪地，就可以清楚望見與首相官邸對面而建的美國大使館。

在大使館裡，美國駐日大使格魯在晚上九點左右，收到了赫爾國務卿傳來，有關「總統致天皇親筆信」的預告電報。它的發信時間是華盛頓六日晚上八點，換算成東京時間是今天早上十點。從短波廣播中已經得知此事的格魯，對於為何電報會晚到現在才送抵有點驚訝，不過他還是立刻找來大使館參事尤金・多曼（Eugene Dooman）。

星野書記官長見到的美國大使館窗邊燈火，或許就是大使與參事在房裡密密長談時，所映出的光線吧！

格魯告訴多曼，兩封電報已經從國務院發出，發信時間分別為華盛頓時間六日晚上八點與九點，其中八點的預告電報現在已經抵達，而號稱親筆電報的九點這封，應該也會在一小時後送達。

「雖然抵達之後還需要解碼，不過大概一小時也就夠了。換句話說，我在深夜大概午夜零時左右，必須和東鄉外相見個面才行。因為要盡早將親筆信傳達給天皇，所以不管深夜還是黎明，時間完全不是問題，請你現在馬上去安排。」

面對格魯的要求，多曼爽快接下了任務。

「我馬上去和東鄉先生的秘書友田（二郎）聯繫，向他傳達這件事情。沒問題的，我應該立刻就可以聯繫上友田。」

格魯接下來又聯繫俗稱「官邸」（chancery）的本館，要地下一樓的解碼室負責人待命。然後他找來大使官邸的日本職員船山貞吉，命令他說：「今天晚上大概深夜時分，日本外務省應該會打電話過來。若是電話撥來的話，不用顧慮什麼，立刻叫我接聽。」

當時，大使官邸能和外部聯絡的電話，就只有大門口旁邊辦公室裡的一部而已。

因為美國總統親筆信這項突發的重要指令，美國大使館內的氣氛一下子變得略為緊張起來。然而越過大使館的圍牆，東京市中心這時候則是一派平和，任憑時間流逝。星期日的東京，清澈寒冷的夜空裡，星星正閃爍著光芒。缺了半角的月亮，將柔和的光線，灑落在家家戶戶的屋頂上。

「我們比任何國家都優秀」

東京時間晚上九點半，華盛頓是七日上午七點半。日本外務省送出的第十四部分對美通告，在七點左右確確實實塞進了日本大使館的郵箱當中。接著，彷彿追趕在後一般，指定遞交時刻的外相訓電第九〇七號，透過兩個電報局，在七點半剛過的時候抵達了大使館。一切都如同東京外務省預測般準確。可是，因為沒有半個人值勤的緣故，這兩封電報就這樣擺在信箱裡面，日本大使館還在酣眠未醒。

好一個平靜的星期日早晨。

這天早上，《紐約時報》的讀者第一眼看到的頭版標題，就是諾克斯海軍部長的豪語：「諾克斯部長表示：美國海軍比任何國家都要來得優秀。」

其內容是海軍部長的年度報告，裡面是這樣寫的：「我在這裡要自豪地報告，美國國民對自己的海軍，可以寄予充分的信賴。就我看來，不管是官兵的忠誠、整體的士氣還是個人的技能來說，比我國更優秀的海軍，走遍全世界都找不到。」

然而，這時候卻有另一支大膽的海軍，要對這支高居世界之冠的海軍發動猛攻，那就是千里迢迢渡過太平洋的日本海軍。晚上八點四十六分（東京時間），負責打頭陣、由伊二十二號潛艦搭載的特殊潛艇（甲標的）開始出動。當時，他們是在珍珠港入口水道方位一七一度、距離九海里的海域。這艘甲標的操作員，是岩佐直治大尉與佐佐木直吉一等兵曹兩人。

在這之前的八點十二分，搭載橫山正治中尉與上田定二等兵曹的另一艘潛艇，也從珍珠港入口水道方位二一二度、距離七海里的地方出擊。

接著在九點四十五分，古野繁實中尉與橫山薰範一等兵曹的潛艇，從方位一五〇度、距離十二點六海里的位置出擊。

岩佐大尉和佐佐木一曹即將出擊之際，在頭上綁上頭帶，帶好手槍，接著一揮手裡的日本刀，爬上潛艇帆罩。

「這麼長的刀，能夠帶進艇內嗎？」

擔任總指揮的第三潛水戰隊司令佐佐木半九大佐這樣問道。岩佐只是微微一笑，對著他說：「這是家寶嘛！」

大佐這時候只是說了聲「這樣啊」，就沒再多問什麼了。直到後來，他才知道這把日本刀的意義是什麼。

佐佐木在手記裡是這樣寫的：「之後聽岩佐的同期生菅昌大尉說起，才知道在襲擊敵艦後，便要一路斬殺進敵陣。但是，他們完全沒對我展現出這樣的態度。」

不管是誰，都沒有想過這些潛艇官兵有生還的可能性。

特殊潛艇共有五艘。作戰行動是以橫山中尉的潛艇打頭陣，五艘分別以三十分鐘的間距通過珍珠港入口水道，對敵艦實施致命性的魚雷攻擊。最後一艘潛艇通過入口水道的時刻，是在日出前一小時。按照這個計畫，剩下兩艘潛艇也在預定的海域，按預定時間各自出擊了。「優秀」的美國海軍，完全想像不到會有這種攻擊。

在甲標的出擊前，從浮上海面、逐漸接近目標的母潛水艦望出去，所見到的狀況是：邀天之幸，視野相當良好，吹著東風的海面也非常平穩。在歐胡島道路上奔馳的汽車大燈清晰可見，巴巴斯點（Barbers Point）與鑽石頭（Diamond Head）的燈塔，也可以清楚辨識。各艇艇長都確信突擊的勝算很大。

美國海軍唯一稱得上的軍事行動，就只有不時照耀上空的探照燈光線而已。

七日晚上十點—十一點

「正中日軍下懷」

晚上十點二十七分，在入口水道方位一五一度、五點三海里的海域，廣尾彰少尉與片山義雄二等兵曹搭乘的四號艇出擊了。

剩下的第五號艇，是搭載在伊二十四號潛艦上，由酒卷和男少尉與稻垣清二等兵曹駕駛的甲標的。

作為母艦的潛艦已經抵達入口水道的二〇二度、十點五海里的攻擊發起海域，預定出擊時間也已日益迫近。然而，就在這時，母艦艦長花房博志中佐卻遲遲無法決定讓甲標的出擊。因為酒卷艇的迴轉羅盤儀發生故障，儘管維修人員竭盡全力搶修，還是無法順利修復。若是羅盤無法正確運作，那潛艇也就無法行動了。

之後成為俘虜第一號的酒卷前少尉這樣寫道：

「怎樣，位置還不錯吧？」

艇長跟平常不同，絲毫不帶笑意地這樣問道，不過在他的聲音中，充滿了終於達成重任的滿足感。

穿著帶香水味的作業服、頭上綁著白頭巾的我們，做好出發的準備後，便為了道別爬上司令塔。

那時換算成夏威夷時間，是凌晨三點剛過的

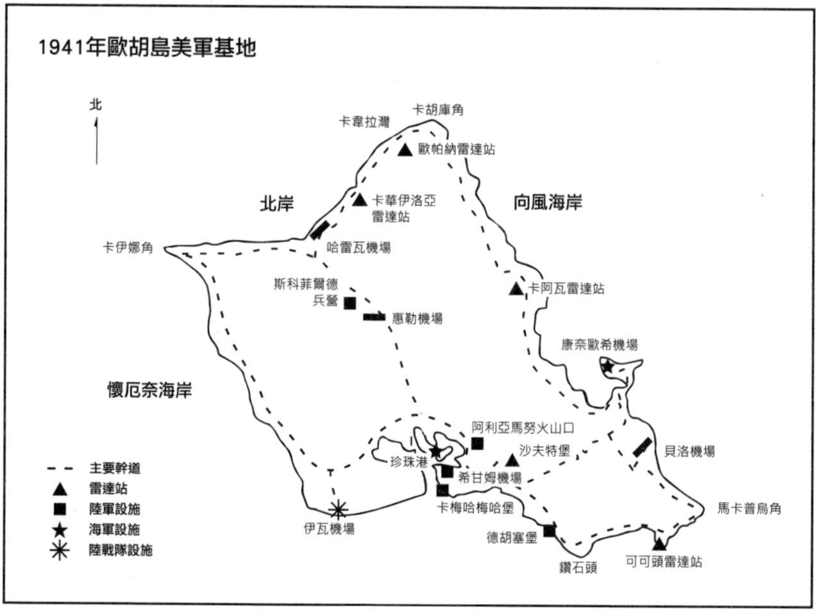

時候。從潛望鏡往外望去的酒卷少尉，眼中所見盡是群星閃爍的廣闊夜空。在那片夜空下，漆黑的歐胡島正宛若酣眠一般橫躺著。還有二十分鐘就要出擊了。

在此同時，讓我們把視線大幅西移，來看看這個時候的新加坡——當地時間是晚上九點。

在英國遠東艦隊司令菲利浦少將的房間裡，遠東軍總司令樸芳上將、馬來亞陸軍司令官白思華中將齊聚一堂。他們一邊品嘗著飯後的白蘭地，一邊靜默卻認真地對某事進行討論。

這天早上，一架巡邏中的水上飛機在東方海面上失去聯絡。不只如此，在日落後，又有另一架水上飛機的報告傳來：「運輸船一艘、巡洋艦一艘，在哥打峇魯北方一一〇英里處，正朝辛格拉（宋卡）前進。」

菲利浦相當重視這份情報。在他看來，日軍明顯有企圖要派遣大軍在馬來半島北部以及泰國境內登陸。戰爭已經有了決定性的發展，沒有時間猶豫了。因此，他要求樸芳立刻發動「鬥牛士計畫」。

然而，白思華則是抱持反對意見。確實，日本運輸船團或許正在接近泰國的宋卡。如果按照時間計算，應該會在「本日深夜」到達。但是值得注意的是，因為宋卡屬於泰國領土，所以還不是決定性的開戰。如果現在就發動鬥牛士計畫的話……白思華接著說：「我軍抵達宋卡附近，大概是八日凌晨兩點以後。到那時候，日軍已經完成登陸並且展開部署，而我軍恐怕會剛好正中日軍下懷，成為敵軍戰車口中的美食。」

鬥志滿滿的菲利浦說：「那要輕易地允許日軍登陸嗎？」

白思華因為白蘭地而略顯赭紅的臉龐一沉，對樸芳說：「總之，我認為應該要盡可能避免無意義的兵力消耗才對。」

樸芳上將抽著雪茄，聆聽兩位部下的爭論，遲遲無法做出判斷。三位英軍首腦都很清楚，隨著時刻一分一秒流逝，現在的決定是非一般的重要，但他們卻像是忘卻了事情的重要性般，將自己的身體深深沉入椅背當中。

同一時間，山下奉文中將指揮的日本運輸船團，已經抵達馬來半島北方、暹羅灣的G地點，終於邁向進擊的最後一段路程。英國將帥已經沒有時間繼續暢飲餐後的白蘭地了。

日本的運輸船團現在分成四個部分。

往泰國宋卡東海岸：第二十五軍司令部、第五師團司令部、第五師團右翼隊（兵力：步兵六大隊、砲兵四中隊、戰車三中隊等）。

往泰國他彼海岸與北大年海岸：第五師團左翼隊（兵力：步兵三大隊、砲兵兩中隊、戰車一中隊等）

往馬來亞哥打峇魯東南海岸：第十八師團步兵旅團司令部、佗美支隊（兵力：步兵三大隊、砲兵一中隊等）

往泰國洛坤府的那空（Nakhon Si Thammarat）、素叻（Surat Thani）、春蓬（Chumphon）、巴蜀府（Prachuap Khiri Khan）：宇野支隊（兵力：步兵三大隊、砲兵一中隊、工兵一中隊等）

這些便是登陸部隊。運兵艦上各部隊官兵在各自的船中舉行訣別宴後，接著就只等待突擊命令的到來。

以山下的軍司令部為首，全部隊的士氣都相當旺盛，這並非誇大其辭。官兵們全都知道，這場作戰非常困難，且將是一場激戰。山下奉文中將在這年夏天，曾經前往德國視察訪問，當時德國元帥赫爾曼．戈林（Hermann Göring）曾說：「要攻陷新加坡，需要五個師團的兵力、以及一年半的時間才行。」簡單說，新加坡號稱「東方的直布羅陀」，是座難攻的要塞。故此，日軍官兵全都做好了任務極其艱鉅的心理準備。然而，以攻略新加坡為目標的山下軍主力兵團，就只有從法屬印度支那調來的近衛師團，以及登陸的第五、第十八等三個師團而已。

按照參謀本部的作戰計畫，這區區之數的兵力，將從馬來半島北方，以最快速度南下攻擊新加坡，換句話說，就是要利用馬來半島的地勢。在馬來亞地區，有兩條鐵路從泰國出發，縱貫整個半島。其中一條是從宋卡南方的合艾（Hat Yai）出發，沿著半島西岸南下，另一條則是從哥打峇魯南方的巴西馬（Pasir Mas）出發，穿越整個半島中部，必須要利用這兩條鐵路才行。

另一方面，當地的主要幹道也有兩條。一條是從宋卡沿著西岸南下，另一條是從北大年一直線往南抵達吉隆坡。這兩條線在吉隆坡匯合，然後又分成沿鐵路南行的道路，以及西岸的海岸道路。

這些鐵路和道路，最後全部匯合在半島南端的新山市（Johor Bahru）。

山下軍團將主力登陸地點選在宋卡、北大年、哥打峇魯，就是為了盡可能確保鐵路與幹道。在密林與橡膠園遍布的馬來半島，能夠供作軍事利用、前往新加坡的道路，就只有這幾條單行道而已。但是，在這些道路上，還有河川橫貫。

不只如此，登陸兵力的不足，也是眾所周知的事實。包含第五師團的三個連隊、第十八師團的一個連隊（佗美支隊）等，總計約兩萬六千六百人，其中戰鬥部隊約一萬七千兩百人。然而，據情報顯示，敵軍超過八萬人，倘若他們破壞橋梁、或是在單行道的兩側伏擊的話……

運兵船上的官兵一想到這點，就忍不住有種激昂亢奮的感覺。看著這些陸軍士兵，負責監督運兵船的海軍軍官不禁笑著說：「靖國神社見囉！」

不，這種玩笑或許只是掩飾罷了。事實上，這是不管陸海軍，所有參加作戰的官兵，都打從心底同聲發出的吶喊。

在預計中特別會遇到強攻激戰的，是在馬來亞的哥打峇魯大膽進行敵前登陸的佗美支隊（指揮官佗美浩少將）。這支部隊以步兵第五十六連隊（指揮官那須義雄大佐）為主力，總數約五千三百人。搭載他們、速度較快的三艘船，和山下大將的本隊分離，朝著正南方的登陸點前進。這時，擔任護衛的第三水雷戰隊（指揮官橋本信太郎少將）從旗艦川內號輕巡洋艦上，向支隊長通報：「哥打峇魯附近海岸適宜登陸。天陰、風向東、風速七公尺、浪高一公尺。」

可是，運兵船上的陸軍官兵覺得，經歷前幾天暴風雨的餘波後，恐怕要越過強勁的東北季風、以及兩公尺高的大浪翻弄才抵達得了目標。天空裡星月無光，一片昏暗。雖說是歷經了有史以來最激烈的速成訓練，但要從運兵船換乘到登陸艇上，也不是那麼容易的事，這是這些千挑細選的精銳部隊共同的切身感想。

可是，時間已經毫不留情地逼近了……

「總理確定會來嗎？」

同一時間（曼谷時間晚上八點半左右），在泰國首都曼谷的日本大使館，應全權大使坪上貞二之邀，舉行了一場泰國內閣成員雲集的盛大晚宴。和最前線的官兵截然不同，這邊是在豪華的水晶燈下，日泰兩國高官彼此把酒歡談，享受歡樂的時光。這是一場要是給運兵船上的陸軍官兵、或是如南遣艦隊司令官小澤治三郎口中所說的那些，已經「做好全滅覺悟執行護衛」的海軍官兵知道，不知會有何反應，這是包括坪上大使、海軍武官左近允尚正少將等人全都傾巢而出的大盛宴。

然而，這並不是一場會讓官兵們怒髮衝冠、單純享受娛樂遊興的晚宴。在它背

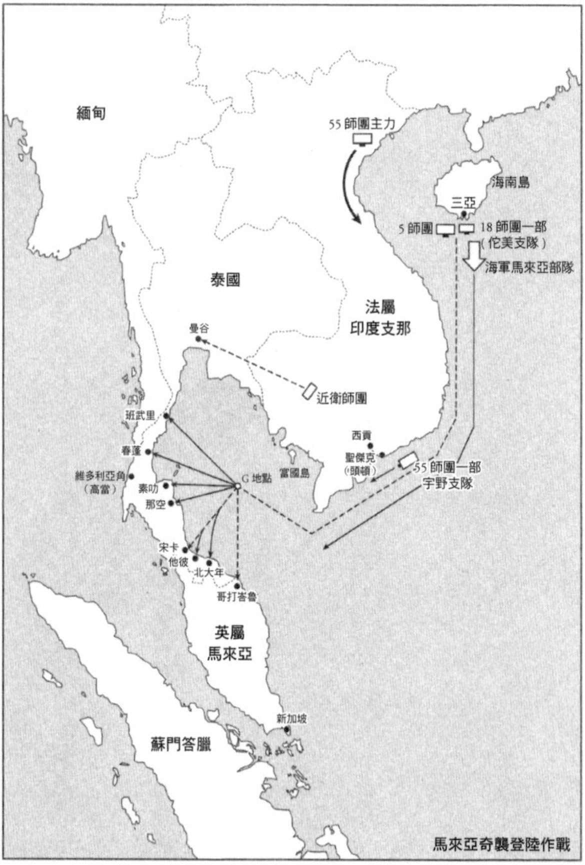

後，其實隱藏著令人捏一把冷汗的大膽謀略，那就是要跟泰國自頌堪總理以下的閣員商議，日軍究竟在何時、又要以什麼方式和平進駐泰國。能否得到對方的承諾，就看這次商談，因此這可說是一場為了解決難題而召開的宴會。

泰國究竟會倒向日本，還是倒向英國？這是開戰前的一個重要問題。在十二月一日的御前會議上，也曾經論及這個問題，當時東條首相的回應是：「一半一半吧！」

情況相當不確定，且泰國政府對日本的態度，說實話未必能稱得上是友善。不只如此，頌堪總理之前還發表聲明說：「對於侵入我國領土的軍隊，泰國將予以全力迎擊。到那時候，若是有任何國家願意主動伸出援手，泰國都相當樂於接受。」

雖然總理如此明確宣言，但日軍在開戰時，終歸還是要踏入泰國領土。所以為了不致變成「入侵」，非得和對方達成協議不可。可是，若交涉時間過早，恐怕親英的閣員會向對方走漏開戰的風聲。交涉時間過晚，又怕按預定計畫挺進泰國領土或登陸的部隊，會和在邊境上防衛的泰國部隊彼此開火，因此是相當棘手的事情。

日本駐泰國大使館的人員，為此絞盡了所有腦汁。最後坪上大使決定採用陸軍副武官的方案。（1）在七日晚上召開晚宴（不管用什麼名目都好），邀請泰國總理以下的所有閣員參加。（2）在晚間十一點（曼谷時間晚上九點），正式向泰國政府告知日本即將開戰的訊息，並且就和平進駐相關事項開始進行交涉。（3）在凌晨十二點前達成協議，並以總理名義向泰國軍隊發出不抵抗命令。（4）在達成這個目標之前，將所有閣員留下。（5）最後，以和平方式讓日軍進駐。

雖然是陸軍一貫風格的強行方案，但在心理上來說，確實是場背水一戰的晚宴，而眾人心裡也頗為忐忑，暗想這個計畫真能順利成功嗎？到了預定時間，泰國的閣員們陸續驅車抵達。他們在毫不知情的情況下，滿意地享受著日本大使館的款待。然而，唯獨一個人——也就是作為首要目標的總理頌堪，他的座車卻遲遲不見蹤影。

「總理確定會來嗎？」

在這種憂慮與不安的情緒下，晚宴繼續盛大舉行。時間一分一秒流逝。

總理仍然不見人影。坪上和左近允的表情不由得開始痙攣，臉上掛滿了即使想裝笑也裝不出來的僵硬神色。交涉開始的晚上十一點大限正步步逼近。這時，一位大使館員若無其事地靠近因焦躁困惑而情緒低落的坪上，悄聲報告說：「日僑小學的電影放映會順利進行，一切都按照預定計畫實行中。」

日本大使館以電影放映會的名義，集結了住在曼谷地區的日本老弱婦孺，打算避開開戰的混亂，悄悄將這些僑民用船運離當地，這是他們另一項煞費苦心的極機密行動。在這方面進行得倒是很順利。他們對半強制被集結到電影放映會場的人們，一個一個用口傳下達指令：當電影結束之後，直接前往停泊在曼谷三井碼頭的雪梨丸（Sydney Maru）[2]，絕對不要讓泰國人察覺。人們雖然對於把家財拋下感到深深的不安，但因為這是大使館的嚴命，所以也只能遵從。他們都想著，不久之後恐怕會發生什麼嚴重到不行的事情吧……！

就在居住曼谷的老弱婦孺搭上雪梨丸的時候，在珍珠港入口水道的東方海中，酒卷與稻垣兩位特殊潛艇隊員，也鑽進了座艇狹窄的操縱席中。花房艇長擔心地問道：「終於到達目的地了，可是羅盤還是不行，該怎麼辦呢？」不過酒卷只是彷彿要將這種憂慮一把驅散般，用充滿熱力的聲音應道：「艇長，我們走了！」

在酒卷的手記裡這樣記載著：「我透過潛望鏡，對於水上航行充滿了強烈期待。我完全不曾考慮過死亡這件事，在我的血液中，燃燒的就只有熊熊的攻擊心而已。至今為止的漫長海軍生活、刻苦訓練、學習到的技術，在日本等待捷報的人們給我的激勵，以及千里跋涉來到夏威夷的辛勞，全都是為了這趟攻擊。事到如今，我完全沒想過攻擊有可能中止。重大的責任與使命，緊緊圍繞著我，也給予我巨大的勇氣，強烈支持著我。」

預計出擊時間是晚上十一點。

甲標的和母艦之間最後的聯絡，是透過一根電話線進行的。花房說完「祝成功」三個字後，便切斷了電話線。潛艇的主機啟動了。母艦猛然開始加速。趁著這個速度，酒卷的潛艇匡噹一聲，脫離了綁縛的皮帶，一躍而出，滑進了廣闊的大洋當中。這時是晚上十一點零三分。

日本駐泰國大使館，此時仍然不見頌堪總理的身影。

2　編註：日本雪梨型貨客兩用船，同型船還有墨爾本丸及布里斯班丸，隸屬於大阪商船會社的船隻，在戰時受到日本軍方的徵召而作為戰爭用途。

七日晚間十一點—晚間十二點

「按照預定計畫前進」

對於頌堪總理的到來，坪上大使已經焦慮到幾乎等不下去的地步了。但是，泰國最有權力的人要是不在現場，那交涉的真正目的就無法達成。焦灼不堪的日本大使館人員，甚至不停向在場的泰國內閣成員打探總理人在何方，但是得到的答案都是千篇一律，這讓他們更是頹喪不已。「總理因為接收法屬印度支那東部國境的問題前往當地視察，所以人不在曼谷。雖然他原本預定今晚要回來，但是飛機狀況不佳，所以不到明早八點是回不來的。今晚真是非常抱歉……」

這一事實讓日方人員全都大感驚慌失措，要立刻達成交涉已經完全不可能了。大使與左近允武官於是悄悄離開宴席，交頭接耳密談。但是除了繼續等待之外，他們也想不出任何更好的方法。然而，若日軍在達成交涉前便進入泰國，那就是無視國際法的入侵，因此頗有可能會遭到泰國軍隊頑強的抵抗。

武官無可奈何，只好先向參謀本部報告。接到這份意想不到的報告，參謀本部作戰課不禁為之愕然，但除了交給前線軍隊自行判斷以外，他們也沒有別的辦法可行。侵害泰國的中立，在作戰上乃是無可避免的做法，但今後在外交上，免不了會帶來不利。然而，這也是莫可奈何之事——參謀們全都抱持著這樣的心境。

然而，位在西貢、擔負第一線各部隊總指揮的南方軍總司令部，意志卻相當堅定。既然大作戰已經展開，那就必須抱持著有可能產生障礙的覺悟。因此不管發生什麼事，都必須將整場作戰按照預定計畫執行到底。最重要的是，運輸船團的前進，現在已經無法停止了。在戰爭即將展開之際，即使期望萬事皆如預期，但要是真認為事情能如此順利，那就未免太天真了。畢竟，排除萬難才是戰鬥的本義啊！——南方軍總司令部的整體意見是如此表達。

故此，對於在法屬印度支那與泰國邊境展開部署，等待進擊的第十五軍司令部與近衛師團，南方軍雖然表示「狀況出現了預料之外的轉變」，但仍然督促他們「按照預定計畫前進」。

然而，收到訊息的第十五軍司令官飯田祥二郎中將，則是另有判斷。若是泰國回答「拒絕」的話，那也就算了，問題是他們現在只是不得不延遲回答而已啊？如果就這樣斷然前進的話，必然引掀起日泰兩軍的交火，而且恐怕會造成不必要的死傷。再說，等頌堪總理回來之後，毫無疑問會接受日方的要求，故此，更不應該引起重大的衝突，也沒必要踐踏國際法——這是飯田個人的見解。

飯田中將於是下定決心，在等到泰國總理回應之前，位在第一線的近衛師團（指揮官西村琢磨中將）應該暫緩前進，並將這個命令傳達給西村中將。位在最前線的西村聽了，不禁感到相當不滿。

就這樣，因為發生了當初預想不到的狀況，所以作戰計畫陷入了相當的混亂。可是，在表面上還是像不曾發生任何事一般。時間還很充裕，指揮官的判斷就算產生嚴重失誤，也還能挽救回來。大象將要踐踏令人討厭的螞蟻，但這些螞蟻不是泰國軍隊，而是在馬來半島上布陣的英澳聯軍。除了他們以外，再無其他目標可言。

「發現潛艇，速度九節」

同一時間，在不久即將成為戰場的珍珠港周邊，也發生了另一起不尋常的事情──

這是美國與日本海軍艦艇的第一次接觸。就在日軍計畫的戰鬥開始時刻之前四個多小時，也就是日本時間七日晚間十一點十二分（夏威夷時間凌晨三點四十二分），正在珍珠港外進行作業的近岸掃雷艦禿鷹號（USS Condor, AMc-14）艦橋上值班的麥克洛伊少尉（Russell G. McCloy）、舵手、信號手等三人，在左舷的黑暗中，發現了一個切開白浪、疑似潛望鏡的物品。

不只如此，這個物品還在標示珍珠港入口的浮標西南約四公里的海面上，筆直朝著港口前進。麥克洛伊立刻判斷，在防衛責任區域內有怪異的艦艇侵入，很有可能是國籍不明的潛艇。

據美國海軍之後留下的調查紀錄顯示，當時的狀況是這樣的：「一開始發現時，這艘潛艇是位在禿鷹號的左舷艦首方向，距離約一百英尺，是會與禿鷹號正面相撞的路徑上，不過禿鷹號立刻向左作了大幅度的迴轉。禿鷹號用信號燈向驅逐艦華德號（USS Ward, DD-139）傳達：『西邊航道上發現潛艇，速度九節。』過了大約五分鐘後，華德號用無線電要求禿鷹號傳達有關潛艇的詳細報告，禿鷹號於是將潛艇路徑的情報傳給了華德號。之後，禿鷹號繼續執行既定任務（掃雷），改由華德號進行搜索，可是就再也沒有發現該潛艇了。」

驅逐艦華德號的《戰鬥日誌》上是這樣寫的。

○四○五（日本時間十一點三十五分），從禿鷹號獲得以下的燈光信號：「西方航路上發現潛艇」。
○四○八　下令進入戰鬥部署。
○四四三　戰鬥部署解除。

也就是說，該艦在艦長威廉．奧特布里奇少校（William W. Outerbridge）的指揮下，以聲納持續搜索了將近四十分鐘之久。

這個潛望鏡不用說，自然是屬於五艘甲標的當中的一艘。雖然對他們確切的行動，直到六十年後仍然不明朗，不過從時間與位置上來推估，應該是打頭陣的橫山座艇吧！

又過了一小時，進港的防潛網打開，結束作業的掃雷艦禿鷹號就此進入港內。而據推測，跟在它的背後，至少有兩艘甲標的也順勢侵入了軍港水域內。

說到底，戰神馬爾斯還是在對日本露出微笑。假使被驅逐艦發現、並且開始接戰的話，這份報告一定會馬上送到太平洋艦隊司令金默爾上將的手上。結果是以未發現潛艇作收，這對日本來說真是相當的幸運。不只如此，禿鷹號、華德號兩艦，以及收聽到華德號無線電訊息的比雪普角海軍無線電站（Bishop Point Radio Station），也都沒有將發現潛艇的事，向更上層的福特島海軍通信管制中心報告。大概是三者都想說，一定會有人去報告吧！再說，這陣子在夏威夷近海，關於發現潛艇的誤報也非常頻繁，因此三者或許都不認為這是什麼緊急的重大事件。

話雖如此，在日美情勢緊迫的情況下，珍珠港倒也不是一派歌舞昇平的景象。整個軍港都處在戰時警戒態勢下。希甘姆（Hickam）、惠勒（Wheeler）兩座機場，以戰鬥機為主力的飛機幾乎是比翼相鄰地並排待命，在中間還有武裝的衛兵來回巡邏。值班的航空隊指揮官付了特別加班費，要電台一整晚不停播放廣播節目。因為明天早上八點，有十二架作為新戰力的 B-17 轟炸機要從本土飛過來，所以需要電台負責導引。在破曉之際，也會有七架 PBY 水上偵察機，為反潛巡邏起飛。簡單說，他們的警戒態勢非常嚴密，且是在島民不知道的情況下，小心翼翼地進行。

特別隱密的是搭載著陸軍機動式雷達的卡車，它被配置在歐胡島北邊的高地上。這座雷達按照命令，在日出前兩小時開始運轉。太平洋艦隊情報參謀雷伊頓少校在著作中，用不無遺憾的語氣寫道：「在這最後的戰爭前夕，即使用雷達探測位在歐胡島北方黑暗海面的敵軍部隊，憑這座只有一三二海里探測距離的雷達，恐怕也無法捕捉到日本的艦船吧！畢竟這時候，他們距離夏威夷還有兩百海里以上。」

確實，南雲機動部隊還在波濤萬里的遠方。他們正朝著距離珍珠港北方二三〇海里的攻擊隊出擊地點南下當中。速度第二戰速、二十四節，採第六警戒航行編隊，各艦緊密地結合在一起。被浮雲隱蔽的月亮探出頭來，將眼前的大洋照得一片明亮。

這時已是夏威夷時間凌晨四點（日本時間晚間十一點半），艦隊下達了全員起床的命令。航艦蒼龍號戰鬥機隊的分隊士，藤田怡與藏中尉，按照古代武士出陣的傳統換好了內衣，將過世雙親的照片放進飛行服的口袋當中。

出擊前的餐點是紅豆飯與帶頭尾的魚，還有少不了的勝栗，飛行員看了全都欣喜萬分。隸屬蒼龍號，名叫森拾三的魚雷轟炸機組員二等飛行兵曹（以下簡稱二飛曹）吃得飽飽之後，向隊友們笑著說：「已經沒有什麼好遺憾了哪！」「不過要是有點神酒的話，那就更完美了哪！」

檀香山的廣播電台，持續播放了一晚的節目。此刻它仍然播放著音樂，傳送著歡喜的訊息。這時候，珍珠港的美軍什麼都還沒有察覺。

「God Damn！（天殺的！）」

當禿鷹號在珍珠港入口水道發現破浪而來的潛望鏡時，華盛頓時間大約是早上八點五十分。在萬里無雲的晴空下，十二月七日的早晨，是個帶著莫名暖意，和平常沒有什麼不同的平靜星期日早晨。

昨晚將直到第十三部分為止的日本對美通告解碼交給總統後，結束任務的海軍情報局翻譯組組長艾爾文．克雷默少校（Alwin Kramer），便回到家中吃個早餐、看看報紙，稍作放鬆一下。這時，接班的陸軍情報局遠東課長拉爾斯．布萊頓上校（Rufus S. Bratton）撥了電話過來：「從早上開始攔截的日本通告已經全部解碼完畢。你聽好了，克雷默，真正的問題是在於最後這通訓令電報……這通電報命令野村和來栖，必須在華盛頓時間七日——也就是今天——下午一點，準確無誤地將通告送到美國政府手上。」

這意味著什麼呢？華盛頓時間下午一點，新加坡和馬尼拉都還是深夜。可是，珍珠港呢……？

「沒錯，珍珠港是上午七點半！」

「對，是早上七點半。克雷默，你怎麼看這件事呢？」

兩人在電話裡討論的結果，一致認為東京刻意選在星期天遞交外交文件，乃是相當異常之事，而華盛頓時間下午一點，必然與日本開始行使武力的時間極為接近。只是，這個時間離破曉已經有相當距離，因此兩人都不覺得他們會直接攻擊珍珠港。畢竟，奇襲應該是要選在破曉之際進行才最有效。只是，萬一真的發生這種事的話……？

「總之，現在得趕快把『魔術』給送出去，並且打電話給上面的人，請求面呈才是！」

對於布萊頓的意見，克雷默也相當同意，於是掛斷電話之後，他便急急忙忙換上西裝，準備出門。

到這裡為止，一切的行動都很自然。可是在這之後，接獲緊急電話通知的美國官員們，他們的行動卻得畫上一個大問號，這點在很多書裡都曾提及。當他們接獲通知後，答案都是「all right（好，馬上處理）」。但是在這之後，大家的動作卻都還是一副悠哉悠哉，似乎完全沒去思考「下午一點」代表著什麼意義的樣子。他們心裡到底在盤算些什麼呢？腦海裡難道沒有浮現任何有關開戰危機的念頭嗎？還是說，他們覺得昨天半夜跟羅斯福總統已經商量好了一切，事到如今不必慌張，萬事都已準備妥當了呢？不只如此，關於這個早上的記憶，大家都是含糊以對，而這也成為了「總統陰謀說」相當有力的一個根據。

根據紀錄，羅斯福接獲克雷默呈上的電文全抄本，是在早上九點四十分。當時，總統並沒有表現出任何特別的反應。在這份由十四部分內容組合而成的通告中，日本不只明白表示要中斷交涉，而且還極力譴責美國應為此負責。因此，從中可以明白看出日本的意圖，乃是要採取代表戰爭的某種行動。對於這點，羅斯福應該能確實判斷得出來才對。但，他卻什麼也沒做，只用稀鬆平常的口吻，對克雷默說：「看樣子，日本是打算要終止談判了哪。」

總統也期待著在某處發生戰爭嗎？只是，除了珍珠港之外，還會在哪裡呢……？

在這之後，克雷默為了將「魔術」情報交給赫爾，又直接趕往國務院。這時，赫爾正按照昨晚電話商議好的行程，和史汀生以及諾克斯在辦公室裡舉行跨部會會議。當三位部長接獲「下午一點遞交」這個異常報告時，也完全沒有慌張的模樣。接著，其中一位長官問克雷默：「情報單位的預測如何？」聽了這個問題，少校強調道：「日本在電報中指定的時刻，是在馬來半島北部海岸日出前的數小時。恐怕日軍是打算進行拂曉攻擊吧！」

這不只是克雷默自己的判斷，就連布萊頓也抱持相同的看法。這兩位優秀的情報官員，雖然在腦海裡瞬間有浮現出珍珠港的影子，但還是脫離不了「在日出前攻擊乃是最佳時機」的戰術常識所拘泥。而且，他們也對日本的軍事力量評價過低。三位長官或許也是如此吧，只見他們默默聽取了克雷默的意見後，然後點了點頭表示認可。

另一方面，海軍部長史塔克在接獲克雷默的電話緊急報告後，也像是把它一舉拋在腦後般，先是悠閒地在庭院裡散步後，再悠悠哉哉洗了個澡，然後心情舒暢地吃了頓早餐。吃完早餐之後，他還不慌不忙地看了會報紙，才終於換上軍服，像平常一樣命令副官準備座車。

另一位重要人物——陸軍參謀長馬歇爾，則騎上他的愛駒艾柏傑（Applejack），在大麥町狗弗利德（Fleet）的陪伴下，獨自一人前往阿靈頓公園，享受星期日早晨騎馬的樂趣。不只如此，這個早上他還特別前往縱貫華盛頓南北的岩溪公園（Rock Creek Park），進行晨間的騎馬健行。

布萊頓上校從一大早開始，就不停打電話到位在邁爾堡（Fort Myers）的參謀長官邸。當他得知「參謀長去練習騎馬了」，不禁大為光火。最後，他只好命令自己的侍從官阿蓋亞士官長開車去阿靈頓公園找參謀長，但還是沒發現長官的蹤影。但他接到士官長的報告時，不由得把話筒用力一摔：「還剩下四小時不到，事情就要發生了……God Damn（天殺的）！」

接著在將近十點的時候，總算來到海軍部的史塔克，發現他的辦公室裡，已經坐著兩個不請自來的客人——海軍軍令部助理部長羅耶・英格索爾少將（Royal E. Ingersoll），與情報局長席奧多爾・威金森上校（Theodore S. Wilkinson）。

情報局長急急忙忙地向史塔克表示說：「按訓令遞交備忘錄的下午一點，在珍珠港正是早上七點半。我認為沒有懷疑的餘地。現在應該立刻撥軍用電話，向珍珠港的金默爾司令傳達這項情報才對！」

史塔克環視著兩人的臉。接著，他一度拿起話筒，但是旋即又問：「現在夏威夷是幾點？」

「凌晨五點。」

聽了這句話後，史塔克便說：「那，金默爾可能還在睡，」然後便把電話又掛了回去。

「防衛夏威夷是陸軍的責任。因此，不該由我們，而是由馬歇爾參謀長出面才對。」

史塔克作為海軍軍人，一向風評都認為他是個嚴守海軍中心的機密保持主義、以及陸海分擔主義的人。在這個緊要關頭，他也發揮了這樣的本色。在幕僚還想開口說些什麼之前，部長就一邊捧著「魔術」譯電，一邊猛搖頭說：「果然還是不該打電話給金默爾司令，這種事情交給第一線指揮官比較好。比起這個，首先該做的是打電話給總統，因此不好意思，煩請各位先離席好嗎？」

兩人一同起立敬禮，帶著滿腔的不滿退出了房間。

在這之後，史塔克確實打了電話給總統，而白宮的接線生告訴他說：「不好意思，總統正在講另一通電話。」可是，羅斯福和史塔克之後到底談了些什麼，完全沒有留下相關的紀錄可尋。

就這樣，美國政府的首腦們，在上午九點到十點這段期間，不知為何就像布萊頓上校脫口而出的咒罵一般，「天殺的」反應遲鈍到不行。他們的作息全都一如平常，即使拿到從日本那裡解讀出來的「開戰通告」全文以及指定遞交時刻的訓令，他們還是一副毫無緊迫感、悠悠哉哉，連些許危機意識都看不出來的樣子。追根究柢，只能說是對日本人的輕蔑感所致吧！

「日本飛行員全是近視眼」

事實究竟是怎樣的呢？在這裡請容我稍微離題，談一下當時美國人對日本人的印象，或者該說是種族歧視觀。

比方說，美國陸軍情報局在一九四一年十月，針對「零式艦上戰鬥機」（零戰）的相關性能，做了一份評估報告。在這份文件中，對於零戰的速度、迴旋性能、戰鬥力等等的情報評估，全都遠遠低於實際數值。又，這年十二月時，日本以零戰為中心的戰鬥機生產，已經超過每月四百架，但美軍仍舊認為，日本頂多生產兩百架就勉勉強強了。

不只如此，認為日本海軍的軍艦從各方面來看，都只是英國軍艦的劣等仿製品而已，這樣的軍事專家也很多。「日本的飛機是三流貨、飛行員的技術也慘不忍睹，甚至比義大利還爛」，已經成了航空領域軍官的口頭禪。

在第一部曾引述過的拉斯普利夏與奈夫的著作中，就這樣寫道：「美國人和英國人都鄙視日本人，認為他們是暴牙戴眼鏡的滑稽黃皮膚傢伙。每當他們在世界上看到什麼好東西，就會拍照或作筆記，然後回國作出二流的仿製品。」他們也引用了某些軍事專家的說法。這些專家說，日本軍艦的基本設計很糟糕，開砲射擊就會翻船，還有他們的士兵因為沒辦法瞇一隻眼，所以也不能正確開槍射擊。

事實上，羅斯福總統本人也是抱持強烈偏見的人之一。對於「日本飛行員全都是近視眼，常常被敵人搶先發現，因此相當容易擊墜。他們的飛行技巧也很拙劣，完全不能跟美軍飛行員相抗衡」這種子虛烏有的言論，他都深信不疑。

太平洋艦隊司令金默爾上將，就曾留下這樣一段充滿遺憾的控訴：「羅斯福總統和馬歇爾參謀長常說：『一個美國人可以抵得上五個日本人，因此就算有奇襲發生，也可以在不受重大損害的情況下將他們擊退。』」

彷彿直接反映出軍事當局與領導階層的偏見和樂觀般，美國輿論對日本的蔑視，也到了讓日本人大為光火的地步：「就算日本掀起戰爭，美國也可以輕易取勝。戰鬥只要六個月就可以結束，接著或許就能全軍回師歐洲戰場——正確說，是輕而易舉回師才對。」

「美國一個月可以生產一千五百架飛機，相比之下，日本一年只能產兩百五十架。不只如此，他們也欠缺高辛烷值的汽油，飛行學校的畢業生，一年才不過一百名而已。」

「美國只要兩艘航艦，就可以斷絕日本國內的交通好幾個月。日本的飛行員頂多只能操作速度遲緩的轟炸機，遇到快速的戰鬥機就沒辦法駕馭了。只要從菲律賓和西伯利亞的基地發動空襲，日軍幾個月之內就會瓦解殆盡。」

當戰爭爆發且陷入長期戰、日軍劍斷弓折之後，事實上可以說，這樣的預測是有其正確性存在。然而，就算只是煽動的結果，但美國輿論的人種偏見如此強烈，還是令人驚愕不已。

在日美交涉過程中，赫爾國務卿和威爾斯署理國務卿，之所以擺出一副不可理喻的強硬態度，要日本對美國的要求照單全收，其原因恐怕也是出自這樣的偏見吧！從交涉最初到最後，美國國務院的立場除了冷淡、高壓以外，就只有官僚與形式主義可以形容。

另一方面，關於珍珠港的事情，幾乎所有美國軍方首腦的見解都是一致的。一言以蔽之，那就是日本海軍攻擊珍珠港的可能性幾近於零。

水深只有十二公尺的珍珠港，是不可能用魚雷轟炸機進行魚雷攻擊的。就算完全依賴炸彈，按美國對空投炸彈的了解，也不可能炸穿戰艦厚實的鋼板。換句話說，就算怎樣費盡苦心，所有的攻擊也都發揮不了效果。

美軍當局作夢也想像不到，日本海軍經過苦練，練成了在淺海投下魚雷的方法，還絞盡腦汁，開發出了淺水運作的魚雷。他們也想不到，日本海軍會擁有從兩千五百公尺左右高度投下，能輕而易舉貫穿十五公分厚甲板，稱為九九式八〇番五號的穿甲炸彈。

開戰四個月前，美國海軍完成了一份「太平洋艦隊作戰計畫」，在這當中，有一項是「日本艦隊對美行動之評估」：「日本最初的行動目標，大致可能如以下所示：a. 占領關島。b. 占領菲律賓群島（特別是呂宋島）。接著會在菲律賓海域，以及婆羅洲到新幾內亞之間的海域確立制海權。c. 占領婆羅洲北部。……」

不管怎麼搜尋，都沒有看到「珍珠港」幾個字。

還有另一份文件要舉出，那就是美國官方戰史，對於珍珠港遭受奇襲原因所做出的結論：「儘管陸海軍情報局以及戰爭計畫部門根據入手的日方資料等，做出了理所當然的判斷，但在日本的行動方面，他們並不認為珍珠港和太平洋艦隊，屬於特別受到威脅的目標。」

「華府的軍方當局，儘管做好了日軍一定會發動攻擊的預期，但卻不認為他們會對珍珠港下手。當時序進入一九四一年時，美國陸海軍都認為比起太平洋中部，日本更有可能對遠東方面發動攻擊。」

再繼續寫下去，就顯得太過累贅了。總之，這種想法不只軍方當局，就連羅斯福也確信不疑。他們完全不相信，日本人在進行南方作戰的同時，還有能力展開另一場「大規模作戰」——對珍珠港發動攻擊。總統、陸海軍首長、最高指揮部，以及其他深知相關情報的人，幾乎都判定日本人沒有這麼大的能耐。

日本人一定會來。不過，攻擊目標會是以馬來半島為中心的東南亞英、荷屬地。這是他們腦海裡得出的結論[§]。續航距離短的日本航艦，理應不可能渡過太平洋來到珍珠港才對。

「令人啞口無言」

寫了這麼多日本人被鄙夷的內容，讓我不禁要掬一把同情之淚。但，就在同一時間，在華盛頓的日本大使館，一齣比上述形容都還要低劣、簡直只能以「無能」稱之的戲碼，正在揭開序幕……

在此稍微溫習一下第二部時曾經講過的狀況。早上九點上班的駐美武官實松讓中佐，發現了塞在信箱裡的那一捆電報。實松在戰後的手記中這樣寫道：「辦公室入口的這個糟糕模樣，是為了欺敵而做出的深謀遠慮之策嗎？」「不，從大使館員一貫的態度看來，絕對不是這麼一回事。看樣子，大使館那些傢伙全都跑去宴會了吧……」他一邊這樣自問自答，一邊把信箱裡的電報分成大使館和陸海軍武官室兩部分。可是，大使館還是沒有半個上班的人影。據值班人員說，他們去參加星期天的彌撒了。

「令人啞口無言。」實松這樣記載著。

不管怎樣，總之實松還是把電報交給了那位姓名身分不詳的值班人員。在大驚失色的值班人員召集下，書記官和電信室人員才三三兩兩地來到大使館，開始星期天的加班。

根據之後的供詞，電信官堀內正名在上午九點半接到電話後，於十點左右來到辦公室。電信書記生近藤賢一郎則記得，自己是九點半左右抵達大使館。總之，他們已經盡早趕到，並且終於開始解碼文件第十四部分的密碼。話雖如此，作業不論如何，還是到了將近十點才展開。

不只如此，他們也沒有忘記昨天晚上完成解碼的前面十三份文件，幾乎都還沒有處理。問題在於，這項繕打的工作，只有首席書記官奧村勝藏一個人在負責。據奧村說，他打算等十四份全部到齊之後，再一口氣展開作業。儘管如此，他還是在早上九點，便坐到了打字機前面。

「（早上九點左右），我一個人進到辦公室的書記官室，對著打字機，開始就前一晚送來的對美回應電文進行繕打。」奧村留下的供詞是這樣說的。之後，因為電文有些意義不明的地方，「所以我就一邊打，一邊重新閱讀」，總之就是莫名地悠哉行事。

問題最大的是第九〇七號電文，也就是指定遞交時間的訓電。因為東京外務省對迅速和正確有相當強烈的期望，所以儘管有時差，還是在華盛頓時間凌晨四點二十八分透過ＲＣＡ、凌晨四點三十分透過ＭＫＹ兩家電信公司發出電文。當時日美間的電報，從發信到收信，再加上遞送的時間，大概三小時就相當足夠了。因此，外務省在發信的時候，也認為時間多少還算充裕，並相信它在早上八點，一定可以到達華盛頓的大使館——事實上，這兩封電報在早上七點半左右，就已經抵達大使館了。

在此不厭其煩地再說一遍，這封電文的內容如下。

「這份對美通告，必須在貴地時刻七日下午一點，由貴大使親手交給美方（盡可能是國務卿本人）。」

可以說是再簡明不過了。

可是，根據一等書記官結城司郎次在東京審判的供詞，情況卻是如下所述。

「通告分成十四部分分割的電報，其中前十三部分在十二月六日半夜就解碼完畢，但是當晚卻沒有進行繕打。至於那封通知應在七日下午一點遞交的訓電，則是在（七日上午）十一點才解碼，而第十四份電報，更是在中午十二點半左右才解碼完畢。」

這到底是在搞什麼！

在這種情況下，就算要強辯說「因為第十四份和第九〇七號電文到得太晚，所以解碼才延遲」，也毫無分說的餘地。畢竟如前所述，根據美方的紀錄，當日本大使館還在人影稀落的時候，他們已經把兩者都解碼完畢，同時也急急忙忙向層峰稟告了啊！

不管怎麼說，剛才我用「作業在將近十點開始」這樣的寫法，已經算是相當客氣了。事實上就像前面講過的，和東京迥然相異，華盛頓這邊幾乎沒有任何危機意識可言。在晴朗的星期天早晨，正是應該悠然喝杯茶，享受一下閒暇日子的時候。在這種時間還要解碼電報，根本就是折騰人嘛——這或許才是他們真正的心態。這樣一想，就覺得這些人根本不夠格擔負起日美交涉的重責大任，而靠這種官僚的處事態度，要度過悲慘的難關，根本就是一件讓人絕望的事。

說到密碼的解碼，這時候在東京的美國大使館，他們在晚上十點半終於接到了「致天皇的親筆信」。接下來，他們只花了一個小時，就完成相關的密碼解讀與繕打。

就在密碼還在解讀的時候，多曼參事官已經和外相秘書官友田取得聯繫，要求和東鄉外相緊急會面。

「友田也相當驚訝，忍不住詢問：『是等不及明天的急事嗎？』」

多曼向格魯大使這樣報告。參事官已經知道明天早上會開戰，但友田在接到電話的時候，應該還不知道戰爭要爆發，這是格魯透露的感想。正因如此，電話那頭的友田秘書官，才會產生一種「深夜會見讓人大感不解」的印象吧！

「總之，友田會再傳達會面時間與地點給我們。」多曼如此說道。

這通等了又等的電話，終於在快到午夜零時的時候打來了。在接電話的船山貞吉耳中，噹噹的鐘聲與大聲的說話聲同時響起。

「外務大臣同意與大使見面，請立刻前往外相官邸。煩請將這個訊息，正確無誤地傳達給大使。」

友田說完之後，便匆匆忙忙掛上了電話。

從船山的房間到二樓大使的房間，需要通過一段螺旋階梯。船山三步併作兩步地跨過階梯，向大使稟報。

「很好，馬上準備車子！」

格魯的心情相當愉悅。準備交出的「致天皇親筆信」，繕打完成的稿子已經握在他的手中。

八日午夜零時—一時

「斷然奮起吧，一億的『時宗』[3]」

船山貞吉的兒子喜久彌，曾經從父親那裡直接聽他講述事情的經過，並將之彙整成手記。根據貞吉所述，雖然他們想馬上準備車子，但是大使館的司機已經回家，不在館內。以下對手記作段稍長的引述。

於是我們立刻叫來住在館區內公寓的本尼賀夫（H. Merrell Benninghoff）書記官[4]。這時，我們連讓車子開到大門口的時間都省掉了。當格魯大使從二樓飛也似地鑽進車內時，我不禁「啊」地小小叫出聲。原來大使的兩隻手，居然都戴了左手的手套。

「我馬上去拿正確的手套來……」

「不，沒關係，握手只要右手就好，所以兩隻手套都是左手也無所謂。你不用擔心，船山先生。」

大使說完這句話後，便消失在深夜的靈南坂當中。

來到東京任職將近十年，這還是格魯第一次不在大門口，而是從車庫直接搭車，由此可見他的匆忙與慌張。

格魯的座車奔馳在東京街頭。此時的東京，正進入一片深深的酣眠當中。在這星期日與星期一交替之際，絕大多數的日本人都不知道，即將改變歷史的大事正在發展當中。自己生養成長的大日本帝國，正在進行一場巨大的賭博。究竟是勝利，還是破滅？日本正在斷然作出決定，而這個決定就在數小時後即將展開，但日本人對此仍然一無所知，整個日本還在靜靜的沉眠中。

——不，這時候其實也還是有無法成眠的地方存在，那就是頂樓有著宛若星象儀般圓頂的《東京日日新聞》總部編輯局。海軍記者後藤基治的情報、井上縫三郎政治部副部長從鈴木貞一總裁那裡聽聞，似乎話中有話的內容，還有專跑陸軍省的記者栗原廣美傳來，日美交涉已經完全走入死胡同，無法達成協議，三宅坂上的參謀本部，業已進入熬夜加班的狀況……這些關鍵性消息，陸續傳入編輯部。

不只如此，德富蘇峰在幾天前，也向女婿阿部賢一編輯局長傳達宮中的情報：「終於要來了。」蘇峰接著又說：「要特別注意東條首相前往明治神宮參拜的時刻。」之後，雖然首相沒有前去參拜，但海

3 譯註：北條時宗，鎌倉幕府執權，抗擊蒙古軍侵略的民族英雄。
4 編註：本尼賀夫擔任格魯大使三名第二秘書中的一人，後於一九四六年派駐美國駐大連領事館領事。

相與軍令部總長則是一大早就前往本殿，為了某件事情恭敬地祈禱。

既然如此，那就是這天了嗎？阿部為了確認，親自衝到了蘇峰位在東京市大森的家。不等他開口說出突然造訪的來意，蘇峰便用靜靜的語調對女婿說：「或許就是今天沒錯。畢竟，下達宣戰詔令的準備都已經做好了。」

要開戰了，這已經是確鑿無疑的事情，編輯局長官們一致如此判斷。各報在這個談判走入絕境的時候，其實都準備了兩份預定報導，一份是「妥協」，另一份是「決裂」，而《東京日日新聞》在這個日期更替的時刻，已經下定決心，要在明天早報上，使用「決裂」這份報導。

根據井上副部長的回想，作出這種決定之後，他們很擔心萬一被檢閱當局壓下來，則自己的苦心就全都化為泡影了，於是最後找上情報局次長奧村喜和男詢問，兩人的對話是這樣的。

井上：「日美交涉已經完全走到盡頭，除了決裂之外再無他路可行。我們打算在明天早報刊出這則新聞，希望當局不要阻攔。」

奧村：「……（一時間沉默無語）是嗎？可是，事實上刊登這樣的報導，我們會很困擾的。雖然你來找我商量，不過按照你們報社自己的判斷，能不能在報導中不出現『除決裂之外無路可走』字樣？如果這樣的話，這則新聞就不會被壓下來了。」

經過這段對話後，預定原稿便火速進行了修改。他們將報社所有的主觀表達全都修改掉，並且決定採用五段標題：「擾亂東亞、英美的敵對態度已到極致」、「唯有斷然驅逐一途 不斷隱忍的一億民眾，憤怒已到頂點 一路勇猛挺進、達成聖業」。社會版也加入戰局，將平常應該放在文化欄一隅的能劇《新作・時宗》的介紹放在刊頭：「斷然奮起吧，一億的『時宗』。」

然後在報導中又寫道：「建國以來從不曾允許外敵侵入的我國，如今正面臨必須對『空中轟炸』的危險有所覺悟的狀況。」一觸即發、預示對英美戰爭的報導，填滿了整份報紙的內容。

午夜零時左右，後藤記者為了小睡一下，暫且回家一趟。在他的手上，拎著一個大大的包包。外頭是一片刺骨的寒冷。他在大門口把包包放上了閃閃發光、剛買的自行車。在包包裡裝著他趁白天有空時，去百貨公司買來的各種物品。一個十錢的肥皂六十塊、柴魚十條。後藤家也是為了明天開始的決戰態勢而火力全開、大肆採購。

然而這時候，《朝日新聞》的狀況又是如何呢？當時擔任整理部員、負責政治版的編輯，後來成為劇作家的飯澤匡如此回憶道：「關鍵的日美交涉因為星期天而暫緩，中國戰線也沒有什麼大動靜……於是我們只能為了該如何填補版面的空白而大作文章。先是為了排版而不停挑揀活字鉛塊，之後工廠的人好幾次過來催要送印，我們還在反覆閱讀校正稿，為了到底該用什麼標題而大傷腦筋。」

和《東京日日新聞》大相逕庭，朝日新聞社全體似乎都在享受星期天的閒散生活。畢竟當時的報社，年輕有活力的人員全都到戰線上去了，總社剩下的，就只有一些老弱殘兵而已。

飯澤在手記的最後這樣寫著：「在報社裡，完全看不到開戰前夜那種緊張的氣氛，大家都認為戰爭未必就要爆發。」

報社都如此，至於一般國民的反應，那就更不用說了。

「必須防止死滅與破壞」

當《東京日日新聞》的印刷機發出低沉的聲音、開始啟動的時候，零時十五分，格魯抵達了麴町三番町的外相官邸。美國課長兼外相秘書官加瀨俊一帶著一臉不安的表情前來迎接，接著他帶格魯穿過大廳，一如往常地來到二樓的會客室。不久之後，毫無笑意的東鄉外相便出現在格魯眼前。

穿著燕尾服的格魯拿起手上的文件，用沉重的語氣說道：「我帶來了總統給天皇陛下的親筆信。因為這是份極其重要的文件，所以若是可能的話，我希望能有機會親自呈給天皇陛下，拜託您了。」

東鄉瞥了眼手錶，大聲說道：「這種時間嗎？要立刻拜謁陛下，我認為極不可能。再說，是否允許拜謁，還要等我看了親筆信的內容再說。」

格魯用更加緊張的語調回答：「那就讓我朗讀一下這封親筆信吧！」外相點點頭，於是大使便張開親筆信。

日本國天皇陛下：

約一世紀前，美國總統曾致書給日本國天皇，並將美國國民與日本國國民的友好關係，寄寓在這封國書中。之後很長一段期間，兩國不斷維持和平與友好的關係，同時兩國國民也在有德且睿智的領導人統領下欣欣向榮，並為人類做出偉大的貢獻……

以這樣的內容為開端，格魯大聲朗讀起這篇大約八百字左右，以英語寫成的長文。在過程中，東鄉一直默默地聽著。然而，這篇親筆信，只是重複訴說在這漫長的交涉過程中美國的主張而已，唯一新的具體提案，都集中在日軍從法屬印度支那撤退上，至於三國同盟與從中國撤兵，則完全沒有提及。不只如此，這個具體提案在東鄉看來，也是難以接受。

> 若日本陸海軍從法屬印度支那全面撤退，合眾國能保證完全不會侵入該地。我們已從荷屬東印度政府、馬來亞政府以及泰國政府得到同樣的保證，同時也會要求中國政府作出同樣的保證。換句話說，日本從法屬印度支那撤退，乃是南太平洋全體和平的證明。（There is absolutely no thought on the part of the United States of invading Indo-China, if every Japanese soldier or sailor were to be withdrawn therefrom.）

這行關於從法屬印度支那撤退的內容，已經超出了東鄉的理解。日本撤退之後美國不會進駐，這是理所當然的事，根本不用特地寫上去啊！因此，這一段話只能理解成美國宣示要成為南太平洋全境乃至亞洲的盟主吧？

然後，這封親筆信的結尾是這樣寫的。

我確信，不只是為了日美兩國國民，也為了鄰近諸國人民，我跟陛下都應負起神聖的責任，恢復兩國國民間傳統的友誼，並防止世界更進一步陷入死滅與破壞當中。

東鄉自始至終面無表情。畢竟正如他在手記中所言，據他的觀察，「這篇親筆信除了留下表現和平態度的紀錄以外，毫無任何效果，由此可以預知（美方）將採取的行動。」明明歷經了這麼長時間的交涉，卻仍隻字片語不提讓步，在東鄉看來，這封親筆信根本就是對日本的侮辱。東鄉對此反而感到不可思議，為什麼在這種深夜，才把這封信拿到這裡來？

早在這天早上，總統致電天皇的新聞就已經傳到了外相耳裡。他認為對方會直接拿來這邊，於是也敦促宮內省作好充分的準備。可是一直到晚上，外務省和宮內省都沒有接到相關訊息，於是他們心想，或許是美國政府已經放棄提出這份文件了吧！之後在東京審判上，得知是戶村參謀延遲發送的處置所致，東鄉不禁為「參謀本部蠻橫的作為」大感吃驚，並且仰天長嘆。

不管怎麼說，格魯提出的「謁見天皇」這個迫切要求，因為必須與宮內大臣等人商量，所以今晚是不可能了，不過東鄉答應會將「大使的期望」與「親筆信」，確切無誤地向天皇上奏。不同於羅斯福和赫爾，與權謀術數全然無緣的格魯，是真的相信這封親筆信能為迴避戰爭作出貢獻。他相信東鄉的話，為此再三強調「請確切無誤轉達給陛下」，在十五分鐘之後，大使帶著遺憾離開了外相官邸。

送走大使之後，東鄉立刻撥電話給宮內大臣松平恒雄。松平說，「因為這是政治上的問題，所以請找內大臣商議」，把問題丟給了內大臣木戶幸一。然而，當木戶接到外相的電話時，也很直截了當地說：

「這件事應該要找首相商量才對」，把相關的處理事宜又丟給了東條。大家都心知肚明，這個時候才來已經太遲了。但美方都已經發表了新聞，所以又不能置之不理。宮內省的態度，清清楚楚顯現出他們的困擾。

「不過，」木戶說，「若是大使無論如何都想謁見的話，陛下就算是深夜，也不會介意的。所以請和首相談談吧，我也會馬上前往宮中參謁的。」

掛斷電話後，東鄉再一次熟讀起格魯留下的親筆信。美方雖然高唱維持太平洋的和平，但結果卻只是嘴上說說，毫無任何具體性，只是份極為抽象的文件罷了；外相不得不這樣想。儘管如此，若是早點送到的話，或許會掀起有關重開日美交涉的混亂……不，「對日本而言除了奮起自存自衛以外別無他法，這樣的現狀並不會因為這封親筆信而產生任何變更」，東鄉這樣告訴自己。

不管怎麼說，總之必須將它從英文翻譯成日文才行。東鄉這樣想著，於是叫來了相關的負責人。然後他又對加瀨秘書官下令，要他和首相聯絡，說有事必須緊急面談。就像這樣，在這個等待接下來事件發生的時刻，最忙著行動的日本高官，或許就是東鄉外相了。

「是山？還是河？」

另一方面，曼谷的坪上大使或許沒有那麼忙，可是就心理上來說，他或許是最被逼到絕境、也最受到最後決斷所迫的人了。距離午夜零時（東京時間），日軍必須就和平進駐達成交涉妥協的時刻愈來愈近。指揮在法屬印度支那與國界部署全部部隊的第十五軍司令部已經蠢蠢欲動，恐怕已經迫不及待了吧！這點坪上也能充分理解。

就算這樣，西貢的南方軍總司令部還是不停地發出緊急電報給日本駐泰大使館武官室，詢問「是山、還是河」？「山」代表交涉成功，「河」則是決裂的暗號。「不管怎樣都好，盡早回電」，在這樣的督促下，大使館的陸海軍武官漸漸變得殺氣騰騰起來。

為求決斷而盯著大使的館員們，每個人也都滿眼血絲。已經不容許再猶豫了。

終於，坪上大使踏著響亮的腳步，站到了晚宴會場的台上。接著，他抬頭挺胸，用彷彿響雷從天而降般的聲量，一口氣大聲說道：「大家請安靜聽我說，日本已經下定決心，要對美國和英國發動戰爭。日軍將在今晚十點以後，一齊實施作戰行動。」

晚宴會場一時之間鴉雀無聲。在毛骨悚然的深深靜謐當中，泰國的內閣官員們全都臉色蒼白、身體僵硬。

「日本完全沒有對貴國領土的野心，只是為了攻擊新加坡，要和平進駐貴國，並借道路過罷了。」大使的聲音，立刻讓原本一片騷然的宴席，變成只有空氣流動的死寂。做完這項重大發表後，坪上俯瞰著環繞在他周遭的的動搖與混亂，紋風不動地靜靜站在台上。

在頌堪總理不在場的情況下，接下來的手段就只剩下找到缺席晚宴的外交部長狄瑞克（Direk Jayanama）進行強硬交涉了——以大使為中心的日方人員，如此下定決心。為了不與越過邊界的日軍接戰，無論如何都要盡其可能，早一點下達緊急指令才行。

彷彿和這時發生在曼谷的意料之外事件完全無關般，馬來半島登陸部隊的各艘運兵船加到最快速度，朝著預定出擊地點急速駛去。晚間十一點剛過，月亮從雲間探出頭來。打頭陣在馬來亞的哥打峇魯進行敵前登陸的官兵眼中，可以看見哥打峇魯市東北方、位於吉蘭丹河口的漁港道北鎮（Tumpat）的燈火，在明月照映下更是皎皎生輝。

快到午夜十二點時，主機聲停歇的船團，終於在泊地哥打峇魯的海面下錨。在敵前投下會發出龐大且沉重聲響的船錨，讓人不禁縮了縮脖子。天候開始放晴，吹東北風，只是風速超過十公尺，海面的波浪相當之大。

淡路山丸率先開始操作第一船艙上的起重機，只見訓練有素的船舶工兵與船員用敏捷的動作，將第一艘登陸艇（大發動艇）慢慢吊起。這個時候，一陣堪稱暴風的強風突然襲來。船隻整個搖晃起來，吊在上面的「大發」也跟著左右大幅晃蕩。瞬間，鐵索冒出火花，旋即斷裂。緊接著，伴隨巨大的聲響，它毫不拖泥帶水地掉了下來，砸在甲板上的大發與快艇上。不幸中的大幸，還好沒有人員受傷……

這時候，陸地上橫亙伸展的燈火，也像是呼應般地逐漸熄滅。官兵們都覺得恐怕是被英軍發現了，船上不由分說，充滿了沉重且緊張的氣氛。

像是要把這個不吉的前兆驅散般，支隊長佗美少將重新下達命令，開始緊急登陸。在此對佗美的手記做個略長的引述。

在燈火管制下，我們一個接著一個離開舷側，跳進舟艇當中整隊。按照平常的訓練，一艘小艇要花四分鐘，大發則要花七到八分鐘。另一方面，最大限制的波浪是一點七公尺，超過這個限度，就沒辦法換乘。但是現在的波浪已經超過兩公尺，實在讓人難以忍受。將兵們帶著救生器具、背包裡裝著五天份的口糧（定量規定是兩天份，但我的師團背負了五天份），重量將近十貫。除此之外，他們還用手提著輕機槍、步槍、彈匣（彈藥箱）等……

十貫將近四十公斤。背負著這種重武裝，從運兵船高高的舷側沿著繩梯往下爬，然後在大浪搖晃中，跳進登陸用的舟艇。一旦產生巨大橫搖時，舷側的梯子和舟艇都會上下晃動，屆時就有掉落到海中的可能。

最初是從兩舷的四個點進行換乘，但是因為風浪危險，所以最後只留下下風處的兩個點。最初換乘上去的人，因為在長時間巨浪搖晃下待命的關係，開始出現暈船的惱人現象。等到各船的第一波登陸部隊換乘完畢時，不管怎麼估算，大概最少也已經花上將近一個小時了。

「採取適當的警戒態勢」

當馬歇爾參謀長結束日常的晨間騎馬運動、出現在戰爭部的時候，時間已經是上午十一點二十五分（日本時間零點二十五分），距離指定遞交時間的電報被破解出來，已經過了兩個小時。在部下們緊張的視線注視下，沉默的馬歇爾並沒有理會那份放在桌上的訓令電報，而是拿起厚厚的第十四部分電報，慢慢讀了起來。

彷彿等不及參謀長讀完電報般，軍事情報處長（Military Information Division, MID）雪曼・邁爾斯准將（Sherman Miles）[5]，便開始急急忙忙地報告起他們深信下午一點過後，日本軍就會發動攻擊的理由，並且主張立刻採取適當的預防措施。

「我們認為應該要向夏威夷、巴拿馬、本土西岸、乃至於太平洋的所有司令部發出警報才對！」

聽了他的意見，馬歇爾只說了聲「這樣啊」，便爽快地同意了。

接下來的事態發展，就要參考馬歇爾的說明。馬歇爾在筆記紙上抄寫了電報原稿的內容後，便立刻用內線電話撥給海軍的史塔克軍令部長，要知會他發布警報的事。可是，史塔克卻冷淡地說：「我們海軍已經送出了相當充分的預警電報，因此不需要再發出新的電報了。」不過又過了一陣子後，大概是海軍軍令部長改變了心意吧，於是又撥了電話過來。這次陸海兩位高層間，有以下的對話。

史塔克：經過百般考量後，我認為應該由我們兩人聯名、透過海軍通信系統送出電報，你認為如何？

馬歇爾：不，即使海軍不拜託我們，我們陸軍也會早早發信出去。若是透過我們陸軍，只要二十分鐘就能送抵珍珠港了。

史塔克：是嗎？既然如此，那就拜託你了。只是，我希望海軍這邊在傳訊給太平洋各陸軍司令部的

---

5 編註：同時也是掛負責聯二（G-2，情報）的副參謀長（Assistant Chief of Staff）。

時候，也能夠抱持公正公平的態度，給予正確的指示和通知。

就這樣，該說是海陸軍之間的地盤之爭也好、或是拘泥於枝微末節的形式主義交換也好，總之海軍將發布警報的責任交給了陸軍。不管是哪個國家，海軍和陸軍的關係都處不太好。在這起事件裡，這樣的情況也讓人不禁失笑。

還不只這樣，之後在美軍這邊，又發生了更加荒腔走板的事。接獲馬歇爾交付的電報後，陸軍情報局遠東課長布萊頓上校，便急急忙忙地趕往通信中心。當他離開房間的時候，在背後聽到陸軍參謀長的命令：「在順序上，應以馬尼拉為第一優先。」

參謀長的預警電報，其原稿如下：

日本將在本日東部標準時間下午一點，提出相當於最後通牒的文件。同時，他們也下達了破壞密碼機的命令。雖然關於這個指定時間，其意義仍不明確，但仍應採取適當的警戒態勢。又，本電應同樣傳達給海軍當局。馬歇爾。

通信中心的負責人愛德華．法蘭西上校（Edward F. French）拍胸脯保證，在不使用緊急通訊的情況下，「只要三十到四十分鐘就可以傳到目的地」。聽完布萊頓這樣報告後，馬歇爾相當心滿意足。為了保持機密，他並不喜歡使用緊急通訊。總之，即使不使用它，也能夠讓所有電報確實在華盛頓時間下午一點之前抵達，馬歇爾確實是得到了這樣的保證。

然而這時候，不知為何，法蘭西卻有一件相當重要的事沒有告訴布萊頓——這一天，檀香山的陸軍無線電從早上十點半以後，就因為嚴重的磁場干擾而全面掛點，所以法蘭西是委託民間的ＲＣＡ電信公司，用商用電報的方式將它發送到夏威夷。關於這件事，布萊頓完全不知情，當然也不會向馬歇爾報告。要是馬歇爾知道這件事的話，應該會改用海軍的通信網路，甚或使用緊急通訊吧！歷史的「假如」在此又再次上演了。

馬歇爾儘管將這通緊急警報指定為優先，但並沒被當成速件處理。結果，ＲＣＡ檀香山分部一直到指定時刻的下午一點零三分之後，才收到這封電報。不只如此，它還被當成普件來處理，就這樣擱在分類架上。正如先前所提到的，預警電報抵達夏威夷軍區陸軍司令蕭特中將手上時，已經是日軍攻擊結束後六個小時，而金默爾從陸軍那裡知道這件事，則還要再晚個兩小時。

說到電報的「火速處理」，這時候在華盛頓的日本大使館，也掀起了前所未見的大騷動。就在馬歇爾還沒抵達戰爭部的上午將近十一點，日本大使館終於將指定「遞交時間為下午一點」的第九〇七號電文給解碼完成。得知其內容的大使館員，無不為之愕然。居然離遞交期限只剩兩小時不到了……老實說，這要不發生大騷動才奇怪呢！

為何在這麼晚的時間才解碼完畢？雖然令人不得不發出這樣的疑問，但這件事實際上到現在還是個謎。根據大使館方面的辯解、以及強烈的抗議，問題關鍵在於外務省並沒有將第九〇七號電標上「火速處理」的符號。他們激烈反彈說，外務省方面不該出現這種嚴重的漏洞。

不只如此，這裡還有一份東鄉茂彥[6]發掘出來的文件。這是當時擔負繕打通告重責大任的奧村勝藏，在一九四五年末，彙整記憶而成的文件，其內容如下：

> 打字大致完成的時間，我記得是大概十一點剛過，但是這時候電信課拿著一封電報進來，那是要求對美通告應於七日下午一點提出的訓令。令人困擾的是，前面那份電報的最後一封（作者註：第十四部的最後部分）還沒收到，因此沒辦法完成通告全文……

這裡又出現了一項極端不可思議的新證據。簡單說，按照這個新事證，第十四部分電報並沒有完全到齊。這件事再加上外務省並沒有指定「火速處理」，都讓第一線的大使館人員強烈反彈，覺得把責任推到他們身上並不公平。

然而，根據須藤真志教授（京都產業大學）最近的發現指出，外務省的龜山電信課長留下了一篇憤慨不已的文件，說他絕不可能忘記打上「緊急」（very urgent）字樣。而根據須藤教授的研究，第十四份文件雖然沒有標上「very urgent」，卻有特別標示「very important」。

不只如此，第九〇七號電上，經證實也確切標有「very urgent」字樣。

Urgent與important，在外交用語上有何不同？須藤教授說：「很遺憾的是，關於這一點仍然是個謎，而至今也還找不到解答的關鍵。」不管怎麼說，根據龜山的陳述，關於第十四份文件的最後一封電報，再怎麼想都不應該這麼晚接到才對……或許，奧村的辯解不過是一種遁辭罷了吧？

就這樣，外務省與大使館的說法彼此矛盾，變成一場彼此推卸責任的泥巴戰。而在這場泥巴戰的背後不用說，是自我辯護、過度自信、不負責任、結黨成群，以及組織防衛的官僚意識在作祟。就是這些現象，讓這片即使將近六十年，仍未清晰敞開、曖昧難解的「竹藪中」，依然留在歷史當中。

不管怎樣，直到十一點才終於解碼完畢第九〇七號電這個事實，都是可以明白確認的。結果，日本大使館內「頓時陷入了一片有如火災般的大騷動」。無視現實、徹徹底底的不負責任，這些傢伙的本位主義，如今終於讓他們自食惡果。

「我去去就回來」

南雲機動部隊第八戰隊（重巡利根號、筑摩號）參謀藤田菊一中佐的日誌這樣寫著：「艦隊位在歐胡島北方二五〇海里。天氣相當良好，積雨雲來去匆匆。海面風力稍強，據顯示是東北東風、速度十三點四公尺。在這樣的狀況下迎來今日，全隊都確信能夠一舉成功，勇氣凜然……大家在內心都祈求著，這些空襲隊勇士能夠得到天佑神助。」

機動部隊平安抵達珍珠港北方二五〇海里處，距離空襲部隊出擊的E點只剩二十海里了。凌晨零點，各艦紛紛開始忙碌起來，為出擊作準備。全體人員就如同字面形容般，完全處在一片鬧哄哄的喧騰景象

6 譯註：一九六九年在朝日新聞社開始任職，是東鄉外相的孫子。一九七六年轉任《華盛頓郵報》。

當中。在這片兵荒馬亂之中，南雲司令部參謀源田實中佐和攻擊隊總隊長淵田美津雄中佐，偶然碰上了面。他們兩人在海兵學校時代是同期生。

「喂，淵！一切就拜託你囉！」

眼睛圓圓、留著小鬍子，一副頑童面貌的淵田答了聲「喔」，然後揮揮手說：「沒問題，我去去就回來。」

源田注視淵田綁著頭巾、威風凜凜，在附近買菸和酒的身影，一股信任感不禁油然而生。

重巡洋艦利根號艦長岡田為次大佐的日誌則是這樣寫的：「凌晨零點，前往利根神社參拜。〇〇一五（零點十五分），在司令官參拜席上，與官兵一同領受御酒。」

各艦自艦長以下官兵，都前往艦首奉祀的艦上神社，雙手合十祈願攻擊成功，並將神酒配發給參加攻擊的人員。利根號的是駕駛水上偵察機的三名機組人員。

冷冷的酒流過喉間，加賀號戰鬥機隊員阪東誠一等飛行兵（一飛）耳邊，還留著分隊長二階堂易大尉的訓示。分隊長一如平常，用認真的語調說：「聽好了，關於我方的位置，絕對不能寫在航空圖上。我們也不能攜帶降落傘……但是，千萬別忘了緊急迫降的地點，要牢牢記住才行。一旦飛機被打中，就想辦法抵達那裡，我方的潛艦一定會前來救援的！」

預定迫降地點，是位在夏威夷群島最西北邊的尼豪島（Niihau）附近海面上。當年十八歲、沒有實戰經驗的阪東，將這點牢牢記在心裡。儘管如此，「不能攜帶降落傘」，意思是不是叫我們萬一出了什麼事，就只能一聲不吭的死去呢……？他一邊這樣想著，一邊有所覺悟地暗自下定決心：我還這麼年輕，絕對不會死的！而且，我在這世上，也還有很多未完成的事想做啊……

時鐘的指針指向凌晨一點。

在重巡洋艦利根號、筑摩號上，負責對珍珠港先行偵察的零式水上偵察機各一架，伴隨著尖銳的聲音，從彈射架上發射出去。對日本海軍而言，對美戰爭就從此刻起，確信無疑地展開。在這之後的一切，都只要照著訓練去做就行了。

從筑摩號上出動、操縱零式水偵的福岡政治少尉，在手記裡這樣寫著：「航向南、高度五百、器速（儀表顯示速度）一百三十節。出擊前的情報顯示，『敵太平洋艦隊大部分仍在珍珠港內。港內沒有航艦，敵軍並沒有察覺到我軍接近的動靜』。我們三名乘員，默默地持續南進。即使什麼都不說，我們的意志也能充分相通。特別是我們因為被任命為這場大作戰的先驅，預期會遭遇到各種不測事態，所以，我們都已經擬好了各種緊急應對的方針，只期望此行能夠萬全。我們三個人，全都充滿著盡人事後的平靜心情。」

這些年輕的戰士們，此刻全都是一派冷靜。

八日凌晨一點—兩點

「哥打峇魯登陸成功」

第一波哥打峇魯登陸部隊登上登陸舟艇完畢，是在開始換乘後約一個小時的凌晨一點十五分左右。

凌晨一點三十分，在西風低沉的吼聲中，「出擊！」

伴隨著那須大佐高亢的聲音，登陸舟艇一齊朝著敵陣地挺進。在不時衝來、弄得人立足不穩的滾滾大浪中，舟艇逼近到距離陸地一千公尺的海面上，橫向散開，擺出突擊態勢。然後，當他們乘風破浪，逼近到六百公尺的時候，前方的陸地一齊發出閃光，接著傳來應該是機槍射擊聲的連射音。緊接著砲擊也開始了，負責守衛海岸線的英軍，展開了迎擊戰鬥。

支隊長佗美少將這時候站在淡路山丸的艦橋上，一動也不動地注視著前方。登陸的首要目標，是壓制海邊的機場。根據事前的偵察得知，英軍在海岸線一帶拉起了鐵絲網，也築有碉堡陣地，因此對於敵人的迎擊，原本就已經有所覺悟。當舟艇群消失在黑暗之中，引擎聲也消失之後不久，前方的椰林中出現了兩道信號彈，整個照亮了夜空。剎那間，地平線上彷彿說好了一般，同時閃爍起開砲的火光。

配合地面的動作，船團上空飛來三架敵機，整個船團一時陷入槍林彈雨當中。一枚炸彈落在淡路山丸的舷側附近海中，炸了開來：「支隊長！第二船艙遭到炸彈攻擊，死傷數十人！」

佗美怒吼道：「戰爭當然會有子彈，有死傷者也是沒辦法的事，早點去找醫官比較實在！」

眼見死傷者不斷增加，讓官兵們都切身感受到身處戰場的悽慘。船中也已經化成一片修羅地獄。就這樣，哥打峇魯登陸作戰，比攻擊珍珠港還要早一小時展開了。

佗美除了手錶以外，還帶了一個浪琴的懷錶，但他完全沒有確認時間的餘裕。現在就只能等待消失在黑暗中的登陸部隊傳來某種形式的報告了。

就在接近兩點的時候，返回的舟艇終於帶來了報告：「凌晨一點三十分，登陸成功。可是，沿海碉堡和障礙物甚多，抵抗也相當激烈。有些舟艇不幸翻覆，我們因為找不到指揮艇，所以單獨歸來。無線電也被海水浸泡，以至於無法發信。」

這個時刻（凌晨一點三十分）其實是部隊出擊的時刻，而不是登陸時刻，但佗美對此並不在意。「很好！」他大聲回應，並且命令部下打電報給山下司令官。

「八日〇一三〇，登陸成功。敵人的抵抗相當激烈，可以聽見猛烈的槍砲聲。不只如此，船團也遭到敵機的襲擊。」

佗美接著命令第二波登陸部隊開始下艇，自己也開始準備轉移到登陸舟艇上。

敵機的炸彈落在綾戶山丸、佐倉丸的舷側附近，兩艘船開始噴出火焰☆。船員們拚命地滅火。登陸作戰一如預期，是場艱苦的戰役，在哥打峇魯的陸地上，自第一大隊長數井孝雄以下，死傷者已經達到七百五十人。

白思華總司令也在幾乎同一時間接到報告。中將才剛鑽進被窩沒多久，就收到前線指揮官的緊急報告說，日軍已經在哥打峇魯海岸線開始登陸，並且展開砲擊。不只如此，隨後英國總督珊頓・托馬斯爵士（Sir Shenton Thomas）也打來電話說：「我們要趕走那些傢伙，應該沒有任何困難才對。」

白思華口中念念有詞，隨即掛上了電話。在決議不發動鬥牛士計畫的現在，已經沒有什麼有效手段可以打擊日軍了吧！他這樣告訴自己，然後又急急忙忙鑽回了被窩當中。

在過了相當一段時間之後，白思華才帶著認真面對日軍大規模登陸作戰的覺悟，以及一臉睡眠不足的不悅模樣，出現在天色大亮的司令部當中，這時已經剛過上午九點。面對樸芳上將的質問，白思華這樣答道：「眼下的當務之急，是想辦法提升官兵與市民的士氣，並且沉著穩定，我對此深信不疑。」

上將啞口無言，好一陣子只是默默注視著白思華的臉。

「光榮的黎明！」

位置在珍珠港北方二三〇海里的機動部隊，和陸軍部隊第一波向哥打峇魯海岸出擊的同一時間——凌晨一點三十分（夏威夷時間七日上午六點），旗艦赤城號的桅杆上懸起一組旗號，然後又倏然降下。這是無聲的命令。

「機隊出發！」

艦隊在十五分鐘前，已經加速到二十四節。全員進入戰鬥部位。風向八十度、風速十三公尺。在風速與高速下，甲板被強風吹得發出異樣的吱呀聲。由淵田中佐擔任總隊長的第一波攻擊隊，共有一百八十三架飛機（水平轟炸機四十九、魚雷機四十、俯衝轟炸機（艦爆）五十一、戰鬥機四十三）。所有飛行員的目光，都貫注在赤城號桅杆上的旗號。當旗號當中的一組驟然上升，又迅速降下時，就是出擊的訊號。而現在，這組旗子已經猛然降下——

赤城號甲板上，零戰的引擎霍然轉動起來，那是戰鬥機隊隊長板谷茂少佐的座機。因為要打頭陣的關係，所以他的起飛距離最短，在離開飛行甲板的瞬間，只見板谷的零戰往下一沉，便消失在眾人的視野當中，不過旋即又像被氣流托起般，再次出現在大家的眼前。艦上的人們全都發出喜悅與感動的歡呼聲。

這天，以淵田的座機打頭陣，在航艦上空形成攻擊隊形，並於十五分鐘後向珍珠港挺進的這些男人，在他們眼中映出的，是生平所見最美的黎明。天氣並不算太好。雲量五到七，編隊在高度三千公尺處，緊貼在層層疊疊的雲上飛行。在一片漆黑中，腳下的雲層漸漸泛出了白光。接著，彷彿要切開所有事物般，火紅的巨大太陽，從水平線綻放出光芒。當地時間六點二十六分，日出。白色的雲海鑲上了一層金邊，開始散發出壯麗的光芒。

「多麼閃耀的黎明啊！」

淵田中佐在心裡想著。據他在戰後的說法，就是「Glorious Dawn！」（光榮的黎明）眩目的光芒越過中佐的眼睛，直射心坎，讓他不禁這樣喃喃自語。Glorious Dawn，這是大日本帝國黎明的象徵嗎？中佐這樣想著。「能生在這個大好時代，真是男兒足以自誇的驕傲。日本的命運，此刻全繫在我們的雙肩之上」，他深深地如此感受。

恐怕這天飛翔在珍珠港上空，第一波、第二波加起來總共七百六十五位的機組人員，全都抱持著跟他一樣的感受吧！他們是被選中的一員，是參與宣告新時代開幕之戰的人們。他們在未來、在歷史嶄新的一頁中，清晰留下了自己的身影。這正是男兒的平生之志，不是嗎！

可是，事實又如何呢？輝煌的未來又如何呢？這七百六十五人當中，有將近百分之九十的人，從這天以後，便陷入肉體疲勞與精神消耗、命懸一線的絕境當中，不斷從事著阻止亡國的戰鬥。國力自不用說，就連當下的戰備、資源都不足以應付戰爭所需，卻仍斷然朝著既定道路推進。在整個戰爭期間，這些飛行人員都抱持著「到死都回不了本土」的覺悟在飛行，並背負著要求與期待，不斷地進行戰鬥。

飛龍號航艦的戰鬥機分隊長岡嶋清熊大尉雖然沒對部下說什麼，但其實內心早已抱持著悲壯的覺悟。在海軍航空本部裡，前輩在開戰前夕所講的話，此刻清晰地浮現在他的記憶當中：「戰鬥機飛行員光是配屬在航艦部隊和基地航空隊中，就已經十分勉強了，剩下的人員不是上了年紀，就是病號。接下來的養成教育會非常辛苦哪！」

大尉這時候不禁對這句話深深感同身受。裝備與人員都已經配備到可能發生戰鬥的第一線，剩下的預備兵力幾乎等於零。國家在這種情況下，還要成就這項偉業，這樣又怎能持續下去呢？

歷盡艱辛生存下來，在雷伊泰灣海戰中負傷，失掉過去細節記憶的赤城號戰鬥機隊員谷口正夫二飛曹感慨地說：「在戰鬥中支撐著我的，是為了父母、為了兄弟、為了戀人這些直接的情緒。至於說為了天皇之類的，我則完全沒有這種感受。在現實的戰場上，眼見許多戰友死亡後，剩下來的觀念就只有『我不能死』而已。我就只憑著這種苦悶的情緒，一直戰鬥下去。即使如此，真的還是有很多好夥伴們，全都笑著死去了。最後只有像我這樣的人，僥倖存活下來。但，即使存活下來，也已經什麼都不剩了……」

就像谷口先生所說般，真的有很多大好男兒戰死。這些人都只有二十出頭而已。就以谷口二飛曹所屬的赤城號戰鬥機隊為例。

第一波攻擊隊			
第一小隊	板谷茂少佐	一九四四年七月二十四日	戰死

	平野崟一飛曹	一九四一年十二月八日	戰死
	岩間品次一飛曹	一九四二年六月五日	戰死
第二小隊	指宿正信大尉		（戰後意外死亡）
	岩城芳雄一飛曹	一九四二年六月五日	戰死
	羽生十一郎一飛（兵）	一九四二年六月五日	戰死
第三小隊	小山內末吉飛曹長	一九四二年十月二十六日	戰死
	谷口正夫二飛曹		（倖存）
	高須賀滿美一飛（兵）	一九四二年八月二十八日	戰死
第二波攻擊隊			
第一小隊	進藤三郎大尉		（倖存）
	木村惟雄一飛曹		（倖存）
	井石清次三飛曹	一九四二年八月二十八日	戰死
第二小隊	乙訓菊江一飛曹		（戰後意外死亡）
	高原重信二飛曹	一九四四年九月十二日	戰死
	森　榮　一飛（兵）	一九四四年四月五日	戰死
第三小隊	田中克視一飛曹	一九四四年六月一日	戰死
	丸田富吉二飛曹	一九四三年四月二十七日	戰死
	佐野信平一飛（兵）	一九四二年六月五日	戰死

同樣的事實，也共同發生在所有機組人員身上。放眼望去，盡是戰死、戰死、戰死這兩個冷酷的字眼。在名冊上寫滿的，是悲泣且盛大的葬儀隊伍。

雖然我很想為死者發聲，但我沒有辦法將這些參與珍珠港攻擊的男人們的戰鬥紀錄全部寫下，因此以下只能就部分的內容描述。另一方面，本書的目的並非詳細描述戰鬥，因此也再次請求各位惠予諒解。

儘管如此，我還是有一點想說，那就是日本人在這場戰爭中，是抱持著瘋狂的拚死精神在戰鬥。官兵們懷抱著「為了國家」、「為了父母」、「為了愛人」，甚或是「我還不能死」的心情不斷奮戰著。但是，這個國家在戰後卻捨棄了他們。戰後的日本，明明是立足在他們的獻身與犧牲之上，卻將戰爭中的一切斥為惡夢、加以無視，甚或是愚弄，將它們放逐到忘卻的彼方。

在這裡，或許我必須說一點題外話。英國首相邱吉爾在他的大作《第二次世界大戰回憶錄》中，稱不列顛空戰為「最光輝的時刻」。那麼，大日本帝國「最光輝的時刻」，應該就是這個早上了吧！不只如此，在每一位機組人員的生涯裡，應該也是最光輝的時刻才對……這樣一想，就讓人不禁想對閃耀著光輝的他們，投以長長的溫柔視線。

攻擊開始時間是凌晨三點半（日本時間）。這個時刻，距離遞交對美最後通牒的時間，已經到了一翻兩瞪眼的地步。到珍珠港還有一個半小時的飛行時間。迄今為止所做的一切暗中準備，都讓人不由得感到心思蕩漾……

「這份電報晚到了也好」

將「開戰通告」必須於下午一點遞交的訓令解碼出來後，駐華盛頓日本大使館的混亂、激動與狼狽不堪，因為前面已經多所提及，所以在此就不再加以贅述了。只見奧村帶著殺氣猛敲打字鍵，站在一旁的館員則只能像無頭蒼蠅般地到處繞圈圈。

在官邸待命的野村和來栖，則是盡可能隱藏住內心的焦躁。當他們打電話確認的時候，井口參事官說「一切都順利進行中」。事到如今，他們也只能相信這番話了。來栖不由得大嘆了一口氣。

野村在這期間，則是做好了萬全的準備。他命令秘書，和赫爾國務卿約好在下午一點見面。這時是七日早上十一點半，換算成日本時間是八日凌晨一點半，也正是第一波攻擊隊從航艦起飛的時間。

一開始，赫爾的秘書鄭重拒絕了：「很抱歉，國務卿這時候已經和人約好要共進午餐。改成一點四十五分可以嗎？」

確實，赫爾的手記裡記載著，他在下午一點預定要和某位律師見面。又或者，他是因為知道日本的訓電內容，所以才別有用心，刻意把會面時間往後延的呢？

野村仍然不依不饒：「那麼，威爾斯署理國務卿呢？……這真的是一件非常重要的事，無論如何都必須在下午一點……」

秘書放下話筒，看樣子是去找誰商議了。沉默持續了好一陣子，不久後，野村終於得到承諾：「我明白了。國務卿會撥出時間跟你們見面，請準時在一點前來。」

野村有種終於大功告成的心情，不禁鬆了一口氣。接下來就看下午一點前，能不能把解碼完畢的全部十四份電文繕打完成了。現在完全是和時間在賽跑。

說到解碼與繕打，這時候，東京的外務省也正在做同樣的事情。他們將羅斯福的「親筆信」稿子翻譯成日語並繕打完成，是在凌晨一點五十分時。東鄉外相立刻拿著這份文件，趕往近在咫尺處的永田町首相官邸。

因為事先已經聯絡過，所以東條首相帶著等得有點疲累、微微僵硬的表情前來迎接外相後，便立刻開口問道：「在這份訊息裡，有任何讓步的文句嗎？」

「不，美國並沒有做出任何讓步。」

東鄉用力地搖搖頭。首相繃緊的臉頰稍微放鬆了一點，鏡片後的眼神精光四射：「既然如此，那就沒有任何辦法了，不是嗎？換句話說，它完全派不上用場嘛！」

不過，東條並不反對外相將「親筆信」呈給天皇的打算：「上奏倒是沒問題，不過，陸軍固不用提，海軍航艦部隊的飛機也已經展開行動了哪！」

聽了首相的話，東鄉才初次得知珍珠港攻擊計畫。

儘管如此，在這個深夜裡，他們還是不顧木戶內大臣的意見，決定請求陛下允許請奏。兩名政府首腦的眉頭深鎖，東條命令秘書官赤松貞雄大佐，前去再次試探宮中的意向。

赤松在回想中如此說道：「我撥電話詢問宿衛侍從入江（相政），深夜上奏是否有所不便？結果陛下馬上就做出了許可。」

在《昭和天皇獨白錄》裡也這樣寫著：「我從短波廣播中，已經事先得知羅斯福將發來親筆電報一事。」

是故，天皇也在等待著這封親筆信。

當從首相官邸告辭之際，外相有點開玩笑地說道：「在這麼深的夜裡到處奔跑，引起騷動真是不好意思。」而東條則是相當認真地回答道：「這封電報晚到了也好，要是早一兩天的話，恐怕又是一場騷動了吧！」

東鄉從首相官邸回到麴町的外相官邸後，便為了參謁立刻換上一身正式服裝。這時候是凌晨兩點剛過幾分。

八日凌晨兩點—三點

「砲擊開始！」

由淵田中佐指揮的第一波攻擊隊，以隊形完整的大編隊，不斷朝向珍珠港飛去。

戴著耳機的淵田耳中，可以聽到檀香山電台播放的輕快爵士樂旋律。不過爵士樂放了一陣子之後，卻突然間變成了日本流行曲《盲目的人》——有些攻擊隊員有這樣的說法。不管怎樣，對於這些彷彿暗示著攻擊能夠如願以償、達成奇襲效果的悠閒音樂，攻擊隊員們都側耳傾聽著。

將他們送走之後的機動部隊，地勤人員為了第二波攻擊隊的出擊，紛紛頂著神聖肅穆的陽光，手忙腳亂地準備著。伴隨著輕輕的鏘鏘聲，升降機將飛機一架架帶上甲板。因為海上風浪頗大，所以作業稍微有點困難。

第二波的各指揮官，對部下做出最後的指令。航艦蒼龍號的戰鬥機隊分隊長飯田房太大尉，元氣十足地大聲說道：「就算中彈的話，我也會不顧一切，奔向目標的！」

藤田怡與藏中尉聽了這話，在心裡暗想：「事既如此，那就不需要珍惜生命了——不管接下來會遇到什麼事情……」

在赤城號上，俯衝轟炸隊分隊長千早猛彥大尉也神情愉悅地對部下說：「找不到母艦的位置怎麼辦？隨便發出電波，會讓敵人察知母艦所在地，所以到那時候，就一聲不吭的去死吧！」

第二波（一百六十七架，指揮官島崎重和少佐），預定在凌晨兩點四十五分出擊。

在哥打峇魯海域，佗美支隊的第二波登陸部隊正要出擊。支隊長自己帶著司令部要員，已經換乘到登陸用舟艇上。可是，因為對各方面的照會、報告乃至於要求，都必須一一應答，所以又白白浪費了不少時間。環繞著支隊長換乘的舟艇，滿載著官兵、做好突擊準備的舟艇在大浪中上下晃蕩，不住地繞圈子。已經不能再猶豫了，佗美下定決心：「出擊！」

登陸舟艇的船頭一齊指向陸地，然後朝著陸地的方向同時猛然加速。當他們啟航五六分鐘後，淡路山丸上便冒出了熊熊火焰。整艘船體被染成一片通紅，從暗暗的海上望去，令人不禁懷疑它是否還存活著。

日本時間凌晨兩點，夏威夷時間上午六點三十分。稍稍離開水平線的太陽，逐漸驅散了黑暗，將整片海域照耀得一片通明。過不了多久，將會改寫歷史的奇襲就要展開。但是這時候，一切都還沒開始，星期日早上的海洋，依然一片靜寂。可是在珍珠港外，驅逐艦華德號，已經成為美國海軍中唯一一艘投入戰鬥的船艦。

事情是從舵手基里安（Howard F. Gearin）的大喊開始的。在穿過敞開的防潛網，以低速朝港內前進的軍品補給艦安塔爾斯號（USS Antares, AKS-3）的後方，有一個奇妙的物體正緊跟在後。基里安透過望遠鏡，在右舷的方向確實掌握住了這個物體的動向。他看了看時間，是六點三十分。他原本以為是浮標，但浮標是不可能在水中以速度五節行動的。

「是一個小型帆罩！速度五或六節，正朝港內前進！」

接獲報告，艦長奧特布里奇立刻從床上跳起來，在睡衣上披起一件日式外褂，然後便登上艦橋。一瞬間，黎明前發現潛望鏡、但後來跟丟的報告，伴隨著恐懼感一同甦醒。在艦長的眼裡，清楚映出應該是潛艇帆罩的詭異黑色物體。果然是「敵」潛艇嗎？已經沒有時間多費工夫下決定了。

「全員就戰鬥部署，兩舷全速前進！」

這時候，並沒有任何美方潛艇在這附近航行。而且，它也偏離了通常的路徑許多。

「砲戰準備、深水炸彈準備。準備好就陸續展開攻擊！」

目標已經進入肉眼可見的範圍內。海上飄散的朝霧，完全不構成障礙。距離逼近到約九十公尺。帆罩在海面上浮出大約六十公分，而且彷彿完全不曾察覺到驅逐艦接近般，依然筆直前進。

「砲擊開始！」

奧特布里奇毅然決然展開戰鬥。在驅逐艦華德號的戰鬥報告上是這樣寫的：「〇六四五　對潛艇砲擊開始。進行兩次齊射。可以看見第二次齊射的砲火，直接命中了敵潛艇帆罩。接著開始深水炸彈攻擊。」

警報四度響起，華德號投下了四枚深水炸彈。在掀起的巨大水柱環繞中，敵潛艇在眾目睽睽下翻覆過來，並且消失在水深三百公尺的海域當中。

六點五十四分，奧特布里奇向海軍第十四軍區司令部發出密碼電報：「本艦在防禦水域內，對行動中的潛艇進行了砲擊與深水炸彈攻擊。」

這份最初的戰鬥報告，其實比淵田中佐指揮的航空部隊投下第一彈，還要早了一個多小時。而且，在艦長看來，既然已經明確寫下「砲擊」兩字，那就不是對水裡的鯨魚投下深水炸彈，而是確實在海上辨認出來，並且使用大砲攻擊。他確信司令部應該能了解這點才是。

可是，在這裡必須講述一下後來的發展。海軍第十四軍區司令部，對這份煞費苦心的報告並沒有特別重視。

司令克洛德・布羅克少將（Claude C. Bloch）與參謀長的對話，還是一片平和：「你認為這是怎麼一回事？」

「這類的誤認事件相當之多。光是這幾個月內，就已經有超過十幾起同樣的事件發生了。因此，我們再稍微觀望一下事態的發展吧！」

儘管如此，布羅克少將還是命令驅逐艦莫納根號（USS Monaghan, DD-354）緊急出動。

然而，也有人直覺認為這份報告的重要性非比尋常，那就是太平洋艦隊司令部的值班參謀文森・墨菲中校（Vincent Murphy）。接獲報告後，他便一邊等著驅逐艦戰鬥報告的複雜的密碼解碼，一邊打電話向金默爾司令報告。因為線路壅塞的關係，電話一直打不通。好不容易接通電話時，艦隊司令正穿著睡袍準備吃早餐。金默爾聽到這個訊息後，也不考慮報告的可信度，就放下了早餐。看樣子，他當場就已經理解到這件事的重要性：「很好，我知道了！等我刮個鬍子、換上軍服，就馬上前往潛艦基地司令部！」

金默爾帶著怒意，掛上了電話。然而，這份報告來得太遲了。就在接下來十分鐘不到的時間內，也就是金默爾正在穿軍服的時候，日本飛機的轟炸已經展開。

「將原文向世界公開」

然而，金默爾在這之前，其實還有最後一個機會。早上七點零二分，在位於檀香山以北四十五公里處、卡胡庫角的歐帕納機動雷達站，隸屬「夏威夷航空警報通信連第五一五團（Signal Company Aircraft Warning Hawaii, SCAWH）的約瑟夫・洛克德（Joseph L. Lockard）與喬治・艾略特（George Elliot）兩名二等兵，發現在映像管上出現了「極其異常的現象」——那是一片相當龐大的綠色光點。

較資深的洛克德心想，大概是機械的哪裡發生故障了吧！於是他一把推開新兵艾略特，開始對機械進行檢修，可是雷達並沒有任何異常發生。幾分鐘後，洛克德得出結論，「這一定是哪裡來的飛行物體」。這實在是個令人相當不安的發現。兩人立刻在方格紙上，就這個物體的位置與動向進行描繪，結果發現雷達告知的訊息是，這是一支位在北邊一百三十海里、正朝歐胡島飛來，且數量超過五十架以上大編隊的飛機。

早上七點零六分，洛克德撥電話給陸軍情報中心，上氣不接下氣地報告說：「出大事了！有一支沒見過的大編隊正從北方接近中，方位是東三度！」但是，值班的柯密特．泰勒中尉（Kermit A. Taylor）對他的報告絲毫不感興趣。因為中尉早就知道今天早上八點會有 B-17 轟炸機從本土西岸編隊飛來，所以他便直截了當地判斷，雷達捕捉到的機影就是這支編隊。這是日軍開始攻擊前五十分鐘的事。

「沒問題的。不用擔心，這是我軍的飛機。」

中尉這樣告訴洛克德。洛克德聽了之後，聳了聳肩膀。什麼嘛，是我軍啊！原本一直神經緊繃的兩名二等兵，一下子也放鬆了下來。既然如此，再繼續追蹤這支大編隊也沒意義了，不是嗎？洛克德的注意力，馬上就轉移到七點半卡車要運來的早餐上了。

新兵艾略特則因為還在訓練中，所以一邊在嘴裡碎碎念著，一邊當作練習，繼續追蹤這些光點。七點二十五分，五十五海里……三十分，四十二海里……三十九分，二十海里……再過去就因為山上的反射，使得光點一片混亂，於是再也無法追蹤它們的航跡了。正好這時候運送早餐的卡車到了，於是兩人便關掉雷達開關，朝卡車走去。

就這樣，雷達捕捉到日本攻擊部隊的事實消失了，而陸海軍雙方的司令部，也都沒有接到關於這方面的聯繫。

到了戰爭爆發將近一年的一九四二年底，雷達已經在戰場上發揮了強大的威力。期盼夜戰必勝的日本海軍，他們所作的訓練遇到了雷達，全都變成徒勞無功。從這時候開始，戰爭變成了恐怖的科學與科技之戰，戰鬥是機械與機械的衝突，充滿了無情的特徵，而人不過是機械的從屬零件罷了。這對人的技巧與能力之類觀念可說是嚴重斲傷，但在雷達的精準威力面前，人們也只能噤口不語。

然而，即使在這種機械支配戰鬥的情況下，最後的關鍵還是人類。在科學與機械的背後，經常隱藏著人類的情感與判斷。至於在戰爭初起之時，這樣的情況就更不用說了。

金默爾後來在珍珠港聯合調查委員會的聽證會上，做出了以下說明：「當時不管是陸軍還是海軍，在珍珠港各個軍階的官兵之間，普遍蔓延著夏威夷

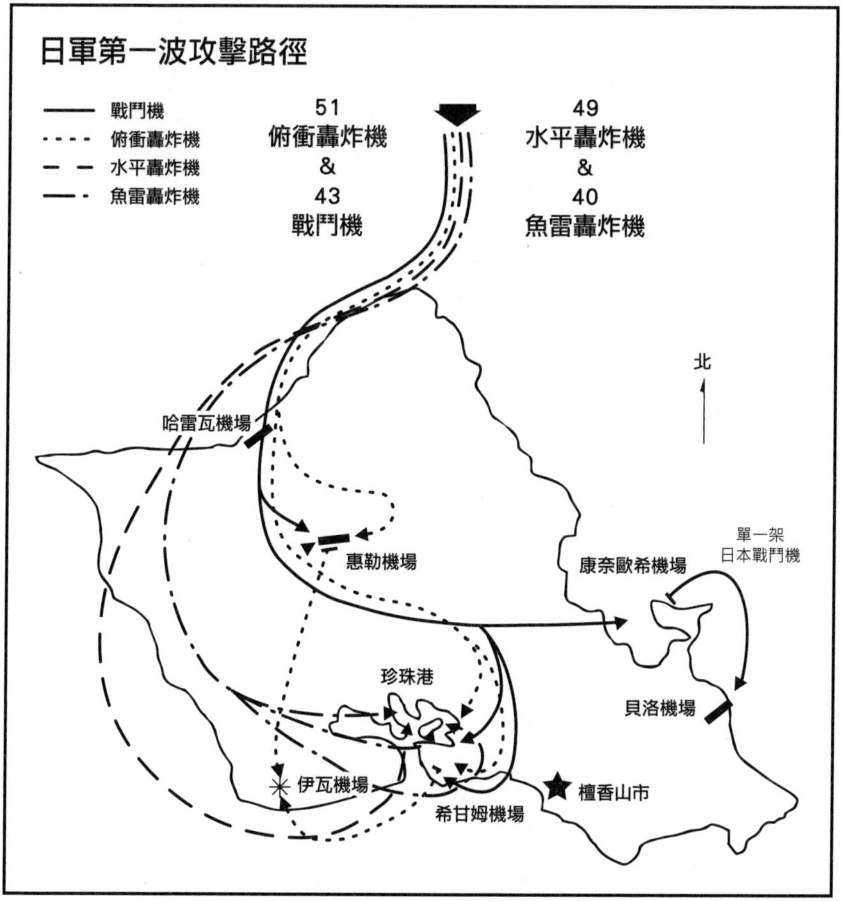

不會成為攻擊目標的錯覺。」

確實是如此，身處戰場的人們所容易犯下的錯誤、誤判、躊躇、怠慢，以及運氣好壞，對於戰場的勝敗，乃至於國家的興亡，都產生了巨大的影響。

這個早上，倒楣的金梅爾上將雖然睜開眼睛，但眼前還是一片漆黑，什麼都無從察覺。而就在同時，迎接上午到來的華盛頓首腦們，又是如何呢？

赫爾國務卿結束了跟陸海軍首長從早上就一直進行的漫長會議，正在吃遲來的午餐。關於會議的內容，史汀生戰爭部長是這樣寫的：「……雖說午餐時間已經到了，但我們還是盡可能就各種必要事項進行討論。主要的問題是，要怎樣把關注亞洲情勢的各主要國國民（英、美、荷、澳、中）給團結起來才行。赫爾說，『日本正在從事某種邪惡計畫』，一邊看著地圖一邊陳述意見。我則像個速記員在做口述筆記般，將他講的東西給抄下來。」

會議就像剛才前面提到的那樣，因為翻譯組組長克雷默送來「魔術」而一時中斷。赫爾看著電文，不禁覺得「敵人開始攻擊的時刻就在幾個小時、甚或幾分鐘之內」。但是，他並沒有立刻採取應對措施。接下去，會議仍舊以赫爾一邊看著地圖一邊長篇大論、兩位部長官提出意見的形式繼續進行下去。

三位首長最大的疑惑是「日本開第一槍的地點會在哪裡」？關於這點，他們的意見相當一致，都認為日本會以東南亞的英荷屬地為目標。在史汀生催促下，赫爾以接下來的話，為自己的口述見解作結，而陸海軍兩位首長也表示同意：「德國與日本在征服、破壞世界的行動上，有著密切的關聯。希特勒在世界的另一邊行動，由軍方掌控的日本政府則在剩下的另一個半邊行動。他們的行動是幾乎同步進行，假使有涉及到個別或相互利益的場合，也會攜手合作。

在這種情況下，我們所珍重且充滿價值的一切事物，都將立刻陷入危險之中。故此，我們必須斷然採取防衛措施，這是守護我們一切文明制度的必要關鍵。」

這正是明白地宣示，不管日本攻擊哪裡，美國都會斷然進行防衛。換言之，美國必會把日本當成是和德國同樣的「敵人」進行宣戰。

赫爾就這樣作好了自己能做的一切準備後，等著下午一點野村、來栖兩位日本大使的到來。但是，野村卻來電表示，自己可能會稍晚才到。當接到通知時，赫爾剛好結束午餐，正端著一杯咖啡，悠悠閒閒享受略微放鬆的氣氛。「到了這個地步，日本還想玩什麼花招嗎？」赫爾在心裡這樣想著。

羅斯福總統在中午十二點半（日本時間凌晨兩點半），會見了中國駐美大使胡適，並在他面前大聲朗讀了給日本天皇的親筆信。途中儘管總統夫人出面，提醒說「午餐的時間要過了」，但羅斯福卻毫不在意，就這樣一路把親筆信念到完。接著，根據史家赫爾伯特・費斯（Herbert Feis）對胡適的採訪，胡適記得羅斯福在朗讀完親筆信後，說了這樣一段話：「這是我為了維繫和平所作出的最後努力。然而我很憂心，深恐這樣的努力最後仍將以徒勞作收……」

那麼，如果日本直到八日晚間，仍然對這封親筆信置之不理的話——？

「那，我打算將原文向世界公開。」羅斯福斬釘截鐵地說道。

又，根據胡適的記憶，羅斯福還對他說：「日本毫無疑問將採取某種『卑鄙的行動』，四十八小時之內必定會有某種可憎的事件發生在泰國、馬來亞、荷屬東印度，甚至是菲律賓，這點我們必須密切注意。」費斯在著作中如此記載。

正如上述，在破解出「下午一點遞交通告」的訓電後，美國的首腦們對於日本發動攻擊都已經有了心理準備。但是，這裡必須再重複一遍，在他們腦海裡的攻擊目標，完全沒有「珍珠港」的影子存在。而且，如果胡適的記憶正確的話，要說羅斯福在言談中充滿陰謀與卑劣，在明知珍珠港要遭受攻擊的情況下仍放任不理，這種看法也未免有點太小人之心了。

「不幸中的大幸」

在日本，凌晨兩點四十分剛過，東鄉外相穿過坂下門，進入皇居當中。羅斯福號稱「最後努力」的那封給天皇親筆信，就裝在他的禮服口袋裡。這是一個沒有一絲風聲，只剩滿天星斗閃爍的寒冷冬夜。

在內大臣室裡，急急忙忙前來宮內的木戶已經等在那裡。外相馬上對他就親筆信的內容做了大略概述。木戶聽完之後，當場面無表情地說：「這樣的東西是沒用的啊。首相的看法怎樣？」

「跟你一樣，也認為完全沒用哪……」東鄉微微笑著應道。

不久後，侍從前來通知天皇即將駕臨。在前來迎接的舍人引導下，東鄉神色肅穆地通過了充滿清淨之氣的長廊，走進「御常御殿」一樓的御學問所。這時，他的手錶正指向三點。

天皇穿著一身海軍的正式服裝。東鄉來到天皇面前，開始朗讀羅斯福親筆信的日譯全文內容，四十歲的天皇一言不發地專心傾聽。

東鄉後來這樣寫道：「能夠目睹陛下心懷四海同胞的氣宇，與毅然決然的態度，實在令我感激涕零……」

天皇的凜凜姿態映在老外相的眼中，讓他不禁為之目眩。

《昭和天皇獨白錄》裡則是這樣寫著：「我好幾次想要回應這份親筆電報，但是東鄉卻說：『在六日的時候，我們有兩艘潛艦在夏威夷海面遭受攻擊，所以已經不用回應了。』我聽了他的話，於是就停下了回應的打算。

東鄉也說，他既不打算回應格魯大使，也不準備安排他前來拜謁。

不知幸還是不幸，這封親筆電報是非常事務性的通訊，內容其實停留在首相或外相可以處理的範圍內，所以我可以默不作聲。在我想來，這確是不幸中的大幸。」

我曾經為這份《獨白錄》作註解的工作。然而，從它最初在雜誌上發表的時候開始，我就對「六日在夏威夷海域有兩艘潛艦遭受攻擊」的事情，抱持著莫大的疑問。東鄉到底是從哪得到這項情報的呢？這時候在馬來亞海域，確實已經開始出現死傷者，而在珍珠港外，也有一艘特殊潛艇或許遭到擊沉。可是，在十二月六日完全沒有發生這樣的事實啊！

總之，開戰已是既定事實——說得更明確一點，軍隊現在已經開始行動了。這封親筆信說到底，不過是羅斯福的裝模作樣罷了。東條也好、東鄉也好，還有木戶，現在除了等待時間走到盡頭之外再無他法。不想讓天皇抱持多餘的憂慮，所以才編出這樣的事實……是這樣一回事嗎？

另一方面，田中清定教授（關東學園大學）則是認為：「日本方面為了同樣『留下紀錄』，所以應該也有以天皇之名，發出相應回電的策略才對吧？」關於他的意見，雖然沒有相關證據，不過我很想表示贊同。或許，這樣的「策略」真的曾經浮現過，只是沒有足夠的時間去回應而已吧？

距離對珍珠港的攻擊開始，只剩下三十分鐘了。

八日凌晨三點—四點

「差不多要開始了啊」

在聯合艦隊旗艦長門號的作戰室裡，從凌晨兩點起，就有穿好軍裝的幕僚們陸續出現，再次向值班的佐佐木參謀打招呼。到了將近凌晨三點時，在幕僚休息室小憩的作戰參謀三和義勇大佐走進房間，發現因為外貌之故、被人戲稱為「甘地」的黑島先任參謀，已經在自己的座位上閉目養神了。黑島真的就像哲人在冥想般，不管誰走進作戰室，他都不曾睜開眼睛。就算是大嗓門的宇垣參謀長出現在室內，他也沒有多打一聲招呼，依舊頑固地保持同樣的姿勢。

宇垣也沒有對黑島多加理會，自顧自地坐到椅子上，用僵硬的語氣說道：「馬來亞那邊，似乎進行得相當順利哪。」

「陸軍也真是大幹一場了哪！」通信參謀和田雄四郎中佐答道。

對英戰爭在山下中將指揮下的馬來半島登陸作戰，已經扣下了扳機。登陸成功的報告透過南方軍司令部傳達到各地，在香港、關島、威克島等地的攻擊部隊，也將一齊展開作戰行動。

凌晨三點整，山本司令走進了作戰室。或許是歷經一陣短時間的熟睡之故吧，長官的神色顯得相當清澈，短小精幹的身軀上，散發著「愛絲瑪」（Hechima Cologne）[7]的芳香。

當山本在作戰室最裡面的折疊椅坐下後，和田參謀低聲向他報告說：「長官，我想大概還需要一點時間。」

山本點點頭，也閉上了眼睛。在他的眉宇間，似乎累積著化不開的憂鬱。賭上戰爭命運的攻擊作戰，現在就要展開。到底結果會是奇襲、還是強攻呢？若是認為奇襲已經確實成功，但實際上機動部隊早就被發現的話，那……？幕僚們全都憂慮不已，而大家也都無言地望著不動如山的長官，猜測他心中的想法究竟如何。

現在只能等待了。至少幕僚們先前煩惱的五個難題，現在都已經解決了。一切都出乎意料順利，平平安安地在運作中。南雲機動部隊在歷時十二天的漫長航行中，並沒有遇到第三國的船舶，也沒有被敵方潛艦和巡邏機發現，就這樣一路前行，抵達攻擊隊出擊的E點，而敵人似乎完全沒有察覺的樣子。不只如此，相當幸運的是，雖然珍珠港內沒有航艦的身影，但是敵人主力艦隊幾乎可以確定就停泊在港內。陸軍在馬來半島的敵前登陸作戰，也毫無窒礙地成功了。剩下的，就只有攻擊隊的「奇襲」是否成功了。

好幾位參謀在大桌上攤開的夏威夷海圖前探出身子，像是在調查些什麼。但，事到如今，還有什麼

7 譯註：一種用絲瓜製成的天然化妝水，是日本人很愛用的產品。

需要調查的事情呢！整個房間裡充滿了令人窒息的靜寂，連落下一根針都清晰可聞。幕僚們宛若確認交班時刻的衛兵般，緊追著隔壁青銅製海軍時鐘指針的每一次跳動。

突然間，像是要打破這種窒息的氛圍般，黑島參謀終於睜開了那雙細細的眼睛，用漫不經意的聲音說道：「差不多要開始了啊……」

他既沒有尋求任何人的回應，也沒有任何一個人回應他。

「虎、虎、虎！」

在距離日本本土六千兩百公里外的珍珠港，大戲確實正要開始。這是一場有史以來出乎意料、完完全全的奇襲。

打頭陣的是重巡洋艦筑摩號上起飛的零式水上偵察機。在這裡對飛行員福岡少尉的手記，做個稍長的引述。

在山坡上平坦的地方，可以看到惠勒機場機庫前停放著十幾架小型飛機。接著我又繼續前進。看見了，那就是我做夢都會夢到的珍珠港。艦隊在哪裡呢……有了，美國戰艦特有的網狀桅杆，正沿著福特島排列成行。我發出第一道電訊：「敵艦隊在珍珠港內」。聽笠森君按電報鍵的聲音，他應該快把手指按斷了吧！真是令人感慨萬千。／雖然按照出發時的情報顯示，港內停泊的船艦當中並沒有航艦，但我想它或許會藏在港內某處，於是不放過每個角落、仔細地搜尋，但最後果真沒發現，真是遺憾。於是我發出關於兵力和碇泊隊形的第二道電訊。／港內平靜，連小船都沒有動靜。附近被淡淡的暮靄所包圍著，看樣子，整個港口仍在大夢未醒中靜靜沉眠。

攻擊隊總隊長淵田中佐在機上，收到福岡機傳來的報告電訊：「珍珠港內停泊有戰艦十艘、甲巡（重巡）一艘、乙巡（輕巡）十艘……風向八十度、風速十四公尺、珍珠港上空雲高一千七百公尺、雲量七、〇三〇八（凌晨三點八分）。」

幾乎在此同時，重巡洋艦利根號的水偵飛到毛伊島（Maui）上空，報告在拉海納泊地（Lahaina Base）並沒有艦艇停泊。既然如此，那就全力集中在珍珠港吧！

大概就在這個時候，淵田的座機穿越雲層，發現了泛著白浪泡沫的海岸線。他已經抵達歐胡島北端的卡胡庫角。環視那一帶，並沒有發現美軍軍機的影子，總隊長因此確信，奇襲必定會成功。東京時間三點十五分，他發出暗號：「突擊！」命令攻擊隊擺出準備突擊的陣型。接著他拿出信號槍，發出一發信號彈。這就是向全軍指示「奇襲攻擊展開」的號令。按照計畫，村田重治少佐指揮的九七式（九七艦攻）魚雷機隊，將會率先突入敵陣。

然而，在最上空的戰鬥機隊，反應似乎有點遲鈍。淵田擔心指揮戰鬥機隊的板谷少佐是不是看漏了，於是又發出一發信號彈。這一發卻引起了誤會。負責指揮九九式（九九艦爆）俯衝轟炸隊的高橋赫一少佐看見這發信號，判定兩發信號彈就代表著「強攻」的意思。既然是強攻，俯衝轟炸機隊就必須擔綱分散敵方防禦砲火的任務，打頭陣發動攻擊，於是他便提早展開行動。

淵田似乎覺得這樣也沒關係，於是在三點十九分，命令後座的電信員水木德信一飛曹發出電訊。電訊的內容是連續發送的・・｜・・、・・｜・・、・・｜・・（換成暗號是「突、突、突」），意思就是「全軍突擊」。

就在他連續發出這個「突」字的時候，高橋少佐指揮的五十一架九九艦爆，已經進入了俯衝態勢。他們的目標是惠勒、希甘姆兩大陸軍航空基地，要對敵方戰鬥機隊以及防空陣地展開壓制攻擊。高橋少佐親自率領的二十六架飛機往希甘姆前進，坂本明大尉指揮的二十五架則開始突擊惠勒。東京時間凌晨三點二十五分，對美戰爭隨著高橋隊投下的炸彈就此展開。

紅藍交織的屋頂、美麗的花朵、椰子、岸邊的白浪，我們真的要把這麼美麗的島嶼化成火海嗎？加賀號戰鬥機分隊長志賀大尉，一瞬間湧現這樣的想法。赤城號的水平轟炸機隊員杉田好弘飛長則說：「這就是戰爭嗎？感覺就像做夢一樣。明明是打第一仗、立第一功，照理說應該勇氣百倍才對，可是我卻不禁心神蕩漾，不住眺望著底下的景象。」一派平和的珍珠港，就在自己的眼下。

淵田在抵達珍珠港上空時，再次回頭看著水木一飛曹說：「用甲種電波向艦隊司令部發信，內容就寫『我們奇襲成功了』，怎樣？如果電信機狀況夠好的話，我還打算一路將它傳到東京呢！」

水木按下電報鍵。這個奇襲成功的暗號就是「虎、虎、虎……」。（・・｜・・・　・・・、・・・｜・・・・、・・・・｜・・　・・・）

這時是東京時間凌晨三點二十二分、夏威夷時間七日上午七點五十二分。

三分鐘後，惠勒機場與希甘姆機場被命中了第一枚炸彈。停在大坪上的戰鬥機被炸成了粉碎，巡邏機與水上飛機也遭到嚴重破壞，碎片散得到處都是。兩分鐘後，九七艦攻隊對戰艦群的攻擊開始。再三分鐘後，從束縛中解放出來的戰鬥機開始對地面掃射。一切都按照反覆嚴格的訓練，井然有序地展開攻擊。

在珍珠港內有美國太平洋艦隊的戰鬥艦艇七十艘、輔助艦船二十四艘，但只有一艘驅逐艦展開行動◎。各艦都在準備早上的升旗典禮。在戰艦內華達號的後甲板上，軍樂隊正集合完畢，等待早上八點的到來。這時，好幾位軍樂隊員發現在西南方天空，有一片黑色的斑點。斑點愈來愈大，最後變成大隊飛機，一口氣從他們頭上飛過。

「或許是俄羅斯航艦來做友好訪問吧？看機翼上有紅色標誌的樣子。」不知是誰如此感嘆地自言自語。

就在快到早上八點時，隨著隊長揮下的指揮棒，軍樂隊開始吹奏美國國歌《永遠的星條旗》。這時，好幾名水兵看見一架緊貼著水面、急速接近的飛機，朝前方的戰艦奧克拉荷馬號（USS Oklahoma, BB-37）的側面，投下一個又黑又長的物體。

瞭望員大聲喊叫：「是魚雷攻擊機，正在投下魚雷！」

「這不是演習！」

與在艦上直接目睹到的攻擊不同，在相距較遠地方的人們來說，對於突然的爆炸聲，反應可說是相當的遲鈍。海軍官兵們心想「又是陸軍那些傢伙在演習了吧」，陸軍則覺得「海軍那些傢伙，星期天一大早演習搞得這麼瘋幹什麼」？至於檀香山報社的人則是覺得：「海軍、陸軍，你們也夠了吧！星期天早上，讓人好好睡個覺行不行？」市民們也多半心想「又來了啊」？

當日本軍機殺到的時候，在珍珠港上空有兩架民用飛機在飛行，分別是飛樂樂飛行俱樂部（Hui Lele Club）的教練機，以及律師羅伊·伍德賽克（Roy A. Vitousek）駕駛的阿爾卡（Aeronca）65TC小型飛機。相傳這兩架飛機都遭到零戰擊落，但實際上它們在遭到射擊後便沿著海岸線低飛，因此在沒有受到致命傷的情況下逃過一劫。不過赤城號零戰部隊的戰鬥紀錄上，是有寫著「擊墜一架教練機」就是了[8]。

另一方面，美國太平洋艦隊司令金默爾上將，這時候則剛刮好鬍子，換上附有上將肩章的全白制服。此時，電話再度響起，他拿起話筒，聽到的是司令部值班參謀墨菲中校的報告，內容是在防禦海區發現一艘目標，驅逐艦華德號正在把它戒護送往海岸防衛隊隊部——就在報告尚未結束之際，司令的隨扈士官衝了進來，大聲喊道：「長官，是空襲！日本飛機正在攻擊珍珠港！」

金默爾一把甩掉話筒，連軍服的釦子都來不及扣上便跑出門外。一瞬間，他的臉上血色全失。當他從馬卡拉巴（Makalapa）的官舍庭院望出去時，眼前的景象可以說是光天化日之下上演的惡夢。

除了在海軍造船廠船塢中維修的旗艦賓夕法尼亞號（USS Pennsylvania, BB-38）之外，太平洋艦隊引以為傲的戰艦群正在福特島的巨大泊地中，一艘艘獨自、或是兩艘一對地繫泊著。而畫著日之丸軍徽的魚雷攻擊機，正井然有序地對這些戰艦展開攻擊。宛若遠方的雷聲般，猛烈激昂的大爆炸，轟然不斷地持續響起。命中的水柱高高濺起，天空老早被爆炸的硝煙給弄得一片灰暗。

凌晨三點二十八分（夏威夷時間七點五十八分），第二巡邏聯隊（Patrol Wing TWO）司令派崔克・柏靈夏少將（Patrick N. L. Bellinger），用廣播和無線電向全體艦艇通報：「通告在夏威夷水域中航行的所有船舶——珍珠港遭到空襲！這不是演習！」（Air raid, Pearl Harbor. This is no drill）他還強調了兩次「這不是演習」。

不久後，這條訊息便成為自南北戰爭爆發、南軍攻擊薩姆特堡要塞（Fort Sumter）以來前所未見，震撼全美國的消息。這段緊急警報在海軍通訊單位的中繼下，立刻緊急發送到美國本土。

這時候，在從檀香山到珍珠港陸軍司令部的道路旁，一名少年正躲在水溝中，身體不住瑟瑟發抖。在他的手上，緊緊握著從華盛頓發來，要送給司令部的緊急電報。那是馬歇爾陸軍參謀長認為對日交涉已經決裂，要對珍珠港發出的警告。當日本攻擊機投出第一彈的時候，少年便不假思索地縱身躍入溝中。在接下來幾個小時炸彈和機槍掃射交錯的空襲中，他都一直躲在那裡。

這時在華盛頓——凌晨三點四十八分（華盛頓時間七日下午一點四十八分），海軍的通信組長接獲

8 編註：當時在歐胡島上空，總共有五架民用飛機在飛行。其中兩架由三名休假的夏威夷州國民兵搭乘的「幼獸」（J3C-50 Cub）小型飛機從羅傑斯機場（John Rodgers Airport）起飛做休閒飛行，於當地時間七點五十五分在珍珠港入口水道南方遭到日軍擊落。三名死者包括飛行員布萊克威爾（Henry C. Blackwell）、布朗（Clyde C. Brown），以及乘客拉斯穆森（Warren D. Rasmussen）。

了華盛頓至檀香山越洋電話。因為檀香山的接線生說有緊急狀況，所以他就在原地等待。兩分鐘後，消息進來了。「珍珠港遭到空襲，這不是演習！」這是華府這邊所接獲的第一次通報。

比其他首長更早接獲這通緊急報告的，是海軍軍令部長史塔克。他立刻告知海軍部長諾克斯。

「怎麼可能！」

海軍部長脫口而出的第一反應是這句話。接著他又問道：「怎麼會有這種荒唐事？就算有的話，不也應該是菲律賓才對嗎？」

史塔克答道：「不，遭到攻擊的就是珍珠港。」

之後，諾克斯立刻拿起了直通白宮的電話話筒。

這時，羅斯福總統正在當作書房之用的橢圓形辦公室中，跟親信霍普金斯共進午餐。「什麼！」當報告傳進來時，羅斯福也發出了難以置信的叫聲。在電話這頭的諾克斯，感覺「總統似乎整個身體都在顫抖」。「此事千真萬確，請您聽我報告。」諾克斯於是將電文讀了出來。

午餐終止了，羅斯福與霍普金斯面面相覷。好一陣子後，霍普金斯才終於開口說：「一定有什麼地方搞錯了，日本應該不會攻擊珍珠港才對啊，怎麼會有這麼荒唐的事……」

霍普金斯對報告感到疑問的原因有兩點，一是日本人應該沒這麼大的膽子才對，二是珍珠港有我國陸海軍銅牆鐵壁般的防守。羅斯福的想法也是如此。若是日本要對美國開第一槍，那也應該是在菲律賓才對。明明應該是這樣沒錯，但為什麼珍珠港的主力艦隊會遭到奇襲？而且還是羅斯福最引以為傲、也最信賴的戰艦部隊？

然而，羅斯福不得不承認這個事實。

「這份報告大概是真的。看樣子，日本人是幹了一件我們完全意想不到的事情。而且，他們是在一邊針對太平洋的和平進行談判的時候，一邊安排了這場摧毀和平的大作戰……」

羅斯福一邊說著，臉上漸漸顯現怒意。

聽到「珍珠港遭到空襲」的報告，還有另一個人憤怒欲狂，那就是位在歐胡島西方約二十海里的悍將——第八特遣艦隊司令海爾賽中將。在離開珍珠港八小時後，他為了實施前方的巡邏，從航艦企業號上派出了十八架俯衝轟炸機，要它們先前往夏威夷。目送這些飛機離去後，司令好好刮了個鬍子，洗了個澡，聽取各式各樣的報告，然後帶著一副好心情，跟司令部秘書摩頓上尉（H. Douglass Moulton）一起共進早餐。當他正在把餐後第二杯咖啡端到嘴邊的時候，身旁的電話突然響起。

秘書接起話筒，下一個瞬間用顫抖的聲音向海爾賽說：「長官，值班軍官收到無線電，說珍珠港正在遭受空襲……」

海爾賽將咖啡杯猛然往桌上一放，一躍而起說道：「混帳！他們該不會是打到自己人了吧！那群笨蛋，那是我方的艦載轟炸機啊！是我的十八架轟炸機！金默爾這混蛋在幹什麼啊！」

他們一定是把我派去的十八架飛機當成敵機，然後下令珍珠港的防空砲台開火射擊了——就在海爾賽這樣錯誤猜想的時候，通信官道瓊中校（Harold "Ham" Dow）以幾乎要把大門踹破的猛烈之勢闖進來，交給怒不可遏的司令官一封電報：「珍珠港遭到空襲，這不是演習！」

海爾賽毫不誇張地，整個人怒髮衝冠。只見他對參謀們大聲怒吼：「戰鬥部署！混帳，這附近的某處一定有敵軍航艦，把他們找出來然後發動攻擊！敵人是那些小日本（Jap）！」

見敵必戰是海爾賽一貫的信念。

然而，這位海軍將領或許是特例。不只是總統和政治、軍事各首長，事實上幾乎所有的美國人，都想不到日本人居然會從航艦上出動大批飛機，對珍珠港展開攻擊——不，事實上他們連作夢都想不到，會與日本發生戰爭。正因為如此，當白宮好不容易從檀香山接獲緊急電話、並立刻向大眾媒體發出「……白宮表示，日軍似乎正在攻擊珍珠港」時，消息並沒有馬上就傳播到一般大眾耳朵中。姑且不論報紙已經過了截稿時間，廣播——特別是全國性的電台——當中，中斷節目傳達戰爭爆發訊息的，也只有一家而已。大型媒體如NBC和CBS，則仍在持續播送薩米・凱伊（Sammy Kaye）的小夜曲，以及錄音室的音樂節目。

在德州的山姆・休斯頓堡（Fort Sam Houston），艾森豪准將（Dwight D. Eisenhower）為了舒緩野外演習的疲勞，正打算好好享受個平靜的午覺。美國海軍部航海署署長（Bureau of Navigation）[9]尼米茲少將（Chester W. Nimitz），吃完遲來的午餐回到位於Q路上的公寓，正在悠閒地聆聽唱片。法務部的法律專家們，正在認真研究《芝加哥論壇報》散布的八卦，是否有涉及叛國罪之虞。至於諾曼・梅勒（Norman Mailer）[10]，則正在哈佛大學的運動場上，揮汗如雨地練習美式足球。

另一方面，華盛頓時間下午兩點的時候，國務卿赫爾為了跟提出緊急且不可理解要求的野村與來栖見面，匆匆忙忙地從外面趕回國務院。不管是誰，這時候都不曾想到珍珠港正遭到凌厲萬分的痛擊，而有眾多水兵已經喪失了性命。

「對方已經擺出了臨戰態勢」

至於日本這邊——

第一通戰報傳入位在柱島泊地的旗艦長門號作戰室，是接近凌晨四點時的事。擔任司令部專屬通信官的年輕中尉衝進門內，用激動的聲音說：「值班參謀，是連續發出的『突』字！是機隊全體突擊的命令！」

和田參謀接過電報紙，迅速地瞄了一眼。

「我知道了。發信時間是三點十九分。」

這時，原本身體一直深深沉落在折疊椅中的山本，一下子霍然睜大雙眼，無言地點了點頭。這個時間換算成夏威夷時間，是上午七點四十九分，也就是原本預定攻擊時間的十一分鐘前，這證明了作戰進行得相當順利。宇垣參謀長對仍然站在入口的通信官開口問道：「剛剛的報告，是直接透過飛機的電波得知的嗎？」

「是的。」

參謀長忍不住喜形於色地說：「直接收訊啊……這還真是再清楚不過了哪！」

---

9 編註：後於一九四二年五月十三日改稱海軍人事署（Bureau of Naval Personnel）。

10 譯註：美國小說家，曾參與雷伊泰灣海戰，代表作是描寫二次大戰的《裸者與死者》（*The Naked and the Dead*）。

自從南雲部隊從擇捉島單冠灣出擊以來，儘管進展比預想還要順利，且大家也都對「奇襲必定會成功」毫不懷疑，但心中還是有一股難以抹滅的不安，畢竟機動部隊在嚴守無線電靜默的情況下，完全無法取得聯繫。雖然俗話說「沒有消息就是好消息」，但是在等待的眾人心中，還是難免會有不吉的想像縈繞。而今，這一切都隨著這份首發戰報而煙消雲散了。總隊長在毫無障礙的情況下發出的「全軍突擊」命令，正說明了這場攻擊已經成為一場漂亮的奇襲。

接著就在幾分鐘後，長門號的無線電室，收到了充滿自豪的「虎虎虎」暗號電報。而在下一瞬間，幾乎是驚慌吶喊的美軍明碼電報，也像大浪般湧了進來。

「SOS、SOS……」

「能出港的艦隊全部出港！」

「不，不能出港！灣外設置有水雷，戰艦出不去！」

宇垣參謀長在《戰藻錄》中，除了收錄日本攻擊機發信的「我機對敵戰艦進行雷擊，效果甚大」等電報外，也把這些呈現美國海軍狼狽樣貌的明碼電報，原文不動地抄錄了下來。

「SOS. …… attacked by Jap bomber here 6 ey(total) come again here come boy or ……」（求救……被六架小日本轟炸機攻擊，他們又來了）

「Oahu attacked by Jap dive bombers from carrier. SOS Oahu …… by Jap this ……」（歐胡島被小日本的艦載俯衝轟炸機攻擊。歐胡島求救……被小日本……）

「Jap, this the real thing」（小日本，這次是動真格的）

在幕僚們的耳邊，彷彿可以聽見美國海軍的哀號。

特別是當通信參謀用英文讀出「珍珠港遭到空襲，這不是演習」的時候，作戰室內先前一直凝聚不散的緊張氣氛，一瞬間全都融化於無形。

幕僚們仍舊站在各自該待的位子上。雖然他們很想高喊成功、相互雀躍擊掌道賀，但因為山本司令依然沉靜如水，所以沒辦法這樣做。事實上，長官的臉上，反而帶著一抹悲哀的色彩。不知是誰喊了一聲「做到了」，但也只有這一聲，然後便立刻銷聲無語。

在莫可奈何的情況下，幕僚們只好將自己的喜悅寄託在對珍珠港上空同伴與後輩活躍的想像與描述上，以尋求一點宣洩和慰藉。

第一波攻擊隊對敵戰艦、機場、陸軍基地的猛攻，一直持續到日本時間凌晨四點左右，其戰果可說是單方面的壓倒性勝利。若要詳細敘述相關內容的話，恐怕用盡所有篇章也不夠，因此在這裡僅用現場官兵的回憶手記及談話，再補上聯合艦隊司令部幕僚的想像，以供回憶當時的景況。

首先是對敵戰艦進行魚雷攻擊的雷擊機戰鬥。

> 距離五百公尺。飛機水平瞄準。前方有兩個水柱，應該是前面小隊攻擊的結果吧！速度一四五節、距離四百、三五〇、準備好，發射！我們輕飄飄地向上了大約兩公尺左右，可以看到魚雷的軌跡，距離到達還要花上二十秒左右的時間。好像在助跑跳高一樣，我們全速直線上升，同時俯瞰著底下的景象。一瞬間，看見前方有重油滾滾溢出，在那裡面有三四十個人，正全身一片漆黑地在水裡載浮載沉。

「成功了！」我在心裡這樣大喊著。然而，正當我想已經成功飛過去的時候，忽然一陣劇烈衝擊傳來，接著像是回禮一般，擋風玻璃被砰砰打了兩個洞，同時噴出大量機油，直濺到駕駛座擋風玻璃上，弄得鈴木一飛曹滿頭都是油。儀表板也是，完全沒辦法看見儀表。「可以嗎？」「沒問題啦！」因為他是不看儀表也能飛行的人，我也就安心了。

（赤城號雷擊隊重永春喜飛曹長）

接下來的內容則是本書一再引述，淵田、志賀、松村、山本、大久保等五位先生的座談內容。

松村：儘管如此，珍珠港還是很狹窄呢。我為了進行雷擊，不得不修正一個航次的攻擊路線。

淵田：根據戰後美國的調查報告，果然在港內要使用魚雷攻擊，照理說是不可能的。它不只淺，而且限制距離只有五百公尺。一般來說，魚雷都要航行一千公尺才會回到水面上，然後進入引爆狀態。正因如此，在珍珠港裡並沒有裝設防雷網。

山本：我則是修正了兩次。第二次的時候因為身處在戰艦正上方，所以整個飛機都被黑煙籠罩在其中。雖然已經是第二次了，不過我想若是還不行，那就再一次……

松村：修正三次的話，那就太了不起了吧！

大久保：結果打中了嗎？

山本：不，結果真的偏掉了，往右邊去了。

淵田：應該是被驅逐艦和巡洋艦給擊偏了吧！畢竟那些傢伙因為沒有受到攻擊，所以一直在開火迎擊。也正因為如此，直奔戰艦的雷擊隊損害相當之大。第一彈落下五分鐘內，對方就已經開始迎擊了。他們雖然沒有作好戰鬥準備，但已經擺出了臨戰態勢。要是日本艦隊在平時遭到攻擊的話，大概經過三十分鐘，還不知道能不能打出一顆子彈哪！當我對水平轟炸機隊發出「突擊！」命令的時候，底下傳來砰砰的槍砲聲，震得我的屁股都不由得發癢了呢（笑）。話說，雖然我從一開始，就已經預想過會有被高射砲射擊的情況，不過實際上，彈片還是不時四處飛濺。我們就在這種情況下發動攻擊。

……（下略）

關於被打了個措手不及的美軍如何混亂慌張，在合眾國際社（UPI）裡有一段這樣的軼聞。一名巡洋艦艦長在猛烈空襲中叫來隨員，要他去儲藏艙裡把裝馬鈴薯的袋子搬出來。「啊？」面對雙眼圓睜的水兵，艦長大聲吼道：「馬鈴薯還是什麼都好，總之手上空空的人都去砸！給我狠狠砸爛那些低空飛過的日本鬼子！」

這項命令到底有沒有被執行不得而知。不過從這個笑話般的插曲中，也證明了日軍的攻擊是多麼冷靜，從低空不斷瞄準目標，而美國海軍的反擊鬥志又是多麼猛烈。

根據紀錄，這天碇泊在珍珠港的九十四艘艦艇上，共裝備有八百四十二門對空火砲。這些火砲或許沒有全部開火應戰，但還是竭盡全力瞄準日本攻擊機射擊。他們發射的總砲彈數，高達二十八萬四千四百多發，其中超過大半的二十七萬發以上，不用說都是機槍子彈。對此，日本的攻擊隊員也不得不感嘆說：「真是相當驚人的彈幕啊！」

日機各隊無懼對空砲火，非常仔細地攻擊。反覆修正攻擊路線的不只是雷擊隊，接下來加入攻擊的水平轟炸機隊，在魚雷造成的濛濛黑煙中，瞄準變得相當艱難。不只如此，開始應戰的敵方砲火，也執拗地妨礙著他們前進的航線。故此，重新修正投彈路徑的飛機相當之多。

在進入有效投射距離之前，轟炸瞄準器因為魚雷的命中讓黑煙遮蔽了附近地區，所以要瞄準目標變得極其困難。我們做好修正攻擊路線的決心，彷彿請求指示般，仰頭望著頭上的導引機，而導引機也心有靈犀似地，做出『修正攻擊路線』的回應，於是我們一個右轉，從造船廠和希甘姆機場上空通過，再折回轟炸發起點。在這樣的過程，我們開始遭到高射砲的射擊，但是因為砲彈炸裂的高度不對，所以我們並不怎麼擔心。只是，明明是星期日一大早，美軍卻還能這麼迅速應對，讓人不能不為之讚嘆。

從我們第二次進入轟炸航線到脫離戰場，對方高射砲的射擊漸趨準確，我們甚至可以聞到砲彈炸裂的特殊焦臭味。對此，我們只能一邊祈禱直到炸彈投下之前，都不要被敵砲火命中，一邊持續迴避。」

（蒼龍號水平轟炸分隊長阿部平次郎大尉）

淵田中佐率領的水平轟炸機隊，親眼目睹了現在仍然長眠在珍珠港海底的戰艦亞利桑那號（USS Arizona, BB-39）的大爆炸。淵田的回想是這樣的。

……來吧，準備投彈！就在這時，傳來了「還不行！」的呼喊聲。原來是導引機指出，因為雲層的緣故，投彈會受到妨礙。那就再修正一次吧……唉，我知道了，非得再修正一次就對了。當我們再繞一圈回來，進入第二次投彈航線的時候，我想大概是加賀號的攻擊隊吧，在亞利桑那號上弄出了「轟」的一聲巨響。那實在是相當驚人的景象；我想是命中的炸彈引爆了彈藥庫吧！

正如淵田所言，那是橋口喬少佐率領的加賀號水平轟炸隊的攻擊戰果。八百公斤重的穿甲彈，從亞利桑那號二號砲塔附近貫穿而入。橋口在戰後的手記裡是這樣寫的。

……（當攻擊結束），我們抵達希甘姆機場上空時，看見一艘戰艦上，冒出了高達好幾百公尺的煙雲。那是直衝空中的巨大圓形爆炸煙雲，在它與戰艦之間，則有褐色的煙塵彼此相連，那樣子，讓我不禁聯想起後來的原爆。當時雖然還有其他命中彈的煙塵此起彼落，但都沒有像是這樣的景象。那一瞬間，我確信炸彈命中了彈藥庫，並且在那裡爆發。

亞利桑那號一千四百名官兵當中，包含軍士官在內總計有一千三百人戰死。

就這樣，戰鬥以日軍奇襲成功、獲得壓倒性勝利收場。至於戰鬥機隊，或是對敵方地面掃射，或是在不見敵機迎擊的青空中，不住眺望著友軍的攻擊。加賀號的志賀大尉在其他時候，曾經這樣描述過當時的景象。

我可以清楚看見美國戰艦舷側掀起的巨大水柱。雷擊機一架接著一架，在低空發射魚雷。那景象，簡直就像是在水面產卵的蜻蜓一樣。

「鬆鬆軟軟、濕濕黏黏」

這時候，在泰國、馬來亞方面——

第十五軍司令官飯田祥二郎中將，對於進入泰國領土這件事，仍然抱持著相當謹慎的態度。在這方面，他的意見一直沒有改變，就是應該等待和泰國政府之間的交涉成功再說。可是，就眼下看來，跟泰國政府的協定似乎一時之間還難以達成。於是南方軍總參謀長塚田攻中將下定決心，認為不能再猶豫了。當他請示總司令官寺內壽一大將裁定後，便在珍珠港奇襲發動後的五分鐘（凌晨三點三十分），正式向南方軍發布命令：「第十五軍司令官，即刻實施進入泰國之作戰。」

飯田收到命令之後，也只能遵令照辦。於是，他對預定要打頭陣進入泰國的近衛師團長西村琢磨中將，下達突破邊境的命令。西村接獲命令後，立刻下令給指揮先遣隊的岩畔豪雄大佐：「前進！」一收到命令，先遣隊馬上搭上汽車，在預期會受到泰軍激烈抵抗的情況下，一舉突破邊境。

就這樣，一場新的戰鬥又扣下了扳機。

至於在哥打峇魯海岸，佗美支隊則陷入了幾乎寸步難行的激鬥當中。登陸部隊因為黑暗與波浪的緣故，幾乎是在無秩序的情況下，在沙灘上匍匐前進。受到敵方砲擊、從舟艇掉下來的士兵，顧不得全身濡濕，一邊划向海岸，一邊加入戰局。在他們前方展開的，是以碉堡為中心，堅固構築的串聯陣地。而要抵達那裡，還必須通過鐵絲網以及雷區。

步兵第五十六聯隊的那須義雄聯隊長，一邊竭力掌握底下部隊，一邊親率第三大隊持續前進。佗美支隊長在第一大隊後方登陸，頂著槍林彈雨指揮部隊。接下來，讓我們看看第一大隊長數井孝雄少佐的手記。少佐在這一戰中雖身中五發機槍子彈，仍然躺在醫護兵的擔架上堅持指揮下去。

> ……在這當中，我們不斷用雙手挖掘著海岸的沙子，十公分、二十公分的挖掘前進，一邊留意地雷爆發、一邊成功破壞了鐵絲網……通信隊長岩崎中尉在海邊因為遭到猛射而不省人事，不過現在已經恢復意識，正朝機場方面徒步前進中。中尉看到擔架上的我，出言激勵道：「大隊長請加油！」他的勇敢令我深深感動，也令我心中的勇氣不禁更升一層。

深夜當中，海濱的混戰仍然持續不輟。不管是佗美、那須還是數井，都不得不做好心理準備：聯隊的戰力據推估已經減半。因此對於要在天亮前攻占機場的計畫，只能夠死心放棄。就這樣，在哥打峇魯的海岸上，出現了許多的犧牲者。

接下去還會有更多的死傷。在泰國的宋卡和北大年，登陸行動此刻才正要開始。

凌晨三點三十六分，登陸部隊在「出擊」的信號下，所有的舟艇一齊朝著陸地前進。這邊的波浪也很大，陸陸續續有舟艇翻覆。拋落水中的官兵被海浪捲走，又被沖回到海面上。幸好泰軍並沒有察覺到登陸行動，連一發子彈也沒有發出。就這樣，登陸部隊主力雖然付出了一點犧牲，但仍然不流血地登陸成功。

伴隨在步兵第四十二聯隊（指揮官安藤忠雄大佐）身邊，以派遣參謀身分在北大年登陸的朝枝繁春少佐，帶著苦笑敘述當時的事。他在戰前就曾在極機密的情況下，前往這附近進行過相關的調查。但是，他只觀察過滿潮時的狀況，而登陸時卻是退潮時分。

舟艇沿著海岸線橫向展開、往前突破。當「跳船」的號令一下，所有人便一齊飛身躍入淺海當中。結果，大家都陷入了鬆鬆軟軟、濕濕黏黏的海底泥濘當中，整個部隊頓時動彈不得。要是這時候陸地上的泰軍發動攻擊的話……一想到就讓人背脊發涼哪！

最後，部隊用半划水的方式，總算抵達了海岸的硬質沙地。事實上，他們總共花了四十多分鐘才上岸。

我的公事包裡裝了五萬泰銖的鉅款。這些是要在登陸的同時，在當地購買卡車和汽油的軍用資金。因為是閃電戰，所以沒有時間等待後續的卡車登陸。鈔票浸了水，變得更為沉重，真讓人無奈。

這時，在東京——

竹田宮參謀的身影，在凌晨三點半剛過的時候，再次出現在點著幾盞小燈火、微微昏暗的參謀本部作戰室中。「因為還是覺得放心不下，所以過來看看。」竹田宮對前來迎接的同僚參謀們這樣說。幾乎所有參謀都只作了短短的小憩，然後就準備起來應付接踵而來的新事態，不過也有兩三名軍官，正靠在沙發上假寐。竹田宮用眼神示意一下後，便坐回自己的位子上。

幾乎就在他踏進辦公室的同時，兩封電報傳了進來，作戰室內頓時歡聲雷動。一封是奇襲夏威夷成功，另一封則是登陸哥打峇魯成功。「成啦！」「幹得漂亮！」不過，大家也只這樣說了幾句而已。每個人都因為有種放下胸口大石的感覺，所以一下子說不出話來。

竹田宮突然起身，敲著那名還躺在沙發上的軍官肩膀說：「喂！你快起來，有快報啊！」那是勉強壓抑，卻仍忍不住蜂擁而出喜悅的高昂聲音。

*八日凌晨四點—五點

「一份充滿虛偽扭曲的文件」

駐華盛頓日本大使館內的打字聲終於停歇了。「因為第十四部分文件有太多誤植，所以必須不斷修正……」也不管奧村怎樣辯解，野村和來栖硬是一把將他手上的文件拿走，然後便走向大門口。他們鑽進準備好的車子，穿過星期天晴朗的麻薩諸塞大道，急急忙忙地直趨國務院。日本時間凌晨四點五分（華盛頓時間七日下午兩點五分），他們的座車滑進了國務院的大門口。

赫爾這時候正在和協助他進行對日交涉的包蘭亭交談。得知兩位大使來訪之後，他說：「我明白他們的目的何在。沒辦法，只好見見他們了。」

正好這時候總統打電話來，於是赫爾便請兩位日本大使到三樓的外交官會客室稍候。美聯社記者透納應該是沒有親眼目擊，卻清楚描繪出了兩位大使當時的模樣：「來栖在會客室中來回踱步，野村則坐在皮製的長椅上，掩飾不住內心的情緒，不時用鞋尖焦躁地敲擊著地板。」

赫爾就在這時候，從羅斯福總統口中親耳聽到了日本攻擊珍珠港的事情。據赫爾在《回憶錄》中所述，總統的聲音「並沒有慌亂，但是說話速度非常快」。赫爾連忙問總統說：「這份報告確定無誤嗎？有確認過了嗎？」羅斯福的回答是「No」，但兩人都相信這份報告恐怕是事實。「野村和來栖已經來了，正在外面等著。」聽到赫爾這樣說，羅斯福回應道：「那，就見見他們兩個吧。但是，對珍珠港的事情要守口如瓶。鄭重收下他們的通告後，再冷冷地把他們趕出去。」

下午兩點二十分，日本的兩位大使和竭力抑制震怒的國務卿見面了。赫爾既沒有伸手和他們握手，也沒有請他們就座。接下來的雙方交流，已經相當廣為人知。

「雖然我們接獲訓令，要在下午一點遞交文件，但是因為電報翻譯花了一點時間，所以略為延遲了……」野村一邊辯解著，一邊遞出了通告。赫爾像是在看什麼髒東西似地，用指尖捏著通告，一頁一頁地翻過去。事實上不用閱讀，他也早就已經知道裡面在講些什麼。然後他發出了提問：「為什麼非得在下午一點，把這份文件交給我？」「我們也不知道。」野村老實回答道。

接著，彷彿要將通告急忙看到最後般，赫爾的眼光掃過文件，然後用憤怒而顫抖的聲音，大聲說道：「我可以明確說，在過去九個月跟你們的所有談話中，我完全沒有說過任何一句謊言，這點從紀錄來看，就可以清楚證明！我服務公職五十年以來，還從來沒有收過這麼不知羞恥、虛偽扭曲的文件！我從沒想過在這個地球上，居然存在有這種肆無忌憚、公然漫天撒大謊的國家！」

雖然透過翻譯，意境上多少會有點微妙的差異，但赫爾用外交史上絕無前例的粗暴言語大罵兩位大使，乃是千真萬確之事。野村動了動身子，似乎想開口說些什麼，但是赫爾卻只揮揮手，冷冷地用下巴指了指大門。赫爾後來這樣寫道：「兩位大使低著頭，默默走了出去。」

當兩人走出去之後，赫爾關上門，用田納西方言大罵了一聲：「混帳東西，狗屎不如的螞蟻！」

——不過，赫爾敘述的告別儀式其實未必正確。野村在告別的時候，說了聲「adieu」[11]，同時也不忘握手。來栖也說了聲「good bye」。完全搞不清楚狀況的兩人，即使在告別時，仍然沒忘了作為外交官和紳士的禮儀。

Good bye——這正象徵著歷經九個月的會談，包括大使與總統之間的九次、與赫爾國務卿之間的四十四次，以及與威爾斯署理國務卿之間的八次談話，全都化為泡影。不，更正確說是過去八十八年間的日美關係，在這一瞬間全都畫上句點。結果，日本從此留下了「在無警告情況下發起戰爭、無法無天

11 譯註：法語的「再見」。

的國家」的惡名。

可是，若是仔細思考，那麼停止交涉的通告和開戰通告，其實是一樣的意思。畢竟在雙方對立到這種地步的狀況下，應該都能無拘於形式，充分了解對方的意思才對。同樣地，即使趕得及把通告遞交出去，美國應該也有別的理由，可以責罵日本的攻擊吧！總之，毫不客氣的赫爾，立刻把自己「痛罵」兩位大使的消息發布到媒體上。

野村和來栖一直到返抵大使館，才明白赫爾的痛罵代表什麼意思。當他們從等待的井口那裡，得知白宮發表的「日軍攻擊珍珠港」消息時，野村只是面色沉痛地說了一聲「是嗎？」，然後就再也無語了。

羅斯福在撥電話給赫爾後，又馬上打電話給戰爭部長史汀生，告訴他「珍珠港遭到奇襲」。這時候，對此事還一無所知的戰爭部長，正在吃著遲來的午餐。「我是有收到日軍正在入侵暹羅灣的電報，可是……」話還沒說完，總統就激動地對他大聲怒吼說：「不是那回事！是日本偷襲了夏威夷！現在珍珠港正在遭受攻擊！」

史汀生驚訝地幾乎要從椅子上跳起來。可是下一瞬間，他的腦海裡就閃過一個念頭，心想「真是天助我也」！在他的回憶錄裡，充分顯現出這位一直期待日軍開第一槍的首長心境。

如今，隨著日本人在珍珠港對我們的攻擊，問題全都一舉解決了。我第一個感覺是鬆了一口氣，心想這種懸而未決的狀態終於告一段落。另一方面，要讓美國國民團結一致，就只有透過危機發生的方法而已。而現在，我們已經不用擔心團結國民的問題了。

另一方面，史汀生在驚愕稍稍回復之後，也確信珍珠港的陸海軍有銅牆鐵壁之利，一定能夠把來襲的日本飛機一一擊墜才對。這時候他作夢也想不到，世界最強大的太平洋艦隊，居然已經瀕臨崩潰邊緣。

史汀生在日記裡是這樣寫的：「當我冷靜下來之後，似乎又看見了大勝利的自信與希望。畢竟，不管怎麼想，夏威夷收到警報的部隊，一定能夠給予日本攻擊部隊極大的損害才對。」

在他的腦海裡，想到的是夏威夷的空防力量——最新式的 B-24「解放者」式轟炸機三十五架、中程轟炸機三十五架、輕型轟炸機十三架、包含最新銳機種一百零五架在內的戰鬥機，總共一百六十架。在這樣強大的戰鬥機群護衛下，任何對歐胡島實施的空中攻擊，理論上應該都是不可能的。它們怎麼可能會全滅呢……？

「結果，日本雖然在戰略上做了件愚蠢的事，可是在戰術上卻大獲成功。我一直到這天傍晚，才清楚得知這件事情。」史汀生充滿憾恨地寫道。

這種遺憾與恨意對羅斯福來說，感受恐怕尤其強烈吧！在聯絡過赫爾和史汀生之後，他一個個分別撥電話給陸軍參謀長馬歇爾、英國駐美大使，以及署理國務卿。而根據紀錄，在這之後的十八分鐘裡，他什麼事情也沒做，只是一個人坐在椅子上。或許是在祈求勝利吧？還是在思考抵禦日本的攻擊之後，接下來的反擊計畫該怎麼進行？又或者是為了對應新的事態發展，而調整自己的心情？還是說，其實他是感到鬆了一口氣？畢竟那些國內反政府聲浪所顯現出的冷淡、中傷乃至叛逆，現在全都煙消雲散了。

這時候，國務卿撥電話來，傳達了與兩位日本大使會面的詳細經過。總統聽完之後只說：「你用強硬的態度表達立場，這是相當正確的。」

然後就掛上了電話。接著他叫來白宮新聞秘書史蒂芬·厄利（Stephen Early），冷靜地發表了第一份新聞聲明：「日軍對夏威夷的珍珠港發動空襲，其攻擊行動明顯是針對我國在歐胡島的海陸軍而來。」

就只有這樣寥寥數語而已。厄利馬上用電話聯絡三大通訊社，這時是華盛頓時間下午兩點二十二分。「順道一提，發表這份聲明的時候，日本大使野村吉三郎與來栖三郎正在國務院。」羅斯福沒忘了加上這微妙的一行聲明。

「真是漂亮呢！」

華盛頓時間下午兩點半剛過，全美國的廣播電台停止了星期天下午的節目，開始播送珍珠港遭到日本艦載機攻擊的緊急新聞。可是，大部分美國人還是相信珍珠港是強大無比的要塞，而美國海軍也是世上最強的。身材矮小、暴牙、戴眼鏡、總是卑躬屈膝的日本人，居然敢挑戰這個巨人，這簡直是瘋了。幾乎所有美國人都覺得這是超乎想像且不可理喻的事情，對於這種膽大妄為的挑戰，全都難以接受。

在紐澤西，有一位老人家可樂了：「喂，這應該跟之前火星人入侵的騷動一樣，是那個叫什麼……威爾斯（H. G. Wells）的男人，又在變什麼花招了吧？」在鳳凰城，好幾個聽眾打電話到電台，憤怒地抗議說：「美式足球芝加哥熊隊和亞利桑那紅雀隊的比賽分數怎麼了？你們除了戰爭消息以外，就沒別的東西好播了嗎？」

不論是誰，都沒有想到太平洋艦隊居然會被殲滅。

在珍珠港，這時候日軍為了更加徹底鞏固戰果，正在果敢地進行第二波攻擊。由島崎重和少佐率領的第二波攻擊隊一百六十七架飛機，在凌晨四點二十分（夏威夷時間八點五十分）抵達目標珍珠港上空。四點二十五分，少佐發出「突突突」的號令，下令「全軍突擊！」

美軍對第二波攻擊隊的反擊，遠比第一波要來得強烈。這次已經不是奇襲，而是在敵方已經有所準備的情況下強攻。儘管已經有了覺悟，不過

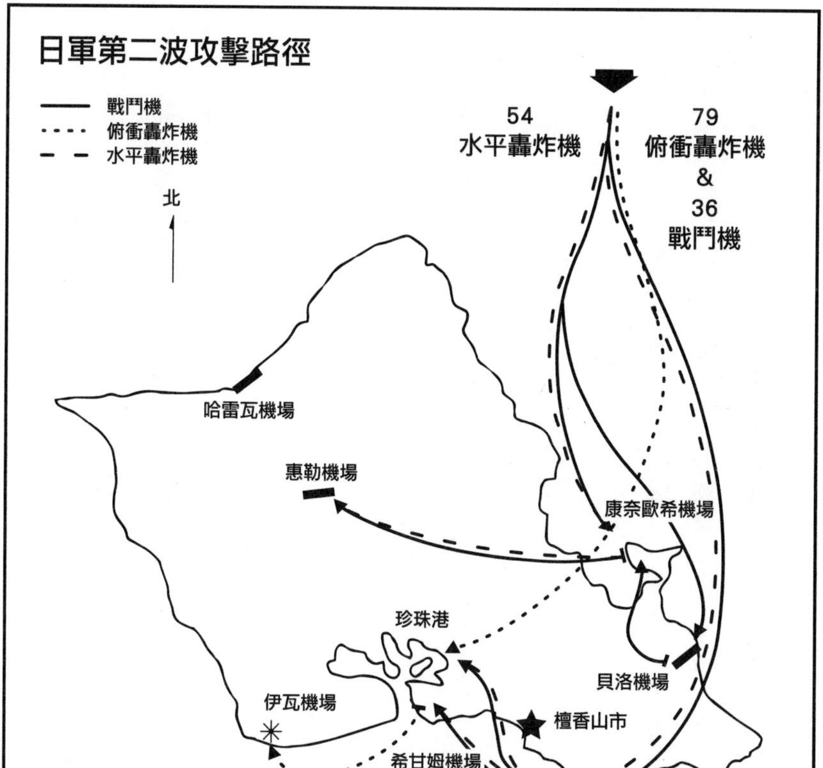

猛烈的防禦砲火，還是造成日本飛機相當大的損害。在攻擊隊員的手記與回想中，關於這方面的記載相當之多。

飛龍號的俯衝轟炸機隊員吉川啟次郎飛曹長，就記下了戰鬥開始之前的一個幽默場景。當時駕駛飛機的山田喜七郎一飛曹，看見高射砲射上天空，多如牛毛、宛若無數倒蓋碗公般的彈痕，還恍若不覺地悠閒說著：「分隊士，有好多漂亮的雲彩浮在空中哪！」飛曹長也應和著說：「是啊，還真是漂亮呢！」

但是，戰鬥絕非這麼悠閒的一件事。▲

「我們朝著目標，進入俯衝程序。之後，三號機遭到直接命中，冒出火焰。飛行員外山一飛曹、觀測員村尾一飛向我們揮手告別後，便在我們跟前墜落了下去。我也一邊揮手告別，一邊朝著目標俯衝。現在想起來，當時我的心境極度平靜，完全沒有任何恐懼、焦躁，或是對在眼前墜落的僚機訣別有感慨，相當不可思議。我一心一意，就只管朝著鎖定的目標衝去，就只專注在讓機上那枚兩百五十公斤的炸彈命中而已。」

蒼龍號戰鬥機隊的藤田怡與藏中尉，描述了中隊長飯田房太大尉自爆的景象。

因為康奈歐希灣基地（Naval Air Station Kaneohe Bay）被濛濛的黑煙所覆蓋，完全看不見目標，所以我們轉移目標，改成進攻附近陸軍的貝洛機場（Bellows Field）。經過兩輪掃射之後，飯田大尉發出集合的訊號，準備重組編隊，但在前往集合點的途中，第一小隊看見飯田機與二號的厚見機，噴出了疑似燃料的白色尾流。看樣子，應該是被地上砲火打中了油箱吧。

就在我們抵達康奈歐希灣上空的時候，飯田大尉對我用手語示意：「我沒燃料了，準備向下俯衝，再見了！」

接著他揮揮手，便急速回頭，朝著基地俯衝而去。飯田隊的二、三號機退下來，跟在我的身後。

我就這樣目送飯田機一頭撞進還冒著黑煙的機庫，自爆了。

加賀號戰鬥機飛行員五島一平飛曹長的戰死，在蒼龍號戰鬥機飛行員田中平飛曹長的心中，直到戰後還一直留下難以抹滅的陰影。兩人是海兵團的同期，也是歷經中日戰爭的熟練搭檔。當在單冠灣，全體人員集合到赤城號上的時候，許久未曾會面的五島，露出一副憂鬱的表情這樣說：「我已經不打算在這場作戰裡活著回來了。我真的不想再回來了。飛出去之後，我就要和敵方基地同歸於盡。我已經不想活了。」

「你說這是什麼傻話呢！」田中這樣教訓他，但五島只是表情寥落，什麼話都沒再說。之後，在各自回到母艦上的時候，五島又喃喃說了一句：「我已經無家可歸了。畢竟，我的姻緣命實在太糟糕了哪。」

就像五島預告的一樣，出擊之後的他，再也沒有回到母艦。

五島小隊三號機的阪東誠一飛，描述了五島機最後的情況。

當小隊長持續朝著希甘姆機場突擊的時候，在猛烈的黑煙與火焰中，我們失去了他的蹤影。地上的砲火實在相當猛烈。當我們好不容易突破砲火，機首撥開雲端的時候，看到的只剩下二號機——石川友年一飛曹的座機。看樣子，五島先生是被對空砲火給擊中了。五島先生是柔道四段，而且人品相當沉穩敦厚，在我的記憶中，他從來沒有蠻橫地斥罵過人……

對於五島在出擊前就已經下定決心自爆這件事，阪東一無所知。而他所不知的是，第二波攻擊隊中，加賀號戰鬥機隊的九位成員裡，成功活到戰後的，就只有他一人而已。戰爭就這樣跨越個人心中的喜與悲，將每一位官兵視為無生命的齒輪，無視一切地不斷前進，而官兵們也只能憑著自己強烈的精神為動力，頂著砲火不停前行。在這裡，榮耀與悲慘幾乎是同義詞，而生與死說到底，或許也不過是先後差異罷了……

直到凌晨五點十五分為止，第二波攻擊隊一直在珍珠港上空確保制空權並展開攻擊。至於總隊長淵田中佐的座機，則單機飛翔在歐胡島上空。雲量很多，再加上空中被焦黑的濃煙所籠罩，使得整片天空變成一片深灰色。因此，他必須穿過這層層陰雲才能觀測戰況，同時評估戰果。「……珍珠港，還有各機場，都在猛烈的掃射與轟炸下化為修羅地獄。不過一小時前的威容，如今已經全部喪失殆盡。」淵田在戰後的手記中這樣寫道。

不只是淵田機，俯衝轟炸機隊分隊長千早猛彥大尉的座機，也在攻擊結束後並未踏上歸途，而是在珍珠港上空盤旋。同機的觀測員拍下好幾張照片，然後向母艦發出電報：「敵戰艦六艘正在燃起大火，其中五艘已經確認擊沉。上空因為雲層覆蓋、視線不良，敵軍對空砲火仍然相當熾烈。」

完全是一份高奏凱歌的報告。◆

「要是被這發子彈打死的話……」

在地面，戰艦群燃燒的黑煙，就連距離頗遠的小山丘上都能望得見。有一些出來野餐的日裔移民，甚至還帶著感嘆的語氣，悠悠閒閒地說：「看啊，美國果然就是有錢哪！明明是演習，居然還拿真正的軍艦出來燒呢！」

上午八點五十分，當太平洋艦隊情報參謀雷伊頓少校好不容易終於到達艦隊司令部時，日本的第二波攻擊隊也幾乎同時抵達珍珠港上空。金默爾司令的身影已經出現在那裡。他站在計畫參謀查爾斯・麥克摩里上校（Charles McMorris）的房間前面，茫然地眺望著戰艦群噴出的熊熊火焰與濃煙、新一波攻擊展開造成的損害益發增大、還有為數眾多部下的死亡。他看起來就像石頭一般面無表情，可是雷伊頓卻清楚看出司令的臉色蒼白，以及徹徹底底的意氣消沉。

雷伊頓在他的著作裡這樣寫道。

當他（金默爾）無計可施地眺望著灣內的慘劇時，一發五〇機槍的流彈劃破窗戶玻璃飛了進來。子彈撕裂了司令白色的軍服上衣，落在地上。／「要是被這發子彈打死的話，那該有多好呢……」金默爾對站在一旁的司令部通信官莫里斯・柯茲中校（Maurice E. Curts）這樣喃喃說著。／之後，司令把子彈拿給我看，對我說：「照慣例來說，擄獲的敵方武器應該全部提交給艦隊情報部才對，但這發子彈不一樣，我想把它留下來。」

翻覆的戰艦奧克拉荷馬號、被烈火包圍悶燒的戰艦亞利桑那號……所有的戰艦都像巨大的火把般，燃燒著直衝天際的黑煙與火焰。面對這種只能在夢魘中想像的破壞景象，主將會有這種「只欠一死」的心情，也是理所當然。

儘管如此，只要戰士依然活著，那就必須奮起勇氣，戰鬥到底才行。金默爾對雷伊頓說：「日本艦隊現在在哪裡？珍珠港北邊，還是南邊？」

情報官答不上來。金默爾立刻面露怒容，大聲怒吼——隨著這聲怒吼，他似乎又恢復了元氣：「混帳！我們現在已經遭到了打擊，而且是明眼人一看都知道的徹底打擊，結果情報官居然跟我說，我們不知道敵人在南邊還是北邊？你們這些蠢蛋都在幹什麼吃的！」

金默爾滿臉漲紅，因為憤怒而全身震顫不已。因為知道他的憤怒是針對日本艦隊而來，所以雷伊頓只是默默地承受他的怒吼。若是說到手邊的「情報」，幾乎都只有一些無關緊要的東西罷了。其中甚至還有包括「穿著繡有紅色日之丸標誌的敵軍，正在空降當中」這樣的報告。之後判明真相，結果發現那是從被擊墜的降落傘中脫身、穿著藍色飛行服的我方水上飛機機械士。在這種一片混亂的情況下，情報官手邊根本沒有足以信賴的報告。

在明白到這不是演習，而是真正戰爭的那一瞬間起，夏威夷便充斥著各種匪夷所思的謠言。在面臨危機時，人們就會被各種亂七八糟的想像力所驅使嗎？

「迫降的飛行員當中，有一個是金髮的德國人，還一直喋喋不休說著德國話」、「有個日本飛行員戴著奧勒岡大學的畢業紀念戒指」、「不對，他是南加大的畢業生」、「日本的聯合艦隊司令已經發出宣言，下個星期天要在皇家夏威夷酒店吃晚餐」、「航艦企業號和列星頓號似乎都已遭到擊沉」、「巴拿馬運河遭到爆破，所以大西洋的救援部隊沒辦法過來」、「歐胡島北方海岸有日軍空降部隊正在降落」、「日軍已經在長灘登陸，正向洛杉磯進擊中」、「蘇聯空軍取代美國空軍，對東京實施轟炸」、「在珍珠港攻擊中倖存的水兵，可以得到三十天有薪假」……

在這些假情報當中，「日軍在西端的巴巴斯點登陸」尤其是傑作。金默爾司令命令巡洋艦底特律號（USS Detroit, CL-8）率驅逐艦前往當地，結果他們花了整整一天在附近的海岸搜尋，都沒有發現日軍的運兵船。司令居然把謠言信以為真，可見當時的情況有多混亂。

雖然沒有情報，不過「敵人」卻近在眼前。奉布羅克少將之命出動的驅逐艦莫納根號，在這個時刻，與眼前的「敵人」展開了一對一的單挑。莫納根號是在早上八點三十五分發現敵人。當時它正沿著珍珠港入口的漫長水道向港外航行，結果水上飛機母艦卡蒂斯號（USS Curtiss, AV-4）傳來「發現潛艦」的旗號，並且開始朝附近海面實施砲擊，於是它便猛然加速、乘風破浪直驅目標。

敵艦也轉而猛烈反擊。它朝著卡蒂斯號發射了一枚魚雷，但是以些微差距錯過了。這枚魚雷之後筆直撞上了珍珠市的船塢，伴隨著一聲巨響爆炸開來。緊接著，它又勇敢沉著地對著突進而來的莫納根號，發射了第二枚魚雷。這枚魚雷緊貼著莫納根號的舷側擦身而過，猛烈撞上了福特島，濺起高高的水柱。

在鬥志滿滿的艦長威廉・巴福德中校（William P. Burford）命令下，莫納根號放棄所有校正砲擊的念頭，決定筆直向前挺進，彷彿要衝撞對方似地一直線對撞過去。敵艦斜斜地擦撞上驅逐艦，簡直就像探出頭呼吸般，整個船體從水中高高揚起，莫納根號的右舷側則幾乎完全沒入海中。接著，莫納根號再投下兩枚深水炸彈攻擊，但是自己也煞不住車，一頭撞進了遭到空襲燃燒中的起重機船，艦首撞碎，也有好幾名水兵受傷。

到了上午九點左右，當莫納根號終於倒車脫離起重機船的時候，從海底傳來兩聲巨大的爆炸聲響，接著伴隨水柱，在海面冒出了浮油。巴福德為首的官兵，都認為他們已經擊沉了對方。

日方的佐佐木半九大佐在戰後的手記這樣記載：

戰後，美方將海軍大尉的袖章歸還給岩佐中佐（戰死後晉升兩級）的遺族，同時根據某位日裔移民第二代的說法，在夏威夷的海軍墓地中，也埋葬有四名甲標的乘員的遺體，其中一人身上有著大尉標誌。綜合以上，可以判斷被擊沉的應該是岩佐艇。

不管那是誰的甲標的，總之可說是打了相當精彩的一戰。

八日凌晨五點──六點

「我們在同一條船上」

前往位於倫敦北方七十公里、奇爾特恩丘陵地區（Chiltern Hills）的首相別墅契克斯（Chequers）靜養的英國首相邱吉爾，最初聽到「珍珠港」的新聞，是在當地時間晚上九點，也就是日本時間早上六點。當時，首相正在官邸和兩位美國人共進晚餐，他們分別是美國商人、為了軍事援助而飛來此地的艾維爾・哈里曼（W. Averell Harriman）[12]，以及美國駐英大使魏南特（John Winant）。

三人按下小型攜帶式收音機的按鈕，準備收聽九點的ＢＢＣ新聞。因為真空管暖機需要一兩分鐘，所以播報員一開始講的「羅斯福總統剛剛發表說，日軍對夏威夷群島的美軍基地實施了空襲，日本的外交代表現在正在國務院」並沒能聽得很清晰，不過還是隱約聽得出，日本在夏威夷似乎做出了什麼舉動。三人不由得面面相覷。邱吉爾在回憶錄中這樣寫著：

> 我自己倒是沒有特別強烈的反應，但艾維爾對於日本攻擊美國這件事，則是感到莫名的震驚。

12 譯註：美國商人、政治家，歷任駐蘇大使、駐英大使、商務部長、紐約州州長等要職。

這時候，總管桑德斯走進房間說：「首相閣下，這件事千真萬確。我們在外面也都聽到了。日本人攻擊了珍珠港的美軍。」

一陣沉默籠罩住整個房間。過一會兒，大使才喃喃地說：「首先，得確認一下事實如何才行哪！」邱吉爾起身，穿過大廳來到辦公室，叫秘書接通美國總統。邱吉爾不先向倫敦詢問，而是突然直接打電話給美國。面對此等重大訊息，他居然就這樣照單全收，這樣的態度，讓魏南特不由得大感驚訝。

兩三分鐘後，羅斯福在電話另一端發聲。

邱吉爾：總統閣下，日本真的攻擊珍珠港了嗎？

羅斯福：是真的。日本在珍珠港對我們發動了攻擊。我們現在是在同一條船上了。

邱吉爾：太好了，這樣一來，一切就變得單純許多了。願神保佑你們。

——還是要重複一下，以上的來龍去脈與對話，都是官方所描述的情況。但是，還有另一種說法指出，邱吉爾早就經由英國駐美大使的電話報告，得知了日軍對珍珠港的攻擊。事實上，羅斯福自己在收到報告後，便立刻打電話給位在華盛頓的英國大使館：「日軍正在轟炸夏威夷，請盡可能將這個消息早點傳達給倫敦。」

而英國大使館的一等書記官海特在收到這個令人喪膽的訊息後，確實也立刻把珍珠港的事件，傳達到了英國外交部。

邱吉爾對此自然心知肚明，但他不只沒有打電話到倫敦的外交部，甚至連一點打算這樣做的樣子都看不出來。若是以比較小人之心的方式來忖度，搞不好在這位政治家的心中，其實已經在喝采了呢！驅逐艦基地協定、租借法案、大西洋中立巡邏（Neutrality Patol）……儘管有了這些「距離戰爭只差一步」的援助，但直到這一刻起，英美兩國才算坐在「同一條船」上，成為真正的命運共同體。還有比這更值得欣喜的事情嗎？不管奇襲珍珠港造成了多大犧牲，他都不會關心，只會為了自己獲得戰友而大感欣喜。如今英國之所以仍然將開戰前的情報層層密封，也是為了不想給人這樣的感覺吧！

美國站在我們這一邊，對我而言是最大的喜事；就算我這樣說，應該也不會有美國人認為這種發言不太妥當吧！事件會如何進展，我完全無法預言。對於日本的武力，我也不敢說自己已經做了正確評估，但是我很清楚，事情既然走到這種地步，那美國就只能完全投入戰爭，至死方休。而也直到這時候，我才終能確定，戰爭勝利的天平會倒向我們這邊。

……希特勒的命運已經註定了，墨索里尼的命運也已經註定了。日本人跨出的這一步，讓所有一切都粉碎殆盡。接下來只要適當施展一下壓倒性的力量就行了。

……我想起了三十多年前，愛德華．格雷（Sir Edward Grey，第一次世界大戰時的英國外交大臣）曾經對我說過的話：「美國就像是個巨大的鍋爐，若在底下點燃火焰，就會散發出無限的力量。」就這樣，我帶著滿腹感動與激昂的情緒上了床，在感謝得救的滿滿謝意中，睡了一個沉沉的好覺。

這段引述或許太長了點，不過這是榮獲諾貝爾文學獎的邱吉爾《第二次世界大戰回憶錄》當中的一節。從字裡行間，可以清楚看出他當時躍然紙上的那種喜悅情感。

同一時間（雖然是中國的深夜）在重慶，得知日本對英美開戰的蔣介石委員長，也是一躍而起，狂喜不已。對在長年苦鬥中掙扎的中國民眾來說，這是一個好到不能再好的大好消息。中國終於在對日戰爭中，得到了最強力的盟友。

期與友邦美國以及各國團結一致，奮鬥到底，必使太平洋以及全世界人類正義在野蠻暴力與無窮詭詐之空前劫運下獲得解放而後已。

蔣介石也顧不得表現太過誇張，立刻發電報給羅斯福這樣聲明。

至於莫斯科的史達林……事實上，莫斯科對這個訊息，幾乎可說是完完全全地「裝聾作啞」。畢竟，蘇聯的立場已經明確擺在那裡，而史達林現在必須做的，就只是擊敗直逼眼前的德軍而已。至於和日本的關係，從史達林對各國政要屢屢發表的談話中，就可充分窺知。

日本與我國的關係，形式上是按照《日蘇中立條約》在進行調整。儘管日方不止一次向我方保證，並不打算違反這項條約，但是我國沒有一個人會相信這項保證。

現在，據莫斯科的觀察，隨著日本對英美開戰，他們已經沒有餘力再對蘇聯發動戰爭，違反條約的危險性也降低了許多。在珍珠港攻擊當天，蘇聯駐美大使李維諾夫（Maxim Litvinov）去電莫斯科，主張應該與英美聯手，對抗日本侵略，但莫斯科自有立場。外交部長莫洛托夫（Vyacheslav Molotov）給李維諾夫的訓令是這樣的：

> 蘇聯在現在這個時間點，完全不會去考慮宣布與日本進入戰爭狀態的可能性。只要日本還遵守日蘇中立條約，那我們也就同樣遵守條約。

這裡還有另一個有趣的事實：就在「珍珠港之日」這天，蔣介石為了將蘇聯引入對日戰爭，曾經刻意送出一封信給史達林，向對方提議「希望能在重慶舉行軍事會談」。對此，史達林也做出了明確回應：現在蘇聯正在全力進行和主要敵人希特勒帝國的戰爭，沒有分散軍隊到遠東的餘力。

六日開始的莫斯科正面大反擊，這時候正達到最高潮，因此蘇聯確實處於「完全不想與日本橫生枝節」的狀態之下。儘管戰況的展開頗為有利，但直到這方面確定獲得壓倒性勝利為止，史達林都只能保持著令人不舒服的沉默。他的視線無法轉向亞洲，只能將一切關心都集中在莫斯科戰場上。

「這正是命運的轉捩點啊！」

自十二月六日以來，在莫斯科戰線上，德軍右翼的第二軍團、中央的第四軍團、左翼的第九軍團等部隊，在蘇聯紅軍壓倒性的大攻勢下，不得不節節後退，勉勉強強維持住戰線。勝利已經無望，所有的指揮官都在問：「我們應該要何時後退才是正確時機？」在他們心中，浮現拿破崙一八一二年的慘敗景象。

將軍們紛紛向元首提出後退的諫言，但希特勒完全不考慮前線的意見，也完全無視國防軍官兵的大量犧牲，命令必須固守現在的戰線。

希特勒下達嚴命：「在敵我雙方都竭盡全力的現在，勝利的關鍵就是意志力。再發動一次最後的努力，這樣一來莫斯科就是我們的了！」

不只如此，這道命令還伴隨著嚴酷的處置。若是不遵從命令者，不只當場被免職，還有可能被送上軍事法庭審判。從稍後的情況來看，單以裝甲部隊的指揮官來說，古德林將軍就被調為負責訓練裝甲部隊任務的裝甲兵總監，霍普納上將（Erich Hoepner）則被免職且遭到軍法審判。以他們為首，共有三十五名軍長與師長，被處以不名譽的歸國命令。

陷入狂暴狀態的希特勒收到「珍珠港遭到攻擊」消息的時間，和邱吉爾幾乎是同一時刻。當時，國外電台的播報員把這則新聞列為首要頭條加以報導。收到報導的外交部新聞組職員羅倫茲立刻將它轉達給部長里賓特洛甫，部長又立刻前往鷹巢別墅，將此事告知希特勒。不管是元首或部長，對於日本要向英美開戰這起重大事件，事先都完全沒有獲得告知。換言之，他們全都被日本的獨自行動給打了個出其不意。

部長一開始心想，原本心情就不好的元首，可能會因此更加暴跳如雷。但事情卻截然相反，元首聽到這個消息後，不但沒有生氣，反而龍心大悅。據戰史家木俣滋郎的記載，元首狂喜地說：「這正是命運的轉捩點啊！我們得到了一個在三千年歷史間，從來未嘗一敗的盟友啊！」

希特勒從很久以前開始，就對美國日益增加的對英援助感到難以忍耐。到了此際，這種忍耐已經到極限。不只如此，他也太過低估了美國的國力。在他看來，相較於自有歷史以來就未曾失敗、秩序井然的日本，美國不只無規律、頹廢，還是個只重視女人與金錢的國家——簡單說就是，他對美國幾乎一無所知。

還不只這樣，元首更認為，日軍對珍珠港的攻擊，對於驅策並給予那些在蘇聯戰線上磨磨蹭蹭、猶豫不前的將軍，會產生出乎意料的效果。德軍若是學習日本軍人的鬥志和勇氣，結果應該會將戰爭漸漸帶往出乎意料的方向吧！就算再不濟，比起歐洲戰線，美國至少也會更優先關注與日本的戰爭，這點應該沒錯才對。因此對德國而言，在這方面是可以寄予厚望的。

看到元首興高采烈的樣子，里賓特洛普總算鬆了一口氣。雖然他原本也對日本偏離自己的預測，沒有攻打新加坡和香港，而是膽大妄為地直接進攻美國感到惱火，不過立刻收起了這種心情，轉而變得愉快了起來。

於是他將日本駐德大使大島浩找來外交部，當著對方的面，用帶著微笑且極度豪爽果決的語氣說：

「德國和義大利將會立刻對美國宣戰，這是再理所當然不過的事了，還請您務必理解！」

然後，他當著大島的面拿起了話筒，撥電話給羅馬，和義大利外交部長齊亞諾（Galeazzo Ciano）商談。在義大利外交部長十二月八日的日記中，清楚浮現了這個飛揚跳脫的部長身影。

這晚，里賓特洛甫打電話來。他在電話中對於日本攻擊美國感到喜不自勝。因為他這麼開心，所以我也只能寄予祝賀，但事實上，我對於這件事是否真正有利，其實並不那麼確信……我們的總理墨索里尼似乎也覺得很開心。畢竟長久以來，他一直期望美國和軸心國（德義日）之間的立場能夠明確化。

就像齊亞諾說的一樣，世界各國都做出了明確的表態。現在，這已經變成兩大陣營激烈衝突、蔓延整個地球規模的大戰爭了。

「混帳小日本！」

當世界各國領袖都在為「珍珠港遭到攻擊」的消息大感驚愕之際，在華府——

下午三點（日本時間凌晨五點）剛過，羅斯福總統召開了一場戰爭會議，史汀生、赫爾、諾克斯、史塔克、馬歇爾都出席了。與會的霍普金斯，這樣描述了會議的狀況：「討論的氣氛其實並不算緊張。畢竟在我看來，我們全部人關注的敵人就只有希特勒而已。若是不使用武力，就絕對無法打倒納粹，因此我國參戰只是早晚的事，而日本正好給了我們這個機會。關於這點，大家其實都深信不疑。只是，對於戰爭的責任重大，以及眼見兵連禍結，不知將止於何際所產生的沉重感，所有人也都人同此心、心同此理。」

霍普金斯的觀察其實相當中肯。這場會議跟「緊張」兩個字，說實在話是天差地遠，反而有種迎刃有餘的悠閒感。羅斯福甚至還花了將近二十分鐘，和官員們談在緬因州抓龍蝦的要訣。這段有名的插曲，絕非子虛烏有的捏造之詞。因此，假使真採用「總統陰謀」論者的說法，那羅斯福就是在為了參戰而坐視太平洋艦隊犧牲，以及眾多國民死亡的同時，還能暢談捕蝦心得的人物了吧？說實話，真能做到這種地步，那羅斯福只能說是超人無誤了。

會議進行了大約一個半小時。在這段期間，報告也陸續傳了進來。對於打進來的電話，羅斯福一定親自接聽，並且一一確認。每一次電話響起，珍珠港的損害就再提升一層。儘管如此，與會政府首長的心情還是稍微篤定了一些，畢竟他們之前一直擔心的，萬一開戰美國國民是否支持的問題，現在終於可以算是塵埃落定。赫爾國務卿那份狂發雷霆、深刻感受到日本兩位大使欺騙的報告，正好給了美國政府絕佳的開戰口實。透過宣傳夏威夷空襲是「偷襲」，可以使美國對外處於一個極為有利的立場，而國民在得知這項消息後，毫無疑問也會趨於團結一致吧！

事實上，政府首腦的這種樂觀看法，在這時候已經化成了現實。怒氣衝天的華府市民，陸陸續續集結在日本大使館門口，而他們的反應，幾乎都是相當一致——

「這些黃色混蛋，竟敢挑戰我們！」

「打爛這些小日本的暴牙！」

「因為日軍攻擊夏威夷，本日的放映就此中止。」原本在電影院裡開開心心享受電影的人們，在廣播聲響起、放映突然中止之後，也跟著跑到大使館前面，憤憤不平地大呼小叫。

大使館內電話響個沒完，接到的幾乎都是這樣的怒吼聲：「混帳小日本！」

《東京日日新聞》特派員高田市太郎，描述了這時候華盛頓的樣貌。

戰爭爆發，已經是人盡皆知的事情。即使只是走在柏油路上，我也可以清楚感受到擦肩而過的美國人，對身為日本人的我所投過來的那種異樣銳利目光。在城市裡，到處都是報紙的號外。「日本攻擊珍珠港！」報童的喊聲，在我的耳邊迴響不停。

身為職業演講者、和中國女子一起為了巡迴演講而不斷飛往美國各地的石垣綾子[13]，這天正好前往麻薩諸塞州的皮茨菲爾德市（Pittsfield），要在市民講座上進行演說。據她的回想，當她從紐約搭著巴士、在下午四點到達該市的時候，「整個市區已經被籠罩在一片激動的怒意當中」。會場被層層包圍，怒氣沖沖的人們擺開架勢，等著這個「小日本女人」的到來——

「日本女人敢上講台的話，我們就痛扁她一頓！」「不要讓她活著回去！」

憤怒的聲浪宛若大合唱般層層掀起，主辦單位為了保護石垣的人身安全，甚至必須請出當地的國民兵才行。

美國人對於「暴牙、近視眼、即使睜著眼睛，也看不出是醒是睡」的日本人，居然敢對世界最強的海軍發起攻擊這件事，除了感到膽大包天、不可原諒之外，更多的是無法理解。明明理應不可能發生的事卻發生了，這讓他們覺得相當不爽。於是，又有很多流言說：「在背後操縱的其實是希特勒。」他們斷定，「這一定是納粹的計畫，日本人只是執行而已」，對納粹德國的手段感到激憤不已。光是聽廣播、閱讀號外，還不知道實際損害究竟到什麼程度，就已經足以讓這些美國人，對於日本的愚蠢無謀燃起深深的憎惡了。

所謂輿論審查的鐵幕，絕對不只是用來掩日本人耳目的東西而已。事實上，美國政府在珍珠港事件之後，也曾試圖掩飾當地真正的損害情況。因此，他們發表的訊息只有「若干艦艇遭受損害，但日軍的損失也相當之大」而已。而在之後很長一段時間，美國人也都不認為這是一場大慘敗。美國人並非因為受到慘敗的刺激，才高喊著「勿忘珍珠港」、對日本燃起憤怒的。若是這樣，那他們又是為了什麼而怒火沖天呢？說到底，還是因為當時的種族歧視心態所致吧！這可說是巧妙煽動的羅斯福，在戰略上的一場勝利。關於這點，其實相當多的日本人都有所誤解，因此不能不提。

當這些充滿優越感的美國民眾得知珍珠港被炸得七零八落，而且是遭到了「未曾事先知會開戰的暴力」時，會整體團結起來，並且掀起一陣席捲國民的狂熱，也是顯而易見的事。法國哲學家阿蘭（Alain）有言，「戰爭真正的原因，乃是始自國民的狂熱」，思之確為真理。儘管如此，在腦袋容易發熱這一點上，

13 譯註：日籍社會運動家，與美國左翼人士如史沫特萊（Agnes Smedley）等人往來密切。

美國人和日本人，不也極其相似嗎？國家首腦完全不愁找不到開戰藉口啊！

結果在這場戰爭會議上，羅斯福特別感到憂慮的，反而是菲律賓的美軍基地狀況。防禦態勢是否已經達到萬全？部隊與航空隊的部署又是如何？總統不斷向陸軍參謀長馬歇爾確認。關於這時馬歇爾坐立難安的模樣，霍普金斯如此記載著。

> 馬歇爾明顯露出一副如坐針氈、想要早早落跑的感覺。他說，他已經對麥克阿瑟將軍下令，「當日本發起敵對行為的時候，可以採取必要的行動」。

但是，駐菲律賓的美軍總司令麥克阿瑟將軍，此時並沒有遵從馬歇爾的命令。儘管空襲珍珠港的訊息已經間不容髮地傳到了菲律賓，他還是沒有採取必要的應戰行動，且不知為何獨自一人關在辦公室裡，只有參謀長薩瑟蘭少將（Richard K. Sutherland）能向他報告，並傳達他的意思。遠東航空軍司令布雷利頓少將（Lewis H. Brereton）於是找上了參謀長，請求出動菲律賓全部的三十五架 B-17 大型轟炸機，對當面最大的威脅——位在台灣的日軍基地實施轟炸。然而，麥克阿瑟卻完全無視於布雷利頓的細密計畫，決定「不予接受」。布雷利頓提出三次請求，三次都被他打了回票。

關於這點，我在後面會做更詳細的說明。而就在此時，在台灣的高雄基地，負責對菲律賓作戰的海軍第十一航空艦隊幹部，也正為了眼前的危機而感到憂慮萬分。讓他們如此憂慮的理由，是包圍著基地的厚重濃霧。按照最初的計畫，他們原本應該要配合攻擊珍珠港的時間，對菲律賓的美軍機場實施攻擊才對，但是因為濃霧的緣故，包括一式陸上攻擊機（一式陸攻）七十二架、零戰九十二架在內的兵力，沒有一架能夠出擊，作戰開始時間還一延再延。

在基地一隅的司令部，司令官塚原二四三中將和參謀長大西瀧治郎少將，臉上全都掛滿了掩不住的焦灼。按照開戰前的兵棋推演，這場作戰即使順利，也會損失三分之一的兵力。儘管明知是如此艱難的戰鬥，但為了讓陸軍能夠成功登陸呂宋島，他們還是計畫好要在開戰當天一早就展開強攻，將敵機徹底擊潰。要是再這樣下去的話，被反過來擊潰的，恐怕就是我方的轟炸機了！

假使美軍航空部隊已經採取行動的話，那再過幾十分鐘後，他們就會殺到高雄基地上空。到那時候，滿載燃料和槍砲彈藥、因為濃霧而停在地面上無法起飛的零戰與一式陸攻，面對攻擊根本毫無招架之力，而基地航空隊也會在開戰第一天，就失去半數以上的兵力……

「真讓人受不了啊！我們針對攻擊已經做好了徹底的計畫，但是對於防守，卻一點備案也沒有……」

大西參謀長宛若呻吟般地喃喃說著。

不過，這樣的惡夢並沒有降臨在現實當中，因為麥克阿瑟完全沒有採取任何行動。他之所以按兵不動的理由，至今依然不明。有種說法是，他仍然相信就算日軍要發起攻擊，也是明年春天以後的事。另一方面也有人說，美軍的航空戰力其實灌水誇大了不少，他們事實上只有三十五架 B-17 轟炸機、三十七架 P-40 戰鬥機可以作戰，剩下的就是菲律賓空軍的四十架舊式戰鬥機。正因為這樣，麥克阿瑟才會遲遲無法下決心。不管怎樣，在歷經無意義的時間消磨與猶豫不決後，麥克阿瑟所做出的決定，就是為了保護珍貴的轟炸機與戰鬥機，所以在空中採取退讓策略。

在戰後撰寫的回憶錄中，麥克阿瑟如此寫道：「布雷利頓連一次都不曾向我提及要攻打台灣，我也完全不知道有這樣的提案存在。」

敗軍之將總是會把責任轉嫁給別人，這點絕非日本的專利。

「這攸關國民的士氣」

馬來半島登陸戰的總指揮山下奉文中將，在凌晨五點左右登上了泰國宋卡的海岸。山下日誌對此做了簡單的記載。

前日風浪甚大。零點三十五分下錨，準備登陸，風浪依舊甚大。三點，第一艘艇出發，我自己則是在五點半登陸。

山下的副官在日誌中，則是做了稍微詳盡一點的敘述。

五點二十分，軍司令官從後方艙門登上大發動艇，平安登陸。登陸地點有一座寺廟，裡面燈火通明。因為擔心會成為敵人轟炸的目標，所以我們避開那裡，在海邊暫作小憩。接著，我們開始到處徵收汽車……泰軍和第五師團小林部隊發生衝突，日軍損失十七人（九人戰死，其中三人為軍官）。經過交涉後，泰軍同意日軍通過此地。

泰軍的抵抗從這時候開始在各地都轉趨激烈，甚至還發生用重砲彼此砲擊的戰鬥。從登陸前就一直被教導要採取圓滑手段、透過和平交涉方式進駐的官兵，面對這種意料不到的情況，一下子慌了手腳。不得已，他們也只好用槍砲火力加以回敬，結果兩軍的死傷陸續增加。對山下而言，這實在是很不樂意見到的狀況。

在遙遠的日本本土，這個時候已經是黎明將近，要開始進行每天日常業務的時分。對人們來說，這是個和昨天、前天、大前天都沒有任何不同，一如往常的星期一早晨。

在東京，送報的少年揮汗如雨，小跑步穿過一戶又一戶人家。他們握緊報紙，在一如平常的清澈聲響中，將它丟進每一家的院子裡。送牛奶的車子帶著鏘鏘作響的瓶子聲，在大街小巷中來去穿梭。早起的人們一邊心想「今天早上的天氣可真冷啊」，一邊喝著熱熱的粗茶自娛。當中或許也有人瞥著《東京日日新聞》，對於「今天怎麼這麼多勇猛挑釁的大言壯語」頗感驚訝，但是應該沒有人會想到，日本已經在東邊和西邊果敢展開了奇襲作戰，而這個國家也已經堂而皇之踏出了重要的一步，不再是昨天之前的那個國家了吧！

在一億日本人當中，知道這個嶄新開始的一天乃是永垂青史之日的人，只有僅僅數十人而已。歷史的足跡，往往是隨著領導者而突然改變的。這些領導者，總是會做出將世界捲入漩渦當中的政治和軍事決定。日本的領導者，確實做出了這樣的決斷，可是，他們並沒有堅定不移的信念，甚至對前途也沒有明確的預期。

在這個早上，大多數日本人對此都還一無所知。可是，不管願不願意，最後必須扛起這個決斷所帶來的戰爭的，仍舊是這些一無所知、默默無名的平頭老百姓——也就是我輩中人。清晨六點，日出已經迫在眼前。距離讓平頭老百姓們得知國家這一重大決斷，還有一點點時間。在這之前，就讓他們稍微享受一下破曉前的寧靜安眠吧……

另一方面，日本的領導人們幾乎已經全體就位，準備展開這個閃耀清晨的活動。穿著便服、躺在沙發上小寐的首相東條，五點半剛過便被星野書記官長挖起來，聽他報告有關今天內閣會議和樞密院會議的林林總總大小準備事項。就在差不多要告一段落的時候，「珍珠港攻擊大成功」的報告，緊接在後傳了進來。在《秘書官日記》裡是這樣記載的。

> 首相說了一句「很好」，然後又謹慎地再問了一句：「軍令部向陛下提出報告了吧？」

問完之後，首相便前往明治神宮與靖國神社報告，並祈求神明保佑戰勝。

財務大臣賀屋興宣將企畫院第一課長迫水久常找來官邸，對他下達重大指示。據迫水的記憶，賀屋當時的表情相當沉痛。「雖然我竭盡了全力，但很遺憾的是，戰爭還是沒能避免。這時候，海軍應該已經在攻擊珍珠港了吧！既然如此，那也只能全力求勝，除此以外再無他法了。我所掛心的，是今天兜町[14]的動向。要是今天股票一開盤就大跌，那會在開戰初始，就對國民士氣澆下一盆冷水。所以，不管投入多少錢，都一定要讓股價比前天收盤來得更高才行！這件事我交給你全權處理，你一早就到交易所去，盡可能做出最好的處置！」

聽了這話，迫水有種走投無路的感覺，但不管怎樣，也只能先到交易所去了。

這時，在瀨戶內海的柱島泊地——

接近清晨六點之際，響了一整個晚上的電波，隨著黎明腳步的逼近，彷彿也失去了那種敏銳的動靜，漸漸變得細不可聞。珍珠港的狂瀾，一瞬間宛若成為遙遠的過去；旗艦長門號的作戰室內，此刻只剩一片靜寂。

在這片寂靜的中心，山本司令一直閉著眼睛，坐在折疊椅上一動也不動。六點的報時響起，山本睜開眼，像在找尋某人似地四下環顧：「藤井參謀。」

被他點到名的藤井茂中佐走上前去。接著，山本問了一個他從開戰前就一直反覆確認的問題：「開戰通告一定會在奇襲前準時送到，沒錯吧？」

「我想一定會準時送到的，畢竟外務省已經做了充分的準備啊！」藤井就自己身為政務參謀的所知，對山本這樣報告。山本點點頭說：「很好，這樣就沒有問題了。但為了謹慎起見，還是再確認一次吧！」

說完之後，他伸了個懶腰，在不發出腳步聲的情況下，靜靜地離開了作戰室。對於勝利，他完全沒有任何感想。不只如此，他的舉止比平常還要來得更淡漠，甚至連祝賀的言語也完全不接受。在幕僚的

14 譯註：日本證券交易所的所在地，皆指股票市場。

眼裡，此刻的山本就是這麼嚴峻。

八日上午六點—七點

「進入第二年，就毫無勝算可言」

早上六點，陸軍省記者俱樂部便已經擠滿了記者。昨天深夜和今天早上五點，各家媒體都收到了「將有重大發表」的緊急召集指令，於是一頭霧水、睡眼惺忪的記者們全都聚集了過來。在破曉前夕、尚留有殘星的天幕下，以參謀本部為首的陸軍省各廳室，全都是一片燈火通明。

伴隨著一陣響亮的長靴聲，陸軍報導部長大平秀雄大佐與海軍報導部高級部員田代格中佐，連袂出現在眾人的面前。他們先說了句「現在開始發表」，接著便用右手握住寫有發表內容的紙片，開始大聲朗讀。

大本營陸海軍部發表——

帝國陸海軍已於本日（八日）凌晨，在西太平洋與英美軍進入戰鬥狀態！

記者群間頓時響起一片歡聲。他們開始飛快地用鉛筆寫下記事，照相機的鎂光燈也一齊爆出閃光。

完全沒有其他的說明，整個發表過程不過三分鐘。同盟通信社記者荒川利男，在他的日記中用感動的語氣，寫下了這樣的字句。

就在那一瞬間，戰爭的時刻正式到來。那是永久都不會被遺忘的名句，雖然僅僅三十個字，卻完完全全是直擊敵國心臟的最後王牌啊！

可是，這張「最後王牌」並沒有辦法當場打出去。報社方面先前毫無準備，而廣播也很難即時播送，因此紛紛表示抗議。電台方面也表示，同時在播送「自本日開始進行氣象管制」的新聞，因此要在六點二十分準時播放，在播音程序上會有很多問題。於是雙方經過協商，最後同意在上午七點的新聞時段發表。而趁這段期間，各家報社也可以做號外的準備。

就這樣，在日本國民得知對英美開戰的消息之前，還有一個小時的緩衝時間。但是，國家高層就不允許這樣悠哉地拖延了。特別是首相官邸，現在已經是一片兵荒馬亂。首相秘書官赤松貞雄大佐為了確認預計在上午七點召開內閣會議的通知有送達，已經一個不漏地傳達給閣員，整個人幾乎像牡蠣一樣黏在電話上。星野內閣書記官長也為了準備會議之後要在宮中召開的樞密院會議，而忙得不可開交。不只如此，他們還必須再次確認要在這兩場會議中提出的宣戰詔書草案。海軍方面的首相秘書官鹿岡圓平中佐，也為了獲得珍珠港作戰的最新情報，而不斷撥電話給海軍省本部的友人。

外相東鄉原本預定在黎明時分要召來格魯大使，將停止交涉的通告（開戰通告）親手交給對方。但是，美國大使館的電話線已經早早被警察給切斷了，這讓外相深感困擾。大使館老早就被警視廳以保護之名給監控起來，一舉一動都處在嚴密的警戒之下。不得已，外相只好派在官邸值勤的制服警官，搭車去大使館走一趟。

人在箱根湯本的前首相近衛文麿接到同盟通信社的電話、得知戰爭爆發，是在上午六點剛過的時候。他立刻搭車前往東京，並和人在熱海的至交、後來的農林商工大臣內田信也在小田原會合。在往東京的車上，近衛用相當確信的語氣，談起了海軍的珍珠港攻擊計畫，內田不禁大為驚訝。根據內田的回想，近衛是這樣說的。

海軍毫無疑問，在今天早上一定空襲了夏威夷。在我擔任首相的時候，曾經召見山本五十六君，問他關於日美戰爭的意見，當時他說：「開戰的頭一年還能夠相持不下，但進入第二年之後，就毫無勝算可言。然而，作為軍人，一旦廟議已決、宣戰大命降下，那也只能盡最善之作為、為國家鞠躬盡瘁，就像楠木正成在湊川之役一樣罷了。」山本君的想法，是在開戰之初獲得最大的勝利，然後靠政府迅速發揮外交手腕來解決，這就是他的真意。也正因如此，山本君才委婉地向我透露這次夏威夷奇襲作戰的內容。

山本對近衛說的這段話相當有名，「一年到一年半之間，應該可以好好打上一仗」的真意，也在這裡充分獲得了說明。自戰爭伊始就展開積極攻擊，不斷累積勝果，同時在這段期間透過外交手段讓戰爭終結或停戰，這就是山本要對當時擔任首相的近衛陳訴的想法。近衛也十分了解他的真意，所以才急急忙忙地趕往東京。

可是，戰神又開了一個大玩笑。正因為珍珠港攻擊獲得了輝煌且理想無比的大成功，結果反而產生了反效果。在這個決定性的大戰果下，國民的狂熱、歡喜與自信全被挑了起來，結果使得山本希冀及早講和的悲願，全都化為一場幻夢。

就這樣，興奮與狂熱從領導階層開始，不斷蔓延開來。

六點三十七分，東京日出。雖然是個寒冷的早晨，但天空卻是一片遼闊無際的清澄蔚藍。在閃亮的晨光照耀下，將近七點左右，內閣官員陸續搭車來到首相官邸，其中最受人矚目的，就是海相嶋田大將。帶著寫有迄今為止估計戰果文件的海相，彷彿一個個地迎接官員般，逢人就說：「成功了！我們對珍珠港的奇襲成功了！」

美國太平洋艦隊幾乎大部分遭到擊滅，而我方只有些微損害，這讓他激昂不已。對珍珠港作戰一無所知的官員們，也全都歡喜雀躍萬分。他們發出「喔」的歡呼聲，激動到說不出話來。農相井野碩哉滿臉通紅、眼眶發熱，淚水撲簌簌地不停落下。星野書記官長也相當感動，但同時卻又憂心不已，心想「日本真能勝過美國嗎」……？

所有人都對自己身為這個榮耀的開戰內閣一員深懷感激，並且喜悅萬分。他們都深信，太陽將永遠升起，日本的勝利也將永無止境。

「擊沉戰艦四艘……」

夏威夷時間七日上午十一點剛過（日本時間早上七點左右），淵田總隊長的座機，在劇烈搖晃的赤城號甲板上降落了。

大約在兩小時前，第一波攻擊隊開始返回母艦。接下來則是執行第二波攻擊隊、以及返回母艦的第一波攻擊隊各機的收容工作。因為天候惡劣，在航艦上降落極為困難，所以為了那些燃料即將耗盡的飛機，不得不將那些好不容易降落、但是損傷嚴重的飛機陸續拋棄到海中。畢竟，甲板非得清出空間不可。

機動部隊司令部一邊注視著這種嚴峻的狀況，一邊根據剛剛返航機組人員的報告，以及十萬火急沖洗出來的彈著點照片，還有燃燒中的敵艦照片進行戰果判定。另一方面，為了進行再次攻擊，也必須彙整各航艦可以使用的機數報告。除此之外，還必須等淵田中佐的報告來決定實施第三波攻擊，因此大家也都翹首等待著他的歸來。

淵田踏進準備室，咕嚕嚕灌了一口茶之後，便在催促下登上了艦橋。在艦橋上，南雲長官正表情僵硬地等著他，旁邊則圍繞著草鹿參謀長為首的參謀們。接著，滿臉油與硝煙的淵田報告自己在上空看到的珍珠港狀況。當他講到一半時，南雲忽然插進來問道：「那，戰果到底如何？」

「擊沉戰艦四艘、重創四艘。這是我親眼所見，我想不會有錯。」

中佐充滿自信地報告了自己在上空觀察的結果後，南雲又更進一步追問道：「那麼，你認為接下來六個月內，美國艦隊的主力有可能離開珍珠港作戰嗎？」

淵田率直地回答：「我認為完全不可能。」

南雲點點頭，僵硬的臉上第一次浮現喜色。草鹿參謀長接著問道：「那，你認為有必要發動第三波攻擊嗎？」

「雖然戰艦幾乎都被重創了，但是港內還有許多巡洋艦以下的艦艇倖存，而且造船廠和油庫也都沒被收拾掉。因此我認為，有必要出動第三波、第四波攻擊。」

機動部隊的兩位主將聽了淵田的提案，一時無言以對。

根據一路看到最後的淵田報告，奇襲可說是完美的大成功。艦橋陷入了一片激動與歡喜的喧囂當中。在六艘航艦的飛行員準備室裡，戰鬥經歷成為眾人談論的熱門話題，官兵的士氣全都益發昂揚。第一波、第二波合起來，未返航的戰機數總共二十九架。這個不幸遭難的數字，也遠比預期要少得許多。機組人員當中的一人大聲吼道：「就趁著這個氣勢，一口氣打到舊金山吧！」

然而，南雲司令部的判斷並沒有這麼樂觀。歐胡島的美軍航空兵力並不是沒有重整旗鼓、轉而反擊的可能性。再加上在太平洋方面應該有四艘、卻連一艘都沒有停在珍珠港內的美國航艦，它們的去向不明，更讓人感到憂心不已。在草鹿和先任參謀大石保中佐又做了幾項質問後，南雲若有所思地問淵田說：「你認為敵人的航艦現在哪裡？」

淵田幾乎是不假思索，自然地脫口回應。儘管他不那麼確信，但他覺得美軍航艦應該就在附近海域進行訓練，所以若是現在這個時間點的話——

「如果珍珠港傳來的報告沒有錯的話，我認為，他們應該正在搜索我們機動部隊吧！」

聽了這番話後，源田參謀輕聲說：「即使來襲，我們也應該可以打垮他們吧……」

瞬間，淵田似乎看到南雲長官冷硬的臉龐上，閃過一絲動搖的影子。南雲並沒有立刻下決斷，而是沉思良久。草鹿對淵田說：「你辛苦了，下去休息吧！」

正如南雲機動部隊的指揮官和幕僚所想像與預測的一般，這時候，在航艦企業號艦橋上的海爾賽中將，事實上已經做好了完全的攻擊準備，正在翹首盼望派出去的巡邏機傳來「發現敵人」的報告。他一共派出了七架巡邏機，可是全都集中在歐胡島南方與西方的警戒圈內，至於北方，則連一架也沒有派過去。

畢竟，金默爾的太平洋艦隊司令部傳來的命令是：日本機動部隊應該集結在歐胡島的南方海域，所以要對這個方向展開搜索和攻擊。再說，海爾賽本人也認為這個季節天候惡劣，日本艦隊理應不可能從北方海面攻擊過來才對，所以他也認為日軍應該是在南方。

還不只這樣，從歐胡島起飛的巡邏機，向司令部發出電報指稱，在南方海域「發現一艘敵航艦」。正率領三艘驅逐艦在這片海域進行訓練的巡洋艦明尼亞波利斯號（USS Minneapolis, CA-36）收到這個訊息，艦長不由得大吃一驚——巡邏機所報告的「敵方位」，不正是我所在的位置嗎？於是他連忙發出緊急電報，向珍珠港報告說：「目視範圍內沒有發現航艦。」（No carriers in sight.）

然而，電報員卻忙中有錯，把「沒有航艦。」打成了「兩艘航艦」（two carriers）。結果，太平洋艦隊更加確信敵機動部隊就在南方海域。

其實，對海爾賽艦隊來說，這或許是個幸運的錯誤也說不定。要是他判斷日本艦隊潛伏在北方，然後逕自北上的話……

海爾賽在回憶錄，用充滿怒意的筆調寫道：「我接到珍珠港南方有敵航艦的情報，於是派出魚雷機，結果卻沒發現半條船。當護航戰鬥機往珍珠港飛去的時候，還被我方防空砲打下了四架。魚雷機在晚上九點回到艦上，當時他們還帶著裝設有戰鬥用引信的魚雷，在晚上降落真的是非常冒險……一整天，我收到的就只有混亂不堪的情報，這真是讓人憤慨不已。」

不管是金默爾的司令部也好，還是麾下的各艦隊也罷，每人都被日軍巧妙的攻擊給玩弄得團團轉。誤認、誤報、錯覺，先入為主……種種狀況交錯在一起。但就因為這樣，結果卻造成了後來日本海軍最大的不幸——那就是航艦企業號與海爾賽的全身而退。要是這位「蠻牛」在北方海域遭遇到南雲機動部隊，單憑他一艘航艦、莽莽撞撞拔刀相向的話，結果會……？我想，這應該不用多說了吧。

八日早上七點—八點

「進入戰鬥狀態」

早上七點，日本軍機開始對英屬香港地區實施轟炸。當時香港時間是早上六點，因此是一場名符其實的拂曉猛攻。同時，日軍也開始發動香港攻略作戰，第二十三軍（指揮官酒井隆中將）麾下的部隊，對香港展開攻擊。

在稍早之前，JOAK（現在NHK）的電台節目還是如平常一樣，準時在早上六點二十分播送晨間新聞。在這段新聞中，雖然有略微說到香港的英軍已經發出緊急動員令，但是不管是珍珠港、馬來半島，還是正要展開的香港作戰，在這裡都沒有隻字片語提及。六點半開始播報氣象預報。然而，事情就從這裡開始產生了變化。電台突然終止了平常的氣象預報，變成了播放唱片的音樂──國民們還不知道，從這天開始要進行全國性的氣象預報管制。

六點四十分開始，按照節目表，會播放早稻田大學教授伊藤康安主講的「論武士道──澤庵的《不動智神妙錄》」。伊藤的講課結束後，早上七點的報時響起。這時，電台突然傳出「請稍候一下」的廣播聲。「發生了什麼事？」就在聽眾們的驚訝尚未止歇之際，臨時插播新聞的蜂鳴聲響起：「有臨時新聞、有臨時新聞！」

播報員館野守男帶著壓抑不住的激動情緒，幾乎是緊貼著麥克風大聲說道：「大本營海陸軍部早上六點發表──帝國陸海軍部隊於本日（八日）破曉時分，已於西太平洋與美國、英國軍隊進入戰鬥狀態！」

館野將原稿中的「英美軍」讀成了「美國、英國軍隊」。在整個戰爭期間，他都保持著這樣的讀法。之所以如此，大概是因為講「擊墜兩架美機」或許還好，但是講「擊墜三架英機」的話，難免會讓人聯想到首相東條「英機」的名字吧！

館野繃緊神經，再將這份短短的原稿重複念了一遍，最後用這樣一段話作結：「因為接下來或許還會有重大消息要播放，所以請各位聽眾千萬不要切掉收音機開關。」有很多國民才剛起床，就被這條新聞給震撼到不行。接下來從七點零四分開始，播放的是一如平常的收音機體操，而當體操結束之後，在七點十八分，又開始重複播送「大本營陸海軍部早上六點發表」的臨時新聞。

就連平常明朗活潑的收音機體操，在這天早上也變成了雄壯的《軍艦進行曲》與《愛國進行曲》，然後還有像是以下這樣的歌：「就算數萬敵人來 也全是烏合之眾」[15]。

當時住在東京向島、還在念小學五年級的我，對這些都還有模糊的記憶。然後在七點四十一分、八點三十分、九點三十分……伴隨著播報員緊張的聲音，重複不斷的「大本營陸海軍發表」，陸陸續續傳到各家各戶的早餐桌上，以及正要出門的上班族耳中。在我印象中，大概就是這樣的一種感覺吧！那個早上，佐渡海域與八丈島南方的低氣壓向北移動，整個日本列島一片晴朗無雲。

可是，東京的早晨，仍然是一片屋簷結霜、沁冷入骨的景象。儘管家家戶戶為了防止寒意滲入，都把門窗關得緊緊的，可是在戶外還是可以清楚聽見每個家中把收音機聲量轉到最大、從而不時傳出的雄壯音樂。在東京都心，也可以看見負責分送報社號外的報童，正搖著鈴鐺四處奔跑。一種彷彿能讓人忘記口中呵出的白煙、不可思議的灼熱激昂情緒，一口氣包圍了全體國民。那可以說是一種驟然迸發而出，強烈且非理性所能訴說的感動。

住在東京的法新社特派員羅貝爾．吉蘭（Robert Guillain），這樣描述了在新橋車站附近拿著號外的日本人模樣：「每個人都一言不發，默默地走掉。」在漁店前面（為了確保糧食）而排隊的主婦們，就

15 譯註：這首軍歌的名字就叫《數萬之敵》（敵は幾万），是大本營發表戰勝消息的時候播放的軍歌。

算讀了號外，也幾乎看不到「偷偷驚呼、或是低聲竊竊私語的景象」。

對於日本人這副冷淡的態度，吉蘭是這樣解讀的：「儘管他們裝出一副毫無情緒的樣子，但還是掩飾不住自己臉上顯露的震驚。……什麼啊，又要戰爭了！還要戰爭啊！而且，這次的敵人還是美國？在六個月不到之前，大部分的媒體和領導層，不是還開開心心地要去跟美國攜手合作嗎！」（出自《日本人與戰爭》）

就在最初的臨時新聞播送後不久，企畫院迫水課長的身影，出現在兜町東京證券交易所的圓形大門口前。奉了賀屋藏相命令，無論如何都要阻止股價下跌的他，整張僵硬的臉上，寫著滿滿焦慮兩個字。在職員引路下，他急急忙忙走進了專務理事室，對著同樣是應他要求、匆忙趕來的專務理事板薰、交易員工會會長藍澤彌八，開門見山地問說：「我奉賀屋藏相的命令，今天無論如何都不能讓股價下跌。你們有什麼好辦法嗎？」

藍澤拍胸脯保證說：「請轉告大藏大臣，我們吃證券這行飯吃了一輩子，如今自當為國家效命，請政府毋須擔心！」

三人商量之後，決定最好的方法，就是大量買進交易所自己發行的股票。這支被稱為「新東」的股票，從以前開始就被看成是市場的代表性風向。迫水在戰後，如此描述了當時的模樣：「股市馬上就要開盤。我被邀請到高台上，和交易所人員一同觀看狀況。雖然我對此一竅不通，卻有種莫名的安心感。當藍澤先生七手八腳地下指示，好不容易下了新東四萬股的買單後，股價終於以較前天平盤價高出二、三十錢的數字開盤。槌音落下，今日的股市確定是開紅盤。回到休息室後，我忍不住鬆了一口氣。」

戰爭就像這樣，變成了全方位的國家總體戰。

「宛若眾神的進軍」

和兜町的兵荒馬亂截然不同，這個早上的東京街頭，彷彿日常的時間整個失落一般，充斥著一股異樣的寂靜。每個人都莫名地沉默不語。在我記憶中一向總是嘮嘮叨叨的小學班導，此刻也抿緊了嘴唇，只有眼神閃閃發光。就連我那平常總是奉行放牛吃草主義的老爸，也在對神龕恭恭敬敬膜拜後說：「從現在起，就是必須認真努力的時代了喔！」在日本人沉默冷硬神情的背後，其實隱藏著滿滿縈繞的堅毅決心。那或許是一種對生存意義的重新探索，又或許可稱為「對使命感的重新擁抱」也說不定……

當年五十歲的作家豐島與志雄這樣寫道：「當我聽到日美開戰的新聞時，首先強烈敲擊我心靈的，就是我們終於能夠對『聖戰』這兩個字，做出明確的定義。迄今為止，雖然我們嘴上老是掛著『聖戰』這個名詞，講起來卻總是模模糊糊、含混不清；但，就從今天起，所謂『亞洲民族的解放』，其神聖的意義已然變得無比清晰。」

在大多數日本人感覺起來，對英美開戰這件事，和迄今為止對中國的陰鬱戰爭有著明顯的差異。他們完全不覺得這是侵略戰爭，或是任憑己意隨便發起的戰爭。報章媒體的傳播，已經將他們的心境逼到一種再也難以忍受的極限當中。在被包圍的狀態下，我們不斷含羞忍辱；然而，到了這個臨界點，已經不得不採取反擊行動了——在日本人看來，這就是一場自衛性質的戰爭。當然，戰爭一定會伴隨著悲慘、痛苦還有淚水；可是，在被逼到崖角的情況下，人們對英美的同仇敵愾之心已經熊熊燃起、沛然莫之能禦。最後，日本國民終於選擇奮然而起，投入這場孤注一擲的戰爭，以跨越眼前的絕境。

除此之外，百年來西歐列強對亞洲高壓侵略所造成的弱者憤慨，也是重要的原因之一。面對這些橫暴白人的代表——英美，我們日本人如今作為亞洲人民的先鋒與他們對抗，要徹底把那種自卑的感覺給翻轉過來……這種強烈的民族驕傲，也是確實存在的。這份昂揚的情感，將中日戰爭那種冷漠與歉疚的情緒完全一掃而空，轉而在這個早上的日本人心中，深深植下鬥志與緊張的感受。

四十一歲作家尾崎一雄，彷彿要將這時候大多數人的心情一舉說出口般，寫下了一段明快的文字，在此做個較長的引述。

壓迫荷屬東印度、奪取法屬印度支那、吞併印度、虎視支那……在歐美諸國當中，罪孽最深重的就是英國，而美國則以「世界英語系兩大國民」自居，屢屢支持英國，事變（日中戰爭）以來，更是把支那當成自己的前衛，一步步組成日本包圍網。當英國因為對德戰爭焦頭爛額的時候，美國就接手扮演起干涉東亞的角色。（中略）他們說，要改變世界的「秩序」，只能靠和平的手段達成。但是，什麼是和平的手段呢？那就是拿著多餘的金錢和物資，透過或拉或打的方式，無所不用其極地壓制對手。勤勉的日本人，靠著輸出每日辛勤製造的商品，清清苦苦地過日子，結果歐美卻突然間設下高關稅的壁壘……（中略）為此，我們必須大聲高喊：「將盎格魯撒克遜人趕出亞洲！」讓他們背負著自己所犯下的罪，滾回罪惡誕生的淵源之處！

中根千枝（東大名譽教授），當時是位人在北京的十五歲女學生。那天早上，她被母親喚醒，得知了開戰的消息。據她事後的回想，當時的感受是這樣的。

雖然我完全不知道事情將會變成怎樣，但整個人卻有一種莫名緊繃的亢奮感。之後我再也不曾有過這樣的體驗，那是一種該怎麼說……嗯，大概就是與快感相連的緊張感吧？

在感到緊張的同時，也驀然湧現一種爽快感。頭上彷彿有著千斤重擔、鬱鬱不樂的每一天終於結束了，取而代之的是種「太好了」的解放感。不管是當時，還是之後的回憶中，都有很多人記下了這種清爽的心情。

阿川弘之（作家），二十歲。「當時我是大學文學部二年級學生，正窩在荻窪的出租公寓裡睡覺。因為樓下傳來《軍艦進行曲》的歌聲，所以我睜開眼睛、打開枕頭邊的收音機，結果就聽見宣告開戰的臨時插播新聞。我乒乒乓乓地衝下樓，抱起房東家的四歲男孩，嘴裡還胡言亂語，不停喊著『喂，起來啦！』『快打起精神來啊！』之類的話。我一邊心想『這下可不得了了』，同時卻也有種彷彿籠罩心頭的烏雲，整個被一掃而空的感覺。」

除了阿川弘之以外，也有其他人跟他一樣，在心頭澎湃與緊張感驟然崩解的情況下，一把抱起了身邊的孩子。作家上林曉（三十九歲）聽到消息的時候，正漫不經心地閱讀著內容空洞無味的早報。

「那時，我清楚感受到自己所生存的世界，即將驟然轉變成另一個全新的世界……我把靠在我身邊，快滿五歲的女兒一把抱起來。因為她平常總是那種懶懶散散、讓人看了搖頭的個性，所以我想這時候有必要好好給她打氣一番：『孩子呀，我們要跟美國開戰了，所以妳不能再這樣繼續懶散下去了唷！要做個好孩子，這樣才會打勝仗喔！』這番話在今天早上說起來，完全沒有任何不自然的感覺，而孩子也老老實實地點了點頭。」

清水幾太郎（社會學者），時任《讀賣新聞》評論委員，三十四歲。「在能夠收聽到各種外國短波放送的報社裡，走廊間流動的空氣，格外讓人感到沉重窒悶；這種沉悶隨著時間，日復一日不斷增長。正因為是如此沉悶，所以當我在十二月八日得知開戰的時候，儘管心想『這下事情可不得了了』，但同時卻也有種……好像大便終於暢通了的感覺。雖然我也感覺在不久的將來，可能會有從大便暢通，變成惡性下痢，陷入脫水症狀，最後終至死亡的危險也說不定，但在當下，確實就是有種歷經長時期痛苦的便秘之後，終於能夠通順的舒暢感。」

大學教授兼評論家本多顯彰（四十三歲）用淺顯易懂的方式，寫出了聽聞開戰消息後的堅毅決心。「現在終於可以廢除掉『潛在敵人』這樣的稱呼，轉而明確稱對方為『敵人』了——這不只是我，而是全體國民共同擁有的酣暢感覺。聖戰這個詞的意味，從這一刻開始變得明確起來。戰爭的目的變得簡單明瞭，新的勇氣隨之應運而生，一切都變得無比流暢清晰。」

在大森山王草堂撰寫《近世日本國民史．征韓論篇》的德富蘇峰，將他的感動原封不動地記載在日記當中。這年，他七十八歲。

「方才從修史室角落的收音機裡，得知今晚日本在西太平洋海上，和英美進入交戰狀態的消息。聞訊，我不禁奮然擲筆，雀躍萬分，宛若積年塊壘，一夕煙消雲散。皇國幸甚，真是皇國幸甚！」

這裡可以看出，蘇峰雖然知道開戰將近，不過對珍珠港作戰的事情還是一無所知。在他的日記裡，沒有隻字片語提到「珍珠港」。

也有在這種爽快的衝擊下，整個人深深感動，身體震顫不已的人存在。他是火野葦平（作家），三十四歲。

「我在收音機前，深深陷入了某種幻想當中。這絕對不是誇大其辭，在我的腦海裡，清晰浮現了眾神朝著東亞天空進軍的身影，我甚至還可以聽得到祂們的腳步聲。這是創造嶄新神話的開始；正如同昔日從高天原降臨的諸神，平定那些頑劣不馴的民族，建立起祖國日本的基礎般，這段神話如今以更大規模的形式，再次重新上演了。我在收音機前淚流滿面，好一陣子都無法動彈。」

就像上面描述的這樣，在當時，我們幾乎找不出任何一個人，像戰後口述或書面紀錄中屢屢提及的那般，在聽聞日本對英美開戰的訊息時，充滿了絕望、遁逃，或是對這種愚劣感到憤怒的情緒。即便是當時只有十一歲的我，舉目所及之處，也是同樣的感受。那個早上，儘管大人們都相當沉默，但所有人的眼中都充滿了光芒。從快被國際緊張的沉重壓力所壓垮、走投無路的窒息狀態下解放出來，反而有種雲開霧散、清爽萬分的感覺，這是幾乎所有日本人共同的心聲。

由於這是一種湧現自內心深處，屬於生理和感性層面的情緒，因此它和理性或悟性之類的事物全然無緣，若要加以邏輯化，恐怕也相當困難。不只如此，在這當中，或許還帶有一夕顛覆受白種人壓抑已久的黃種人自卑感所產生出的激昂情緒也說不定。我想，就是因為這些東西壓抑在每個人的心頭，所以才會出現奇妙的寂靜吧！

但，不管怎麼說，在這天早上耀眼的晨光中，每個日本人的臉上，都閃動著明亮無比的光芒，就連走路的腳步，也不由得輕快了起來。

「我們還能重整旗鼓嗎？」

早上七點零五分開始的「晨間緊急內閣會議」，先是針對政府聲明、拜領大詔的首相談話等一一達成共識，接著僅僅花了十五分鐘，便來到最後的「決斷」階段。直到這時，內閣官員才正式得知珍珠港奇襲成功的消息。所有人臉上，都充滿了掩藏不住的激動與緊張。正因如此，大家幾乎都沒什麼發言，畢竟事已至此，也沒什麼好說的了。大家的心境，恐怕都跟木戶內大臣在這天的日記中所描述的感受一樣。

如果一切按照預期的話，就在今天，我們終於要和英美兩大國一較高下。今早，海軍航空隊應該已經大舉空襲了布哇（夏威夷）才對。得知此事的我，相當掛心他們的安危，不禁對著太陽雙手合十、閉目祈求。

每一位閣員恐怕也都跟木戶內大臣一樣，心中存著的只有祈求而已。

幾乎就在同一時刻，躺在病床上的前外相松岡洋右，對著來訪的至交含淚訴說：「締結三國同盟是我一生中最大的敗筆，如今更讓我深感創痛……三國同盟原本是為了防止美國參戰、為了阻擋世界大戰而設立，結果卻全然事與願違，反而成為這次戰爭的主因。一想到這裡，我就覺得自己萬死難贖其罪啊！」

此罪死不足惜——只是，松岡的眼淚，真能讓任何人銘記在心嗎？話說回來，松岡也忘了祈禱這件事……

七點半，東鄉外相趕回官邸，和穿著晨裝的格魯大使會面。格魯還以為是天皇終於允許拜謁了，整個人露出一副興沖沖要赴約的樣子。兩人在橫山大觀繪製的富士山風景畫下面面相對，接著東鄉公式化地開口說：「這是野村大使遞交給赫爾國務卿、有關『交涉中止』的通告文，也是天皇對總統親筆信的回應。」將一份文件擺到格魯眼前的桌上。

聽聞外交交涉要中止，格魯不由得大吃一驚，連忙開口說：「通告我等一下會拜讀。對於交涉中斷這件事，我感到相當遺憾。我是真切希望能夠再次重新出發，盡可能避免戰爭……」

東鄉針對格魯熱心追求和平的努力，向他由衷表示了謝意，但卻從頭到尾都沒有隻字片語提及珍珠港攻擊的事情。雖然東鄉後來這樣寫道：「因為我想大使來訪的時候，應該已經得知事情的所有發展了，所以我這邊也沒必要多提及那些不愉快的事，於是就只是針對既成的事實，稍微禮貌性知會一下而已。」不過說到底，恐怕還是難以直接啟齒的成分占了絕大多數吧！當進行完最後的握手後，格魯步出官邸，然後瞬間便被媒體的鎂光燈海浪給淹沒了。

獨留原地的東鄉，接著命令加瀨秘書官去請駐日英國大使前來。△

到這時候為止，格魯別說是珍珠港攻擊了，就連已經開戰這件事，他也一無所知。直到他回到大使館、吃完早餐、換上衣服，準備按照先前的約定去打高爾夫的時候，才聽到門口的馬路上，傳來宣告對英美開戰的號外喊叫聲。

大使館內一片騷動，大使夫人艾莉絲（Alice Grew）的眼中瞬間淚水盈眶。當她看到船山貞吉的身影時，不禁用手帕掩面，哀傷地說：「對不起，讓你也陷入這種悲慘的境地，這真是太不幸、也太令人傷悲了！」面對悲嘆不已的夫人，船山只能竭力回答說：「我也覺得相當遺憾……」

就在這時，格魯接到了華盛頓打來的電話。此時，大使館的各門都已遭到封鎖，門口還有日本警察站崗戒備，密碼電報的發報也遭到禁止。在本館地下一樓的密碼室內，在查爾斯．波倫（Charles E. Bohlen）二等秘書的指揮下，館員們已經親手破壞了密碼機，並將密碼本與機密文件丟入焚化爐中。據格魯所述：「我們封上沉重的大門，連一丁點密碼本或秘密文件的殘片，都沒有留給日本人。」然而，儘管在這種殺氣瀰漫的狀況下，國際電話線仍未被切斷。

當格魯拿起話筒時，國務院遠東事務處助理處長哈母登（Maxwell M. Hamilton）充滿憤怒與驚愕的吼聲，透過電話那一端傳了過來：「……你是睡到不省人事了嗎？是珍珠港！珍珠港遭到攻擊了啊！雖然損害還在調查中，實在是太混帳了啊！」

格魯到這時候，才頭一次得知珍珠港的事情，不由得驚訝到合不攏嘴。聽到這個消息，美國大使館的館員們也全都憤慨不已。據船山喜久彌的記載，多曼參事悲憤地說：「日本明明落後美國將近一百年，居然還敢對美國宣戰，這種事我還是頭一遭聽聞！他們根本沒有勝算的啊，這實在是太遺憾了……！」

接下來這一整天，格魯大使都跟艾莉絲夫人關在書房裡，完全不見任何人。透過門板，只能聽見大使夫妻充滿哀傷的談話聲，以及夫人不停的哽咽而已。

幾乎就在同一時間（夏威夷時間正午十二點左右），七名全副武裝的警官闖進位在檀香山的日本領事館，將總領事喜多長雄以下的職員全部監禁起來，然後開始對他們搜身。當體重將近八十公斤、身材龐大的總領事把四角內褲脫下來的時候，全體日籍館員不禁噗嗤笑出聲來。原來，平日老愛吹噓自己有多雄偉的總領事，這時候整個陽具已經縮成了小小的一團。看見這幅景象，就連警官們也不禁跟著笑了。

「Don't laugh!」（不許笑！）

雖然隊長立刻大聲喝止，不過原本緊張的氣氛因為這起意外插曲，莫名地緩和了不少。

書記官油下恭之助的長女，當時就讀小學三年級的油下和子，這樣回想當時的情況。

> 父親一早出門之後，就一直沒有回家。這時候我並不知道包括喜多總領事以下的全體館員都被軟禁在本館內，一直等到這天晚上，父親仍然生死不明。總領事館的院子裡有荷槍實彈的警官站崗，還不時可以看見車子和摩托車，匆匆忙忙地出入其間。記得那個時候，連一步都無法外出的我們，只能躲在房間裡，跟母親裹著毛毯，偷偷收聽短波廣播。「帝國陸海軍部隊，於本日（八日）破曉時分……」這段難以忘懷的廣播不斷響起，讓人有種莫名的感動。

相較於只是把佩刀弄得鏗鏘作響的日本警察，夏威夷這邊可是早早就亮出槍枝，擺出一副「敵視」的架勢了。

這個時候，華盛頓是下午五點——在這裡，可沒人像格魯夫妻一樣悲嘆不已。總統的橢圓形辦公室，已經突如其來地變成了陸海軍最高司令官的作戰本部。

羅斯福動作迅速地，對陸海軍首長一一下達指示。他下令，不只是國營兵工廠，所有民間的軍需品製造工廠，也都必須派出士兵嚴密監控。戰爭部長史汀生補充說：「特別是各重要橋梁，都應該嚴加警戒。」陸軍參謀長馬歇爾將軍則提議，應該要讓白宮也進入嚴密警戒狀態，但羅斯福卻說「不，沒有這個必要」，一口拒絕了。

國務卿赫爾則提出了另一個請求。他認為向議會發表的總統講稿，應該要花三十分鐘以上的時間，透過優雅、堂皇且鏗鏘有力的文字，徹底回顧迄今為止的對日關係，如此方能鼓舞美國國民的同仇敵愾之心。但，羅斯福同樣駁回了這個提議。羅斯福堅決認為，首要之務應該是發表簡明的內容，特別將問題集中在珍珠港攻擊上，之後才來發表鼓舞國民的強力演說。

說完以後，羅斯福便開始對隨侍在旁的署理國務卿威爾斯，口述起明日將發表的這份簡明版講稿。每當高官顯要出入辦公室、打開房門之際，羅斯福緩慢清晰的聲音，便響徹在整個大廳之中。

昨日（逗號）一九四一年十二月七日（連接號）是一個我們永遠難以忘懷的屈辱之日（連接號）這

天（逗號）我們美國（逗號）遭到日本帝國的海空軍（逗號）突如其來（逗號）且有計畫的攻擊（句號）

美國基於跟日本的和平關係（逗號）在日方的懇請下（逗號）不斷與日本政府及天皇之間（逗號）為了維繫太平洋的和平（逗號）而致力奔走斡旋……

在和白宮有段距離的阿靈頓地區，海軍部航海署的辦公室裡，署長尼米茲少將凝望著日暮西沉的分室窗緣，不知不覺有點恍神。從珍珠港陸續傳來的損害狀況，讓堅毅不屈的他，也不由得陷入絕望的情緒當中。到這時為止，總共有十八艘大小艦艇遭受攻擊，戰艦兩艘沉沒、兩艘正在下沉中，還有好幾艘是無法修理的嚴重損害。飛機也有將近兩百架是在地面上遭到破壞。

尼米茲看著手下的徵召部主任（Recruitining Division）懷丁上校（F. E. M. Whiting），用黯淡的表情說：「真是一場慘敗。我實在不知道，我們還能不能重整旗鼓？」

懷丁什麼話也沒說，只是默默頷首。

「不惜一切榮辱性命」

相較於後來率領太平洋艦隊、以優秀指揮官聞名於世的尼米茲少將沮喪的模樣，同一時間，初次得知夏威夷奇襲攻擊成功的日本海軍官兵，則是個個意氣昂揚，慷慨高呼：「日本男兒正當如此！」

說到底，在海軍部內，知道這項攻擊計畫的，也只有極其有限的少數人——軍令部作戰課、與作戰直接相關的各部局，以及負責聯絡政府的大臣官房、海軍省軍務局等——而已。儘管如此，奔騰的感動還是如潮水般，不分海內外，一口氣蔓延到海軍的每一個角落。

然而，在柱島的旗艦長門號上，與參謀共進早餐的山本長官，臉上依舊看不到半點喜悅的神情。在這開戰的第一天，頭一頓早餐還是一如往常，由白飯、味噌湯、小盤醃菜、煎蛋，以及海苔所組成。儘管如此，在滿滿洋溢的戰勝氛圍下，即使是一成不變的早餐，味道感覺起來還是分外不同。幕僚之間交頭接耳、小聲交談得頗為起勁，但長官仍然一言不發，只是草草吃完這頓飯而已。

就在離席的時候，山本招了招手說「政務參謀，過來一下」，然後便逕自走進長官辦公室中。當緊張已經整個舒緩下來的藤井中佐步入室內時，山本開口就問：「我說過很多次，你也應該很清楚才對。中央要求遞交最後通牒的時間與實際發動攻擊之間的落差，必須縮短三十分鐘，但是外務省那邊的事前準備，真的沒問題嗎？到目前為止的電報全都顯示，攻擊部隊是按照預定計畫在走的。」

藤井的表情頓時顯得有點僵硬。將時間差縮短三十分鐘，真的不會造成任何影響嗎？山本又用平靜的語氣，接著繼續說下去：「一旦出了任何差錯，這次攻擊就會變成不宣而戰的詐謀，而我們也會陷入百口莫辯的境地當中。因此，雖然不是很急，不過還是麻煩你留點神，再去調查一下吧！」

「是的，我知道了。」藤井參謀這樣答應後，便走出了長官辦公室。在周遭一片亢奮的情緒當中，長官這種未免冷靜過了頭的沉穩，看在年輕參謀的眼裡，顯得相當不可思議。只是話又說回來，重複問同樣的事，長官就會覺得比較心安嗎……？

按照既定方針，長門號將會在中午時分，率領第一艦隊從柱島出擊。此刻的艦內，滿滿洋溢著充滿活力的喧囂與熱烈氣氛。到處都在將不需要的物品搬上岸，為了準備出擊，每個人都忙得不可開交。雖然山本下達了嚴格的要求，但藤井參謀還是覺得「不過就是做個調查罷了」，而他的心也早就不知飛哪去了。

山本待在長官辦公室裡，靜靜地讓時光流逝，幕僚們也都謹守著戰前的習慣，不去刻意打擾他。按照山本的慣例，他總是會在飯後的一刻鐘內，用毛筆寫下一封又一封的信件。這個早上也不例外，只見他面對桌子，慢慢地磨好墨，提起筆，在攤開的宣紙上，迎頭寫下了「述志」兩個字。

此次奉大詔堂堂出陣，欲超生死於度外，並非難事。然此戰乃前所未有之大戰，多有曲折亦屬尋常，而吾亦有所覺悟，若胸懷私心、僅顧虛名與一己之潔，則必將難以成此大任是也。

——故此，吾願為大君之盾，不惜一切榮辱性命。

昭和十六年十二月八日　山本五十六

正如山本所述，他已經「不惜一切榮辱性命」。由他一手推動的這場夏威夷作戰，在仰仗部下海軍精銳支撐的同時，也是他自己不惜生命，以自我犧牲精神為根本所使出的最後手段。不管作戰成或不成，他都已經有所覺悟，甚至可說是抱持著「必敗的精神」，明知山有虎、偏向虎山行。正因如此，即便在這個時刻，他心中的悲傷，或許仍舊比勝利的喜悅來得更加濃烈吧！

八日上午八點—九點

「南雲將軍不會出擊了」

上午八點剛過，聯合艦隊全體幕僚聚集在長門號作戰室裡。在機動部隊傳來進一步的報告前，他們要先進行迄今為止的戰況說明，以及戰果判定。根據大致的判斷，珍珠港內的戰艦已經全遭擊沉或重創。「不過，根據我們對每一艘戰艦用兩架攻擊機目視確認後，也有報告說『只有兩艘徹底遭到擊沉』。」某位幕僚如此補充說明。

年輕幕僚因為沒能直接參加作戰，已經相當切齒扼腕了，對於這種保守的戰果判定，自然無法心服。即使是冷靜派的幕僚，也認為隨著時間繼續延伸，數字應該會愈來愈大才對。

但是，當大家根據報告請求山本判斷時，山本卻說：「再稍微低估一點會比較好。」

於是，最後判定的戰果，便姑且定為幕僚判定的六成左右。

當聯合艦隊在柱島為了戰果判定絞盡腦汁的時候，位在夏威夷北方海域的機動部隊南雲司令部，也向山本長官與永野軍令部長，發出了第一次報告戰果的電報——這時是日本時間上午八點（夏威夷時間中午十二點半）。

「敵主力艦兩艘擊沉、四艘重創，巡洋艦四艘重創，以上確實。敵戰機多數亦遭擊毀，我方損失二十九架飛機。」◇

這時候，機動部隊官兵的士氣，堪稱直衝天際。司令部先任參謀大石保中佐的日誌，留下了一段堪稱最好佐證的文字。

僅僅一個半小時，就將美國戰鬥部隊與布哇（夏威夷）空軍加以殲滅，武人平生之志不過如此。接下來戰爭的前途，必然是無限光明。我這四十二年的人生，就是為了這一天而活的。

全體官兵都覺得不枉此生，打從心底因喜悅而震顫不已。

在各航艦機庫內，大家正趕緊維修受創戰機。完好無傷的飛機，則要進行槍彈的補充，以及炸彈的吊掛。全體人員幾乎都認為，為了讓戰果更加徹底，自然應該發動第三波攻擊才是。

赤城號上的司令部接獲各艦傳來的報告後，確認還有一百七十九架飛機完好無傷，再加上修理後可以使用的八十六架，總計可以發動兩百五十六架的攻擊隊，仍然是一支相當強大的兵力。

在航艦蒼龍號上，第二航空戰隊司令官山口多聞少將因為遲遲等不到命令而焦急不已，最後像是要逼南雲司令部下定決心般，送出了這樣的信號：「第二擊準備完畢。」

在他麾下的兩艘航艦，各自可以搭載五十七架飛機。其中蒼龍號還有三十架，飛龍號也還保有四十三架的兵力。山口佇立在艦橋上，抿緊嘴唇凝視著赤城號。

上午八點十五分，天空開始落下細雨。赤城號仍然沒有傳來任何回應。航空參謀主張「應該要更強烈、也更明確地提出意見才對」，但山口少將只是搖搖頭，喃喃地自言自語說：「南雲將軍不會出擊了。」

在赤城號航艦的司令長官室內，南雲正沉思不已。年輕時候的南雲，曾經是對美戰爭強硬派的領袖之一。他強烈反對受英美的世界戰略頤指氣使，認為應該要廢棄華盛頓與倫敦兩項裁軍條約，為此還一馬當先，率領軍官發動連署。可是，當他升上艦隊司令長官之後，卻奇妙地搖身一變，成為一位相當消極的艦隊指揮官。或許，這是因為他以專長魚雷攻擊的「水雷派」之身，卻必須擔任機動部隊的指揮官才會如此吧！後來，淵田這樣描述南雲率軍前往珍珠港時的模樣。

他已經失去了昔日豪放瀟灑的鬥志，完全變成一個無所作為的長官。或許是因為年紀的關係，他總給人一種早衰且庸碌無能的感覺。在指揮作戰上，他的態度也是消極退卻的。

或許曾是對美強硬派的南雲，這時候也痛切感受到，就算只沉掉一艘航艦都是嚴重事態的日本國力，要去挑戰美國實在無謀，並深深地為這種恐懼所壓制吧！

這時在美軍這邊，也有另一個優柔寡斷的將領。上午八點十五分，布雷利頓航空軍司令來到馬尼拉司令部，再度提出應當攻擊台灣日軍基地的意見。薩瑟蘭參謀長聽完他的話之後說：「既然你都這樣說了，那我就去問問麥克阿瑟將軍的意見吧！」然後便站起身離開了房間。布雷利頓原本覺得一定要等上很長的一段時間，結果薩瑟蘭很快就回來，對他聳聳肩膀說：「將軍的回答是『No』。他說，我們應當遵照陸軍參謀長馬歇爾的指示，讓日軍先發起攻擊，而不是我們這邊主動採取行動。」

布雷利頓聽了，不禁大為光火：「珍珠港不是已經先遭到對方攻擊了嗎！既然如此，為什麼還要等待敵軍殺過來呢！」

「總之，我們的任務是防備，而非攻擊。」

彷彿麥克阿瑟親臨說教一般，薩瑟蘭直接否決了布雷利頓的提議。參謀長相當清楚，這位美軍遠東總司令只要下定決心，任誰也無法動搖他了。

「老朽我也熱血沸騰了！」

這晚，白宮北邊大門口的燈光，恐怕是史上頭一遭不曾點亮。日本時間上午八點四十分，也就是華盛頓時間下午六點四十分，隨著太陽西沉，整個街道全都落入一片黑暗當中。官邸的女侍們急急忙忙張羅燈火管制用的簾幕，但因為房間實在太多，所以就算全體出動，也還是沒辦法全部遮蔽。靠近總統辦公室的西行政大道（West Executive Avenue），交通已經徹底截斷。萬一遭到空襲的時候，總統逃生所必需的隧道，也已經重新整理。這條隧道一路連接到華盛頓特區擁有最安全掩蔽所的財政部地下金庫。

羅斯福的心腹——財政部長摩根索，曾經留下一段這時候與總統交談的電話紀錄。（摘自佐佐木隆爾等《珍珠港之日》）

總統：知道了，我一定會過去的。對了，內閣會議要在八點半召開喔。

部長：是的，我明白了。我會和威爾斯（署理國務卿）一起，把指令全部安排妥當的。

總統：那就好。

部長：還有，日本在美國的資產已經完全凍結了。

總統：喔？

部長：我們也已經禁止日本人離境，以及對外聯絡了。

總統：我知道了。

部長：還有，針對邊境盤查，我也會負起責任。

總統：嗯，這樣很好。

部長：今晚我們會派人進駐所有日本銀行與公司，日本人已經無法再踏入一步。

總統：非常好（good）。

從這段通話中可以看出，摩根索所擔負的事務，已經遠遠超出了財政部長應有的職責。除此之外，他還曾下令白宮的警備人員加倍，以及在國務院、陸海軍部共同辦公的古老建築物上加裝高射砲。再考慮到《赫爾備忘錄》的原始出處也是他，摩根索扮演的角色，實在讓人難以一窺端倪。

另一方面，從這時候開始，隨著珍珠港令人難以想像的重大損害陸續公諸於世，美國國民受到的衝擊，以及隨之產生的憤怒，開始徹徹底底朝著日本人奔放過去。

從這天下午稍早開始，有關這方面的流行語就已經逐漸冒出來。在芝加哥，有位老婦人看見賣號外的地方擠滿了人，於是開口問道：「發生什麼事了？」當人家告訴她「戰爭爆發了」的時候，她應了一句話：「咦，真的嗎？那，我們是跟誰打仗了啊？」

這個笑話現在一點也不好笑了，因為這個「誰」——也就是敵人，已經很明確地浮現出來——他們不是德國人，而是日本人。

既然對珍珠港的空襲，明明白白是由漆著日之丸的飛機突如其來地展開攻擊，那眾人的憤怒，自然也就不可能導向希特勒或者墨索里尼的所作所為。他們只會覺得，這群「戴眼鏡的暴牙仔」竟敢做出如此不可原諒且難以想像、卑劣至極的暴行。要作戰的對象，毫無疑問就是這群「東洋猴子」。

電話線被切斷、與外部斷絕所有聯繫的日本大使館官員，在這一晚上為了緩解恐怖與緊張的情緒，把威士忌當成藥酒，一口接一口地喝個沒完。結果，這樣的行為也被曲解成「為了慶祝勝利在開酒宴」，從而引得美國國民更加憤怒。

至於這時候的日本人嘛——雖然不至於一早就開慶功宴、喝酒喝個沒完，不過還是沉浸在一片歡喜、感動與興奮的狂潮當中。「英美根本沒什麼好怕的啦！」這樣的氛圍開始四處傳播。雖然確切的戰果還沒有出來，而大家對於戰情的發展也多少還有些不安，但不知為何，心中就是不斷湧現雀躍不已的情緒。

十七歲的中學生山口正彥，在日記裡留下一篇氣勢昂揚的記述。

> 本日天氣晴朗，海浪澎湃。富士山壯麗的山峰，在一億國民的決心之前，巍然閃耀著光輝。想想，我們已經隱忍了長達數十年的歲月，但今日帝國卻為了國家的存亡與名譽，毅然決然奮起。經濟、通商斷絕，都是早有覺悟的事，英美有什麼好怕的！

在這個值得紀念的一天，我再次下定決心，一定要參加高中入學考試！

加藤芳郎（漫畫家），十六歲，當時是東京市公所防衛局防衛課的臨時雇員。他在戰後的回想裡，如此描述了那天的景象。

我們聚集在中野區家裡的收音機前，聆聽開戰的訊息。「太帥啦！」我和弟弟（國中一年級）發出特別高昂的歡呼聲，但爸爸和大哥，感覺起來卻是一副憂鬱的臉孔。防衛局裡有軍階的職員們，在這天全都穿上附有階級章（軍官、士官）的軍服來辦公。全體職員幾乎都是一副「喜不自勝」的表情。與其說他們很興奮，倒不如說是一種「心頭烏雲一掃而散」的感覺吧！

廣津和郎（作家），五十歲。他常常在想，若是日美戰爭爆發，會是怎樣一幅陰鬱的局面。然而，當他真正得知開戰的時候，卻不自覺地感到「腦袋彷彿一片清新……那種感覺有一點像是──有一點像是『在這世上已經再沒有什麼東西可以失去』的感覺，大概就是這麼一回事吧！」他這樣回想的。

在這當中，也有激情迸發的人存在。

齋藤茂吉（詩人），五十九歲。他在日記中這樣大書特書。

昨天（星期日），帝國已經和英美兩國展開戰鬥。老朽我也熱血沸騰啦！

正在滿洲國奉天（瀋陽）旅行的作家林房雄，在得知開戰後，也寫了這樣一份報告給日本。這年，他三十八歲。

雖然知道接下來應該會很辛苦，可是我們已經無法再忍耐下去，而國民也都已有面臨艱困時局的覺悟。從很久以前開始，決戰態勢就已經蘊含在國民的內心之中，因此沒什麼好慌亂的。

接著，他前往新京神社的神前，膜拜祈禱著。

現在賦予我的工作，就算隨時中止也無所謂。只要神明頒下御旨，我便會遵循大君詔命，赴湯蹈火也在所不惜。

八日上午九點——十點

「這些都是愚蠢的戰略論」

當指針來到日本時間九點之際，在夏威夷北方海面上，有人終於做出了決斷。這或許也可以稱得上是戰神「須下的御旨」吧！

在赤城號航艦的軍官休息室裡，一心想著會有第三波攻擊的淵田中佐，正一邊興高采烈地大肆吹噓，一邊為了擔心空腹不好打仗，而把牡丹餅塞得腮幫鼓脹。然而就在這時候，艦內的擴音器高分貝傳來司令部的命令：「只留下戰鬥機，其他飛機全都收進機庫！」

接著，就連讓血氣衝頭的官兵驚訝說「這是怎麼回事」的時間都沒有，整個機動部隊便已經掉頭向北了。

「增加到第三戰速二十六節，北上。」

南雲長官在草鹿參謀長的進言下，終於做出了決斷。南雲的結論是這樣的：「我認為我們已經達成了預期的戰果。就算再進行第二次攻擊，也沒辦法期待獲致太大的戰果。所以，就此回去吧！」

原本有了覺悟說我方難免會有航艦喪失，結果連一艘都沒有，而且還得到了超乎期望的戰果。另一方面，長久待在敵方基地航空兵力的攻擊半徑內，也不是個辦法。

針對這點，草鹿則做了這樣的補充：「攻擊就是要一刀決勝負，用最精練的一擊達成目的……我們不該一直拘泥於同樣的獵物，而是必須針對接下來的敵人重整架勢。正因如此，我才毫不猶豫地向南雲長官進言撤退。為什麼不再次反覆進行攻擊、為什麼不破壞造船廠和油庫，這些批判都是不懂用兵機略細微之下，所發出的愚蠢戰略論。」

即使到了戰後在寶塚的家中接受我訪談，草鹿前中將還是頻頻提起所謂「愚蠢的戰略論」。他說，劍與禪是一致的，必須屏氣凝神，排除邪念，擺出萬全的態勢，然後在電光石火之間，迎頭一刀斬下。

這就是他身為參謀長的作戰指導。這種「一刀流戰法」，和美國海軍給予對方不斷重擊的「拳擊戰法」差距甚遠。然而，草鹿的信念即使到了戰後，也沒有絲毫動搖。

於是，在上午九點三十五分（日本時間），機動部隊在接近到珍珠港正北一百九十海里處之後便一齊回頭，高速撤離。如疾風般襲來，也如疾風般離去。就這樣，夏威夷作戰以機動部隊的戰術勝利畫下了句點。

這時候，珍珠港內的美國海軍戰艦群，正猛烈噴發著象徵徹底敗北的黑煙。到處都是不斷噴湧、四散爆發燃燒的石油。死亡人數最終達到兩千四百零三人（當中有六十八位平民）。戰艦四艘沉沒、四艘重創，能夠在當地修復的只有兩艘。輕巡三艘、驅逐艦三艘、輔助支援艦三艘遭到擊沉或重創。靶艦猶他號（USS Utah, AG-16）遭到擊沉。飛機損失方面，海軍共喪失了一百零四架、陸軍則損失了一百二十八架。

即使在這之後，死亡和破壞仍然持續上演。救難隊員和潛水夫在這天之後，整整三天不分晝夜，投入對被封死在沉沒艦船裡人員的救助行動。雷伊頓情報參謀，留下了這樣的手記。

> 從鋼板內側傳來充滿絕望的咚咚求助聲漸漸微弱，最後在空氣用完的同時戛然而止。一共有四百人被封鎖在翻覆的奧克拉荷馬號裡，最後得救逃出生天的，只有三十四人而已。

或許戰神也不樂見死者與破壞的數量再繼續增多，因此南雲的決斷，反而會讓祂感到開心也說不定吧……？

——不，雖然在夏威夷方面和美軍的作戰結束了，但接下來日軍又在菲律賓，對美軍展開了新一輪的攻擊。戰神是不會露出溫柔微笑的。戰爭一旦開始，就沒有任何置入不必要感傷的餘地。剩下的，就只有連續不斷的殘忍與無情。

遮蔽台灣日軍基地的濃霧，在上午八點五十分過後散去。天色已經完全轉好，是一個相當適合飛行、無風的晴天。九點十八分，台南基地第一航空隊的二十七架九六式陸攻轟炸機起飛，攻擊目標是菲律賓的克拉克機場（Clark Field）。

護航戰鬥機隊的坂井三郎一飛曹，在手記裡這樣描述出擊前那充滿不安與焦躁的幾個小時。

> 儘管敵方沒有來空襲，但要是再這樣磨磨蹭蹭、浪費時間的話，只會給予敵方整頓防禦態勢的時間，從而導致我方奇襲攻擊的計畫完全泡湯。當時我以一介凡人之身，只覺得這霧愈看愈可憎，但事後想起來，才發現這霧竟是導致我方重大成功的原因。

攻擊隊終於從桎梏之中解放出來……距離菲律賓的目標，還有三小時的航程。接下來，一式陸攻隊也從高雄基地開始出擊，戰鬥機隊也隨之前進。

「這跟無賴豈不是沒兩樣嗎？」

就在日本機動部隊掉頭向北的幾乎同一時間，氣氛沉重的會議，終於在泰國的首都曼谷展開。

日方的坪上貞二大使、陸軍武官田村浩大佐、海軍武官左近允少將等人，在接到泰國總理頌堪回到首都的訊息後，便急急忙忙趕往指定的會見場所——泰國陸軍總部。前來迎接的總理矮小的身軀穿著軍服，表情僵硬，連一絲笑容都沒有，旁邊的商務部長也是臉上幾乎全無血色。

時針指向日本時間十點，會談已經進行了將近四十分鐘。事實上，在這當中有將近三十分鐘，都是坪上大使透過翻譯，要求泰方協助日軍和平進駐，而頌堪則是一言不發，只是一直緊抿著嘴唇。接下來是和頌堪有深厚交情的田村大佐，幾乎是用懇求的方式，眼角含淚地不斷陳訴，請他認可日軍的過境協定。然而，頌堪依舊沉默不語。現實是，日泰兩軍之間已經爆發衝突，不斷產生小規模的戰鬥，死傷者也陸續增加當中。此刻時間分秒必爭，泰方這邊也很清楚。

像是等著日方陳述結束般，商務部長突然用英語，語氣震顫地說：「日軍的所作所為，跟無賴豈不是沒兩樣嗎？連一聲通告也沒有，就直接侵犯我國的領土，這到底算什麼？」

房內的空氣頓時一片肅殺。日方完全沒有辦法做出回應。畢竟，他們毫無疑問是無視於國際法，侵犯了人家的領土，就算拿首相不在曼谷來作辯解，也只是不值一顧的論調罷了。話雖如此，還是不能鬧到決裂。

沉重的靜默繼續瀰漫著，雙方幾乎已經是處於對峙的狀態。這時，頌堪總理打破沉默，站起身說：

「關於貴方的要求，容我和官員進行商議。」

說完之後，他們便迅速離開了房間。

接下來好一段時間，泰國方面完全不見人影。十分、二十分……坪上等人不由得面面相覷。時間就這樣不停地空轉流逝。即使努力壓抑，不吉的念頭卻持續湧現，令人焦灼不已。然而，那扇大門依舊緊閉，不曾開啟。

這時，在東京——

大門打開，身著海軍軍裝的天皇，在九點四十分步入了房間。在宮中的東之間，包含首相與內閣官員在內的三十二名成員，全體起立迎接天皇。決定對英美戰爭最終儀式的樞密院會議，就此展開。

在天皇面前擺著兩張相對的桌子，其中一端坐著原嘉道樞密議長，以及鈴木貫太郎副議長。鈴木一邊掃視著對面成排而坐的東條首相與官員，一邊莫名地想起自己強烈堅守的信念——「軍人不應干涉政治」。

樞密院在法律上雖有權針對政府的決定行使否決權，但實際上從過去到現在，他們從沒有使用過這樣的權限，更不用說在這個戰鬥已經在東西兩方展開的時刻，這十六位樞密顧問官能提出什麼反對意見了。然而，這天的樞密院會議，事實上卻開得相當漫長，一直到十一點十分才結束。因為在這裡再次提及相關內容會顯得重複累贅，所以我就直接繼續說下去，但樞密顧問官對政府的質問，其實是相當驚人地持續不斷。

石油等重要資源，要從哪裡取得？跟這麼多國家為敵，能夠承受得了長期戰嗎？能夠永遠確保國民的士氣嗎？真的能夠獲勝嗎？對於終結戰爭的手段，你們有何考慮？……面對最後這個質問，東條大展得意的辯才，鄭重回答道：「在目前這個階段，我們還無法清楚看出戰爭會如何終結，故此，我們只能因應狀況來計畫罷了。若是各位有更好的方案，還請不吝賜教。」當然，沒有人能就此做出回應。

其中特別是池田誠彬顧問官，滔滔不絕地質問政府：「美國的正式名稱是美利堅合眾國、英國則是稱為大不列顛，或是大英帝國。故此，當對這兩國宣戰的時候，即使是把對方當成敵人，在詔書上使用『英國』和『美國』這樣的簡稱，對我們重視禮儀的大日本帝國來說……」

說到底，會議就只是個儀式，是齣無視於戰死受傷者已經陸續出現的戲碼。結論相當明快，那就是要不要認可對英美荷的宣戰、又要不要承認宣戰大詔的原案？顧問官一一回答「贊成」。在全員一致贊成下，日本決定將開戰列為正式國策。接著，大家一起低頭鞠躬，目送無言起身，走出房間的天皇離去。戰爭的全部法律程序就此完成。

這天，回到家的鈴木一邊聽著收音機裡持續叫嚷的開戰報導，一邊表情陰鬱地對夫人和孩子說：「這場戰爭不管輸或贏，日本都會淪落為三流國家。這到底算什麼呢？」

前海軍大將鈴木貫太郎，這年七十三歲。

「絕不服輸」

和鈴木在意念上有點不同，四十五歲的詩人金子光晴在戰後的回想中，表現出他對開戰的憎惡。

母親和孩子們全都在收音機前，露出難以言喻的深刻表情，沉默不語。／「混帳東西！」／我咬牙切齒，大聲喊道。這不是因為預料戰爭將會日趨不利，而是因為眼下這場戰爭將會更加延續，感到鬱悶不已。因為那種無處宣洩的憤怒實在太強烈了，我只好抓起棉被，倒頭就睡。

戰爭將會演變成長期戰，一切狀況都將變得更加嚴峻。祖國日本將會變成怎樣呢？家人將會變成怎樣呢？自己又會變成怎樣呢？一想到戰爭正在逼近身邊，那種打從內心湧上的鬱悶感，以及揪緊胸口的不安感，就不禁油然而生。日本人為了從這種壓迫感與緊張感中逃離，所以只是一味地祈求勝利。因此，儘管廣播或號外都只是傳達戰爭爆發的消息，對任何相關內容都還沒報導，但光是這樣，就已經搞得民眾為「祖國的榮耀」拚命祈求不休了。

四十六歲的作家橫山美智子這樣寫道。

我到街上去。當市營電車通過明治神宮前的時候，我和在我前面座位上的帝大學生，都站起身來行禮，接著淚水便止不住地奔流而下。途中遇到的早大學生對我說，教授非常亢奮地告訴學生說：「今天不上課了，你們回去吧！」但學生們仍舊聚在講堂前，每當整點新聞結束的時候就高呼萬歲，遲遲不肯離開已經停課的學校。我光是想像那幅光景，就忍不住淚水盈眶。早大的學生們自動自發，商量要徒步走到皇居前面，現在都已經出發了。

將近上午十點，皇居前廣場已經被表情莊重肅穆的人潮所淹沒。市民和學生全都跪在地上，深深地低垂著頭。在這當中也有對著皇居大聲宣誓自己決心的人存在，但大多數人幾乎都只是默默地向天皇表明忠誠，並使勁地祈求戰爭勝利。

新聞工作者阿部真之助（五十七歲），用毅然的筆鋒寫下了這段文字。

我清楚意識到了自己的感動，那是種深深動搖我內心的事物，我想和街上的人們是一樣的，那就是身為國民的情感。（中略）以現在的情況來說，就算身處槍林彈雨之中，我想也能泰然自若吧！正因在它背後，隱藏的是那份「絕不服輸」的國民情感，所以我默默祈求，但願這種沉靜的心情能夠永遠持續下去。日本的命運已經註定，將會把英美從世界霸權的舞台上驅逐殆盡。

然而，或許也會有人覺得透過當時作家的書寫內容來窺探那天日本人的心情與表情，是一件毫無意義的事。畢竟，當時的言論已經受到政府當局嚴厲管制，而一般的日本人也與他們大不相同，好比說抱持著「向前猛攻、一步不停」這種激烈的態度，或是對前景感到更加絕望——也會有人提出這樣的主張吧？

然而，事情並非如此。就以當時就讀小學五年級的我所感受到的不是很多經驗來看，在那個宛若晴天霹靂般的早上，日本人所抱持的情緒，幾乎在上面列舉的文章中都可以看得到。畢竟這些遠離權力核心的作家，也不過是距離真實情報遙遠的普通國民一分子罷了。那是一種從不安、緊張、鬱悶感中逃脫的舒暢感，還有毅然向驕傲的大國英美發出挑戰、非比尋常的痛快感。就在這種混雜交錯的情緒中，全體日本人的情緒漸漸被導向高昂的境地，這是千真萬確的事實。

就讀舊制廣島高校一年級的十八歲學生林勉這樣寫道。

這天早上的課程，是我們私下都稱之為「鬼師」、文科生最怕的雜賀教授的英語課。當走廊上的擴音器播放出臨時新聞的時候，教授飛也似地衝出室外，用瘋狂的聲音大喊「萬歲！」

這位雜賀忠義教授，就是戰後寫出廣島原爆慰靈碑上那句「請安息吧，我們不會再犯同樣過錯了」的人物。

我寫下這些話，並沒有苛責的意思。總體來說，若要清楚呈現這天日本人心情的話，以下這段當時就讀東大的散文作家三國一朗（二十歲）的回想，應該最貼近真實了吧！

這天深夜，我在租屋處的浴場裡，跟W君一起泡澡。（中略）他整個身子浸在浴槽裡，低聲地開口說：「……大家都很慷慨激昂呢。明明情況會變得很艱難啊……」這句話我到如今，都還記憶猶新。

W君的這句話，其實也可以反過來看。正因為明白前途多艱、因為憂心國難是否能順利度過，所以包括雜賀教授在內的日本人，反而更加慷慨激昂——並且如飢似渴，期望著捷報的到來。

八日上午十點—十一點

「龍田丸該怎麼辦？」

《朝日新聞》政治部記者飯澤匡，因為值夜班的關係，一直到凌晨三點才回到公寓就寢。他在完全沒聽到新聞快訊的情況下，在早上十點抵達了有樂町的報社。因為他從公車車窗看出去的時候，覺得街道上的情況一切如常，所以完全沒想到戰爭已經爆發。結果，當他才一踏進報社，整個人不禁大吃一驚——報社裡面一片兵荒馬亂，就連不用上班的同事也全都前來出勤。

飯澤在戰後這樣回想道。

因為我們的制度是深夜值班的第二天，會輪班去擔任晚報的助手，所以分到我這邊的工作，都是些瑣碎雜務，因此照理說，我沒有必要特別緊張才對。可是，不管我怎樣強作鎮定，我的筆尖還是不停跳動，完全寫不出字來。不只是筆尖，我的膝蓋也格格震顫，而且一直傳到胸口。我向坐在對面的前輩永島寬一先生陳訴，結果永島先生回答說：「我也是一樣啊。」即使現在回想起來，我們兩人的顫抖還是相當真實的反應——在那時候，我就已經感覺日本輸定了。

最後這段話說到底，稱得上是當時媒體工作者的理性判斷吧！同樣在《朝日新聞》，政經部長田中慎次郎在戰後回想中，也有著同樣的感受。當時四十一歲的他，在得知開戰的消息後，心中不禁湧現這樣的預感：日本一頭栽進了非比尋常的廣大領域，接下來的好幾年，將會不斷朝向難以想像的深淵墜落吧！那天深夜，當他回到家的時候，在浴缸裡不禁大吼一聲：「日本輸了！」

不過田中對這件事沒什麼記憶，只有夫人聽得一清二楚。各媒體都組成了緊急臨時編組，整個就像戰場一樣。晚報和早報伴隨著印刷的熱氣，在整個報社裡轟然作響，其中還夾雜著不眠不休工作，就為了等待這一天，那種情緒徹底爆發的激昂吼叫聲，化成熱浪不住奔流。在吼叫聲的背後，隱藏著「無論如何都一定要獲勝」的拚命祈願。

《東京日日新聞》記者後藤基治較晚起床，不過一醒來就聽到了新聞快訊。一瞬間，他不禁思索所謂「西太平洋」指的是哪裡？然而，他當下想到的也是：「啊，應該是馬來亞或是菲律賓吧」，而沒有轉念想到珍珠港。作為專跑海軍線的記者，他很清楚日本海軍為了以寡敵眾，縮減航距而增加砲擊力道的常識，但這也嚴重侷限了他的思考。因為認定續航力極短的日本戰艦和航艦，不可能橫渡三千海里的波濤，所以他並沒有試著再多想些什麼。

就這樣，八點三十分、九點三十分、十點三十分……在從早上開始的新聞快訊，只是不斷重複「進入戰爭狀態」的情況下，到了上午十點四十分，大本營發表的第一通戰況，終於從收音機中傳了出來：「大本營陸軍部發表　我軍在本日（八日）黎明進入戰爭狀態，並在機不可失的情況下，對香港展開攻擊。」

後藤聽到這個訊息，不由得苦笑一下。是啊，想到西太平洋，首先就是英國統治的香港嘛！「再怎麼說，荷屬東印度也不會算進西太平洋嘛！不管怎樣，今天又是跑不掉的漫長一天了啊……」他一邊整裝，一邊這樣想著。「啊，我都忘了，」這時他忽然自言自語說：「龍田丸該怎麼辦？」

——事實上，位在太平洋上的龍田丸，這時候已經朝著日本折返了。在他們通過國際換日線後的第十四五個小時，也就是八日上午七點（日本時間），船上的無線電收報員收到JOAK傳來的大本營發表，便向事務長加藤祥報告，加藤又立刻前去找木村庄平船長。木村船長稍微有點猶豫，但最後還是下定決心，打開出航前交給他的信封。然後他們迅速轉舵，將船首朝向日本。那時他們正位在中途島北方，距離美軍巡邏半徑稍微外面一點的海域。

開戰的事情只有船上的幹部知道，為了應付外籍船客可能會做出的不穩舉動，每個人身上都佩了海軍送來的手槍。這是理所當然的事，就算能瞞過門外漢，但若是對航海有認識的人，一定會知道船隻正在向西航行，這是怎樣也隱瞞不了的事情。因此，不怕一萬，只怕萬一，還是得做好準備才是。

不出所料，船客當中有位義大利海軍少校喧嘩說「船正在往反方向行駛」，還不知戰爭已經爆發的船內頓時一陣騷動。不過木村處變不驚，充滿誠意地說明理由，最後終於在沒用到手槍的情況下，便將混亂局勢給擺平了。

就這樣，龍田丸在沒發生後藤記者所擔心的那些狀況下，照著事前收到的指令，以全速朝著日本疾駛而去。為了達成戰爭目標，各種有效的手段都得使出來。至於這個掩護行動到底有沒有派上用場，那又是另一回事了。順道一提，龍田丸最後在十二月十四日抵達了橫濱港。當它靠上碼頭時，第一個衝上舷梯的，是海軍省的市川少佐。

上午十點半剛過，跟龍田丸相反，柱島的第一艦隊已經做好了密集的準備，躍躍欲試地要從日本本土向外洋出擊。他們的作戰目的是前往東經一六〇度線，迎接從中部太平洋繞大圈子回國的南雲機動部隊，並且為他們提供支援並予以納編——然而，這只是檯面上的既定方針而已。當初在這個目標的背後，其實隱藏著萬一奇襲夏威夷遭到慘重失敗，南雲部隊潰滅，美國太平洋艦隊大舉西進追擊時必須應對的深謀遠慮。然而，現在這樣的擔憂已經不復存在了。但，就算如此，大艦隊還是按照預定計畫，浩浩蕩蕩地大舉出動。

不管狀況怎樣變化，都還是按照既定的軌跡前進，這就是日本海軍奇妙的特有風格。

「我們要進行絞殺作戰」

所有狀況都已經改變。既定方針、準備好的構想，全都脫離了既有的軌道。夏威夷已經灰飛煙滅，只剩下焦黑的戰艦殘骸還在一直噴吐火焰與黑煙。震撼與混亂伴隨著時間流逝，以及珍珠港的損害狀況明確而漸漸擴大開來。在這當中只有一個人，那就是世界級的記者約翰・岡瑟（John Gunther），做了這樣的記載。

這個晚上在華盛頓，即使是政府高層，也有人幾近抓狂，惶惶不知所措。簡直就像是在滿座的劇場裡，聽到有人大叫「火災！」時，展現出的慌亂模樣。在這當中，唯一還氣定神閒的，就只有白宮而已。羅斯福能夠讓這些激昂的人們冷靜下來。

晚上八點半（日本時間八日上午十點半），悠悠哉哉的羅斯福總統，將全體內閣官員召集到白宮來。這個晚上沒有外露的燈光，整座白宮沉落在一片黑暗當中。在唯一有燈火的總統辦公室桌前，以總統為中心，官員圍成一個圈子坐著。會議的目的，是為了將這一天所發生的事情做個總結。

羅斯福表情嚴肅地說：「這場會議是自南北戰爭爆發前夜，林肯總統召開的會議以來最重要的一次。」

羅斯福將珍珠港的狀況據實以告。「我不得不報告，犧牲的人數實在相當之多，這點令人相當遺憾。而且，我也不得不承認，我們確實遭到了出其不意的襲擊。」據一位官員表示，羅斯福在說這話的時候，臉上表情之痛苦。羅斯福接著又說：「明天中午我要向國會報告。」

然後便將明天的講稿念給官員們聽。史汀生立刻發表意見：「到時候，除了對日本宣戰，也把對希特勒的宣戰一併提交給國會？」

「很明顯，是希特勒把日本引入戰爭的。」戰爭部長說道。

不過，羅斯福並沒有接受他的意見。假使美國對德國宣戰的話，那孤立主義者一定會非難說「羅斯福是藉對日戰爭，實際上另有盤算」。他在這時候，還是保持著高度算計的冷靜。

官員們也都同意總統的意見。於是會議一致做出結論：既然根據監聽電報，里賓特洛甫部長已經和大島大使達成約定，那我們就靜觀其變，看希特勒是否會遵守約定，總之就是先觀看事態的走向再說。

接下來，赫爾國務卿還是針對這份講稿提出了種種意見。雖然他先前已經向總統提過了，不過這時候還是舊事重提。

「不管怎麼想，這都是半吊子的提議。在這種當面危機的時候，這種做法是不切實際的。我們需要更強力的語言。就用我準備的這份報告！」

羅斯福堅拒了他的要求。

「對議會的聲明應該要盡可能保持謹慎，不該有太爆炸性的言詞才對！」

赫爾對於總統提出的講稿，顯得不屑一顧。儘管如此，羅斯福的態度還是一直保持沉穩。他耐心地聽取官員意見，並等待他們最終遵從他的意見。

岡瑟這樣寫道：

……在受到衝擊的時候，他連一刻都沒有露出狼狽的表情。他不只沒有被衝擊所動搖，而且腦海中立刻浮現的就是反擊的念頭。當晚他就決定把軍隊派往澳洲。即使在面臨改變歷史的重大危機之際，他也不曾失去生平一貫的態度。

他將全權託付給軍人，時時刺激鼓勵他們，但絕非他們的傀儡。他是所有人的老大……絕不會被軍事上的機密所眩惑。

日本就是在和這樣一位意想不到的強悍戰爭領導人為敵。羅斯福在會議的最後說：「我們對於日本攻擊的回應，就是對他們展開絞殺作戰。他們什麼都沒有。我們只要讓日本飢餓與消耗，最後必然能夠取勝。」

事實上，最後的結果正如羅斯福所言。

若是應付可預期的事態，任誰都辦得到。但在面對難以預測的事態時，仍然能沉靜以對的人，才是優秀的領導者，歷史屢屢告訴我們這一點。羅斯福在這層意義上，是位非常冷酷的現實主義者，但也是出類拔萃的戰爭領導者。在面對難以預測的事態導致的重大不利時，他反而變得更加冷靜。

就在這時候，在珍珠港入口，也有一艘潛艇仍然在拚死奮戰當中，那就是由酒卷少尉擔任艇長的特殊潛航艇（甲標的）。這艘在羅盤故障情況下出發的潛艇，屢屢遭受深水炸彈攻擊，然後又在軍港入口的潮間帶觸礁。在歷經惡戰的同時，他們也盡了最大的努力要闖進港內，可是魚雷發射裝置損壞了，就連唯一的武器也無法使用了。不只如此，艇內的氣壓已經上升到兩千毫巴，整個充滿了有毒氣體。酒卷在戰後的手記中這樣寫道。

全力奮戰以後，仍然無力回天。既然如此，只有捨棄自己的性命一途了。雖然我這樣想，可是在情感上仍然無法斷然做出決定。我們兩個落難武士，誰也沒有開口說話。我們完全不敢去想敗戰的悲慘命運，但也不想試著回到戰鬥當中。

在幾乎所有海軍軍人都在高奏凱歌的時候，這兩位艇員卻是明顯的戰敗者。

他們等到黎明時分，點燃了爆破潛艇的導火線，接著便投身大海當中。兩人一邊朝著岸上游去，一邊向對方說著「加油！」互相打氣。可是，稻垣二等兵曹終究還是筋疲力盡，被大浪所吞沒。最後，失去意識的酒卷終於被海邊的浪頭打上岸邊。過了好一陣子，灼熱的太陽直射下來，他才猛然恢復了清晰的意識。接下來在他眼前出現的，是身材高大的美國大兵，用手槍指著他的畫面。

八日上午十一點—正午

「正著實擴張戰果當中」

旗艦長門號已經完全做好了出擊的準備。登上戰艦的年輕軍官，每個人都顯得幹勁十足。對他們來說，不管背後的事情怎樣，在戰勝的早晨出擊，讓人格外心曠神怡，也感到意氣昂揚。畢竟在這個光榮的時刻，誰都不想躲在內地，徒自感嘆髀肉復生吧！

特別當得知壓下海軍高層強烈反對，堅決主張迎頭執行珍珠港作戰乃是山本長官之後，消息更是立刻瘋傳了全艦。愈是得知這場攻擊作戰有多麼異想天開，又愈是得知它的戰果有多麼巨大，對於毅然決定施行它的總指揮官，那種仰慕之情就愈是高漲不已，甚至到了接近崇拜的地步。

在這些軍官當中，大多數都是剛從海軍兵學校畢業的少尉候補生（第七十期）。他們在上午十一點半左右接獲「在後甲板整隊」的命令，司令長官要破例對他們演講。當站上高處的山本長官終於出現在眾人面前時，不知為何一臉嚴肅，甚至還有點陰鬱。對那些原本以為至少會啜飲一口祝賀美酒的軍官們來說，長官的這副模樣，實在令他們感到不解。

山本用平靜的語調開始說話：「因為時局緊迫，所以沒辦法讓各位參與難得的遠洋航海。在距今三十七年前，我自己也是剛從兵學校畢業。在日俄戰爭中，便以候補生的身分搭上軍艦日進號，參與了日本海海戰，因此沒有進行所謂的遠航。為了戰爭，不能讓大家進行遠洋航海，實在是非常遺憾。可是，以我的經驗來說，作為候補生參與國家非比尋常之大戰，應當會對將來的學習很有幫助。我相信，屬於各位的那天一定會到來。」

山本講到這裡，像是要和軍官候補生的目光一一相對般，緩慢地掃視著。

「可是，我老實說，這場戰爭必須要在半年或一年內順利收尾才行。若是拖延超過這個時間的話，我國將會處於非常艱苦的狀況當中。因此，我希望各位不要因為一開始的勝利而驕傲，而是必須沉著冷靜，朝向今後的種種任務邁進才是。」

與其說這是山本在勝利日的訓示，倒不如說是他的一種述懷。戰爭對日本來說，乃是「非常遺憾」、而且「必須在半年或一年內順利收尾」的事。因為不理解山本的論點，所以在年輕的少尉候補生當中，有不少人感到相當不滿，「明明是這麼榮耀的勝利之日，總大將卻特意說出這種喪氣且毫無威勢的訓示」。

接著讓我們離開瀨戶內海，來看看東京的情況——

這時候，雖然還沒有任何關於戰鬥狀況的報導，但是人心已經整個挑動起來，並且不可抑止地開始逐漸沸騰。《軍艦進行曲》和《拔刀隊》等氣勢恢弘的音樂，從收音機裡不停地播放出來，從而讓期待的人們心中，自然充滿了一種戰勝的預感。

就在這種國民狂熱高漲的聲勢中，正如《機密戰爭日誌》所記載，「關於宣戰聲明已於十一點三十七分獲陛下裁可」。天皇在宣戰詔書上署名「裕仁」，並蓋下了御璽。對英美戰爭，就從這時候正式開始。

彷彿就像等著這一刻到來般，上午十一點五十分，意氣昂揚的大本營，發表了戰爭開始以來的第一次戰果報告。海軍報導部長前田稔少將，率領著課長平出英夫大佐等人，抬頭挺胸走進了海軍省黑潮會（記者俱樂部）。首先發表的是香港、馬來亞的戰況。

大本營陸海軍部發表

我軍在陸海緊密的配合下，於本日（八日）早晨在馬來半島方面，毅然實施奇襲登陸作戰，並正著實擴張戰果中。

照相機的閃光燈，與緊張到倒吞口水的聲音同時響起。前田接著又說：「那麼，接下來我還有一句話要說。海軍在為所應為的時候，就會斷然採取行動！請各位相信我們的海軍，並且期待更進一步的報告。」說完這句話後，前田便走出了記者室。熱烈的鼓掌聲在他身後響起，久久不曾消逝。

這時候，官方還沒有任何訊息提到攻擊珍珠港的事情。但是，儘管沒人明白說出口，這個極機密情報還是在記者之間，開始口耳相傳起來。在首相官邸的記者俱樂部裡，當大家圍著暖爐，就戰爭議題熱烈談天說地的時候，忽然有人拋出這樣一句話：「聽說，我們似乎對夏威夷出手了……」

「怎麼可能呢！」馬上有好幾個記者同聲反駁。畢竟，這聽起來簡直就是癡人說夢……「可是……」也有記者這樣覺得，「如果是日本海軍的話……搞不好真的會這樣做也說不定。」這些不懷疑日本會攻擊夏威夷的記者，不停地發出了感嘆聲。不過在一片「怎麼可能」的聲音中，他們也只能默默頷首。

然而到了十一點四十分，當記者們得知情報局總裁谷正之要提早二十分鐘舉行記者會的時候，這個傳聞漸漸變得真像有那一回事了。

「我知道各位或許會相當不滿，但是有很多事情，是到現今為止都還沒告知各位的……簡單說，今天有很多話必須講。」

當谷正之用平常的語氣述說的時候，記者席間一齊傳來笑聲，大家紛紛說：「好啦，我們知道了啦！」

「那麼，我就開始發表了。」

谷正之換上一副嚴肅面孔，開口說道：「此刻，我在此誠惶誠恐地，發表宣戰的詔書。又，今天凌晨一點半，我們與英國進入戰爭狀態，並在三點半與美國進入戰爭狀態。」

記者們聽了這段話，全都是一副失落的表情。就算證明一下夏威夷攻擊只是謠言也好啊……？

同一時刻，木戶內大臣拜謁了天皇。之後他在日記上，記下了當時的情況。

十一點四十分至十二點，拜謁陛下。令人驚訝的是，即使在面臨賭上國運的戰爭之際，聖上的態度依然從容自若，完全沒有些許動搖，這真是令人感動萬分。

時鐘指針指向中午。日本這個國家已經什麼都不在乎了，只是為了今日的生存，完全不去想明天會如何，就毫不猶豫地選擇投身戰爭之中。

※在此附記前大本營參謀千早正隆所述的事實，來看看日本的戰力有多麼捉襟見肘。「彈藥不足在整個戰爭期間，都是嚴重的問題。進入中期以後，高射砲砲彈定額是兩百發，持續射擊十分鐘就射完了。機槍子彈則是一千五百發，也是射擊十分鐘就沒了，之後要再補充，就沒得補了。」另一方面，這種定額式的思考方式，似乎也是受到艦隊決戰思想所影響。「海戰的交戰時間，乃是根據過去的戰例來計算的。也就是說，大砲一門的發射彈數，必然都是固定的，因此決定一個數目也是理所當然，但是他們卻把同樣的思考方式，也用在對空武器上。海軍就是這麼愚蠢啊！然而，海軍卻在戰後被大肆褒揚，說他們是很開明的軍隊……」

§當時的日本人——特別是軍人，他們所抱持的美國人觀點，大多也是貶多於褒。為了公平起見，在此介紹兩段文章。一段是前面介紹過，由辻政信、朝枝繁春兩人合作寫成的《只要讀了就能戰勝》當中的內容。

這次的敵人和支那軍相比，除了軍官是西洋人以外，士官以下大多是土人，因此軍隊上下的精神團結可說是零……一定可以戰勝。對方是比支那兵還要弱的廢物，戰車和飛機也都是東拼西湊而成的雜牌。我們絕對可以獲勝，問題只在於如何贏得漂亮而已。

如果要說這種個人的見解太過粗糙，那麼另一份在一九四二年三月，由大本營—政府聯席會議彙編而成的《世界情勢判斷》當中的「英美遂行戰爭能力之總合觀察」，就代表了日本高層的美國觀。那是一段相當嚴酷的評論。

＊美國人的戰力和物質戰力不成比例。

＊儘管物質戰力相當龐大，但美國的政治機構至今仍然沒有整頓好執行國家總體戰的臨戰態勢。等到它確立之前，應該還會發生許多的摩擦糾紛。

＊英美國民的生活程度高，因此一旦水準下降，就會產生相當程度的痛苦。要是沒有戰勝希望卻持續作戰，就會釀成社會不安，並且普遍來說會導致士氣衰退。

物資豐富但卻沒有鬥志，且民主主義的政治機構無法適應國家總體戰，這種充滿希望的臆測，也是開戰決意背後的因素之一，這是我們所不能忘記的。

☆哥打峇魯登陸作戰，遭到空襲的運輸船損害如下。

淡路山丸：遭到三枚以上炸彈命中，引發大火，無法航行。

綾戶山丸：遭到三枚炸彈命中，戰死約六十人、受傷約七十人。

佐倉丸：遭到兩枚炸彈命中，戰死三人、受傷十餘人。

之後淡路丸被棄船。由此可見英軍的抗戰意識相當高昂。

◎這天早上，美軍太平洋艦隊所屬的九艘戰艦當中，有八艘停泊在珍珠港內，但是其中五艘的艦長上岸去了，因此不在艦上。二十九艘驅逐艦的軍官中，也有半數在陸地上而非艦上。在這種狀態下，雖然想要快速反擊，但再怎麼想，能進入臨戰態勢就已經很不錯了吧！

▲美國陸軍航空隊並非全然沒有反擊。第一波攻擊的時候姑且不論，第二波攻擊到來時，他們就已經有餘裕重整旗鼓、進行反擊了。特別是自日本海軍沒有發現的歐胡島北部訓練基地——哈雷瓦機場起飛的幾架P-40B戰鬥機，果敢地迎戰，對日軍狠狠報了一箭之仇。其中最為人所知的，是喬治．威爾奇（George Welch）和肯尼斯．泰勒（Kenneth Taylor）兩位少尉的行動。他們被認定各擊墜了四架日本俯衝轟炸機，並因此獲頒勳章。根據航空史家杜利佛（Raymond F. Toliver）與康斯泰堡（Trevor James Constable）合著的書中指出，其他還有四名尉官分別出擊，並且各擊墜一架敵機。確實，第二波攻擊隊的俯衝轟炸機（艦爆）隊中，共有十架未歸隊，其中大部分應該都是被哈雷瓦機場的P-40給擊墜的吧！

◆他們的攻擊是多麼確實，從命中率就可見一斑。這不用說，自然是拜名符其實的嚴酷訓練所賜。以下列出他們在九州基地訓練末期的命中率，以及實際在珍珠港的命中狀況。不管何者，全都比訓練時的成績還要來得好。（下面是珍珠港的數字）

水平轟炸	平均10%	27%
俯衝轟炸	平均40%	59%
魚雷攻擊	70%～80%	94%

△關於對英國宣告開戰的問題，東鄉外相在戰後的手記裡這樣寫著：「因為英國並非談判交涉的直接當事國，所以對他們發出談判中止的通告，在形式上並不恰當。但是，在日美談判的過程中，曾經再三提及『英國也是共同參與國之一』，因此美方應該會直接向英國通報談判已經中止才對。再說，英國首相邱吉爾曾經明言，一旦美國捲入對日戰爭，英國便會在一小時內對日本宣戰，因此不管從國際先例或是法律上來說，都沒有必要再特地向英國宣戰才對。」

若從迄今為止的外交、歷史走向來看，這樣的說明確實已經相當充分了。事實上，英國方面並沒有針對宣戰問題特別提出抗議，而邱吉爾也和羅斯福不同，始終不曾把這個問題拿出來大聲嚷嚷。正如在後面章節所提及的，他就只是找來日本駐倫敦的大使，把官方聲明交給對方，正式宣告對日開戰，然後做了這樣一段陳述——這段出自偉大政治家之口的話，堪稱極端辛辣的諷刺：「我知道也有些人不太喜歡這種儀式性的過場，不過，在非得打打殺殺不可的時候，多少保持一點禮貌，總不會太吃虧嘛！」

至於對荷蘭，在宣戰詔書上則沒有把他們當成是敵國，而是按照十二月四日大本營—政府聯席會議的決定，「直到戰爭狀態發生為止，都將他們當成準敵國看待」。之所以如此，是因為按照作戰計畫，對荷屬東印度行使武力是比較後面的事情。既然如此，那也就沒必要公然與他們為敵了。

◇日方損害的詳細數字，總計二十九機。

赤城：戰鬥機一架、俯衝轟炸機四架

加賀：戰鬥機四架、俯衝轟炸機六架、魚雷機五架

蒼龍：戰鬥機三架、俯衝轟炸機二架

飛龍：戰鬥機一架、俯衝轟炸機二架

翔鶴：戰鬥機一架

第四部

傳來捷報

八日中午—晚上九點

「此豈朕之所願哉」

中午高懸的太陽，將光芒盡情傾瀉而下，也讓刺骨的嚴寒，一下子變得溫和起來。星期日的街頭就像平常一樣人潮交錯，但若仔細看的話，就可以發現東京的表情和昨日相比，似乎變得明朗許多。雖然沒有歡呼、吶喊或者高呼萬歲，但展露的微笑，已經變成了大家的共通語言。

中午的報時在這些人的頭上響起，接著從收音機傳來了朗讀宣戰詔書的聲音。「是這樣啊……」也有人不禁發出這種感觸。這個聲音，不正是在「二二六事件」時[1]，發表著名廣播「告諸軍」的播報員——中村茂嗎？有些人聽到這個廣播，心頭就不由得為之一震。

「承天所佑、保有萬世一系皇祚之大日本帝國天皇，敬告汝等昭昭忠誠勇武之眾：朕於此處，對美國及英國宣戰……」

原本預定是要由星野書記官長宣讀詔書，但星野因為覺得自己沒辦法讀好裡面難解的長句，所以堅辭不受，於是任務便交給了緊急找來的中村，讓他臨場發揮。

也在同一時刻，《Sunday 每日》的記者松田文子，在赤坂德國大使館的後門處，偶然遇到了首相夫人東條勝子。只見身為老朋友的夫人，興奮到滿臉通紅地說：「陛下終於按下御璽了，這樣一來外子總算不用切腹了！」

大概是身為記者的直覺吧，松田從這句話中感覺到，天皇在宣戰詔書上的用印似乎得來輕易。

「……然今日不幸，英美兩國開啟釁端……此豈朕之所願哉！」

當詔書奉讀結束後，東條首相發出的第一聲，透過收音機傳到了國民耳中：「而今，宣戰的御詔已經頒下。精銳的帝國陸海軍，此刻將展開決死的奮戰。」

站在首相官邸麥克風前的東條，語調中並沒有狂熱的氣息：「儘管帝國熱切期盼東亞全局的和平，並且已經盡了一切努力，但最終仍然不得不走上決裂一途……」

就像是要將那種遭到逼迫、不得不做出決斷的狀況據實表白般，首相獨特的重音與高亢聲調，奇妙地滲入了國民的心底。

作家獅子文六，就將當時的印象這樣寫下來。那年，他四十八歲。在此謹做段稍長的引述。

> 我有種彷彿「轟」的巨大一聲響起的感覺，接著是「吱」的強烈耳鳴聲，揮之不去。
>
> 不久後，開始宣讀宣戰的大詔。
>
> 「皇祖皇宗、神靈在上……」
>
> 聽到這裡，我的眼淚不禁潸然而下。
>
> 接著是首相的廣播。東條先生的舌頭雖然有時會打結，但他的聲音，仍然比組閣時的初次發聲更加

---

1 編註：一九三六年二月二十六日，日本陸軍部分「皇道派」青年軍官在東京發動政變，最後以失敗收場。

莊重。

這時，我忽然有種在收音機前聽著廣播的，彷彿是另一個人般的感覺。在這之間，彷彿又像是經過了一年還是兩年的時間。那種感覺，就像是一口氣跳過一間或是兩間[2]寬的深溝一般。

專欄作家高田保（四十六歲）也感動地走筆寫道。

「此豈朕之所願哉」，這句聖諭強烈敲打著我的心。在深深滲入心底的同時，也讓我湧現出超越生死的勇氣。誠然，這就是所謂聖戰啊！羅斯福、邱吉爾這些傢伙，乃是製造這場戰爭的始作俑者。我們日本就是因為憎惡戰爭，所以才斷然決心投入戰爭的。這是一場為滅絕戰爭而戰的戰役。現在日本在進行的，正是將戰爭這種不祥之事從根本擊潰的最後之戰啊！

五十三歲的法文學者辰野隆，也被「此豈朕之所願哉」這句話所震撼，並且立下堅定的決心。

（此豈朕之所願哉）這句話，深深貫徹了我等億兆百姓的心魂；在這種逼不得已、只得訴諸武力的偉大精神下，我們對於「大君身邊死」，又有了更深一層的覺悟。

海行兮，願為水中浮屍；山行兮，願為草下腐屍。大君身邊死，義無反顧……《萬葉集》裡大伴家持的這首和歌，正剴切說出了日本人的心聲。

和市民同樣聆聽首相演說的參謀本部作戰課，這時候也收到了兩個好消息。第一個好消息，讓他們一直憂心忡忡、坐立難安的泰國總理頌堪終於回應，今後將站在日本這一邊。軍事協定可以稍後再擬定，總之先以總理名義，向泰軍發布停戰命令再說。南方軍總司令部在十二點三十五分發出的電報如下：「八日十二時，泰國武官來電表示，日泰兩國已達成諒解，但關於軍事方面的諒解，眼下還在交涉當中。不過總之，已經對泰軍下達了中止抵抗的命令。」

另一個好消息是，在哥打峇魯登陸的那須連隊雖然仍舊分散在寬廣範圍進行戰鬥，但終於取得和各大隊間的聯繫，那須大佐已經掌握了全部隊的指揮。佗美支隊長也終於和那須連隊長會合，兩人一同慶祝登陸成功，並且決定今晚將斷然對敵方機場展開夜襲。「萬歲！」作戰課裡發出了小聲的歡呼，這點就不用多提了。

在瀨戶內，出港準備的號角聲響徹了整個海上，接著以長門號、陸奧號、扶桑號、山城號、伊勢號、日向號這六艘戰艦為主力的二十餘艘艦艇紛紛起錨，離開水鼓所在位置。他們按照預定計畫，在中午時分出擊。儘管在珍珠港美國戰艦群已經潰滅的現在，出擊毫無任何意義，但他們還是浩浩蕩蕩地出擊了。

收音機的首相演說仍在持續，即使在艦內也能聽得一清二楚：「帝國的隆替、東亞的興廢，皆在此戰。此刻正是一億國民一同奮起報國，為國殉身的時候。在八紘一宇的天皇治下，只要我們秉持盡忠報

2 譯註：一間相當於一．八一八公尺。

國的精神，英美根本不足為懼！」

山本將自己關在長官辦公室裡，完全沒人看見他的身影。沉思默考的他，在心中來來去去迴盪的，就只有今後將失去許多部下的痛苦，以及一頭栽入完全看不到勝算的戰爭之中那種難以言喻的黯淡與沉痛而已。英美不足懼……這種樂觀的想法，他連一點都沒有。對於戰爭的前途，他只覺得戰慄，並且抱持著憂懼而已。

「你們要往哪邊去啊？」

這時候，之後將成為令人恐懼勁敵的尼米茲少將，終於在阿靈頓的辦公室裡，吃起了遲來的晚餐。華盛頓時間已經是晚上十點。喝著夫人特地送來，用保溫瓶裝著的湯、咖啡以及溫熱的漢堡，讓少將疲憊到深入骨髓的身體，總算可以稍稍撐持下去。

身為海軍部航海署署長，尼米茲的工作多如山積。隨著美國投入戰爭，海軍必須籌措兵員才行。不只如此，還得通知珍珠港戰死者的遺族、將遺體轉送回本土，另外還要照料因為艦艇沉沒而喪失一切隨身物品的官兵。開戰第一天就有這麼多工作緊逼而來，應該沒有比航海署更加眼花撩亂的單位了吧！

還不只這樣，打電話要申請加入海軍的人也絡繹不絕。從老兵到少年，人人都向航海署狂熱地說，要入伍痛宰小日本。每次接到這種電話，尼米茲都只能回答：「非常謝謝您的熱情，可是現在更重要的是，給海軍就算多一塊錢也好的捐獻。現在開始，金錢比什麼都來得重要。」

和非得考慮未來不可的尼米茲少將不同，在已經成為戰場的太平洋，海爾賽中將在逼近黃昏的海面上，已經集結了夏威夷附近海域的所有海上部隊，正拚命搜索敵方機動部隊的行蹤。海爾賽判斷，日本海軍在燃料補給結束以後，一定會重整攻擊態勢，並企圖對珍珠港再次展開空襲。可是，這時候他在海上並沒有發現日本艦隊，只找到一艘屬於美軍、有著明顯四個煙囪的舊式驅逐艦，正朝著西方以高速乘風破浪而去。於是海爾賽送信號給對方：「貴艦要往哪邊去啊？」

「我們不知道，只知道按照命令，要一直往西方全速推進而已。」

海爾賽聽了不由得大吃一驚。要是放著他們不管，以這艘驅逐艦的續航力，搞不好會一直開到中國的海岸邊也說不定。沒辦法，他只好回訊說：「我命令你們，立刻跟我的部隊會合！」

這個時刻，瘋狂行動的不只是這艘驅逐艦的艦長而已。在不清不楚的混亂命令與指示下，倖存的艦艇大多如無頭蒼蠅不知所措。到處都有發現日本艦隊與飛機的誤報傳來。命令發出之後又取消，取消之後又從別的地方發來同樣的命令。

太陽西沉，海爾賽接到一封準確度很高的電報，指出敵方艦隊在夏威夷的西南方，正向西北方返航中。這次應該是發現真正的敵人了，可是夜間無法執行航空攻擊。不得已，他只好命令在自己指揮下、原本擔任護衛的第五巡洋艦隊（Cruiser Division Five），全速前進擊滅敵人。第五巡洋艦隊司令雷蒙德·斯普魯恩斯上校（Raymond A. Spruance），立刻率領麾下四艘重巡洋艦[3]，以全速朝著指定的海域直線前

3 編註：包含旗艦北安普敦號（USS Northampton, CA-26），以及切斯特號（USS Chester, CA-27）、路易維爾號（USS Louisville CA-28）和波特蘭號（USSPortland, CA-33）。

進。他們抱持著悲壯的覺悟，準備用重巡的大砲向敵軍報一箭之仇。可是，這又是一項錯誤的情報，因此斯普魯恩斯的部隊只是徒然消耗珍貴的燃料，在幾個小時後，就面臨不得不直接航向珍珠港的窘境。

海爾賽抓著稀少的頭髮，怒不可遏。所有的情報都不可信。「所有報告都是為了誤導我的判斷，而一一送過來的嗎？太平洋艦隊司令部到底在幹什麼！」再加上沒能發現敵軍的焦慮折騰，他整個人都快要抓狂了。

對珍珠港的美國海軍來說，這開戰第一天真是最糟糕的日子。即使到太陽落下，他們都還是無法恢復平靜。

「前進吧！一億的火球！」

獲得輝煌勝利的日本，已經完完全全沉靜下來。下午一點，收音機中播出大本營海軍部發表的珍珠港攻擊新聞，全體國民才頭一次得知這起事件：「帝國海軍於本日（八日）黎明，已對夏威夷的美國艦隊及航空兵力，毅然發動了決死的大規模空襲！」

伴隨著雄壯音樂傳達出來的這個訊息，讓迄今為止一直屏氣翹首的國民們，全部一口氣陷入狂熱的浪潮當中。軍方終於採取決定性的行動了！隱藏在心底的愛國心，一下子像火山爆發般，全都猛烈噴發出來。

「實在是太爽了，讓人忍不住想唱軍歌哪！」大學教授這樣說，學生也應和道：「真是痛快呢！」

這景象實在是有點諷刺——加藤周一[4]在戰後如此寫道。

對身陷看不到盡頭、宛若泥沼般的中國大陸戰爭中而疲憊不堪的國民來說，對世界最強國英美展開的新戰爭，果然還是相當嚴峻的事實。儘管如此，這條對美國太平洋艦隊展開「決死大規模空襲」的大本營發表，還是帶來了強烈的衝擊，且萌生了感動，將所有的不安、動搖和焦慮，全都有效地吹到九霄雲外。

兜町的股票市場，或許是最先坦率展現出喜悅情懷的地方。自從早上開盤以來，交易遲遲沒有什麼進展，交易所內始終瀰漫著一股悲觀的氣氛，活生生呈現出一副企業界對於和美國開戰，沒什麼自信的樣貌。然而，情勢之後卻一口氣反轉。珍珠港大空襲的新聞，一瞬間就讓市況整個翻紅。一直注視著市場走勢，心裡七上八下的企畫院速水課長，在回想中這樣寫道：「當珍珠港的新聞發表後，交易價格的顯示，真的是一看就整個飛躍上去。我確實記得，那天和隔天，股價總計上漲了整整四十日圓。」

在這裡要再說一次，開戰雖然會讓人感覺恐懼憂心、身體震顫不已，卻也有種從迄今為止難以忍受的氛圍中解放出來的感覺。然後又得知了這麼大的一條新聞，雖然其中完全沒提到戰果如何，但卻如期待已久的陽光，衝破一直在頭上籠罩的烏雲、猛然直射下來，映照在每個國民的身上，讓人們充滿熱力與痛快的一擊。

從日比谷到馬場先門、和田倉門一帶，到處擠滿了手持國旗、急急忙忙趕往皇居前廣場的人龍。這

4 譯註：日本文學評論家、醫學博士，曾任廣島原爆調查團成員。

是一個平靜無風、陽光燦爛的好日子。在護城河對面、松樹的綠蔭之間，日之丸的波浪湧起又落下，然後再次湧起……在這之間，高呼「萬歲」的吶喊聲，就像敲擊岩石的浪潮聲般，久久不絕於耳。

作家伊藤整（三十六歲）在日記中，寫下了這時搭乘市營電車，經過皇居附近的情景。

從半藏門過來，可以看到池邊的煙霧靄靄，那是迄今為止從未見過的美景，令我不由得感覺日本真是個美麗的國度。在皇居旁邊的十字路口，有數以百計穿著卡其制服的學生奔馳而來。他們全都是中學生，那整齊的步伐，實在相當美麗。看樣子，他們應該是來朝拜皇居的吧！到了日比谷，大家都擠在巴士的旁邊買報紙，我自己也下車買了四份。

首相官邸，激勵之聲與電話不斷湧入，據當時接線生的證言，電話線路甚至到了塞爆的地步。「幹得好啊！」「心情超痛快的！」「東條先生是英雄啊！」「大家加油，我也會努力的喔！」……所有人全都用近乎喜極而泣的聲音，大聲吼叫著。

三十八歲作家島木健作這樣寫道。

就從此時此刻開始，妖雲破去，再次得以仰望朗朗天日。一切的躊躇、猶豫、遲疑、曖昧，全都一掃而空，只剩下唯一的意志決定一切。瞬間，這個意志變成了全國國民所共有的事物。如我這般渺小之人，在適逢這偉大時刻之際，也只能在這意志之下，決定自己的生存之道。此刻的我，對於日本國體的尊貴，更加深深銘感五內了。

這個時候，大政翼贊會[5]第二回中央協力會議正在本部會議室（東京會館）召開。安倍能成、菊池寬、小泉信三、澀澤敬三、石田禮助、加藤完治、仁科芳雄、高良富美、山田孝雄、高村光太郎、小汀利得、山本有三、大谷竹次郎等一百八十六人，參與了這次會議。他們在寒冷中，帶著因感動緊張而漲紅的面容，專注聆聽登台的翼贊會總裁——東條英機首相的第一聲。當中也有人甚至已經熱淚盈眶。

「本日頒布宣戰大詔，帝國之隆替在此一戰。此際，正是國民應當團結一致奮起的時刻。今天我並沒有更多的要求，只是深深信賴著各位，但願各位能夠盡快回到自己的崗位上，負起指導國民的重責大任。」

首相和閣員們籠罩在一片歡聲與鼓掌當中，隨後又在鼓掌下離開了會場。

他們一夕之間成為了救國的英雄。翼贊會代表全體起立後的如雷掌聲，彷彿象徵著對他們無限的信賴、感謝與聲援，以及對通力合作更深一層的宣誓。

緊接在後登台的，是提著一個大型黑色包包的情報局次長奧村喜和男。「報告戰況」，當他說出這句話時，滿堂頓時響起難以筆墨形容、宛若驚濤拍岸般的掌聲。「我的包包裡裝著的，是從廣大地區飛來、

---

5 譯註：日本在一九四〇年十月十二日，解散既存的所有政黨，將之統合為一個全新的政黨，此即「大政翼贊會」，目的是要以一黨專制的形式統治日本。

如同山一般高的捷報電報。」奧村抬頭挺胸，將包包高高舉起，然後揚聲大喊：「敗戰主義者啊，你們該感到羞恥，現在就讓你們知道帝國的強大！」

說完，他朝著桌上用力一敲，全場的熱度也達到最高潮。雖然我已經屢屢引用各種書籍，不過在這裡，我還是想引述一下人在會場的詩人高村光太郎（五十八歲）的「十二月八日記」。這是一份深刻傳達當捷報傳來時，甚至當場痛哭失聲的人，心中那種感動的記載。不過，這時候其實還沒有發表戰果，所以高村在事實的前後關係記載上有所錯誤，但還是絲毫不減損那種昂揚的心情。

……傳來對夏威夷珍珠港襲擊的戰果報告。「轟沉戰艦兩艘」這個意想不到的捷報，隨著播報員有點急促的聲音響起。不禁熱淚盈眶的人們，也紛紛起立鼓掌。我也不自覺地落下眼淚。一想到這些肩負國運的海軍將兵們迄今為止的決心與勞苦，我的身體就不禁因悲壯的感動而顫抖不已。然而，當我反過來想到，能夠聽到這份捷報，全是拜天皇陛下偉大的御心所賜，剎那間，我又感到哽咽不已，忍不住淚流滿面。

之後，山本有三以下的十七名委員，擬定了宣言決議案的內文。當擬定完成之後，包含職員在內的全體人員排成四列縱隊，舉著「痛懲英美」的旗幟，朝皇居前行進。眾人跪在鵝卵石上，朝著皇居遙拜，接著議長後藤隆之助用高聲朗讀宣言：「臣等謹拜大詔，奉陛下之御心，舉全國之總力，務期降服暴戾之敵國，以安陛下之宸襟。謹此決議。」

接下來眾人齊唱《君之代》，高呼萬歲三聲。這時，在東京會館的屋頂上，掛下了兩條大大的布幕，在那上面大大寫著：「殺吧！我們的敵人英美！」「前進吧！一億的火球！」

在翼贊會的宣言決議後，眾議院也發表聲明說：「我們全體國民，必當團結一心、決死為國犧牲奉獻、在陛下的威光之下粉碎敵國，斷然朝向東亞安定與世界和平的目標邁進。」日本人集結在統一的意志之下，莫名地開始躍動起來。這是下午兩點左右的事。

在稍早之前的下午一點三十五分，繼珍珠港之後，美軍又遭到了另一場令日本人狂喜不已的猛烈攻擊。由尾崎武夫少佐指揮的二十六架九六式陸攻轟炸機，在菲律賓美軍最大的航空基地——克拉克機場上空實施轟炸。緊接著在四十四分，野中太郎少佐指揮的高雄航空隊二十七架一式陸攻轟炸機，採取了從北邊進入轟炸的航線。在他們上空有零式戰鬥機隊張開大網，若是有飛機前來迎擊，就連一架也逃不掉。

這是一場完全出乎意料的奇襲。因為大霧而延遲出發的日本空襲部隊（戰鬥機與轟炸機合計一百九十七架），以零戰為頭陣展開襲擊，其結果是壓倒性的勝利。

按照軍事常識，從台灣到菲律賓要渡過九百公里以上的海域，因此菲律賓的美軍高層作夢也想不到，竟然會有包含戰鬥機在內的空襲部隊前來攻擊。當時戰鬥機的續航距離，都不滿一千公里。換句話說，零戰的兩千兩百公里續航力，乃是具有難以想像的威力。正因如此，美軍認為若是空襲，應該會由從航空母艦上起飛的飛機實施，所以把巡邏的注意力全都放到了海上。然而，近海並沒有發現航空母艦，因此到了中午過後，在上空警戒的戰鬥機部隊為了燃料補給便降落了下來。結果就在這時候，以零戰打頭陣的日軍空襲部隊急襲而來。結果，戰鬥自然是一面倒。

日軍將克拉克機場的十八架 B-17 轟炸機全部在地上炸毀，同時又將克拉克、伊巴（Iba Auxiliary Field）兩基地的七十二架 P-40 戰鬥機當中的六十架在空中和地上破壞殆盡，總計宰殺了美軍將近一百架飛機。麥克阿瑟在菲律賓部署的航空兵力，經過日本海軍軍機的這一擊，實質上已經遭到了擊碎。日軍未返航的飛機，只有七架零戰。坂井三郎一飛曹的手記這樣寫著。

> ……（美軍）一直等著日本的空襲部隊，但到黃昏都不見人影。已經疲憊不堪的迎擊部隊，終於用盡燃料，大部分的戰鬥機為了補給，紛紛降落在機場……這時候，日本的大編隊突如其來地空襲。結果，敵機大部分都在地上被全滅，堪稱倒楣之至……我們因大霧而延遲出擊，結果反而相當幸運。

麥克阿瑟因為緊接著便和接踵而來登陸的日軍交戰之故，所以既沒有被解職，也沒有被送上軍事法庭。可是，美國陸海軍的航空部隊從此以後，就對他毫無任何敬意可言。他們在心裡暗自輕蔑，覺得這個驕傲的軍人根本不了解航空戰。

「情況真的相當糟糕啊」

下午三點，東條陸相（兼任）與嶋田海相前往宮城參謁，獲得天皇賜予敕語：「朕對汝等軍人之忠誠勇武極為信賴，期盼諸位貫徹出師之目的，以全帝國之光榮。」

對於天皇的期待，陸海兩相鄭重地回答：「我等必當協力一致，鞠躬盡瘁，誓死遵奉聖旨。」

這個時候，華盛頓已經來到八日凌晨一點。

在這之前不久，羅斯福身邊聚集了內閣官員與參眾兩院的主要議員。他向這些人預告說，明天早上八點將對日本宣戰。他自己也會在明天中午十二點半到國會演講。再過一會兒，傳來菲律賓的美軍基地航空部隊遭到日軍空襲，幾乎全軍覆沒的消息。

羅斯福整個人深深地沉入了椅背當中。

「我明明事前已經向麥克阿瑟發出好幾次警報了啊……」對於馬歇爾的辯解，羅斯福充耳不聞。午夜零時三十分，總統對全體人員說：「你們回去吧，現在是該睡覺的時間了。」只有一個人——著名的新聞主播愛德華·默羅（Edward R.Murrow），硬是堅持留下。他拿著侍者送來的啤酒和三明治，跟羅斯福稍微閒話家常了一陣子。可是，會談的氣氛一下子變得很凝重：「我們的飛機全都在地上被破壞了！」總統重複了好幾次這句話。

「該死的，在地面，地面上啊！」

羅斯福的衝擊和憤怒，久久不曾退去。

「簡直就像是珍珠港的重演啊！」

他邊說著，邊把書桌敲得砰砰作響。

到了午夜一點，默羅也回去了。最後只剩下羅斯福一個人，氣喘吁吁地環視著四周。接著，他召喚在海軍陸戰隊擔任上尉的長子詹姆斯・羅斯福（James Roosevelt），於是詹姆斯立刻趕往白宮。

詹姆斯眼中看到的父親，是一副「靜靜坐在房間角落，什麼話也不說，臉上也沒有任何表情」的模樣。詹姆斯覺得自己該做些什麼，於是靠近父親，但是羅斯福只是一直漫不經心地反覆翻著自己珍愛的筆記本。接著，他連頭都沒有抬起來看自己的兒子，只是喃喃自語地說：「糟糕啊，情況真的相當糟糕啊！」

這時，在東京——

下午四點，情報局總裁谷正之舉行定期記者會，痛快地提及早上向停泊在上海的英軍彼得萊爾號（HMS Peterel）和美軍的威克號（USS Wake, PR-3）兩艘砲艦發出投降勸告的一幕：「美國砲艦乾脆地舉手投降了，但是英國砲艦明知徒勞無功，卻還是堅決抵抗，結果被我們擊沉了。從這裡也可以看出兩國的國格不同。總之，英國是非打倒不可的對象……畢竟他們是個會抵抗到底的國家，千萬不可大意啊！相較之下，美國就……」

新聞記者全都大大表示贊同。以世界第一而自負的美國砲艦，居然毫不抵抗地表示「我們投降」，任誰都有種無言的滿足感。

幾乎就在同一時間，就讀明治大學的詩人田村隆一（十八歲），跑去有樂町的日劇小劇場，看了部美國電影《蒙娜麗莎的失蹤》（*The Theft of the Mona Lisa*）。因為抱持著「今天起就得和外國電影告別了」的想法，所以他才特地跑了這一趟。那是一部描述出外打拚的玻璃工，因為愛上羅浮宮美術館的「蒙娜麗莎」畫像，所以將它從美術館偷走的無聊故事。因為正值開戰這時候，所以電影院寬闊的觀眾席間，也只零零星星坐了五六個人而已。

作家野口富士男，三十歲，當他聽到對美開戰的訊息時，不禁暗自想著：「這樣一來就再也不能跟我的螢幕偶像珍．亞瑟（Jean Arthur）見面了。所以還是去告別一下吧！」於是，雖然已經是看過好幾次的電影，不過他還是跑去新宿，再看一遍昭和館的《華府風雲》（*Mr. Smith Goes to Washington*）。果然，客人連十個都不到。每個人在走進電影院的時候，都因為寒冷而拉緊了大衣的衣領。

這部電影雖然是描寫美國民主主義偉大的作品，但故事卻相當的精彩。對政界的陰謀一無所知的鄉下青年參議員詹姆斯．史都華（James Stewart），在老奸巨猾的資深議員巧妙策畫下，被培養成一名惡質議員，從而意氣消沉，為理想與現實的相剋而苦惱，最後辭掉了議員職務。對於這樣的他，秘書珍．亞瑟勉勵他：「這世界是很棒的唷。它給了那些被稱為傻瓜的人，一種名叫『信念』的禮物。」

野口為這句話所感動，不由得潸然淚下。在昭和館右鄰的咖啡廳裡，收音機廣播不間斷地響著《軍艦進行曲》，屢屢干擾電影的聲音。野口在戰後這樣回想道：「我在《軍艦進行曲》之間，想辦法聆聽珍．亞瑟的聲音。當聽不見她的聲音時，就只好凝視著她的臉，在戰爭中拚命找尋一點和戰爭不同的東西。」

確實，在電影院外頭的世界，和珍．亞瑟的話語完全不同，已經是毫不美好、充滿殺伐之氣的非常時刻。

「滔滔不絕演說的愛國者」

日落將近，氣溫急速下降。

六十二歲作家永井荷風，這天早上躲在被窩裡，開始寫起小說《浮沉》。就算寫了，也沒有地方可發表，雖然寫著原稿，不過在傍晚時分，他還是跑到市街上去。他在日記上這樣記載著。

日美開戰的號外出來了。回程在銀座餐廳裡吃飯的時候，遇到了燈火管制。街頭商店的燈都陸陸續續熄滅了，但是電車和汽車並沒有關燈，省線[6]就不知如何了。在我搭乘的電車上，有位用高亢聲音，在擁擠的人群中滔滔不絕演說的愛國者。

這一天，擺在車站前的晚報（九日號）一下子全部賣個精光。戰爭是媒體最好的大補丸，每個人手上都是一份報紙，聚在一起交頭接耳、飢渴地閱讀著。到昨天為止的不平不滿全都被忘掉，現在大家都只想變成真正的愛國者。

「當宣戰的大詔頒布之後，一億國民的心之所向也隨著堅定起來。我國陸海精銳已經踴躍奮起，太平洋的樣貌一瞬間改變。」刊出這段社論的《朝日新聞》，在這天的晚報上用了「帝國向美英宣戰」的大大橫標題，然後在底下則是「西太平洋戰鬥開始」和「痛爆布哇（夏威夷）美艦隊航空兵力」的六段長篇報導。

《東京日日新聞》同樣以「帝國向英美宣戰」為大標題，中央則附上「東條首相斷然力陳決意」的說明，以及早上在大政翼贊會中央協力會議上演說的東條照片，並且用「排除英美暴政　還東亞原本面貌」為標題，如實刊載了政府的聲明。

《讀賣新聞》則用「對暴戾美英宣戰」為題，大大歌功頌德了一番。

在燈火管制、宛若被巨大帳幕遮蔽般一片黯淡的東京街頭，晚上七點半，情報局奧村次長彷彿要震破人耳膜的大吼聲不斷傳來：「……我們只能戰鬥、戰鬥直到最後，勝利、勝利不斷前進。讓錦御旗向東西南北躍進，創造亞洲的歷史。將亞洲從白人的手中，奪回亞洲人自己的手裡。讓我們開創亞洲人的亞洲！」

素不相識的陌生人們聚集在收音機前，宛若石像般動也不動地站著。他們將全身的注意力集中在耳朵，仔細地聆聽播送內容：「對日本國民而言，絕對沒有其他更重要的生存意義了。奉戴宣戰詔敕的國民，皆抱持著同樣的決心，從今天開始不顧一切，願為大君堅固之盾！」

中午以後那種彷彿時間之河中斷、一片空白的寂靜消失了。此刻整條街上，充滿了興奮、狂熱、宛若要燃燒起來一般的氛圍。人們的聲音，自然地大了起來：「我們有世界無敵的陸軍和海軍，英美有什麼好怕的！陛下赫赫威光的旗幟，一直與我們同在！」

奧村大吼大叫的廣播結束了。接著，在群眾當中有一個人大喊：「天皇陛下萬歲！」一群人也跟著

6　譯註：指的是戰前，在東京、大阪兩大都會區，由鐵道省直接管轄的市區地面電車。

他應和。燈火管制之下的第一夜，就在這樣的喊聲中，瀰漫著悲壯感，宛若浪濤般不斷作響。

首相官邸裡，舉行著以東條為中心，僅限嶋田海相與陸海軍省幹部參與的會餐。陸海軍難得一團和氣，毫不客氣地對著中華料理大快朵頤。就在這時，鹿內秘書官傳來了珍珠港空襲大戰果的快報，於是會餐立刻搖身一變，成了慶功宴。東條也褪去了平日的威嚴，大喜過望地說：「哎呀，真是超乎想像啊！羅斯福這下也要漸漸失勢了吧！」

嶋田也應和道：「金默爾也要被炒魷魚了吧，真是可喜可賀啊！」

「趕快把戰況向陛下報告吧！」東條快活地說著，然後又大聲命令祕書官說：「也要讓希特勒和墨索里尼知道啊！」

這時候，聯合艦隊的主力部隊正在逼近豐後水道的東水航道。除了艦艏破開的白色波濤以外，整個大艦隊都被籠罩在一片漆黑的天幕之中。

將《軍艦進行曲》、東條和奧村的演說，以及國內不斷沸騰的喧囂拋在一邊，司令部作戰室內的氛圍一片冷靜，彷彿忘了黎明時分的大勝一般。儘管他們只收到一次南雲機動部隊的戰果報告，之後就停止使用無線電，但從今天早晨監聽到敵人狼狽發出的明碼電報，已經能夠充分證明珍珠港的大勝，而我方也確實連一艘艦艇都沒有損失。這堪稱世界戰爭史上史無前例的壓倒性勝利。可是，作戰室內卻像一切都沒發生過般，充滿靜寂。

晚餐過後，山本像是突然有感而發，問幕僚說：「那麼，你們覺得我們接下來該怎麼做呢？」

幕僚們每個人在腦海中，思緒都不停地打轉著。不管怎麼想，在面臨這場前所未見的勝利後，其實大家都有點困惑，覺得作戰構想並不是那麼簡單就能想出來的。

「這是日本民族的夢想」

夏威夷時間凌晨零點三十分（日本時間晚上八點），斯普魯恩斯上校指揮的四艘重巡洋艦，在燃料幾乎見底的情況下回到了珍珠港。他在那裡見到的，那些曾經以威容自豪的戰艦群化成廢鐵殘骸，並且還在不停噴吐火焰的景象。慘敗之戰的殘酷、無情和悲慘，化成難以言喻的痛楚，直灌斯普魯恩斯的胸膛。

敗北的悲哀，也顯現在太平洋艦隊司令部幕僚的倉皇失措上。他們還不願承認遭到日軍攻擊的事實，或者臉上掛著難以置信的虛脫與混亂表情，或者深怕日軍再次攻擊，對四起的流言做出歇斯底里的回應，種種狀況不一而足。

不會過度腦袋發熱、對事情判斷一向中規中矩的斯普魯恩斯，確信日本機動部隊已經滿足於第一次攻擊的戰果，並意氣昂揚地回國了。他對懷疑的同僚們這樣說道：「如果不是這樣的話，那我們現在應該早就遭到攻擊了，不是嗎？」

之後他在中途島海域擊破南雲機動部隊時展現的冷靜，在這時候已經顯露出來了。

這時，在日本——

晚上八點四十五分，伴隨著收音機中播出的《軍艦進行曲》，大本營海軍部發表的驚人大勝利報告，終於傳達給全體國民：「一、本日（八日）早晨，帝國海軍部隊斷然對夏威夷發動空襲，現在判明的戰果如下：戰艦兩艘轟沉、戰艦四艘重創、大型巡洋艦約四艘重創（以上確定），另一方面，也有大量敵方飛機遭到擊墜或擊破。我方飛機的損害極為輕微。二、我方潛艦於檀香山海域，擊沉一艘敵方航空母艦，這點尚未得到確認。（三、四省略）五、在本日的這場作戰中，我方沒有任何艦艇遭受損害。」

戰果雖然按照山本的「稍微低估一點」指示來報告，但是「轟沉」這個令人耳目一新的詞彙，還是帶起了一波勝利的熱潮。收音機解釋說，一分鐘之內沉沒就叫做「轟沉」。

幾乎所有國民都聽到了收音機傳來的這個消息。我記得一向反戰的父親聽到這個消息後，起身點亮了神龕上的燈火。作家長與善郎（五十三歲）寫道：「我活到現在，從沒想到竟會有如此高興、如此痛快、如此可喜可賀的一天。（中略）美國太平洋艦隊已經全部灰飛煙滅了。從這裡可以清楚了解，我們的聖戰已經展開。總之，不大喊一聲萬歲，實在不過癮啊！」說唱藝術家德川夢聲（四十七歲）寫道：「聽到今天的戰果，我整個人只覺得愣住了。」接著在第二天（九日）的日記中，他用興奮滿滿的語氣這樣寫著：「因為實在是太厲害的戰果了，我總感覺彷彿有點不太真實。我只覺得，日本海軍一定是使用了什麼魔法。即使叫幾聲萬歲，也趕不上我現在的心情。事實上，萬歲這個詞，根本不足以表達我的心意。」

評論家青野季吉（五十一歲）說：「聽到戰勝新聞時，我感覺心頭彷彿轟然作響。（中略）美國和英國，看起來彷彿一下變小了許多。擁有絕對值得信賴的皇國，像我們這樣的國民實在太幸福了。從今以後，日本將成為一個偉大的國家！」作家武者小路實篤（五十六歲）也寫道：「愚蠢的是羅斯福、邱吉爾和赫爾這批人。英美國民當然不知道與日本為敵有多麼可怕，但這些負責任的高官也不了解，那只能說是愚蠢至極了。」

換句話說，大多數的日本人在聽到珍珠港捷報時，都陷入了名符其實的狂喜狀態，感到痛快至極。不只如此，大家都相信這場戰爭是具有獨特使命感的一場「聖戰」——或者說，想要去相信這點。

我認為，這種根深蒂固的日本人精神構造，基本上是從幕末以來那種「一旦開國就等於死」的攘夷精神一脈相傳下來的。這是民族主義的一種類型，將其他民族與日本人之間嚴格區別，並且抱持著「日本人乃是優秀民族」的信念。除此之外，這還與對歐美列強的自卑感互為表裡。關於這點，我在拙著《永井荷風的昭和》（文春文庫出版）中有著詳盡的敘述，在此就不再贅述了。不過，在日本國民與西歐的衝突下，當他們必須面對自尊心與國家目標遭到挑戰的事態時，便會產生異常強烈的過敏反應，甚至是產生戰鬥心態、露出森森白牙。換言之，常常就會出現攘夷這種激烈反彈的類型。

昭和史上多采多姿的各種口號，「擁護滿蒙權益」、「光榮孤立」、「東亞新秩序」、「月月火水木金金」、「ABCD包圍網」、「向前猛攻、一步不停」……這些都是日本國民在對外關係下，猛烈激昂燃起的攘夷精神的反映。幕末的「尊王攘夷」以「擊滅鬼畜美英」的形式復甦，最終和作為「尊王攘夷決戰」的「大東亞戰爭」之間聯繫在一起。

評論家中島健藏（三十八歲）說：「我認為這是一場對歐洲文化的戰爭。」另一位評論家小林秀雄（三十九歲）也說：「戰爭會把思想當中種種無意義的東西一舉淘汰。如果有太多無意義的東西，那就必須花費許多無意義的口舌來討論。」

評論家保田與重郎（三十一歲）說得更明確：「今日神威一發，英美艦隊隨即遭到轟沉、擊沉。發揚我等文化的第一步，其絕對條件乃是與開戰同時並行的。能擊敗劍的只有劍，能擊敗筆的只有筆。今日我等期盼的，乃是攘夷大功告成，故此，我們毫無任何的猶豫。」

三十四歲的龜井勝一郎也抬頭挺胸地寫道：「勝利對日本民族來說，其實是長久以來的夢想。這是過去在培里武力逼迫下開國的我國，最初也是最大、最猛烈嚴酷的回應，可以稱得上是一種復仇。維新以來我等祖先所抱持的遺憾，在此刻終於得以一舉雪清。」

作家橫光利一（四十三歲）也在日記中用躍動的文字寫道：「戰爭終於開始，而且獲得了大勝。這是奉先祖為神的民族的勝利。我自己也有種極端不可思議的感覺，但該發生的事就會發生，這是極其自然的道理。當我在巴黎的時候，每晚都遙拜伊勢神宮祈禱，如今這個祈禱終於應驗了。」

引述的文章或許太多了一點。但是，這確實是十二月八日日本人的真實心境。至少絕大多數的日本人，都抱持著非比尋常的痛快感。這正是無愧於攘夷民族之名、令人打從心底感動的一天。

就這樣，整個日本因為「捷報到來」而歡喜至極。不過，就在晚上九點的時候，在太平洋上長門號的作戰室內，卻展開了一場激辯。黑島參謀強硬主張，應該讓南雲機動部隊再攻擊一次珍珠港，宇垣參謀長則表示強烈反對：「機動部隊已經離開戰場有相當距離了。在作戰已經徹底結束，脫離戰線的情況下，要他們再次出擊，只會惹怒人家而已。統帥不講人格，則不足以服眾。下達這種非人的命令，還能算是人嗎？」

其他參謀也紛紛插嘴說道：「我們是軍人，身為武人卻坐視戰機佚失，再怎樣也說不過去吧？」

「這樣會變成無謀的強攻。所謂戰機根本不是這麼一回事！」

「不，就算強攻，也該再攻擊一次才對！」

「應該更徹底擴大戰果，把該打的都打掉，該破壞的都破壞才對！」

「在敵方飛機損害不明的狀況下貿然衝進敵陣，一定會蒙受嚴重的損失。將棋裡面，不是也有『過度指揮』[7]的說法嗎？」

「可是，美國太平洋艦隊是否真的陷於癱瘓呢？就今後的作戰而言，為了徹底釐清這個疑慮，我認為應該再次攻擊才對。」

「對方還有航艦、有航艦啊！」

「就是為了把敵方航艦趁機擊毀，所以才要再次攻擊……」

山本雙手抱胸，一言不發地默默注視著這場論戰。最後，像是要請求他做出決斷般，宇垣開口說道：

「我認為，除了擱置這個提議外，沒有別的辦法了。」

山本臉上浮現出淒然的神色，深深點了點頭。然後，他靜靜地開口說：「當然，若是再擊之後又繼續再擊的話，一定可以達到滿分的效果。我當然也是這麼希望的，可是對於南雲部隊的損害狀況，我們知之甚少，所以只能託付給第一線的機動部隊司令，讓他去判斷了。再說，現在也已經太遲了。」

戰後，佐佐木參謀是這樣回想的：「司令沒有明說的是，『能做的自然就能做』。既然已經離遠了，那不管再怎樣突破，做不到就是做不到。」

7 譯註：原文為「指しすぎ」，指過度追求攻勢，反而陷入遭反擊的不利狀態。

在山本的決定下，下令機動部隊「再度攻擊」的電報命令，終究沒有發出去。勝利的一天完全過去了。這場令國民狂喜、奇襲珍珠港的破天荒作戰，就這樣急遽畫下了休止符。

※有一說指出，宣戰的播音是在上午十一點四十五分。《機密戰爭日誌》則是說：「關於宣戰布告，在十一點三十七分獲得陛下裁示，並在十一點四十分公布，同時以廣播方式播送。」當天的《朝日新聞》晚報也是同樣的說法。可是，根據ＮＨＫ最近的調查，當時的紀錄毫無疑問指出，是在「中午」播出的。

尾聲

「明日將照耀山河」

日本時間從八日轉變成九日的深夜，也就是莫斯科時間八日晚上七點，德軍在暴風雪中實施全面撤退。該如何應付蘇軍的追擊，變成了燃眉之急。希特勒不得已，下達了作戰暫時中止的命令，德國國防軍短時間決戰的構想，也隨之煙消雲散。

這天以後，隨著莫斯科作戰失敗的消息傳遍各地，原本一直蟄伏不動的地下反抗勢力，在歐洲各地一下子變得活躍起來，開始從德國的背後捅刀子。國防軍統帥部也不得不承認，德國在這場戰爭中的勝利是愈來愈渺茫了。

日本人完全不知道開戰第一天歐洲的局勢就已經逆轉，還沉醉在勝利當中，做著安穩的美夢。而就在這時，羅斯福在兒子詹姆斯的攙扶下，終於登上了參眾議院聯席會議的講台。

「昨天，一九四一年十二月七日，是一個我們永難忘懷的屈辱之日。美利堅合眾國遭到日本帝國的海空軍，突如其來且有計畫的攻擊。」

下午一點（日本時間九日凌晨三點），總統發表了這一篇演說。

「美利堅合眾國為了和日本之間的和平關係，在日方的懇請下，與日本政府及天皇之間，就太平洋和平的維持不斷進行會談。事實上，當日本的航空部隊開始轟炸美國的歐胡島之後一小時，日本駐美大使和他的同僚，向國務卿交出了一份針對美國最近提出的外交提案所做出的官方回應。在這份回應中，只說到他們認為繼續外交談判已經毫無意義，完全沒有任何關於戰爭或武力攻擊的威嚇與暗示。」

這場演說，既沒有邱吉爾式的雄辯與挑戰，也沒有希特勒式的大言壯語，相反地相當平靜且樸實。可是，它卻深深打動了美國國民的心。正是透過這場演說，羅斯福成為了美國國民的總司令。國民對珍珠港的敗北充滿悔恨，將之視為國恥，同時唾棄日本，認為他們是個卑劣的國家。

「從日本到夏威夷的距離來看，這場攻擊乃是在好幾日、甚至是好幾週前就已經意圖為之，這點從留下的紀錄應該可以清楚得知。在這段期間，日本政府仍然不斷做出『希望繼續保持和平』的虛偽聲明與表態，以此對合眾國政府故意欺瞞。」

威爾遜總統準備加入第一次世界大戰時，在議會掀起的論戰，這次完全看不到。沒有任何辯論，也沒有無謂的喝倒采，只花了一個小時，宣戰聲明就在參議院取得一致通過，眾議院也以一票反對的比數加以承認。

羅斯福總統對邱吉爾首相發出充滿喜悅的電報：「宣戰以壓倒性的方式，在參議院以八十二票對零票通過，在眾議院以三八八票對一票通過。今日起，我們與大英帝國的所有人民站在同一條船上。這是一艘不會沉沒，也絕不可能沉沒的船。」

美國國內一片沸騰。各地的徵兵辦公室前，志願從軍的人們大排長龍。甚至連有「孤立主義使徒」之稱的飛行家查爾斯．林白（Charles Lindbergh），也公開表示願意參戰。

「我們必須忘記過去對政府政策的種種立場，團結一致共同奮戰。」

國民的情感也整個團結在一起：「現在美國該做的事，就是把小日本那口暴牙狠狠地打斷啦！」

之後不久，在海軍陸戰隊隊員之間，也開始高唱這樣的口號：「勿忘珍珠港！（Remember Pearl

Harbor!）把那些傢伙殺個精光！」

這句「勿忘珍珠港」，不久後就變成了戰時美國國民團結的象徵。

就在兩小時前，英國下議院正式通過對日宣戰。因為時差的關係，他們比美國還早宣戰。因為安東尼．艾登外交大臣（Anthony Eden）出差的關係，邱吉爾把日本駐英大使找來，親手將聲明給了他。

「十二月七日，在事前完全沒有開戰通告或者有條件的開戰宣言之類最後通牒，也沒有任何警告的情況下，日軍在馬來亞沿岸登陸，而且對新加坡和香港展開轟炸。

有鑑於這乃是違反國際法，特別是兩國加盟的《海牙第三公約（有關開戰之條約）》第一條，非屬挑釁，而是無謀的侵略行動，故我以英國政府之名，向駐英國大使通知，我們與日本帝國政府兩國之間已經處於戰爭狀態。」

這是明確的開戰聲明。邱吉爾首相的敏捷堪稱一流。接著，他向議會這樣報告：「我方陣營占了世界至少五分之四的人口。我們的雙肩，擔負著他們的未來與安全。我們的火炬過去只是微弱地搖曳，但如今卻成為熊熊燃燒的火焰，明日更將成為照耀山河的光芒。」

彷彿被邱吉爾的著名演說給煽動般，紐西蘭、加拿大、中國、希臘流亡政府、南斯拉夫、自由法國等國都陸陸續續，尾隨英國對日本宣戰。

再稍微往後，到了十二月十六日，羅斯福打電報給史達林，委婉地邀請他對日參戰。羅斯福的問題是：在重慶召開的會議，除了中國、英國、荷蘭、美國的代表外，蘇聯代表能否也參加，共同就今後的問題進行協商？

老奸巨猾的史達林，並沒有直接回答「Yes」或「No」。

「我從心底期待，貴國在面對太平洋的侵略時，能夠獲得勝利。」

羅斯福除了從「侵略」這個詞彙感到滿足之外，就沒有別的辦法了。

另一方面，日本倚賴的德國元首希特勒，對於對美宣戰卻顯得磨磨蹭蹭。和里賓特洛甫部長對大島大使的保證相反，原本到十一日為止的議會召集延長了時間，而一向滔滔不絕的元首，則不知為何一派沉默。最後，在十一日下午兩點三十分整，德國政府終於將宣戰電報發給華盛頓。

「在未來五百年、乃至於一千年間，這不只是德國，而是歐洲全境甚至是全世界，堪稱決定性的歷史一大鬥爭。對於賦予我領導者地位的神明，我只能由衷表示感謝。」

這一天，希特勒發出這種振聾發聵的吼聲。

「美國國內已經暴露了羅斯福準備好的計畫。根據這份計畫，他的意圖是集結美國所有的資源，在一九四三年攻擊德國。對此，我們的忍耐已經到達臨界點。」

這位獨裁者明顯已經陶醉在日本接連不斷的捷報當中了。他輕蔑地認定，如同日本在珍珠港的大勝所代表的那樣，美國這個資產階級民主主義國家，再怎麼說也不過是個由吃不了苦的人所組成的國度罷了。可是，大部分德國國民都沒忘記，第一次世界大戰正是因為美國的參戰，才導致德意志帝國的敗北。

接獲這份電報的美國國會認為「這是逼使我國走向戰爭狀態」，於是立刻宣布對德、義進入戰爭狀態。在這之後一週，占世界人口四分之一的三十五個國家投入戰爭，地球簡直變成了一顆火球。

這時候的日本人，還沉醉在開戰初期的勝利當中。英美有什麼好怕的！原本應該冷靜的軍人，也開始沉醉於美酒當中。十二月十日，以法屬印度支那為基地的海軍航空轟炸機陸攻隊，在馬來亞海域擊沉了英國遠東艦隊的威爾斯親王號和卻敵號兩艘戰艦。司令菲利浦少將拒絕了幕僚要他撤離的強烈請求，說了聲「不，謝了（No, thank you）」後，便從容地與艦共亡。

當收音機報導大捷的新聞時，陸軍會播放《分列行進曲》，海軍則會放《軍艦進行曲》，陸海軍共同報捷的時候，則是前後穿插《數萬之敵》與分列曲，營造出一副勇猛的氣象。不只是陸海軍在大本營發表上爭相較勁，就連街頭電器店的收音機前，也每天都擠滿了黑壓壓的人潮。戰爭就這樣以一種祭典似的氛圍，熱熱鬧鬧地一路進行下去。早期講和與其說是白日夢，更像是種一說出口，就會讓人覺得愚蠢透頂的笑話。

十日晚間六點召開的大本營—政府聯席會議，針對這場戰爭的名稱進行討論。海軍方面因為這場戰爭的主戰場是在太平洋，所以提議命名為「太平洋戰爭」或是「對英美戰爭」，但是東條首相和陸軍方面則強烈主張應稱為「大東亞戰爭」。按照日本近代史上的戰爭來看，包括日俄戰爭、上海事變等，一般通例都是以敵對國或是主戰場所在地來命名，因此這個命名略顯特異※。應該說，它是一種對戰爭意義的標榜，也可以說是一種「理念的稱呼」。正因如此，這個稱呼乃是最佳的命名——陸軍這樣說服納悶的海軍。

「這次大戰，是為了建設大東亞新秩序而戰。我們首先要讓英國和中國屈服，完成八紘一宇的大理想與大東亞共榮圈。相反地，在太平洋當面，我們要做的只是達成持久戰態勢的確立而已。不只如此，這個稱呼也能喚醒國民廣泛的自覺，並且讓整個意志更加堅決貫徹到底。故此，從這層意義上來說，沒有其他稱呼比這個更值得考慮了。」

就這樣，這晚的聯席會議上，全員一致達成了以下的決定：

（一）這次對英美戰爭，及之後隨情勢推移所可能產生的戰爭，包含支那事變在內，一律統稱為「大東亞戰爭」。

（二）自十二月八日凌晨一點三十分起為戰時。

接著在第二天（十一日），內閣情報局發表了這項決議，不過又附加了一句解說：「儘管如此，戰爭地區並不只限定在大東亞而已。」

面對這種國民的狂熱，山本五十六腦海裡可說充滿了無奈。這樣下去，不只戰鬥會變成家常便飯，他還是很憂心，到底開戰通告有沒有按照預定流程送到對方手上？羅斯福在國會演說與廣播談話中，反覆用低沉卻清晰的聲音提到「卑劣的偷襲」（sneak attack）這個詞。自從山本在短波廣播中聽到這句話以來，就一直無法抹去心中的疑惑。在這之後，短波廣播中更是頻頻報導美國國民因為珍珠港遭到無預警偷襲而激憤不已，從而導致全體的團結，發誓報仇的聲浪也益發澎湃高漲。每次聽到這種廣播時，山本總是會停下拈著將棋的手指，靜靜側耳傾聽，然後表情變得愈發陰鬱。

雖然懷疑這種廣播只是美國的謀略，不過山本在這一年年底，也就是快要進入一九四二年的時候，終於知道最後通牒真的沒有趕上指定時間。

山本對知心的幕僚語重心長地這樣說道：「真是太遺憾了啊。我若是死去的話，請務必向陛下和日本國民清楚傳達，聯合艦隊絕對不是打從一開始就抱持這種計畫的啊！」

從話裡，似乎可以聽出他咬牙切齒的憾恨之情§。

※順道一提，日中戰爭在盧溝橋事件爆發四天後的一九三七年七月十一日，被命名為「北支事變」。這時候採用的命名方式是地點。之後隨著戰場擴大、演化成全面戰爭，又在九月二日改稱為「支那事變」，這次用的就是敵國名了。兩次命名都是在近衛文麿內閣的時候。

§最後，我想再附記一件或許會讓人覺得有點茫然的事實。在一九四五年秋天，過著悠然引退生活的前國務卿赫爾，獲得了諾貝爾和平獎，理由是他以致力日美談判為中心，在推動和平外交方面多所貢獻。在戰後那個吃不飽穿不暖、竭力求生的日子裡，當時的我對報上這則新聞雖然有印象，但就算知道這個事實，也沒有任何的感想。在這裡寫下它，只是因為想起當時在某本書上讀到，由矢野目源一郎所寫的一首諷刺短歌：「敗戰的狂風暴雨過後，打落一地的，全是名為道義的花瓣。」現在想起來，戰爭確實也會讓勝利者的道德喪盡呢！

後記

不怕各位恥笑，在本篇後記的開場，我想講一個相當恐怖的故事。

一九六五年七月，我在文藝春秋出版了一本描述一九四五年八月十五日（敗戰之日）那二十四小時的書。非常榮幸有許多人閱讀，我在慶幸之餘，也帶著幾許開心的心情。然而就在那個夜晚，當我正在酣眠的時候，在我的枕邊，站著一個影子般的東西。我感覺胸口突然遭受重壓，整個人彷彿被綁住般，全身動彈不得。據睡在隔壁的妻子說，我忽然發出毫無意義的慘叫，不過總之是醒了過來，整個人大汗淋漓。可是，在我的意識中，還清楚留著和那個影子般物體的對話內容：「你既然寫了敗戰的一日，那能夠清楚寫出開戰那一天、那令人遺憾的二十四小時嗎？」

「我知道、我知道，我一定會寫的！」

這大概就是我的喊叫聲吧！其他東西都如霧般消散了，我唯獨記得那個影子般的物體，穿著一身白色的服裝。那是什麼呢？因為只是模糊的影子，所以我並不清楚。我現在臆測，那會不會是我就讀的新潟縣長岡中學的學長——山本五十六呢？或許是學長特意拜託我，所以才前來造訪的吧！

從那以後經過了三十六年。當時雖然立刻開始為了撰寫而展開取材工作，可是因為擔任雜誌編輯的本業很忙，實在沒空執筆，於是就在抽不出手來的情況下將它擱置了。當我離開公司，以歷史偵探自稱，並開始撰寫有關街談巷議的書籍時，也曾經好幾次想要寫這本書，但因為手邊總是有要完成的主題，所以對於和影子的約定，總是一直爽約。說實話，我這無能學弟無視於學長的殷切心願，實在是有夠無禮的。然後，到了現在，我終於能夠實現和那個之後再也沒有出現在我枕邊（或許只是為了讓我驚訝一下），卻一直等待我的影子之間的約定，令我不禁感慨萬千。

＊＊＊

雖然我只是簡簡單單寫下「三十六年」幾個字，但這段歲月對我的意義其實很大。和剛開始與倖存者見面，向他們取材的時候不太一樣，時序邁入現今，關於走向太平洋戰爭的軌跡，以及夏威夷作戰和戰鬥歷程，在日美兩國都已經有了相當多的著作。這些幾乎無法一一過目的書籍，都擺在我的書架上。在日美兩國的原始史料都被發掘殆盡的情況下，除了譁眾取寵的宣傳性書籍以外，幾乎已經沒有什麼新史料可找了。故此，現在要我走搜索新事實這條路線，對我來說不只負擔甚重，而且是不可能。故此，本書內容特別是第一部和第二部的篇幅，相當遺憾地只能就迄今已經發表、費盡九牛二虎之力寫成的各個著作進行研究、整理和複習，或者引述謄寫一些眾所周知的東西。就這層意義上實話實說，我花了幾十年才達成跟學長的約定，實在是有點抬不起頭來。

關於曾參考與利用的各種文獻，我會另外一一列出。在此謹對作者與出版社，致上由衷的謝意。順道一提，關於引述的手記、日記當中的一部分，我擅自將漢字改寫成新字[1]與新假名，並且再加上易讀的句讀點。

不過，雖然成書相當遲，但本書是否仍有其價值呢？若問到這點，我會回答說：這本書透過世界上林林總總的事件與插曲，以及眾多人物的回想和談話來細細俯瞰，並且利用時間軸來加以排列，以此能讓讀者產生立體的閱讀感，並對大歷史的起伏有所理解。在這當中，我特別對那個時代日本與日本人的行動、情感及心理，盡其可能地做出細緻的描述。在歷史中，包含了各個世代日本人的生命脈絡，我想試著將這些東西發掘出來。用從敗戰產生出的結果論、戰後產生的觀點，或者是現在所謂的正常心態，來徹底否定那個時代，並且對它加以批判，這說實話是完全錯誤的。在戰後將近六十年以來，我們還是不想以歷史的眼光，直視戰前的日本。我認為，這種鴕鳥心態是相當要不得的。

我並不想用不分青紅皂白的論述方式，來抓住戰爭的本質以及真正恐怖的事物。如果不把探求盡可能多的事實當成第一要務，並且在這樣的基礎之上，做出盡可能寫實的觀察，那對所有事物便不可能得到清楚的理解。日本在泥沼般的日中戰爭消耗了大量國力，接著又一頭栽進更大的戰爭中，就這樣持續打了三年半以上。從結果來說，要讓這種戰爭成為可能，一定要得到日本人的支持才行。在高層的有意操弄下，國民不由分說地被加以驅使，這種說法，不過是投眾人所好的神話罷了。或者更正確地說，這只是戰後日本人試圖視而不見的自我心理欺瞞而已。關鍵是，我們必須面對事實才行。正是因為個人的支持，國家才有可能為了安全、或是以國家利益為名的利害算計，旁若無人地君臨眾人之上。本書為了

1 譯註：日本在一九四六年頒布《當用漢字表》，將傳統使用的漢字予以簡化，成為現在使用的日式漢字。

正確傳達這點，所以費了相當多心力在忠實於事實，以及精神的平衡之上。

從同樣的意義來說，大多數日本人喜歡的「羅斯福陰謀論」也與本書無緣。這種說法的建構，其中包含了相當豐富的想像力，當作故事是很有趣，或許也相當的戲劇化，而且可能會讓書更大賣。但是，它和歷史的正確方向，其實相去甚遠。

＊＊＊

本書是根據二〇〇一年一月和四月在季刊誌《別冊文藝春秋》上發表的原稿進行大幅修改，再加上補充說明之後成書的。在這當中，有很多是類似司馬遼太郎先生風格的「餘談雜說」，但是雜誌編輯橋本英子小姐和專書編輯照井康夫先生異口同聲忠告說，我很像是「歷史的口傳者」，「即使如此，也不要說太多才好。畢竟現在不流行厚書了」。在此，我只能致上深深的感謝之意。但是，就算這樣，本書的篇幅還是相當之大——雖然我深知作為歷史口傳者，重要的工作就是「對事實和表現做出選擇」。

二〇〇一年六月　半藤一利

參考文獻

專書

《現代史資料》34・35卷，みすず書房。
防衛廳戰史室編，《戦史叢書・ハワイ作戦》，朝雲新聞社。
軍事史學會編，《機密戦争日誌》，錦正社。
每日新聞社編，《太平洋戦争秘史》，每日新聞社。
青木勉，《日米検証・真珠湾》，光人社。
赤松貞雄，《東条秘書官機密日誌》，文藝春秋。
荒川利男，《十二月八日》，鍾美堂。
宇垣纏，《戦藻錄》，原書房。
內田信也，《風雪五十年》，實業之日本社。
小川力，《大本営記者日記》，紘文社。
木戶幸一，《木戶幸一日記》，東京大學出版會。

草鹿龍之介，《聯合艦隊》，毎日新聞社。
栗原隆一，《甲標的》，波書房。
來栖三郎，《日美外交秘話》，創元社。
兒島襄，《開戦前夜》，集英社。
後藤基治，《戦時報道に生きて》，遺稿刊行會。
今野勉，《真珠湾奇襲》，讀賣新聞社。
佐佐木隆爾、木畑洋一等，《真珠湾の日》，大月書店。
實松讓，《真珠湾までの365日》，光人社。
櫻本富雄，《戦争はラジオにのって》，マルジュ社。
城英一郎，《城英一郎日記》，山川出版社。
杉田誠，《真珠湾50週年報道》，森田出版。
杉野明，《真珠湾攻撃の背景》，（未刊行）。
高田保，《其日以後》，汎洋社。
高田元三郎，《記者の手帖から》，時事通信社。
高橋健夫，《油断の幻影》，時事通信社。
田中清定，《開戦と終戦のとき》，現代図書。
田中伸尚，《ドキュメント昭和天皇，第2巻》，緑風出版。

東郷茂德，《時代の一面》，改造社。
東鄉茂彥，《祖父東鄉茂德の生涯》，文藝春秋。
德岡孝夫，《真珠湾メモリアル》，中央公論社。
鳥居民，《日米開戦の謎》，草思社。
野村吉三郎，《米国に使して》，岩波書店。
林秀，《日米外交白書》，日本青年外交協會。
福留繁，《史観・真珠湾攻擊》，自由亞洲社。
藤山楢一，《一青年外交官の太平洋戦争》，新潮社。
保阪正康，《蔣介石》，文藝春秋。
中原茂敏，《大東亜補給戦》，原書房。
森史朗，《海軍戦鬪機隊2》，R出版。
森本忠夫，《敗亡の戦略》，東洋經濟新報社。
山田朗，《大元帥昭和天皇》，新日本出版社。
山田風太郎，《同日同刻》，立風書房。
山本熊一，〈大東亜戦争秘史〉，（未刊行）。
J・C・グル－（Joseph Grew），《滞日十年》（*Ten Years in Japan*），毎日新聞社。
P・カレル（Paul Carell），《バルバロッサ作戦》（*Hitler Moves East*），富士出版社。

J・ガンサー（John Gunther），《回想のルーズベルト》（*Roosevelt in Retrospect*），六興出版。
W・シャイラー（William L. Shirer）《第三帝国の興亡》（*The Rise and Fall of the Third Reich*），東京創元社。
R・シャーウッド（Robert E. Sherwood），《ルーズヴェルトとホプキンズ》（*Roosevelt and Hopkins*），みすず書房。
J・ステファン（John J. Stephan），《日本国ハワイ》（*Hawaii under the Rising Sun*），恒文社。
L・スナイダー（Louis Leo Snyder），《戦争：ワルシャワから東京まで》（*The War: A Concise History, 1939–1945*），人物往來社。
C・ソーン（Christopher G. Thorne），《米英にとっての太平洋戦争》（*Allies of a Kind*），草思社。
J・W・ダワー（John W. Dower）《人種偏見》（*War without Mercy*），TBSブリタニカ。
W・チャーチル（Winston Churchill），《第二次大戦回顧錄》（*The Second World War*），毎日新聞社。
J・トーランド（John Toland）《真珠湾攻擊》（*Infamy*），文藝春秋。
W・L・ニューマン（William L. Neumann），《アメリカと日本》（*America Encounters Japan*），研究社出版。
C・ハル（Cordell Hull），《回想錄》（*Memoirs*），朝日新聞社。
A・バロック（Alan Bullock），《アドルフ・ヒトラー》（*Hitler*），みすず書房。
J・バーンズ（James MacGregor Burns），《ローズベルトと第二次大戦》（*Roosevelt*），時事通信社。
H・ファイス（Herbert Feis），《眞珠湾への道》（*The Road to Pearl Harbor*），みすず書房。
G・W・プランゲ（Gordon Prange），《トラトラトラ》（*God's Samurai*），日本リーダーズダイジェス

ト社
J・ランプリッジャー、E・ネイヴ（James Rusbridger, Eric Nave），《真珠湾の裏切り》（*Betrayal at Pearl Harbor*），文藝春秋。
E・T・レイトン等（Edwin T. Layton, Roger Pineau, and John Costello）《太平洋戦争暗号作戦》（*And I Was There*），TBSブリタニカ
W・ロード（Walter Lord），《破滅の日》（*Day of Infamy*），早川書房。
A・ワース（Alexander Werth），《戦うソヴェト・ロシア》（*Russia at War*），みすず書房。

雜誌

竹內將人，〈史料・ハワイ出擊〉（《增刊歷史と人物》，中央公論社，一九八二年九月號）。
阿部平次郎，〈ウエスト・パージニヤ擊沈〉；朝枝繁春，〈英国史上最大の降伏〉；數井孝雄，〈コタバルの砂を血に染めて〉；重水春喜，〈悲劇の第一幕〉；福岡政治，〈敵艦隊ハ真珠湾ニ在リ〉；藤田怡與藏，〈幸運なる生還〉；吉川啓次郎，〈従兄からのハワイ情報〉；油下和子，〈その日、私は総領事館にいた〉（以上皆刊載於《歷史と人物》中央公論社，一九八三年一月號）。
糸永新，〈キンメルとハルセイ〉；木俣滋郎，〈世界の首脳たちに与えた「真珠湾」の衝擊波〉，（以上刊載於《別冊歷史読本》新人物往來社，一九八六年十二月號）。

船山喜久彌，〈開戦前夜のアメリカ大使館〉，（《現代》講談社，一九九二年一月號）。

保阪正康，〈外務省50年の過失と怠慢〉；東鄉茂德，〈東鄉家文書が語る12月8日〉，（以上刊載於《文藝春秋》文藝春秋，一九九一年十二月號）。

須藤真志，〈對米開戦「外務省緊急電」は存在した〉，（《文藝春秋》文藝春秋，二〇〇一年一月號）。

左近允尚敏，〈「欺瞞の日」の検証〉，（《東鄉》東鄉神社・東鄉會／二〇〇〇年九、十二月號）。

＊關於文學家的「日記」、「手記」，感謝一九六一年十二月號與一九六二年四月號《文學》雜誌，由小田切進先生編纂的報導提供了全面性的資料。

＊關於「回想」，主要根據《文藝春秋》一九五六年十二月號、《朝日ジャーナル》一九八一年十二月十一日號的內容。

作者自己的訪談

三十多年前開始，以及之後一有機會，我總是會勉強很多人，拜託他們談談自己的回憶。對這些被我煩擾的人們，我在此特別加以紀錄。雖然其中有部分人還是精神百倍地活著，但也有很多人已經人鬼殊途。在此謹為他們祈求冥福，並為這本書的太晚出版致上歉意。

朝枝繁春、＊大久保忠平、＊大淵珪三、奧村勝藏、小澤治三郎、角野博治、＊金澤秀利、草鹿龍之介、源田實、後藤基治、＊小瀨本國雄、＊酒巻和男、迫水久常、佐伯靜夫、實松讓、＊志賀淑雄、館野守男、＊田中平、＊谷口正夫、千早正隆、辻政信、＊橋本敏男、＊藤田怡與藏、＊淵田美津雄、＊松村平太、＊森拾三、＊山本貞雄、吉田俊雄、渡邊安次。

（打＊號為直接參與珍珠港攻擊者）

珍珠港（「真珠湾」の日）
日本帝國殞落的序幕

作者　半藤一利（Kazutoshi Hando）
譯者　鄭天恩
主編　區肇威
封面設計　莊謹銘
內頁排版　宸遠彩藝

社長　郭重興
發行人　曾大福
出版發行　燎原出版／遠足文化事業股份有限公司
地址　新北市新店區民權路108-2號9樓
電話　02-2218-1417
傳真　02-8667-1065
客服專線　0800-221-029
信箱　sparkspub@gmail.com
Facebook　www.facebook.com/SparksPublishing/
法律顧問　華洋法律事務所／蘇文生律師
印刷　成陽印刷股份有限公司
出版日期　二〇一九年十一月／初版一刷
　　　　　二〇二三年〇五月／初版五刷
定價／五二〇元

珍珠港：日本帝國殞落的序幕 / 半藤一利著；鄭天恩譯. -- 初版. -- 新北市：燎原出版, 2019.11
448面；14.8×21公分
譯自：「真珠湾」の日
ISBN 978-986-98382-0-7（平裝）

1. 日本史　2. 第二次世界大戰　3. 珍珠港事件

731.2788　　108017339

"SHINJU-WAN" NO HI by HANDO Kazutoshi
Copyright © 2001 HANDO Kazutoshi
All rights reserved.
Original Japanese edition published by Bungeishunju Ltd., Japan in 2001.
Chinese (in complex character only) translation rights in Taiwan reserved by Sparks Publishing, a division of Walkers Cultural Co., Ltd., under the license granted by HANDO Kazutoshi, Japan arranged with Bungeishunju Ltd., Japan through AMANN CO. LTD., Taiwan.

版權所有，翻印必究
特別聲明：有關本書中的言論內容，不代表本公司 / 出版集團之立場與意見，文責由作者自行承擔
本書如有缺頁、破損、裝訂錯誤，請寄回更換
歡迎團體訂購，另有優惠，請洽業務部（02）2218-1417 分機 1124